beck'sche reihe

bsr

Die Frage, wer Paulus war, wird immer wieder neu gestellt. Ein abtrünniger Jude? Ein engstirniger Dogmatiker? Ein Frauenfeind? Ein Mann, der kein Gespür hatte für soziale Probleme und der sich um das Los der Sklaven nicht kümmerte? Ein Verfälscher des ursprünglichen Christentums? Solchen Fragen stehen ebenso viele positive Einschätzungen gegenüber. Angesichts der vielen – sich oft widersprechenden – Urteile zeichnet Eduard Lohse in diesem Buch von den authentischen Quellen aus ein Bild des Apostels, der wie kein anderer die urchristliche Verkündigung in der ausgehenden Antike geprägt hat. Dabei liest er nicht nur die neutestamentlichen Zeugnisse genau, vielmehr macht er auch deutlich, was Paulus aus der jüdischen Theologie seiner Zeit und aus dem hellenistischen Denken übernimmt. Daß er darüber hinaus auch seinen äußeren Lebensgang erzählt – Verfolgung der urchristlichen Gemeinde, Bekehrung, missionarische und seelsorgerische Arbeiten, Reisen – und, wo nötig, neu interpretiert, versteht sich von selbst.

Eduard Lohse, geb. 1924 in Hamburg, war bis zu seiner Emeritierung Landesbischof der Evangelisch-lutherischen Kirche Hannover und Professor für Neues Testament an der Universität Göttingen. Zahlreiche Veröffentlichungen zur Theologie des Neuen Testaments und zum antiken Judentum.

Eduard Lohse

Paulus

Eine Biographie

Verlag C.H. Beck

Die erste Auflage dieses Buches erschien 1996 in gebundener Form.
Der Band wurde für die Ausgabe in der Beck'schen Reihe durchgesehen.

Mit einer Karte

1. Auflage (in der BsR) 2003

Satz: Fotosatz Janß, Pfungstadt
Druck und Bindung: Druckerei C.H.Beck, Nördlingen
Umschlagabbildung: El Greco, Die Heiligen Petrus und Paulus (Ausschnitt),
St. Petersburg, Staatliche Eremitage. Photo: AKG, Berlin
Umschlagentwurf: +malsy, Bremen
ISBN 3 406 49439 0

www.beck.de

ILLUSTRISSIMAE
UNIVERSITATI GLASGUENSI
OB SUMMUM IN SACRA THEOLOGIA
HONOREM SIBI OBLATUM
HUNC LIBRUM
GRATUS VENERABUNDUS
DAT DONAT DEDICAT
AUCTOR

Inhalt

Vorwort

Die Gestalt des Paulus war unansehnlich, von Krankheit und Leiden gezeichnet. Seine äußere Erscheinung hat die Menschen keineswegs beeindruckt. Es konnte sogar geschehen, daß man angesichts seiner leiblichen Schwäche sich von ihm abwandte, ihn verachtete und ausspuckte (Gal. 4, 13). Das Leben des Paulus war von schwerer Krankheit belastet, die ihn immer wieder überfiel und packte, wie wenn ein Engel ihn mit Fäusten schlüge (2. Kor. 12, 7). Die Spuren von langen und mühsamen Wegen, Bedrängnissen und Verfolgungen hatten sich tief in seinen Körper eingegraben. Hat er doch zu berichten, er habe Hunger, Durst und Blöße erfahren, er sei geschlagen worden, habe keine feste Bleibe und müsse sich mit seiner Hände Arbeit mühen (1. Kor. 4, 11 f.). Wie ein Stoßseufzer klingt der Satz: „Wir sind geworden wie der Abschaum der Menschheit, jedermanns Kehricht, bis zur Stunde." (1. Kor. 4, 13) Nähere Auskunft über das Ausmaß der Lasten, die er zu tragen hatte, gibt Paulus den Christen in Korinth: Er sei öfter gefangengesetzt worden, habe Schläge erlitten und sei oft in Todesnöten gewesen (2. Kor. 11, 23). „Von den Juden habe ich fünfmal erhalten vierzig Geißelhiebe weniger einen. Ich bin dreimal mit Stöcken geschlagen, einmal gesteinigt worden; dreimal habe ich Schiffbruch erlitten, einen Tag und eine Nacht trieb ich auf dem tiefen Meer. Ich bin oft gereist, ich bin in Gefahr gewesen durch Flüsse, in Gefahr unter Räubern, in Gefahr unter Juden, in Gefahr unter Heiden, in Gefahr in Städten, in Gefahr in Wüsten, in Gefahr auf dem Meer, in Gefahr unter falschen Brüdern; in Mühe und Arbeit, in vielen Wachen, in Hunger und Durst, in viel Fasten, in Frost und Blöße." (2. Kor. 11, 25–27)

Die spätere Legende sucht das Bild des Apostels so zu zeichnen: „Ein Mann klein von Gestalt, mit kahlem Kopf und krummen Beinen, in edler Haltung mit zusammengewachsenen Augenbrauen und ein klein wenig hervortretender Nase, voller Freundlichkeit." (Taten des Paulus und der Thekla cap. 3) Diese Beschreibung wird nicht Anspruch auf wirkliche Kenntnis der Person des Paulus erheben können. Sie fußt auf den Angaben, die in seinen Briefen zu finden sind, und faßt sie zu dem Bild zusammen, das man sich vom Auftreten des

Paulus gemacht hatte. Daß dieser voller Freundlichkeit gewesen sei, stimmt schwerlich überein mit Erfahrungen, die seine Zeitgenossen mit ihm gemacht hatten. Seine Kritiker hielten ihm vor, wenn er anwesend sei, wirke er schwach und kümmerlich, und seine Rede sei kläglich. Seine Briefe aber – so setzen sie dagegen – wiegen schwer und sind stark (2. Kor. 10, 10). Aus dieser Bemerkung klingt heraus, worin die Kraft, die von diesem Mann ausging, begründet war. Aus seinen Briefen spricht die Schärfe seines Denkens, die den aufmerksamen Leser fesselt und ihn zu überzeugen vermag.

Wollen wir also erfahren, wer Paulus war und was er bewirkt hat, so sind wir auf das Studium seiner Briefe angewiesen. Weder von Jesus von Nazareth noch von Petrus oder einem anderen der zwölf Apostel besitzen wir Dokumente, die sie selbst verfaßt haben. Doch der Apostel Paulus hat Schriftstücke hinterlassen, die ohne Zweifel auf ihn selbst zurückgehen. Alsbald nach seiner Zeit hat man damit begonnen, seine Briefe zu sammeln, aber auch sie nachzuahmen und weitere Schreiben zu verfassen, die man ihm zuweisen wollte. Mit Hilfe kritischer Untersuchungen kann jedoch mit hinreichender Sicherheit zwischen den Briefen, die Paulus selbst zum Autor haben, und späteren Texten unterschieden werden. Zwar bieten die Briefe nicht genügend Anhaltspunkte, um einen durchgehenden Lebenslauf nachzeichnen zu können. Doch nimmt man ihre Angaben mit den Nachrichten zusammen, die die älteste christliche Überlieferung von Paulus aufbewahrt hat, so kann ein deutliches Bild von seinem Werk gewonnen werden. Dieses war in ungewöhnlicher Weise von seinem theologischen Denken geleitet. So ist sein Werk Ausdruck seiner grundlegenden Erkenntnisse, die sein Handeln prägend bestimmt haben und die über die Jahrhunderte hinweg kraftvoll wirksam geblieben sind.

Das Urteil, das man über Paulus abgab, war von Anfang an höchst unterschiedlich. Ungeteilter Zustimmung, in der sich seine Mitarbeiter dem Apostel verbunden wußten, stand schroffe Ablehnung, aber auch kühle Gleichgültigkeit gegenüber. Will man sich nicht vorschnell eine Meinung bilden, sondern sich bemühen, möglichst genaue Einsichten zu gewinnen, so wird mit der Sorgfalt des Historikers dem vergangenen Geschehen nachzuspüren sein, um dessen bis heute anhaltende Bedeutung angemessen würdigen zu können.

Dieser Aufgabe soll die hier vorgelegte Darstellung dienen, die sowohl die geschichtlichen Voraussetzungen, von denen Leben und Werk des Paulus bestimmt waren, wie auch den unlöslichen Zusammenhang zwischen seiner rastlosen Tätigkeit und seiner Theologie verständlich zu machen sucht. Biblische Schriften und antike Texte sind in der üblichen Weise zitiert; auf ihre Abkürzungen wird am Ende des Buches hingewiesen. Dasselbe gilt von der einschlägigen wissenschaftlichen Literatur, die am Schluß der Darstellung zu den einzelnen Abschnitten angegeben wird. In gebotener Auswahl werden die wichtigsten Arbeiten aus der neueren Diskussion aufgeführt. Ältere Studien werden nur dann berücksichtigt, wenn sie bis heute für die Urteilsbildung von Bedeutung sind. Diese Hinweise müssen sich darauf konzentrieren, aus der Überfülle der internationalen Diskussion die wichtigste Literatur zu nennen, und können keine vollständige Übersicht bieten. Sie mögen Lesern dienlich sein, die nähere Auskunft über Probleme zu erhalten wünschen, die weiterhin strittig beurteilt werden. Sind in den Ausführungen, die möglichst flüssig lesbar bleiben sollten, die Namen von Vertretern unterschiedlicher Ansichten genannt, so sind die entsprechenden Literaturhinweise am Ende des Buches zu finden.

Für die Taschenbuchausgabe sind Aufriß und inhaltliche Gestaltung nicht verändert worden. Doch alle Kapitel wurden sorgfältig durchgesehen, um einige Druckfehler und Versehen zu verbessern und hier und da kleinere Ergänzungen vorzunehmen. Die Literaturhinweise, die sich am Ende des Buches finden, sind durch eine Aufstellung wichtiger neuerer Veröffentlichungen erweitert worden.

I. Die Anfänge des Paulus

1. Die Quellen

Nachrichten über den Apostel Paulus sind nur in der christlichen Überlieferung enthalten. Die außerchristliche Literatur der Alten Welt, die gelegentlich von der frühen Kirche Kenntnis nehmen konnte, erwähnt seinen Namen nirgendwo. Diese Feststellung gilt auch gegenüber einer Notiz in der talmudischen Tradition, die an einen Satz aus dem alttestamentlichen Buch der Sprüche (21, 8) – „Wer mit Schuld beladen ist, geht krumme Wege" – die Erläuterung knüpft, dieses Wort sei auf den Mann zu beziehen, „der sich der Beschneidung und den Geboten entfremdete" (Midrasch Ruth Rabba I, 1). Gelegentlich hat man gefragt, ob mit dieser Bemerkung auf Paulus angespielt werde, ohne ihn genauer zu kennzeichnen (Baeck). Doch wäre solcher Bezug zu vage, als daß man wirklich eine gegen Paulus gerichtete Polemik annehmen könnte. Es bleibt also dabei, daß nur christliche Texte von Paulus reden.

Unter diesen Quellen kommt die größte Bedeutung den Briefen zu, die der Apostel selbst verfaßt hat. Im Kanon des Neuen Testaments sind insgesamt 13 Schriften enthalten, deren Entstehung auf Paulus zurückgeführt wird. Wissenschaftliche Forschung hat nach langen Diskussionen zu einem weithin anerkannten kritischen Konsens geführt. Danach sind als authentische Dokumente der erste Brief an die Thessalonicher, der Brief an die Galater, die beiden Briefe an die Korinther, der Brief an Philemon, der Brief an die Philipper und der Brief an die Christen in Rom anzusehen. Über die Fragen, die sowohl ihre zeitliche Einordnung in Leben und Werk des Apostels wie auch ihre literarische Integrität betreffen, wird im Zusammenhang mit der Darstellung des missionarischen Wirkens des Paulus des näheren zu sprechen sein. Kurz zu begründen ist jedoch, warum die übrigen Briefe, die gleichfalls unter dem Namen des Paulus in den neutestamentlichen Kanon Eingang gefunden haben, auf Grund kritischer Untersuchungen ihm nicht zuerkannt werden können (s. u. S. 267–274).

Der 2. Thessalonicherbrief liest sich weithin wie ein Kommentar, der eine zu hoch gespannte endzeitliche Erwartung des ersten Briefes korrigieren möchte. In seinen Ausführungen schließt er sich auf längere Strecken an die Redeweise des ersten Briefes an und wird daher gleichsam als eine nachträgliche Lesehilfe zu dessen Verständnis entstanden sein.

Auf nachpaulinische Abfassung deuten in den beiden inhaltlich verwandten Briefen an die Kolosser und an die Epheser sowohl der Sprachgebrauch und der komplizierte Satzbau wie auch der Gedankengang hin. Die Lehre von der Kirche ist nicht mehr von der Situation konkreten Gemeindelebens, sondern von einer universalen Vorstellung des den ganzen Kosmos umgreifenden Christusleibes bestimmt. Diese und weitere Beobachtungen zur inhaltlichen Gestaltung der Texte sprechen dafür, ihre Entstehung in die Zeit um 80 n. Chr. anzusetzen. Schüler des Apostels beriefen sich auf ihn, um in einer veränderten Situation die Stimme des Lehrers, wie sie ihn verstanden hatten, zu Gehör zu bringen.

Entsprechend fällt auch die Beurteilung der sog. Pastoralbriefe aus, die an Timotheus und Titus gerichtet sind. Sie waren enge Mitarbeiter des Apostels und erhalten nun nähere Anweisungen darüber, wie das Leben der Gemeinden geordnet und gegen die Einflüsse falscher Lehre geschützt werden soll. Sowohl das verwendete Vokabular wie auch die Ausarbeitung einer kirchlichen Gemeindeordnung weisen auf eine Entstehung gegen Ende des 1. Jahrh. n. Chr. Ähnlich wie die anderen nachpaulinischen Schriften werden auch diese Hirtenbriefe aus einer paulinischen Schultradition hervorgegangen sein. Sie wollte das Erbe des Apostels wahren, indem sie es in Auseinandersetzung mit neu begegnenden Problemen weiterentwickelte. Man hielt bewußt am Namen des Paulus fest, weil es den Verfassern darauf ankam, das apostolische Vermächtnis zu erhalten und gegen mögliche Mißdeutung abzugrenzen.

Die sog. Deuteropaulinen, wie die Forschung diese Schriften bezeichnet, sind somit nach der Zeit des Paulus unter seinem Namen in Umlauf gebracht worden. Sie können zwar ein Bild von der Wirkung vermitteln, die vom Lebenswerk des Apostels ausgegangen ist. Nur die eingangs genannten Briefe, deren paulinischer Ursprung als gesichert gelten kann, sind jedoch für die Urteilsbildung heranzuziehen, die der Würdigung seines Wirkens gilt.

Der Kanon neutestamentlicher Schriften enthält neben den paulinischen Briefen in der Apostelgeschichte ein weiteres Werk, das eine Fülle von Nachrichten über Paulus bietet. Sie gehört als zweiter Teil mit dem Lukasevangelium zu einer großen Darstellung zusammen, die Predigt und Leidensweg Jesu sowie die Anfänge der Christenheit beschreibt. Der Autor dieses Werkes, den die spätere Tradition mit Lukas, dem Reisebegleiter des Paulus (Kol. 4, 11; Phm. 24; 2. Tim. 4, 11), in Zusammenhang gebracht hat, möchte gebildeten Lesern in der hellenistischen Welt die christliche Botschaft nahebringen und sie von deren Wahrheit überzeugen. Dabei bedient er sich eines gepflegten griechischen Stils und schließt sich an Vorbilder antiker Geschichtsschreibung an, indem er durch Erzählung von vielerlei Begebenheiten das Interesse seiner Leser zu wecken und zu erhalten sucht. Manche ihm überkommene Traditionen und Notizen hat er aufgenommen und in seine Darstellung eingearbeitet. Doch vielfach hat er – auch darin antiker Historiographie folgend – Reden der handelnden Personen selbst komponiert, um sie in den großen Rahmen des von ihm gekennzeichneten Bildes einzufügen. Gegen Ende des 1. Jahrh. n. Chr. schreibend, möchte er eine anschauliche Schilderung der Anfänge bieten, die der Lauf des Evangeliums von Jerusalem bis Rom genommen hat, um aus deren Betrachtung die überzeugende Kraft der frohen Botschaft deutlich werden zu lassen. Wird der erbauliche Charakter der Apostelgeschichte beachtet, so kann ihren Nachrichten der eine oder andere Anhaltspunkt entnommen werden, der für die Einordnung des paulinischen Wirkens in die Anfänge der Kirche von Bedeutung ist. Doch verbietet es sich, vorschnell Daten, die sich in der Apostelgeschichte finden, mit Angaben der authentischen Paulusbriefe zu verknüpfen. Vielmehr müssen die Berichte der Apostelgeschichte jeweils kritisch an den Briefen des Apostels geprüft werden.

Aus der alten Kirche sind noch einige weitere Dokumente überkommen, die den Namen des Paulus als Autor tragen. Doch führen sie diesen mit Sicherheit zu Unrecht an. In den apokryphen Paulusakten findet sich ein fingierter Briefwechsel zwischen der Gemeinde von Korinth und dem Apostel, der bereits gegen Ende des 2. Jahrh. entstanden sein wird. Der sog. 3. Korintherbrief nimmt verschiedene Wendungen aus der kanonischen Korrespondenz auf und verschärft diese durch seine antignostische Polemik.

Der sog. Laodizenerbrief ist auf Grund einer Notiz im Kolosserbrief entstanden, nach der die Gemeinde aufgefordert wird, ihren Brief auch der benachbarten Gemeinde in Laodizea zu geben und ihrerseits den von Laodizea zu lesen (4, 16). Weil man dieses Schreiben nicht besaß, wollte man dem Mangel abhelfen und verfaßte in lateinischer Sprache ein entsprechendes Schriftstück. Dabei bediente man sich weithin geläufiger Ausdrücke aus den bekannten Paulusbriefen, nach denen es z. B. heißt: „Und im übrigen, Geliebte: Freut euch in

Christus und hütet euch vor denen, die auf schmutzigen Gewinn aus sind. Alle eure Bitten seien offen vor Gott und seid fest im Sinne Christi.“ (V. 13 f.) Da ein griechischer Text nicht bekannt ist, ist anzunehmen, daß das Schriftstück – etwa im 3. Jahrh. n. Chr. – im Westen entstanden ist.

Zum höheren Ruhm des Apostels erdichtete man – wahrscheinlich gleichfalls im 3. Jahrh. n. Chr. – einen Briefwechsel zwischen dem Philosophen Seneca und Paulus. Verschiedene Anklänge an stoische Ausdrücke, die sich in den paulinischen Briefen finden, mochten den Gedanken nahelegen, nähere Beziehungen des Paulus zur Stoa zu beschreiben. Wie Seneca im Kreis der Philosophen hohes Ansehen genoß, so in entsprechender Weise Paulus bei den Seinen. Spendet der Gelehrte dem Apostel anerkennendes Lob, so fordert dieser ihn auf, sich zum neuen Herold Jesu Christi zu machen, indem er durch seine rhetorische Verkündigung die unwiderlegliche Wahrheit zum Ausdruck bringe. Diese später entstandenen Texte mögen zwar vom Paulusbild Kenntnis geben, das man sich in der alten Kirche zurechtmachte. Doch sind ihnen keinerlei Anhaltspunkte zu entnehmen, die für eine historisch gesicherte Darstellung zu verwenden wären. Legendären Apostelakten, die späterer Betrachtung entstammen, kann gleichfalls kein Geschichtswert zuerkannt werden.

2. Die Herkunft

Nur an wenigen Stellen seiner Briefe gibt der Apostel kurze Hinweise zu seiner Herkunft. Nicht ohne leisen Stolz erwähnt er, daß er einer denggläubigen Familie entstamme: Er sei – wie es den Vorschriften des Gesetzes entspricht – am achten Tag nach seiner Geburt beschnitten worden, komme aus dem Volk Israel, gehöre zum Stamm Benjamin und sei „Hebräer von Hebräern“ (Phil. 3, 5). Und Leuten, die sich ihrer jüdischen Abkunft rühmen, hält er entgegen: „Sie sind Hebräer – ich auch! Sie sind Israeliten – ich auch! Sie sind Abrahams Kinder – ich auch!“ (2. Kor. 11, 22) Paulus kam – wie Stil und Argumentation seiner Briefe beweisen – aus dem Judentum griechischer Sprache, das überall im Mittelmeerraum, vor allem in den größeren Städten, sich in Synagogen sammelte und sein Leben nach den Weisungen des Gesetzes zu führen suchte.

Die Apostelgeschichte geht über die Angaben, die sich in den paulinischen Briefen finden, hinaus, indem sie berichtet, Paulus sei ein jüdischer Mann aus Tarsus in Cilicien, Bürger einer namhaften Stadt (Apg. 21,39; 22,3). Tarsus, im Süden Kleinasiens gelegen, war in der Tat eine bedeutende Stadt. Nach dem Bericht des hellenistischen Geographen Strabo hat es dort „alle Arten von Schülern der rhetorischen Künste" gegeben (Geogr. 14, 5, 13) und hatten hier verschiedene Kulte von Gottheiten ihren Ort, unter ihnen der des Vegetationsgottes Sandon-Herakles. Ein junger Mann konnte in dieser Umgebung manche Eindrücke aus der synkretistischen Welt in sich aufnehmen. Doch ob Paulus wirklich in Tarsus aufgewachsen ist, muß ungewiß bleiben, weil er selbst über seine Vaterstadt schweigt. Da die Apostelgeschichte weder Jerusalem noch eine andere berühmte Stadt für die Herkunft des Paulus angibt, mag einige Wahrscheinlichkeit dafür sprechen, daß die Erwähnung von Tarsus zutreffender Überlieferung entnommen ist. Doch in jedem Fall ist unsicher, wie lange Paulus sich dort aufgehalten hat und wann er nach Jerusalem gegangen ist.

Eine Nachricht, die näheren Aufschluß geben könnte, findet sich erst im 4. Jahrh. n. Chr. im Kommentar des Kirchenvaters Hieronymus zum Philemonbrief. Dort heißt es, die Eltern des Paulus stammten aus Gischala in Palästina und seien infolge der Kriegswirren, die die Bevölkerung in Judäa schwer getroffen hatten, nach Tarsus verschleppt worden (Comm. in Ep. ad Philemonem zu V. 23). Danach ließe sich vorstellen, daß die Familie des Paulus noch nicht allzu lange Zeit in der jüdischen Diaspora heimisch gewesen ist. Doch verbieten sich weitere Erwägungen angesichts der Zurückhaltung, die der Apostel im Blick auf seine Herkunft wahrt.

Nach der Apostelgeschichte soll Paulus das Bürgerrecht der Stadt Tarsus besessen haben (21,39). Dieser Angabe wird der noch gewichtigere Hinweis hinzugefügt, er sei von Geburt an auch römischer Bürger (16,37; 22,28). Paulus selbst sagt nirgendwo, daß er im Besitz dieses Rechtes gewesen sei. Deshalb ist auch auf diese Frage keine eindeutige Antwort zu finden. Paulus bedient sich in allen Briefen nicht seines hebräisch-jüdischen Namens Saul, sondern führt stets den Namen Paulus, der in der hellenistisch-römischen Welt nicht allzu häufig vorkam. Ihn trägt er nicht – wie verbreitete Meinung annimmt (vgl. Apg. 13, 9) –, weil er als Christ einen Namenswechsel vorgenommen hätte. Sondern Juden wählten sich in der fremden Umgebung, in der sie lebten, oft einen zweiten Namen, der ihrem ursprünglichen Namen möglichst ähnlich klang, aber für Außenstehende sogleich verständlich war. Paulus folgt diesem Brauch und nennt sich wie selbstverständlich mit seinem griechisch-römischen Namen. Hierin ist vielleicht ein Hinweis darauf zu erkennen, daß er sich als römischer Bürger sicher zu bewegen wußte.

Ein weiteres Argument kann sich darauf gründen, daß der Prozeß des Paulus von Palästina nach Rom verlegt und dort entschieden wurde (s. u. S. 264f.). Ein so umständliches und zeitaufwendiges Verfahren hätte man bei einem unbekannten Mann aus der Provinz schwerlich gewählt. Paulus kann daher im Besitz des römischen Bürgerrechts gewesen sein, ohne daß er dieses sonderlich hervorgekehrt hätte. Doch eine sichere Entscheidung läßt sich auch hier nicht treffen.

Die Apostelgeschichte fügt den Angaben über die Herkunft des Paulus noch eine weitere wichtige Notiz hinzu: Er sei „geboren in Tarsus in Cilicien, aufgewachsen in dieser Stadt [= Jerusalem] und mit aller Sorgfalt unterwiesen im väterlichen Gesetz zu den Füßen Gamaliels" (22, 3). In der Antike verwendete man gern eine geprägte Ausdrucksweise, die von der Geburt, dem Aufwachsen und der Ausbildung eines Menschen sprach (van Unnik). Wenn es sich hier also um eine nach dieser Regel formulierte Aussage handelt, so muß diese doch nicht zwingend auf historische Daten zurückgehen. Der gebildete Verfasser der Apostelgeschichte kann sich durchaus seinerseits einer gepflegten Art des Ausdrucks bedient haben. Dennoch ist der mitgeteilte Inhalt von Bedeutung: Paulus sei von Tarsus nach Jerusalem gekommen und dort aufgewachsen.

Spricht die flüssige Handhabung der griechischen Sprache eindeutig dafür, daß Paulus aus der jüdischen Diaspora in der hellenistischen Welt kam, so schließt die Angabe, er sei Hebräer von Hebräern, die Auskunft ein, daß er auch der hebräischen und aramäischen Sprache mächtig gewesen ist. Doch können nur Vermutungen darüber angestellt werden, in welchem Lebensalter Paulus nach Jerusalem gekommen ist. Die Apostelgeschichte erwähnt, er habe dort Verwandte gehabt (23, 16). Im Galaterbrief aber heißt es, Paulus sei den christlichen Gemeinden in Judäa von Angesicht unbekannt gewesen (Gal. 1, 22). Sollte er daher erst kurz bevor er begann, sich gegen Christen zu wenden (s. u. S. 49–53), in Jerusalem eingetroffen sein? Auch zu diesen Fragen gibt es keine Anhaltspunkte, die eine sichere Schlußfolgerung erlauben.

Wahrscheinlich hat Paulus zumindest einige Zeit in Jerusalem verbracht, ehe er mit Christen in Berührung kam. Seine Bemerkung, er sei nach dem Gesetz ein Pharisäer gewesen (Phil. 3, 5), besagt, daß er dieser strenggläubigen Bewegung angehört und als ihr Mitglied schriftgelehrte Studien betrieben hat. Die Pharisäer bemühten sich, im

Gehorsam gegenüber dem Gesetz Israels zu leben und die Abgabe des Zehnten von allen Einkünften und jeglichem Besitz sowie die Reinheitsvorschriften genau zu erfüllen. Nach zeitgenössischen Berichten gehörten rund 6000 Mitglieder zu dieser Bewegung. Jedoch ist nichts darüber bekannt, daß pharisäische Gruppen auch außerhalb Palästinas gelebt hätten. Nach Mt. 23,15 wird Schriftgelehrten und Pharisäern vorgehalten, daß sie Land und Meer durchzogen, um einen Proselyten zu gewinnen. Aber hieraus ist keineswegs zu folgern, es habe auch in der Diaspora pharisäische Gemeinschaften gegeben. Einzelne Pharisäer werden sich auf Reisen begeben haben und dabei missionarisch tätig geworden sein.

Mitgliedschaft bei den Pharisäern und schriftgelehrtes Studium wird man nur bei einem etwas längeren Aufenthalt im Lande Israels haben praktizieren können. Zwar ist bekannt, daß sich auch in der babylonischen Diaspora schriftgelehrte Schulen herausgebildet haben. Deren Vertreter suchten aber stets mit den Gelehrten in Judäa und Jerusalem Fühlung zu halten. So ist der berühmte Hillel, der kurz vor der Zeit um Christi Geburt gewirkt hat, aus Babylon nach Palästina gekommen, um dort zu studieren. Da er – so wird berichtet – an einem kalten Wintertag das Eintrittsgeld zum Lehrhaus nicht hatte entrichten können, war er in die Fensteröffnung geklettert, um von dort aus dem Vortrag zu folgen. Dort war er vor Kälte erstarrt und wurde in dieser Lage von Studenten gefunden. So eifrig war sein Studium gewesen.

Sicherlich hat es auch in großen Gemeinden in der Diaspora wie z. B. in Alexandria eine Art von Schulbetrieb und gelehrtem Unterricht gegeben. Doch die angesehenen Schulen der herausragenden Gelehrten waren in Judäa und Jerusalem zu finden. Unter ihnen waren die des Hillel und die des Schammai die bekanntesten. Sie unterschieden sich in mancherlei Hinsicht voneinander. In der Regel fielen die von Hillel getroffenen Entscheidungen milder aus als die des Schammai. Während dieser eine Ehescheidung für erlaubt erklärte, wenn die Frau sich gegen Sitte und Ehre vergangen hatte, lehrte dagegen Hillel, der Mann dürfe die Frau entlassen, wann immer er an ihr etwas zu tadeln habe – und sei es, daß sie schlecht koche. Es komme allein darauf an, daß der Scheidebrief rechtsgültig ausgestellt sei. Aus der Schule Hillels ging Rabbi Gamaliel hervor, dessen Urteil nach Apg. 5,34–39 im Hohen Rat großes Ansehen genoß. In der jüdischen Tradition wird er als einer der frömmsten Lehrer verehrt. Nach Apg. 22,3 soll er der Lehrer des Paulus gewesen sein. Doch Paulus selbst nennt in seinen Briefen keinen Namen eines Lehrers, sondern erwähnt nur, er habe in seiner Treue zum Gesetz viele seiner Altersgenossen übertroffen und sich mit größtem Eifer für die Überlieferungen der Väter eingesetzt (Gal. 1,14).

Da in den paulinischen Briefen zahlreiche Hinweise zu finden sind, die auf Kenntnis gelehrter Traditionen und gebräuchlicher Regeln der Schriftauslegung hindeuten, hat man versucht, aus diesen auf die Schule zurückzuschließen, die Paulus durchlaufen habe (Jeremias). Zwar lassen sich die Grundsätze, nach denen Paulus die Schrift zu deuten pflegte, genauer beschreiben, doch können diese nicht mit Sicherheit einer bestimmten Schultradition zugewiesen werden. Ob er also eher den Auffassungen des Hillel oder aber den Ansichten des Schammai zugeneigt gewesen war, ist nicht auszumachen. Wohl aber ist es für das Verständnis seiner Entfaltung und Begründung der christlichen Botschaft von Bedeutung, die Voraussetzungen seiner jüdischen Bildung zu beachten, wie sie sich aus seinen Briefen erheben lassen.

3. Die Bildung

Ausdrucksweise und Stil, deren Paulus sich in seinen Briefen bedient, entsprechen der geläufigen griechischen Umgangssprache, wie sie überall im Mittelmeerraum verwendet und verstanden wurde. Die von ihm entfalteten Gedankengänge bieten aber keinen Anhaltspunkt für die Annahme, daß Paulus etwa nähere Kenntnisse klassischer Literatur oder von Schriften der bedeutenden Philosophen gehabt hätte. Nirgendwo findet sich ein Zitat, das auf die Bücher des Platon hindeutet. Und wenn 1. Kor. 15,33 ein Satz aus der Komödie Thais von Menander zitiert wird – „Schlechter Umgang verdirbt gute Sitten" –, so wird damit ein geflügeltes Wort aufgenommen, ist aber keine Lektüre eines griechischen Dichters vorauszusetzen. Nicht durch griechische Bildung, sondern durch Studium und Auslegung der Schrift sind Denken und Rede des Paulus bestimmt.

Die Sprache des Paulus ist in hohem Maß durch die griechische Bibel geprägt, wie sie in den Synagogen in Gestalt der sog. Septuaginta gelesen wurde (s. u. S. 32–36). Gelegentlich aber hat er auch auf den hebräischen Urtext zurückgegriffen, wie er ihm als „Hebräer von Hebräern" (Phil. 3,5) vertraut war. Unter den alttestamentlichen Schriften, auf die er sich bezieht, heben sich vor allem das Buch des Propheten Jesaja und die Psalmen heraus. Auf seinen langen Wegen wird Paulus kaum mehrere Schriftrollen oder gar eine Sammlung aller alttestamentlichen Bücher mit sich geführt haben. Als geschulter Theologe aber wird er weite Teile der heiligen Schrift auswendig gekannt haben, so daß er vielfach aus dem Gedächtnis zitieren oder Zusammenstellungen verschiedener Bibelworte wiedergeben konnte. Die ausgezeichnete Kenntnis der heiligen Überlieferung, über die ein jüdischer Gelehrter verfügen konnte, versetzte ihn in die Lage, sich stets auf Schriftworte berufen zu können, die er bereithielt und rasch anzuführen wußte. Für ihre Auslegung aber wurden bestimmte Regeln verwendet, wie sie im jüdischen Schulbetrieb der damaligen Zeit entwickelt und wenig später als allgemein anerkannte hermeneutische Grundsätze genauer festgelegt wurden.

In wie starkem Maß der Umgang des Paulus mit den heiligen Schriften durch seine theologische Bildung bestimmt ist, ist an vielen Beispielen zu beobachten. Wie jüdische Gelehrte es gern taten, reiht er wiederholt mehrere Zitate aneinander, die in dichter Folge einen wichtigen Gedanken unterstreichen. So wird die These, daß da keiner sei, der gerecht ist, durch eine Kette von überwiegend aus dem Psalter genommenen Sätzen betont, um zu belegen, daß vor Gott alle Welt schuldig sei (Röm. 3,10–19). Oder es werden verschiedene Bibelverse zusammengefügt, die mit Hilfe eines gemeinsamen Stichworts gedanklich verbunden werden (Röm. 15,9–12, Stichwort: Heiden). Indem das Geschick Israels, wie es ihm auf der Wüstenwanderung widerfuhr, auf die christliche Gemeinde gedeutet wird (1. Kor. 10,1–13), werden die Aussagen der Schrift „typologisch" interpretiert. Was einst geschah, soll als Typus für die Gegenwart verstanden werden.

In der hellenistischen Welt bediente man sich gern der sog. allegorischen Auslegung vorgegebener Texte: Ihrer ursprünglichen Absicht nach sollten diese etwas anderes aussagen, als es bei vordergründiger Betrachtung den Anschein hat. Diese eigentliche Bedeutung aber kann nur freigelegt werden, wenn man gleichsam die Seele des Textes von seiner äußeren Gestalt unterscheidet. Mit Hilfe dieser Methode suchten stoische Philosophen den Mythen im homerischen Epos einen tieferen Sinn abzugewinnen und ihre ethische Bedeutung aufzuzeigen. Diese allegorische Auslegungsweise wurde auch im hellenistischen Judentum verwendet, um aus biblischen Überlieferungen eine philosophisch einleuchtende Bedeutung zu erheben. Paulus nimmt diese Art der Erklärung gelegentlich auf und möchte z. B. Dt. 25,4 auf folgende Weise deuten. Dort heißt es: „Du sollst dem Ochsen, der da drischt, nicht das Maul verbinden." An dieses Zitat knüpft Paulus die Frage, ob Gott sich etwa um die Ochsen kümmere. Nein, wird geantwortet; denn in Wahrheit sei dieses Wort nicht um der Tiere willen gesagt, denen bei der Arbeit ein wenig Nahrung zukommen soll, sondern vielmehr um unseretwillen. Hieraus wird dann gefolgert, daß demjenigen, der im Dienst des Evangeliums steht, von der Gemeinde Unterhalt zu gewähren sei (1. Kor. 9, 9f.).

Auch im Galaterbrief bedient sich der Apostel der allegorischen Auslegungsmethode, indem er auf die Erzählung von den beiden Frauen Abrahams, Hagar und Sara, mit ihren Söhnen anspielt und bemerkt, diese sei allegorisch zu verstehen. Das soll heißen, daß Hagar mit ihrem Sohn auf die Knechtschaft und Sara mit Isaak auf die Freiheit zu deuten sei, zu der die Glaubenden berufen sind (4, 21–31).

Gern bedienen sich die Schriftgelehrten auch des sog. argumentum e silentio. Mit Hilfe dieser Argumentation folgert Paulus aus Ps. 32,1 f. – „Selig sind die, denen die Ungerechtigkeiten vergeben sind" –, hier sei ja nicht von der Bedingung die Rede, daß Werke aufzuweisen sind. Daher werde die Gerechtigkeit „ohne Zutun von Werken" von Gott zugerechnet (Röm. 4, 6–8).

Durch eine Schlußfolgerung vom Geringeren auf das Größere (a minori ad maius) wird vielfach die Interpretation einer Textaussage begründet. So sagt Paulus: „Wenn das Amt, das zur Verdammnis führt, Herrlichkeit hatte, wieviel mehr hat das Amt, das zur Gerechtigkeit führt, überschwengliche Herrlichkeit." (2. Kor. 3, 9; vgl. weiter Röm. 5, 15.17; 11, 12 u. ö.) Umgekehrt kann aber auch ein Schluß vom Größeren auf das Geringere (a maiore ad minus) vorgenommen werden: „Wenn wir mit Gott versöhnt worden sind durch den Tod seines Sohnes, als wir noch Feinde waren, um wieviel mehr werden wir gerettet werden durch sein Leben, nachdem wir versöhnt sind." (Röm. 5, 10; vgl. auch 8, 32; 11, 24 u. ö.)

Eine theologische Aussage kann verstärkende Begründung erfahren, indem zwei verschiedene Schriftstellen aus unterschiedlichen Zusammenhängen miteinander verknüpft werden, weil in beiden dasselbe Stichwort vorkommt und daher die eine die andere auszulegen vermag. So wird Röm. 4, 1–12 der Satz aus Gen. 15, 6 – „Abraham glaubte Gott, und das ist ihm zur Gerechtigkeit gerechnet worden" – mit Ps. 32, 2 verbunden – „Selig ist der Mann, dem der Herr die Sünde nicht zurechnet". Hier wie dort ist davon die Rede, daß etwas zugerechnet oder nicht angerechnet wird, so daß die Folgerung gewonnen wird, Anrechnung des Glaubens zur Gerechtigkeit sei gleichbedeutend mit Vergebung der Sünden.

In der Art seines Umgangs mit dem Alten Testament erweist sich Paulus als geschulter Theologe, der nicht nur aus intensivem Studium die Schriften genau kennt, sondern auch die Regeln beherrscht, nach denen sie auszulegen sind. Als Christ hat er sich weiterhin der Methoden bedient, die er im jüdischen Schulbetrieb erlernt hatte. Denn unverändert hält er an der Überzeugung fest, daß die Wahrheit theologischer Aussagen auf schlüssige Argumente zu stützen ist, die aus den heiligen Schriften zu gewinnen sind.

Die Bildung, die Paulus erfahren hatte, ist mithin ganz und gar auf jüdische Voraussetzungen gegründet. Auch der Christ Paulus ist sich ihrer bewußt und nimmt sie in die Verkündigung der christlichen Botschaft hinein, die er überall auszurichten hat. Zu keiner Zeit ist Paulus die Autorität der heiligen Schriften zweifelhaft gewesen. Sprechen diese doch nach seiner festen Überzeugung, wie er sie als Bote des Evangeliums vertritt, in deutlichen Worten für die Wahrheit des christlichen Bekenntnisses.

Zur Ausbildung eines Schriftgelehrten gehörte nicht nur theoretisches Studium, sondern auch praktische Tätigkeit. Er mußte ein Handwerk ausüben können, um sich von seiner Hände Arbeit selbst zu ernähren und unabhängig von der Hilfe anderer sein zu können. Auch Paulus hat ein Handwerk erlernt, das Apg. 18, 3 als das eines Zeltmachers bezeichnet wird. Zelte wurden in der damaligen Zeit vielfach aus Leder hergestellt, so daß ein Zeltmacher zugleich ein Lederarbeiter war. Der umherreisende Apostel kann daher gelegentlich bemerken, er sei nicht darauf angewiesen, Gaben aus den Gemeinden annehmen zu müssen, obwohl er durchaus das Recht gehabt hätte, sich von ihnen unterhalten zu lassen (Phil. 4, 14–18; 1. Kor. 9, 12–18). Durch sein Verhalten und seine praktische Arbeit konnte er die vollkommene Unabhängigkeit seiner Predigt wahren und das Evangelium ohne Entgelt verkündigen.

Auf seinen Reisen suchte Paulus immer wieder Synagogen auf, wie sie nahezu überall im Mittelmeerraum zu finden waren. Vornehmlich aber wandte er sich an die Heiden und durch sie an alle Welt. Paulus war nicht nur aus der jüdischen Diaspora gekommen und durch sie mit der griechischen Bibel vertraut, sondern er blieb auch als christlicher Prediger dem Erbe des hellenistischen Judentums verpflichtet, das sich zu Dialog und Auseinandersetzung mit der Welt der Völker geöffnet hatte.

II. Die Überlieferungen der Väter

Im Rückblick auf seinen Lebensweg sagt der Apostel Paulus, er sei einst als Jude gewissenhaft darum bemüht gewesen, den Geboten des Gesetzes und den Überlieferungen der Väter gehorsam zu sein (Gal. 1,14). Wie sah die Welt des Judentums aus, der Paulus entstammte? Und auf welche Weise wurde die von den Vätern überkommene Tradition aufgenommen und weitergeführt? Wie konnten sich die jüdischen Gemeinden inmitten der hellenistischen Welt, die rings um das Mittelmeer Leben und Denken der Menschen bestimmte, behaupten? Wie sollten sich die Juden gegenüber den vielerlei Einflüssen, die aus ihrer Umgebung auf sie eindrangen, verhalten? Und auf welche Weise konnten sie angesichts dieser Herausforderung ihre Identität bewahren?

1. Das Judentum in der hellenistischen Welt

Durch die siegreichen Feldzüge Alexanders d. Gr. hatte sich griechische Lebensweise überall im Vorderen Orient mit machtvoller Kraft ausgebreitet. Zwar waren einzelne griechische Händler, Kaufleute und Reisende schon in früheren Zeiten nach Palästina gekommen. Aber jetzt fand man sich weithin bereit, Sprache und Umgangsformen, Kultur und Geistesgut der Griechen anzunehmen. Griechische Siedlungen und Städte wurden an der Küste des Mittelmeers und im Binnenland gegründet, aber auch in den bestehenden Städten ließen sich Griechen nieder. Vielerorts gab man sich griechisches Stadtrecht. Fortan lebten die Juden überall in unmittelbarer Nachbarschaft von Griechen. Juden erlernten die Sprache der Fremden, so daß in den Tagen der ersten Christen viele Menschen in Palästina das Griechische verstehen und sprechen konnten. Die Apostelgeschichte berichtet beiläufig, wie man in Jerusalem überrascht gewesen sei, daß der soeben verhaftete Paulus sich nicht in griechischer, sondern in hebräischer bzw. aramäischer Sprache an die Volksmenge gewandt habe (Apg. 22,2). Offenbar hätte man das eine wie das andere ohne Schwierigkeiten verstehen können.

Mit der Sprache zog auch hellenistische Zivilisation in das Land. Denn die griechischen Siedler brachten ihre Lebensformen mit und hielten an ihnen fest. Griechische Bauten entstanden, Theater und Thermen wurden in den Städten errichtet, und in Gymnasien wurde Sport getrieben. Griechische Sitte bürgerte sich ein, indem man sich beim festlichen Mahl zu Tisch legte (vgl. Mk. 14, 18 Par., 22 Par.). Man gelangte in den Genuß der von den Griechen hochentwickelten ärztlichen Kunst (Mk. 5, 26 Par.). Wie die Griechen einen Gedankengang im Gespräch entfalteten und durch das Wechselspiel von Frage und Antwort die Lösung eines Problems zu finden suchten, so lernten nun die Juden, zu diskutieren und im Lehrgespräch die Wahrheit des göttlichen Willens zu erfragen und zu klären. Die Sympathie, die man in manchen jüdischen Kreisen für die überlegene Kultur und Zivilisation der Griechen empfand, ging so weit, daß es im 2. Jahrh. v. Chr. in Jerusalem Juden gab, die allen Ernstes der Meinung waren, sie seien mit den Spartanern verwandt, die ihrer untadeligen Gesetze wegen berühmt waren.

Unter der Herrschaft der Syrer, die sie seit der Wende vom 3. zum 2. Jahrh. v. Chr. über Palästina ausübten, kam es zu gewaltsamen Versuchen, den Prozeß der Hellenisierung auch auf den im Tempel verrichteten Kultus auszudehnen. Die dort vollzogene Verehrung des Gottes Israels sollte nun dem höchsten Gott der Griechen erwiesen, der jüdische Opferdienst aber unterbunden werden. Zwar entsprach es weit verbreiteter Anschauung, daß in den verschiedenen Religionen im Grunde genommen überall ein und dieselbe oberste Gottheit verehrt wurde und man daher auf alle Kulte die Gottesnamen der Griechen anwenden könne. Doch das Bekenntnis Israels konnte in solchem Verständnis keinen ihm angemessenen Ausdruck finden.

Dem Eigenleben der jüdischen Gemeinde sollte durch einschneidende Maßnahmen ein Ende gemacht werden. Den Juden wurde bei Androhung der Todesstrafe untersagt, den Sabbat zu halten und ihre Söhne zu beschneiden. Aufseher des syrischen Königs durchzogen das Land, um die Befolgung dieser Anordnungen zu überwachen. In Jerusalem wurde an der Stelle des Brandopferaltars ein heidnischer Altar errichtet und dort dem olympischen Zeus geopfert (167 v. Chr.). In jüdischen Kreisen, die sich der Berufung des Gottesvolkes verpflichtet wußten, wurden diese Eingriffe als Zeichen letzter Bedrohung verstanden, die man nicht ohne Widerstand hinnehmen dürfe. In der Landbevölkerung, die zäher als die Städter am Glauben der Väter festgehalten hatte, erhob sich Widerstand gegen die Fremdherrschaft. Unter Führung der Priesterfamilie der Makkabäer stellte man sich der Forderung, heidnische Opfer vollziehen zu sollen, entschlossen entgegen und entfachte dadurch eine Bewegung, die alsbald auch auf Jerusalem und das ganze Land übergriff. Im Jahr 164 v. Chr. gelang es, den entehrten Altar wieder seiner Bestimmung zurückzugeben und den Tempel neu zu weihen. Seither gedenkt das Judentum alljährlich dieses Ereignisses mit dem Fest der Tempelweihe, bei dem Lichter angezündet werden zum Zeichen dafür, daß Dunkel und Finsternis dem Licht weichen müssen.

In zähem Ringen konnte das jüdische Gemeinwesen seine Eigenständigkeit wahren und die politische Unabhängigkeit von den Syrern erkämpfen. Nacheinander führten die Brüder der Makkabäer die jüdische Streitschar an und gewannen den Sieg über die syrische Besatzung. Doch als der Makkabäer Jonathan im Jahr 153 v. Chr. das Amt des Hohenpriesters übernahm, ohne hohepriesterlichem Geschlecht zu entstammen, regte sich Widerspruch in den Kreisen der Frommen, die die makkabäische Erhebung zum wesentlichen Teil getragen hatten. Ein Mann, der sich ständig im Krieg verunreinigen mußte, hatte sich angemaßt, als Hoherpriester Israels zu amtieren. Die Kreise derer, die dem Gesetz gehorsam bleiben und nach seinen Weisungen leben wollten, traten in Opposition gegen die makkabäische Herrschaft. Die Pharisäer schlossen sich in Städten, aber auch auf dem Lande zu Gruppen zusammen. Sie sonderten sich vom übrigen Volk ab und verpflichteten sich zu strenger Befolgung der Gebote des Gesetzes sowie zur Wahrung priesterlicher Reinheit. Die Essener kritisierten das Verhalten der Makkabäer auf das schärfste und suchten durch das Beispiel ihrer Lebensführung darzustellen, was es heißt, dem Gesetz gehorsam zu sein. Und die Gemeinschaft derjenigen, die sich um einen zur Priesterschaft gehörenden Schriftgelehrten sammelten, den sie den „Lehrer der Gerechtigkeit" nannten, mußte aus Jerusalem weichen. Priester, die sich mit der Art und Weise, in der der Kult am Tempel vollzogen wurde, nicht einverstanden wissen konnten, folgten seiner Auslegung des Gesetzes und wurden zu Führern der „Söhne des Lichtes", als die die Gemeinschaft sich bezeichnete. Die Frommen, die sich ihrer Auffassung anschlossen, gründeten in der Wüste am Ufer des Toten Meeres ein Zentrum ihres Gemeinschaftslebens. Dort wurden die Schriften der Überlieferung Israels in hebräischer Sprache bewahrt, abgeschrieben und gründlich studiert, um sich bereitzuhalten für den Tag des Gerichtes Gottes, der in naher Zukunft anbrechen sollte.

Die Gruppen der Frommen vollzogen eine entschiedene Hinwendung zu den in der Sprache des Gottesvolkes überkommenen heiligen Büchern, ohne freilich der Kenntnis des Griechischen gänzlich abzusagen. Im Land blieb der Einfluß der hellenistischen Zivilisation auch unter der römischen Herrschaft, die auf die Zeit der Makkabäer folgte, unvermindert wirksam – sowohl unter Herodes, der als von Rom anerkannter König lange Zeit regierte, wie auch unter den römischen Statthaltern, die seit 6. n. Chr. über Samaria und Judäa zu bestimmen hatten.

Der römische Statthalter, der selbstverständlich griechisch sprach, residierte in Caesarea an der Mittelmeerküste und zog nur gelegentlich nach Jerusalem hinauf – meist zu den hohen jüdischen Festtagen. Denn dann kamen zahlreiche Pilger in die Stadt, und aufrührerische Bewegungen konnten unter den versammelten Scharen rasch um sich greifen, so daß es ratsam war, in solchen Fällen gleich zur Stelle zu sein. Das Eigenleben der Kultgemeinde und die Tätigkeit der Priesterschaft wurden von den Römern nicht angetastet. Im Tempel wurden keine Kaiserbilder aufgestellt, und die römischen Truppen zogen ohne ihre Feldzeichen in die Stadt ein. Da die oberste Rechtsgewalt in die Hand des Statthalters gelegt war, konnte das Synedrium zwar weiterhin die Angelegenheiten der Jerusalemer Kultgemeinde ordnen, nicht aber ein Todesurteil fällen und vollstrecken lassen.

Mittelpunkt der Judenschaft – im Mutterland wie auch in der weiten Diaspora – war und blieb Jerusalem. Hier stand der Tempel, hier wurde der tägliche Opferdienst versehen, hier wurden die hohen Wallfahrtsfeste begangen, zu denen zahlreiche Pilger in die heilige Stadt strömten. Im Land, das Israel gegeben ist, befindet sich daher ein Jude in der ihm von seinem Gott geschenkten Heimat, außerhalb aber ist er in der Fremde, in unreinem Land (vgl. 1. Sam. 26, 19 f.; Am. 7, 17), in der Zerstreuung unter den Völkern.

Verschiedene Ursachen hatten dazu geführt, daß viele Juden ins Ausland verschlagen worden waren, so daß überall im Mittelmeerraum jüdische Gemeinden anzutreffen waren. Manche Juden hatten sich auf die Wanderschaft begeben, um Handel zu treiben, den großen Straßen des Verkehrs zu folgen und sich in Städten niederzulassen. Viele waren durch bittere Not aus der Heimat vertrieben worden, weil die Kämpfe, die im 2. und 1. Jahrh. v. Chr. im Land wüteten, viel Elend mit sich gebracht hatten. Von der bäuerlichen Bevölkerung wurden durch die jeweils regierende Macht drückende Steuern eingetrieben. So mußte schon unter der syrischen Herrschaft ein Drittel der Getreide- und die Hälfte der Wein- und Ölernte an die Könige abgeführt werden (1. Makk. 10,29 f.), und die Römer forderten später den vierten Teil der Getreideernte (Josephus, Jüdische Altertümer XIV, 203). Die Armut stieg infolge der schweren Belastungen, so daß manche Juden es vorzogen, das Land zu verlassen und woanders ihr Glück zu suchen. Durch die Kriege waren viele Menschen hin und her geworfen oder als Kriegsgefangene in ferne Länder verschleppt worden. So waren schon in früher Zeit Juden – teils als Söldner, teils als Gefangene – nach Ägypten gekommen. Als die Römer den Vorderen Orient in ihre Gewalt brachten, wurden jüdische Gefangene auch nach Italien und nach Rom verschleppt. Wurden sie später freigelassen, so blieben manche in der Fremde. Die Judenschaft in der Diaspora wuchs aber auch dadurch, daß sich manche Nichtjuden ihr anschlossen. Überdies nahm die Zahl der Juden rascher zu als die der übrigen Bevölkerung, weil Kinderreichtum als Segen galt und es Juden streng untersagt war, Kinder auszusetzen.

Eine starke Judenschaft lebte seit der Zeit des Exils in Babylon. In Syrien waren durch Handel und Verkehr viele Juden ansässig geworden. Man traf sie auch in Kleinasien und Nordafrika. In Ägypten betrug die Zahl der Juden etwa eine Million, von denen ein großer Teil in Alexandria lebte (Philo, in Flaccum 43). Aber auch in kleineren Orten gab es jüdische Gemeinden, selbst in der römischen Militärkolonie Philippi befand sich ein jüdischer Betplatz (Apg. 16,13). Der jüdische Geschichtsschreiber Josephus schreibt gegen Ende des 1. Jahrh. n. Chr. mit ein wenig Übertreibung: „Man kann nicht leicht einen Ort in der Welt finden, welcher dieses Volk nicht beherbergt und nicht in seiner Gewalt ist. So kommt es, daß Ägypten und Cyrenäa, die in ihre Hände gefallen sind, und viele andere Städte die Sitten derselben nachahmen, der großen Schar der Juden auf ganz besondere Weise zugetan sind und mit ihnen mächtig werden, indem sie nach den altüberkommenen Sitten der Juden leben. In Ägypten haben sie Bürgerrechte, und ein großer Teil von Alexandria ist sogar diesem Volke besonders eingeräumt; sie haben einen eigenen Vorsteher, der ihre Angelegenheiten besorgt, ihre Händel schlichtet und ihre Kontrakte und Verträge bekräftigt, als wenn er ein selbständiger Herrscher wäre." (Jüdische Altertümer XIV, 115–117) Man wird die Zahl der Juden, die zur Zeit des Kaisers Augustus im Römischen Reich lebten, auf etwa 4½ Millionen – davon ½ bis ¾ Million in Palästina – schätzen dürfen, was einem Anteil von 7 % der Gesamtbevölkerung des Imperiums entspricht. Die Zahl der Diasporajuden hat also die der Juden, die im Mutterland lebten, weit übertroffen.

Unter Caesars Herrschaft waren der Judenschaft im Römischen Reich bestimmte Rechte zugestanden worden, die ungeachtet des Wandels der Zeiten erhalten blieben und Bestand und Ausbreitung des Judentums zu fördern geeignet waren. Die Juden waren vom Militärdienst befreit, sie brauchten am Sabbat nicht vor Behörden und Gerichten zu erscheinen, und die Gemeinden konnten ihre Angelegenheiten in eigener Verantwortung regeln. Jeder Jude entrichtete seinen Beitrag an den Tempel, indem er mindestens einen halben Schekel alljährlich an den Tempel zahlte (= eine Doppeldrachme = 1,30 Goldmark – ein Betrag, den ein Tagelöhner mit zwei Tagen Arbeit verdiente, vgl. Mt. 17,24–27; 20,2.9).

Der starke Einfluß des Hellenismus hatte die Juden in Palästina dazu veranlaßt, von den Griechen zu lernen, aber auch ihnen gegenüber die Eigenart ihres Lebens nach dem Gesetz zu behaupten. In der Diaspora kam die Judenschaft überall mit griechischer Kultur und Zivilisation in nahe Berührung und hatte sich ständig mit ihr auseinanderzusetzen. Man nahm nicht nur manche Lebensgewohnheiten der Griechen an, sondern verlor weithin auch die hebräische bzw. aramäische Muttersprache und bediente sich nur noch des Griechischen. Wo es möglich war, erwarben Juden das Bürgerrecht hellenistischer Städte, in denen sie wohnten, oder bemühten sich, das römische Bürgerrecht zu erhalten. Manche gaben sich dem Gedanken hin, Juden und Griechen könnten einmal zu einer einzigen Gemeinschaft zusammenfinden, in der die Einheit der Menschheit unter dem einen Gott verwirklicht sein würde.

Die Ereignisse der Makkabäerzeit, in der die Judenschaft ihr Leben nach dem Gesetz gegen hellenistische Überfremdung hatte verteidigen müssen, wirkten sich nicht nur für die Juden in Palästina, sondern auch für die ganze Diaspora dahin aus, daß sie sich erneut auf ihr Eigenleben besannen und um des Gesetzes willen deutlicher von der nichtjüdischen Umwelt abgrenzten. Wenn man sich der philosophischen Begrifflichkeit der Griechen bediente und mit ihrer Hilfe den Glauben Israels auch der nichtjüdischen Umwelt verständlich zu machen suchte, so wollte man sich dabei zugleich dessen vergewissern, daß man auch in der Diaspora mit guten Gründen am Erbe der Väter festhielt. Der Gott Israels ist der Schöpfer der ganzen Welt, dessen Logos das All durchwaltet und dessen Schöpferwerke – so sagte man im Anschluß an stoische Gedanken – auf seine Allmacht hinweisen, so daß man aus dem Betrachten der Natur darauf schließen kann, daß Gott über ihr und in ihr ist. Er will, daß die Menschen ein vernunftgemäßes Leben führen, und hat dieser Forderung ihren tiefsten Ausdruck im Gesetz des Mose gegeben. Dessen Bestimmungen wurden von der jüdischen Diaspora in erster Linie als ethische Weisungen verstanden und ausgelegt. Dabei bemühte man sich darum, die göttlichen Gebote mit der sittlichen Verpflichtung des Menschen in Einklang zu bringen, wie sie von der griechischen Philosphie gelehrt wurde.

In der Diaspora verloren endzeitliche Erwartung und messianische Hoffnung an Bedeutung. Denn wie wollte man sich in fremden Ländern das Auftreten eines Messias denken, der den Glanz des Volkes Israel wiederherstellen sollte? In Lehre und Unterweisung nahm die Ethik, die dem einzelnen Anweisungen für Leben und Handeln gibt, den ersten Platz ein. Die kultischen und rituellen Vorschriften des Gesetzes aber deutete man vielfach mit Hilfe der allegorischen Auslegungsmethode (s. o. S. 23 f.) in sittliche Gebote um, so daß das Gesetz Israels als eine Summe ethischer Regeln erklärt werden konnte. Man suchte hervorzuheben, die Philosophen seien letztlich als Schüler des Mose zu verstehen, von dem sie alle gelernt hätten. Die jüdische Propaganda verfertigte daher mancherlei Sätze, die man griechischen Schriftstellern unterschob, um jene Übereinstimmung nachweisen zu können.

2. Die griechische Bibel

Damit die jüdischen Gemeinden in der hellenistischen Welt am Gesetz festhalten konnten, mußte das Gotteswort aus der hebräischen in die griechische Sprache übertragen werden. Wahrscheinlich ist zunächst in den Synagogen der hebräische Text mündlich übersetzt worden, alsbald aber ist dann eine schriftliche Übersetzung entstanden. Im Aristeasbrief, einer Schrift aus dem Ende des 2. Jahrh. v. Chr., heißt es, der König Ptolemäus II. Philadelphus (284–247 v. Chr.) sei durch seinen Bibliothekar Demetrius darauf aufmerksam gemacht worden, in seiner Bibliothek fehle eine griechische Übersetzung des Gesetzes der Juden. Daraufhin habe er sofort die notwendigen Maßnahmen getroffen, um diese empfindliche Lücke zu schließen. Er schickte – so der Aristeasbrief – Botschaft zum Hohenpriester nach Jerusalem und erbat sich 72 Gelehrte, aus jedem Stamm Israels sechs, die die Aufgabe übernehmen sollten, das Gesetz für seine Bibliothek ins Griechische zu übertragen. Der Hohepriester entsprach dem Wunsch; die 72 Gelehrten wurden in Alexandria mit hohen Ehren empfangen und machten sich auf der Insel Pharos, die vor Alexandria liegt, ans Werk. Am Abend jeden Tages trugen sie zusammen, was jeder erarbeitet hatte, und kamen durch gegenseitigen Vergleich überein, wie der Wortlaut des Textes zu bestimmen sei. Nach 72 Tagen war das Werk vollendet: Die griechische Fassung des Gesetzes wurde der versammelten jüdischen Gemeinde vorgelesen. Der Jubel war groß, ungeteilt die Bewunderung für die Genauigkeit und Sorgfalt der Wiedergabe, so daß alle erklärten: „Da die Übersetzung in schöner, frommer und durchaus genauer Weise gefertigt ist, so ist es recht, daß sie in diesem Wortlaut erhalten werde und keine Änderung stattfindet." (Aristeasbrief 310) Nach dieser Erzählung hat dann die griechische Übersetzung ihren Namen erhalten, indem die Zahl 72 zu 70 (lateinisch = septuaginta) abgerundet wurde.

Der legendäre Charakter des Berichtes ist unverkennbar. Er soll die Würde des Gesetzes, nach dem die jüdischen Gemeinden in der hellenistischen Welt lebten, aufzeigen. Auch ein heidnischer König ist von seiner Hoheit überzeugt und setzt alles daran, um eine griechische Fassung herstellen und in seine Bibliothek einreihen zu lassen. Sieht man von diesen Zügen ab, so sind dieser Überlieferung durchaus einige historisch zutreffende Hinweise zu entnehmen. Die jüdischen Gemeinden in Ägypten werden in der Tat eine griechische Übersetzung des Gesetzes benötigt haben. Um diesem Werk in allen Gemeinden Eingang zu verschaffen, wird man sich von der Diaspora aus mit Jerusalem in Verbindung gesetzt und um Unterstützung bei der Durchführung des Vorhabens nachgesucht haben. Auch die von der Legende genannte Zeit – erste Hälfte des 3. Jahrh. v. Chr. dürfte richtig angegeben sein. Die Juden Ägyptens konnten ohne jede Schwierigkeit mit Jerusalem verkehren, Botschaften gingen hin und her, wie das uneingeschränkt in der Zeit möglich war, als Palästina unter der Herrschaft der in Ägypten regierenden Ptolemäer stand und das jüdische Gemeinwesen sich weitgehender Selbstverwaltung erfreuen konnte. Die Erzählung spricht nur von der Übersetzung des Gesetzes, nicht aber der anderen biblischen Bücher. Der Pentateuch war und ist für das Judentum das wichtigste Stück der Schrift, von dem her alle anderen Bücher zu verstehen sind. Daher werden zuerst die fünf Bücher Mose in der hellenistischen Diaspora Ägyptens unter Mithilfe von Gelehrten aus Jerusalem übersetzt worden sein.

Die übrigen heiligen Schriften wurden dann nach und nach gleichfalls ins Griechische übertragen. Wortgebrauch und Stil, aber auch

Genauigkeit und Zuverlässigkeit der Übersetzungen stehen keineswegs überall auf gleicher Höhe. Während der Pentateuch sehr gut übersetzt ist, sind die Übertragungen einiger prophetischer Texte, wie z. B. des Jesajabuches, weniger glücklich ausgefallen. Und die griechische Fassung des Danielbuches stellt eher eine Umschreibung als eine Übersetzung dar.

Da für das hellenistische Judentum eine Grenze des Kanons noch nicht endgültig gezogen war, wurden in die Septuaginta noch weitere Bücher aufgenommen, die im 2. und 1. Jahrh. v. Chr. entstanden, so daß der Kreis der Schriften im griechischen Alten Testament umfangreicher ist als der hebräische Kanon, wie er später der Lutherbibel zugrunde gelegt wurde. Im ganzen stehen darin neun Bücher mehr als in der hebräischen Bibel: die Bücher Judith und Tobit, die vier Makkabäerbücher, das Buch Sirach sowie die Weisheit und die Psalmen Salomos. Dazu kommen noch einige Überarbeitungen bzw. Ergänzungen zu alttestamentlichen Schriften: der griechische Esra, die Oden, das Baruchbuch, der Brief des Jeremia, Susanna, Bel und der Drache sowie einige Erweiterungen zum Buch Esther. Ein Teil dieser Schriften geht auf einen hebräischen Urtext zurück, ein Teil aber ist original griechisch abgefaßt wie z. B. das 4. Makkabäerbuch.

Durch die Übersetzung der biblischen Schriften nahmen manche griechischen Wörter auf Grund der ihnen entsprechenden hebräischen Ausdrücke einen neuen Gehalt an. Verstanden die Griechen unter „doxa“ den Anschein, die Meinung, so wurde nun das Wort „doxa“ unter dem Einfluß des hebräischen „qabod“ an vielen Stellen in der Bedeutung von Glanz, Herrlichkeit verwendet. Mit hebräisch „panim“ wird die dem Betrachter zugewandte Seite bezeichnet, so daß nicht nur das Gesicht eines Menschen „panim“ genannt wird, sondern auch vom „Gesicht der Erde bzw. des Landes“ (Gen. 2,6 u. ö.) oder vom „Gesicht des Altars“ (1. Kön. 8,22.31 u. ö.) gesprochen werden kann. Unter Einwirkung der hebräischen Redeweise wird daher der Bedeutungsgehalt des griechischen Wortes „prosoopon“ ausgedehnt und auch in übertragener Weise auf die dem Blick sich darbietende Seite von Gegenständen angewendet. Weil im Hebräischen Adjektive in weitaus geringerem Umfang als im Griechischen gebräuchlich sind, bedient man sich stattdessen häufig eines im Genitiv angehängten Substantivs, um eine nähere Charakterisierung anzuzeigen. Da diese Redeweise in der Septuaginta vielfach beibehalten wurde, entstehen hebraisierende Ausdrücke wie „die Straße der Gerechtigkeit“ (= die rechte Straße) (Ps. 23,3). Im Hebräischen sind häufig an Substantive Suffixe angehängt, um das Beziehungsverhältnis anzugeben; sie werden im Griechischen der Septuaginta meist durch angefügte Personalpronomina „meiner", „deiner", „seiner" usw. ersetzt. Infolgedessen wurden Wendungen gebildet, die im Griechischen zwar nicht unmöglich, aber nicht üblich waren. Im hebräischen Satz steht in der Regel das Verbum am Anfang, die Satzteile sind nicht in kunstvolle Perioden gefaßt, sondern lediglich durch „und" aneinandergereiht. Dieser Satzbau bleibt in der griechischen Übersetzung meist unverändert. Daher wird sehr häufig das Prädikat gleich zu Beginn genannt und werden nur durch ein verknüpfendes „und" die einzelnen Aussagen zusammengeschlossen. Dieser Sprache, die bei der Verlesung der Texte im jüdischen Gottesdienst laut wurde, eignete ein ausgesprochen biblischer Charakter, der vielfach auch die freie Erzählung im Kanon überlieferter Geschichten beeinflußte.

Ist auf der einen Seite das Griechisch der Septuaginta durch die Vorlage des hebräischen Textes beeinflußt, so ist auf der anderen Seite auch das Bestreben der Übersetzer unverkennbar, sich einer Begrifflichkeit zu bedienen, durch die sie griechisch sprechenden Lesern die Bedeutung der biblischen Rede verständlich machen könnten. Wo es möglich ist, sucht man Anthropomorphismen von Gott fernzuhalten und einen vernünftigen Gottesbegriff zu bezeugen. Statt von der Hand Gottes wird dann von seiner Macht gesprochen (Jos. 4, 24), und die Allmacht Gottes wird unterstrichen, indem die Wendung „Jahwe Zebaoth" durch „Kyrios Pantokrator" wiedergegeben wird. Gott ist in seiner Hoheit weit vom Treiben der Menschen geschieden, so daß nicht Gott selbst, sondern ein Engel dem Mose erscheint (Ex. 4, 24). Als Mose am brennenden Dornbusch nach dem Namen Gottes fragte, wurde ihm geantwortet: „Ich bin, der ich bin." (Ex. 3, 14) In der Septuaginta wird diese Gottesbezeichnung als „Ich bin der Seiende" wiedergegeben und Gott damit als das wahre und höchste Sein beschrieben, wie es im griechischen Denken vorgestellt wird. Er ist der Schöpfer und Herr über alle Welt, der durch sein Wort seinen Willen kundgibt und durch das Gesetz allen Menschen sein Gebot mitteilt, um sie zu sittlichem Handeln zu führen. Wer ihm folgt, wird den Weg zur Erlangung von Tugend, Glück und Frieden finden (vgl. 4. Makk. 1, 15 f.).

Sprache und Botschaft der Septuaginta haben dem frühen Christentum den Weg bereitet, auf dem es in die hellenistische Welt vorstoßen konnte. Das griechische Alte Testament war die Bibel der ersten christlichen Gemeinden, die in rascher Folge in den Städten des Römischen Reiches entstanden. In der Sprache, die durch die griechische Übersetzung der heiligen Schriften geformt war, konnte die christliche Predigt zuerst in den Synagogen und dann auch unter Nichtjuden verkündigt werden. Mit ihren Worten war darzulegen, daß in der Botschaft des Evangeliums die Verheißungen der Propheten in Erfüllung gegangen sind.

3. Die Synagogen

Die jüdischen Gemeinden, die sich überall in der hellenistischen Welt zusammenfanden, versammelten sich zum Gottesdienst in ihren Synagogen. Wo zum ersten Mal eine Synagoge errichtet worden ist, ist nicht mehr auszumachen. Die Juden, die nach der Eroberung Jerusalems im Jahr 587 v. Chr. nach Babylon verschleppt worden waren und im Exil leben mußten, könnten sich dort Stätten errichtet haben, an denen sie das Wort und Gebot Gottes hören und zu ihm beten konnten. Doch fehlen sowohl archäologische Funde wie auch literarische Nachrichten. Die ersten sicheren Zeugnisse stammen aus dem 3. vorchristlichen Jahrh.; damals gab es bereits Synagogen in der ägyptischen Diaspora. Für das 2. Jahrh. v. Chr. wird dann eine Synagoge in Antiochia erwähnt. Der Ursprung der Synagoge wird daher in der Diaspora zu suchen sein, wo die Juden zerstreut unter andersgläubigen Völkern lebten. Die Einrichtung der Synagoge hat sich dann nicht nur in der Diaspora, sondern auch in Palästina durchgesetzt, so daß zur Zeit der ersten Christen in jeder Ortschaft, in der Juden wohnten, auch eine Synagoge gestanden hat. Auch in der heiligen Stadt gewannen Synagogen ihren Platz. Denn während im Tempel ein regelmäßiger Kult verrichtet wurde, dienten die Synagogen der Vorlesung und Auslegung biblischer Texte, dem Gebet der Gemeinde und dem Unterricht von Kindern. In größeren Städten wie Jerusalem, aber auch in Rom, Alexandria oder Antiochia, gab es mehrere Synagogen. Die Verbindung von Gesetz und Synagoge war den Juden so selbstverständlich, daß man meinte, seit den Tagen des Moses habe es schon immer Synagogen gegeben (Apg. 15,21).

Das Synagogengebäude, in dem sich die Gemeinde zusammenfand, war meist ein langgestrecktes, rechteckiges Haus, das in Richtung auf Jerusalem orientiert war. An seinem Eingang standen Krüge mit Wasser, damit jeder, der die Synagoge betreten wollte, die rituellen Reinigungen vornehmen konnte. Der Betsaal war schlicht und einfach. In einer Nische wurden die Schriftrollen verwahrt, die zum Gottesdienst hervorgeholt wurden. In älterer Zeit benutzte man einen transportablen hölzernen Schrein, später wurde an der Seite des Gebäudes, die nach Jerusalem gewandt ist, ein Thoraschrein fest eingebaut.

Im Gottesdienst wurde angesehenen Leuten ein besonderer Platz angewiesen. Waren Gelehrte anwesend, so saßen sie auf der Kathedra des Mose, dem Volk zugewandt, so daß jeder sie sehen konnte. In manchen Synagogen war der Fußboden mit Mosaiken geschmückt, die Ornamente, die Zeichen des Tierkreises oder auch biblische Szenen darstellten. Das Judentum hat also keineswegs überall und zu allen Zeiten das biblische Bilderverbot (Ex. 20,4) so verstanden, daß es jegliche Darstellung von Lebewesen untersagt. Wo man Bilder in den Synagogen anbrachte, sollten sie das Handeln Gottes in der Geschichte verherrlichen, der sein Volk Israel wunderbar geführt hat und es daher auch in Zukunft leiten wird.

Die Synagoge diente der örtlichen jüdischen Gemeinde, die für ihre Erhaltung zu sorgen hatte. Die Verwaltung der äußeren Angelegenheiten lag meist in Händen eines aus drei Mitgliedern bestehenden Vorstandes. Der Archisynagog, der aus den angesehensten Männern der Gemeinde gewählt wurde, war für die Leitung des Gottesdienstes verantwortlich und achtete darauf, daß der Ablauf der Versammlung geregelt vor sich ging. Er bestimmte diejenigen, die den Dienst des Vorbeters und des Vorlesers verrichten sollten, und ließ geeignet erscheinende Anwesende dazu auffordern, eine Predigt zu halten. Der Diener holte die Schriftrolle und hatte die vom Vorsteher für Gebet, Gesang und Predigt ausersehenen Gemeindeglieder zur Erfüllung ihres Dienstes zu bitten. Oft ist ihm auch die Unterweisung der Kinder anvertraut worden. Wenn über einzelne Gemeindemitglieder, die sich gegen das Gesetz vergangen hatten, Strafen wie die Verabfolgung von Geißelhieben verhängt wurden, so hatte sie der Synagogendiener zu vollstrekken. Solche Strafen wurden durch ein Kollegium von drei Richtern ausgesprochen, wenn sich jemand wiederholt eines vorsätzlichen Verstoßes gegen das Gesetz schuldig gemacht hatte, indem er z. B. die Reinheitsvorschriften gröblich mißachtet hatte. Die Zahl der Hiebe durfte nicht mehr als 39 betragen, um auf keinen Fall die Bestimmung von Dt. 25,3 zu überschreiten, wo 40 Schläge angegeben werden. Priester und Schriftgelehrte hatten in der Gemeinde kein besonderes Amt inne, doch hörte man gern den Vortrag eines Rabbi und bat einen anwesenden Priester, den Segen zu sprechen. Um den Gottesdienst halten zu können, mußten mindestens zehn Männer versammelt sein.

Der Gottesdienst in der Synagoge diente dem Bekenntnis zum einen Gott, dem Gebet, der Verlesung der Schrift und der Belehrung über den Willen Gottes. Das Bekenntnis zum Gott Israels und der Priestersegen hatten auch in der Tempelliturgie ihren festen Platz. Ein siebenarmiger Leuchter, wie er im Tempel stand, wurde auch in den Synagogen aufgestellt. Man betete zu den Zeiten, zu denen an der heiligen Stätte regelmäßig die Opfer dargebracht wurden. Am Sabbat, aber auch an Wochentagen, besonders am Montag und Donnerstag, und zu den hohen Festen fand man sich zum Gottesdienst zusammen. Er gliederte sich in zwei Teile, einen ersten stärker liturgisch geprägten, in dem das „Höre Israel" (Dt. 6,4–9; 11,13–21; Num. 15,37–41) und das Gebet ihren Ort hatten, und einen zweiten lehrhaften Teil mit den Schriftlesungen und der Auslegung des biblischen Wortes. Da sie auch der Unterweisung diente, war die Synagoge zugleich Schule und wurde daher vielfach als Lehrhaus bezeichnet. Bisweilen wurde ein und derselbe Raum zum Gottesdienst und zum Unterricht benutzt, manchmal aber gab es ein eigenes Gebäude für die Lehre. Schriftgelehrte vermittelten dort ihren Schülern die hohe Kunst der Auslegung des Gesetzes. Die Synagoge bildete den Mittelpunkt des Gemeindelebens, so daß man dort auch zu Beratungen über kommunale Angelegenheiten zusammenkam und alle Fragen besprach, die das Wohl der Gemeinde betrafen.

Leben und Gottesdienst der jüdischen Gemeinden fanden in der nichtjüdischen Umwelt Beachtung. Die Versammlung in der Synagoge, in der aus der Schrift vorgelesen wurde, Gebete und Psalmen gesprochen und vielfach Predigten gehalten wurden, erschien manchen Nichtjuden wie eine Zusammenkunft von Philosophen, die miteinander über die letzten Fragen des Lebens sprachen. Überdies war der Glaube der Juden durch von Geheimnis umwitterten Ursprung in der Geschichte des Volkes Israel und ehrwürdige Tradition ausgezeichnet. So sammelte sich um die Synagoge ein bisweilen recht stattlicher Kreis von Menschen, die auf die Lehre des Gesetzes hörten. Viele von ihnen sahen sich jedoch durch die Forderung der Beschneidung daran gehindert, den Übertritt zum Judentum zu vollziehen, Proselyt zu werden und sich zum Halten des ganzen Gesetzes einschließlich der rituellen Bestimmungen zu verpflichten. Ihnen suchte man entgegenzukommen, indem man von gottesfürchtigen Heiden nur die Befolgung der wichtigsten Grundgebote – vor allem der Sabbat-, Reinheits- und Speisevorschriften sowie der sittlichen Weisungen – und das Bekenntnis zum einen Gott verlangte.

Wer sich dazu verpflichtete, galt als Gottesfürchtiger. Obwohl er rechtlich Heide blieb, gehörte er doch in einer lockeren Verbindung zur Synagoge. Da das Gebot der Beschneidung Frauen nicht betraf, war es für sie leichter als für Männer, Zugang zu jüdischer Lebensweise zu finden. Oft entschloß sich dann die nächste Generation, den vollen Übertritt zum Judentum zu vollziehen. So vergrößerten sich die jüdischen Gemeinden in der Diaspora, indem sie an vielen Stellen Zuwachs aus der nichtjüdischen Bevölkerung erhielten. Durch den strengen Monotheismus, die entschiedene Ablehnung allen Götzendienstes der Heiden, der ohnehin vielen fragwürdig geworden war, und die sittliche Kraft des Lebens nach dem Gesetz übte das Judentum eine starke Wirkung auf seine Umgebung aus. Eine planmäßig organisierte Missionsarbeit wurde jedoch kaum betrieben; das Judentum wurde vielmehr durch das Leben der Gemeinden und durch Ausbreitung von Mund zu Mund weiten Kreisen in der hellenistischen Welt bekannt gemacht.

Der Anziehungskraft, die vom Judentum ausging, stand jedoch auch mancherorts entschiedene Abneigung gegenüber, die man in mehr oder weniger scharfer Form die Juden fühlen ließ. Sie gingen nicht in der sie umgebenden Gesellschaft auf, so daß sie vielfach als Fremde galten. Ihre Sitten und Gewohnheiten, vor allem ihre Sabbatpraxis, wurden als eigenartig angesehen und bisweilen verspottet. Man sagte ihnen Aberglauben und geheimnisvolle Praktiken nach und scheute sich nicht, sie zu verleumden. Der Spott, mit dem man sich über die als fremd empfundene Lebensweise der Juden lustig machte, konnte sogar zu blutigen Ausschreitungen gegen sie führen. Die Lage des Judentums war daher schon damals mancherorts nicht immer einfach. Man mußte sich in der Fremde zurechtfinden und konnte in ihr niemals ganz heimisch werden. Man wollte sich dem griechischen Geist öffnen, um sich seines Rüstzeugs zur Rechtfertigung des überkommenen Glaubens zu bedienen. Aber man konnte und durfte nicht vergessen, daß Israel das Volk seines Gottes ist und dieser seiner Bestimmung treu zu sein hat.

4. Jüdische Identität

Die Juden genossen in der hellenistischen Welt den Schutz der ihnen verliehenen Privilegien und Rechte. Sie konnten daher überall im Römischen Reich ungehindert Synagogengemeinden gründen und innerhalb der jüdischen Gemeinschaft auf Einhaltung des Gesetzes dringen. Waren sie auch durch ihren Gehorsam gegen das Gesetz von ihrer Umgebung abgesondert, so unterschieden sie sich doch in sozialer Hinsicht nicht von ihr. In den starken jüdischen Bevölkerungsgruppen, die in den Großstädten Alexandria, Antiochia und Rom lebten, waren nahezu alle Berufe vertreten, die es auch sonst gab, Handwerker, kleine Händler, aber auch Schauspieler und Bettler.

Entfalteten sich Leben und Denkweise der Juden im weiten Mittelmeerraum in reicher Vielgestaltigkeit, so war ihnen allen doch die Achtung des Gesetzes gemeinsam. Denn die Thora genießt im Judentum unumstößliche Autorität, ihre Heiligkeit und Würde sind unvergleichlich. Nach der später von den Rabbinen entwickelten Ansicht gilt sie als präexistent, sie war bereits vor Erschaffung der Welt bei Gott vorhanden. Die übrigen Bücher der Schrift stehen an Rang hinter der Thora zurück. Während diese bereits im Himmel fertig vorlag, ehe sie Mose übergeben wurde, sind die anderen Schriften von Menschen kraft göttlicher Inspiration niedergeschrieben. Dem Gesetz gebührt daher der höchste Rang; und alle übrigen Schriften empfangen ihre Autorität nur von ihm her, weil ihnen kanonisches Ansehen allein auf Grund ihrer Übereinstimmung mit der Thora zukommt.

Das Gesetz, das Gott seinem Volk anvertraut hat, ist nach der Lehre der Rabbinen von Geschlecht zu Geschlecht weitergereicht worden: „Mose empfing die Thora am Sinai und überlieferte sie Josua, und Josua den Ältesten, und die Ältesten den Propheten, und die Propheten überlieferten sie den Männern der Großen Synagoge [zur Zeit Esras]“ (Mischna Abot I, 1). Das Gesetz, das Mose einst erhielt, umfaßt die schriftlich aufgezeichnete und die mündlich ausgeführte Thora, wie sie in der lückenlosen Folge der Tradenten weitergegeben ist, indem sie jeweils „empfangen“ und „überliefert“ wurde. Die Gültigkeit der mündlichen Überlieferungen, die von den Vätern überkommen sind, war freilich im einzelnen genau nachzuweisen, indem man die Sätze der Tradition exegetisch am Pentateuch begründete bzw. aus dem geschriebenen Gesetz ableitete. Die auf diese Weise legitimierte Tradition stand an Ansehen nicht hinter dem Wort der Schrift zurück, da ja in dem aufgezeichneten und in dem mündlich weitergereichten Gesetz der eine übereinstimmende Gotteswille enthalten ist.

Dieser Auffassung, wie sie die Pharisäer vertraten und wie sie später in der rabbinischen Lehre normative Gültigkeit erlangte, widersprachen die Sadduzäer, die sich allein auf die geschriebene Thora berufen wollten und deren Fortentwicklung durch die Tradition ablehnten. Während die Pharisäer bestrebt waren, das Gesetz so auszulegen, daß seine Bestimmungen den Lebensbedingungen des Alltags angepaßt wurden, gab es für die Gemeinde von Qumran keinen Kompromiß und keine Erleichterung. Ging die gesetzesstrenge Gemeinde von Qumran daran, Aufzeichnungen der aus ihrem Schriftstudium entwickelten Lehre zu machen, so verzichteten pharisäische Kreise zunächst darauf, die mündlich überlieferte Thora schriftlich zu fixieren. Im 2. Jahrh. n. Chr. begann man dann, die überquellende Fülle der ständig wachsenden Tradition zu sichten und niederzuschreiben. Dieser Prozeß des Ordnens hat einige Zeit in Anspruch genommen, so daß erst in der zweiten Hälfte des 2. Jahrh. n. Chr. die Mischna als Sammlung gültiger Gesetzesauslegungen entstand.

Nach Überzeugung pharisäisch-rabbinischer Lehre ist das Gesetz von ewiger Gültigkeit. Gott selbst studiert täglich in der Thora. Und wenn einst der Messias kommen wird, so wird er nicht etwa ein neues Gesetz bringen, sondern er wird mit den Seinen im Gesetz forschen und ihm universale Geltung und Anerkennung verschaffen. Allein durch das Gesetz kann daher der Mensch Gemeinschaft mit Gott gewinnen und erfahren. Denn „wenn zwei dasitzen und beschäftigt sind mit den Worten des Gesetzes, so wohnt die Schekina [d. h. Gott] unter ihnen“ (Mischna Abot III, 2).

Über die kommende Zeit des Heils wurden im spätantiken Judentum recht unterschiedliche Vorstellungen vertreten. Der Anbruch der zukünftigen Welt wurde entweder auf Gottes wunderbare Tat oder auf das Handeln eines Gesalbten, das Zusammenwirken eines priesterlichen und eines königlichen Messias oder auch die Erscheinung eines himmlischen Menschensohnes zurückgeführt. Nicht eine so oder so geartete messianische Erwartung, sondern allein die Verpflichtung, den Weisungen des Gesetzes zu folgen, ist für alle Juden verbindlich.

So vielgestaltig die Anschauungen über den Messias und die Zeit des Heils auch waren, ihnen allen ist gemeinsam, daß der von Gott Gesalbte als Herrscher und Richter auftreten wird, der die Niedrigkeit Israels aufhebt, die Heiden vertreibt und das Reich der Herrlichkeit begründet. Nirgendwo aber wird von einem leidenden Messias gesprochen, der um der Sünden des Volkes willen Schmach und Tod auf sich lädt. Wo das Verhältnis des Menschen zu Gott allein vom Gesetz bestimmt ist, wo man nach der Gerechtigkeit unter dem Gesetz fragt und außerhalb des Gesetzes keinen anderen Weg zum Heil kennt, kann für einen leidenden Messias, der die Schuld anderer auf sich nimmt, kein Platz sein.

Gottes Güte war es, die seinem Volk die Thora gab und ihm dadurch den Weg eröffnete, zum Heil zu gelangen und Rettung zu finden. Freude erfüllt die Herzen der Gläubigen, weil sie diese Zuwendung Gottes erfahren haben. Nicht mit Seufzen, sondern in froher Zuversicht und überzeugter Gewißheit werden die Gebote erfüllt, um vor Gottes Urteil als gerecht bestehen zu können. Dem Judentum ist darum der gnädige Gott keineswegs unbekannt. Die Gemeinde von Qumran weiß davon zu sagen, daß der Fromme allein aus der Barmherzigkeit Gottes lebt, dessen Gnade sich darin erweist, daß er den Menschen unter das Gesetz führt, nach dem er leben soll. Und die pharisäisch-rabbinische Lehre sieht darin, daß Gott sein Gesetz am Sinai bekanntgemacht hat, einen Ausdruck seiner Liebe. Denn er hat seinem Volk dadurch die Möglichkeit eröffnet, Werke des Gehorsams zu vollbringen, sich Verdienste zu erwerben und die Gerechtigkeit zu erlangen. Im Gericht werden die guten Taten eines Menschen auf die eine Schale der Waage gelegt, die Verschuldungen auf die andere. Wenn sich dann herausstellt, daß beide Seiten sich im Gleichstand befinden, wird Gott auf die Seite der Verdienste ein wenig hinzufügen, damit die Waage sich zugunsten des Menschen neige. Wer nach dem Gesetz lebt, darf auch auf das Gesetz vertrauen. Denn mit der Gerechtigkeit, die durch das Gesetz gewonnen wird, ist der Weg zum Leben aufgetan.

Richtete sich die endzeitliche Erwartung der Pharisäer und Rabbinen auf die zukünftige Auferstehung der Toten, so ist unter griechischem Einfluß im hellenistischen Judentum weithin auch der Gedanke der Unsterblichkeit der Seele aufgenommen worden. Das ewige Leben beginnt schon in dem Augenblick, in dem die unsterbliche Seele sich vom Leib löst und in die Unvergänglichkeit hinaufgehoben wird. Unmittelbar nach dem Tode schlägt die Stunde von Gericht und Vergeltung, in der darüber zu entscheiden ist, ob Gottes Urteil den Zugang zum ewigen Leben auftut oder verschließt.

Den mannigfaltigen Vorstellungen über das Heil und den verschiedenen Ausprägungen der Hoffnung auf das ewige Leben ist gemeinsam, daß es als Gabe Gottes, der allein ewig ist, den Menschen in der jenseitigen Welt zuteil wird. Glaube und Wandel des Frommen, Gehorsam gegen das Gesetz bzw. ein tugendhaftes Leben sind die Vorbedingungen, um die zukünftige Heilsgabe zu empfangen. Was die von den Vätern übernommenen Überlieferungen darüber sagen, wie der Gehorsam gegenüber dem Gesetz zu vollziehen ist und auf welche Weise das Leben der Frommen Gestalt gewinnen soll, verdient daher aufmerksames Studium und ein Verhalten, das den gewonnenen Einsichten entspricht.

III. Die Verfolgung der Gemeinde Gottes

Wiederholt erwähnt Paulus in aller Offenheit, daß er einst nicht nur unermüdlich für die den Vätern überkommenen Überlieferungen geeifert, sondern auch die Gemeinde Gottes verfolgt habe, um sie zu zerstören (Gal. 1, 13 f.). Der Eifer um das Gesetz und die Feindschaft, in der er sich gegen die erste Christenheit wandte, müssen in einem ursächlichen Zusammenhang gestanden haben (Phil. 3, 5 f.). Wie ist der Jude Paulus mit Christen in Berührung gekommen? Was hat er von ihrem Glauben und ihrer Lebensweise erfahren? Welches waren die Gründe, die ihn dazu veranlaßten, ihnen mit schroffer Ablehnung entgegenzutreten? Und warum hat er den Versuch unternommen, ihrem Treiben ein Ende zu bereiten und ihnen die Möglichkeit zu nehmen, sich als Gemeinde zusammenzufinden?

1. Die Anfänge der Urgemeinde

Die erste Christenheit war von der Gewißheit getragen, daß Gott seine Verheißungen wahrgemacht und die Botschaft der Propheten erfüllt hat. Denn den gekreuzigten Jesus von Nazareth hatte er aus dem Tod ins Leben gerufen und in seine Herrlichkeit erhöht. Diesen Jesus nannten die Seinen darum den von Gott Gesalbten, den Christus. Damit sprachen sie ein Bekenntnis aus, wie es nirgendwo in der endzeitlichen Erwartung des damaligen Judentums vorgeprägt war (s. o. S. 41 f.). Denn zwar gab es vielfältige Formen messianischer Vorstellungen, aber von einem leidenden und sterbenden Messias wurde nirgendwo gesprochen. Indem nun aber der Hoheitstitel des Gesalbten Gottes auf den am Kreuz zu Tode gebrachten Jesus von Nazareth angewendet wurde, erhielt die Aussage vom Messias einen völlig neuen Charakter, der vom Geschehen her bestimmt war, wie es sich vor den Toren Jerusalems zugetragen hatte.

Diese urchristliche Predigt ist nicht durch schriftliche Nachrichten überliefert, sondern läßt sich nur aus den paulinischen Briefen und in zweiter Hinsicht aus der Apostelgeschichte erschließen. Sie entwirft ein Bild von den Anfängen der Urgemeinde, wie man es sich gegen

Ende des 1. Jahrh. n. Chr. gemacht hat. Werden aber ihre Schilderungen im Vergleich mit den Aussagen, die sich durch Rückschluß aus den paulinischen Briefen gewinnen lassen, kritisch ausgewertet, können sie zur Ergänzung der fragmentarischen Auskünfte dienen, die den ältesten Texten zu entnehmen sind.

Den Inhalt der urchristlichen Predigt gibt der Apostel Paulus in seinem ersten Brief an die Gemeinde in Korinth unter Berufung auf die ihm einst in festem Wortlaut überkommene Überlieferung so an: „daß Christus gestorben ist für unsere Sünden nach den Schriften; und daß er begraben worden ist; und daß er auferstanden ist am dritten Tage nach den Schriften; und daß er erschienen ist dem Kephas, danach den Zwölfen." (1. Kor. 15, 3b–5) Beide Aussagen gehören auf das engste zusammen: Der Christus ist gestorben – und er ist auferstanden. Weil Gott ihn nicht im Tod gelassen, sondern zum Sieger über Schuld und Sterben gemacht hat, sind die Sünden getilgt und triumphiert das Leben. Kephas und die Zwölf sind die ersten Zeugen des Auferstandenen, die für die Wahrheit der von ihnen ausgerichteten Botschaft einstehen.

Die Schar derer, die sich zur Wahrheit dieser Predigt bekannten, bezeichnete sich als das Volk Gottes, von dem in den heiligen Büchern Israels die Rede ist. Indem sie sich nicht Synagoge, sondern Volk Gottes nannten, machten sie deutlich, daß sie sich nicht als eine ausgesonderte Gruppe, sondern als die von Gott erwählte heilige Gemeinde verstanden, der die Verheißungen Gottes gelten. Die Zwölfzahl der ersten Zeugen hebt dasselbe Verständnis anschaulich hervor. Denn die zwölf Stämme, das ganze Israel soll die frohe Kunde hören, daß der Gekreuzigte der Auserwählte Gottes ist und in seinem Namen Heil und Rettung allen zuteil werden, die die frohe Kunde annehmen. Wer an Christus glaubt und sich auf seinen Namen taufen läßt, der gehört zu Gottes Volk.

Die Urgemeinde, die sich in Jerusalem sammelte, zog sich nicht wie die Gemeinschaft von Qumran in die Einsamkeit der Wüste zurück. Sie blieb in der heiligen Stadt Israels und suchte allem Volk die gute Nachricht von Gottes gnädiger Barmherzigkeit auszurichten, die er durch seinen Christus erwiesen hatte. Daher bediente sich die Urgemeinde einer Reihe biblischer Prädikate, um anzuzeigen, daß sie das Israel Gottes ist (Gal. 6, 16), die zwölf Stämme in der Zerstreuung (Jak. 1, 1; 1. Petr. 1, 1), das auserwählte Volk des Eigentums, die königliche Priesterschar, das heilige Volk des Eigentums (1. Petr. 2, 9). Was einst von Israel am Sinai gesagt war (Ex. 19, 6), wurde nun auf die christliche Gemeinde bezogen, die im Wirken des Geistes das gegenwärtige Handeln Gottes erfährt.

Nach dem Bericht der Apostelgeschichte kamen die ersten Christen täglich im Tempel zusammen und brachen miteinander in den Häusern das Brot (Apg. 2,46). Konnte man sich in Häusern einzelner Gemeindemitglieder versammeln, um dort das Lob Gottes anzustimmen und das Mahl zu feiern, so hielt man doch auch daran fest, in den Tempel zu gehen und an dem dort versehenen Kultus teilzunehmen. Es ist durchaus wahrscheinlich, daß diese Angaben der Apostelgeschichte historisch zutreffen. Ein Bruch mit jüdischem Leben und Kult wurde von den ersten Christen nicht vollzogen und brauchte auch nicht einzutreten. Denn innerhalb des Judentums konnten durchaus unterschiedliche Auffassungen über das Kommen der messianischen Zeit nebeneinander vertreten werden, ohne daß man deshalb hätte auseinandergehen müssen. So blieb z. B. im 2. Jahrh. n. Chr. Rabbi Aqiba, der den Führer der jüdischen Aufständischen, Bar Kochba (132–135 n. Chr.), als den Sternensohn begrüßt hatte, trotz des Scheiterns dieser messianischen Bewegung ein angesehener Lehrer Israels. Denn bestimmend für die Zugehörigkeit zum Judentum war und blieb allein die Anerkennung der Verbindlichkeit des Gesetzes. Ungeachtet mancher unterschiedlicher Positionen, die einen so wichtigen Bereich wie die endzeitliche Erwartung und das Kommen des Heils betrafen, mußte man sich nicht aus der Gemeinschaft des Judentums ausgrenzen, wenn man nicht die Gültigkeit des Gesetzes grundsätzlich bezweifelte.

Die ersten Christen werden solche Folgerung zunächst nicht gezogen haben, sondern sie beriefen sich als Bekenner des gekreuzigten und auferstandenen Messias ihrerseits auf die Schrift, fanden sich zu eigenen Versammlungen zusammen, aber brachten auch weiterhin Opfer im Tempel dar und zahlten die jedem Juden auferlegte Tempelsteuer. Judenchristliche Tradition, wie sie insbesondere im Matthäusevangelium erhalten ist, deutet darauf hin, daß sowohl Opfer (Mt. 5,23 f.) wie auch die dem Tempel geschuldeten Abgaben von den Gliedern der aus dem Judentum hervorgegangenen Urgemeinde entrichtet wurden (Mt. 17,24–27). Man wußte sich also durchaus der Gemeinschaft von Tempel und Kult zugehörig und folgte den Geboten, die das Gesetz für die regelmäßige Darbringung der Opfer sowie die im Tempel zu vollziehenden Gottesdienste gab. Doch mußte alsbald geklärt werden, welches Echo die christliche Predigt in Jerusalem und Umgebung finden würde und wie sich die Christusbotschaft zu einem Leben nach den Weisungen des Gesetzes verhalten sollte.

2. Die Stephanusgruppe

Wie in Jerusalem Menschen unterschiedlicher Herkunft zusammen lebten und neben der aramäischen Umgangssprache auch das Griechische von vielen Bewohnern gesprochen oder doch wenigstens verstanden wurde, so gab es auch in der Urgemeinde Christen mannigfacher Prägung, die miteinander sich zum gekreuzigten und auferstandenen Messias bekannten. Der Kreis der Zwölf wird sich vornehmlich der aramäischen Sprache bedient haben. Sie nannten den ersten Zeugen der Auferstehung mit dem aramäischen Namen Kephas, d. h. Fels. Im hellenistischen Umfeld benutzte man hingegen in der Regel die entsprechende griechische Bezeichnung Petros. Ihm kam die Führung der noch kleinen Gemeinde zu, für die er auch nach außen als Sprecher auftrat.

Von Anfang an wird es auch Glieder der ersten Christenheit gegeben haben, die in Sprache und Lebensweise von griechischer Prägung bestimmt waren. Die Apostelgeschichte berichtet, es sei alsbald in Jerusalem zu einem Streit zwischen hebräischen und griechischen Judenchristen gekommen, weil die hellenistischen Witwen bei der täglichen Versorgung übersehen worden seien. Daraufhin sei von den Zwölf eine Gemeindeversammlung einberufen worden, um nach gemeinsamer Beratung Leute, die einen guten Ruf hatten, für die Erfüllung diakonischer Aufgaben zu bestimmen. Es seien dann sieben Männer mit Stephanus als ihrem Sprecher eingesetzt worden, die ausnahmslos griechische Namen trugen. Von einem – Nikolaus aus Antiochia – wird ausdrücklich vermerkt, daß er Proselyt aus der jüdischen Diaspora war (Apg. 6, 1–7).

Die lukanische Redaktion möchte den Eindruck erwecken, als seien damals die ersten christlichen Diakone bestellt worden. Tatsächlich aber wird im weiteren Verlauf des Berichtes von einer derartigen Tätigkeit nichts erwähnt, sondern tritt Stephanus öffentlich als Prediger auf, der durch Weisheit und Geist großen Eindruck macht. Hebt man daher die lukanische Redaktion von der zugrundeliegenden Tradition ab, so wird sichtbar, daß die Gruppe der Sieben so etwas wie den Vorstand hellenistischer Judenchristen in Jerusalem gebildet haben wird, die in lockerer Verbindung zu den Zwölf gestanden haben. Die

Urgemeinde umfaßte also alsbald nicht nur Judenchristen aramäischer Sprache, sondern auch solche hellenistischer Herkunft, die untereinander die Einheit der Kirche herzustellen bzw. diese miteinander zu wahren hatten. Dabei wird es vermutlich einige Mühe gekostet haben, gegenseitige Spannungen zwischen diesen beiden Gruppen auszuräumen, die sich verschiedener Sprachen bedienten und eine unterschiedliche Lebensart vertraten.

Die Gruppe hellenistischer Judenchristen stieß nach kurzer Zeit auf entschiedene Feindschaft in ihrer jüdischen Umgebung. Gegen Stephanus wurde der Vorwurf erhoben, er habe beständig gegen die heilige Stätte (des Tempels) und das Gesetz geredet (Apg. 6, 13). Denn man habe ihn sagen hören, dieser Jesus von Nazareth werde diese Stätte zerstören und die Ordnungen ändern, die Mose gegeben hat (V. 14). Diesem Vorwurf ist zu entnehmen, daß Stephanus sich auf Sprüche Jesu bezogen haben muß, die sich gegen die am Tempel geübte Kultpraxis gewandt hatten (Mk. 11, 17 Par.; 14, 58 Par.), und diese zu einer grundsätzlichen Kritik verdichtete. Damit wurde eine Veränderung des Gesetzesverständnisses verbunden, die die Bedeutung der Thora als schlechthin bestimmende Lebensnorm einschränkte. Diese Predigt, die aus dem Christusbekenntnis eine grundsätzliche Kritik gesetzlicher Ordnungen folgerte, mußte Widerspruch und Gegnerschaft wecken. Denn nicht zu Unrecht wurde empfunden, daß die Konsequenzen, die der um Stephanus versammelte Kreis aus der Christusverkündigung zog, darauf hinauslaufen mußten, die für alle Juden unstreitige Autorität des Gesetzes zu untergraben. Insofern wird die Anklage, deren Inhalt in der Apostelgeschichte mit knappen Worten angegeben wird, in der Tat den entscheidenden Punkt bezeichnet haben.

Die wenigen Nachrichten, die die Apostelgeschichte über die Gruppe der Sieben überliefert, deuten nur an, um welch fundamentale Entscheidung es bei der Auseinandersetzung ging, die zum Tod des ersten christlichen Märtyrers führte. Stephanus wird eine lange Rede in den Mund gelegt, in der die Geschichte Israels als eine Folge göttlicher Führungen und menschlichen Ungehorsams dargestellt wird. Sie mündet in der Anklage: „Ihr habt das Gesetz empfangen durch Weisung von Engeln und habt es nicht gehalten." (7, 53) Der Vorwurf, der den Gehorsam gegen das Gesetz betrifft, löst den Zorn der Hörer aus. Sie stoßen Stephanus zur Stadt hinaus und steinigen ihn zu Tode. Nicht durch ein geordnetes Gerichtsverfahren, das vor dem Hohen Rat hätte durchgeführt werden müssen, sondern in einer Art von

Lynchjustiz wurde Stephanus getötet. Die römische Besatzungsmacht wird solches Vorgehen nicht haben billigen können, da nur ihr das Schwertrecht zustand. Doch wird sie kaum Veranlassung gesehen haben, in diese innerjüdischen Streitigkeiten einzugreifen.

Das Martyrium des Stephanus führte dazu, daß seine Anhänger Jerusalem verlassen mußten und sich nach Judäa und Samaria begaben. Der um die Zwölf versammelte Kreis aber wurde nicht behelligt und konnte in der Stadt bleiben (Apg. 8, 1). Denn sofern sie sich noch innerhalb der Grenzen bewegte, die vom Gesetz gezogen wurden, konnte die Urgemeinde als Gruppe innerhalb des Judentums toleriert werden.

Daß hellenistische Judenchristen zum ersten Mal die mit Tempel und Gesetz verbundene Problematik erkannten und formulierten, ist durchaus begreiflich. Für die Diaspora war zwar nicht strittig, daß Jerusalem Israels heilige Stadt war und blieb, doch fern vom Land konnte man kaum am Tempelkult teilnehmen und die mit ihm verbundenen rituellen Vorschriften befolgen. Die Weisungen des Gesetzes aber wurden weithin in ethischem Sinn gedeutet und verstanden. Wo aus der Diaspora stammende Juden sich der Christusbotschaft öffneten, konnten sie daher eher als palästinische Juden eine Trennung von Tempel und Thora erwägen und dann als Folgerung, die sie aus ihrem Christusglauben ableiteten, auch tatsächlich vollziehen.

Mit dieser Einsicht aber waren auch die Voraussetzungen dafür gewonnen, die frohe Botschaft nicht nur zu Juden, sondern auch zu den Völkern hinauszutragen. Diesen Schritt vollzog die Stephanusgruppe, als sie nach dem Tod ihres Sprechers aus Jerusalem weichen mußte. Die hellenistischen Judenchristen wandten sich nach Samaria und verkündigten dort die Christusbotschaft. Während die Juden die Samaritaner als Häretiker ansahen, mit denen man nicht verkehren durfte, wurde im Glauben an Christus die trennende Schranke aufgehoben. Mit der Predigt unter den Samaritanern aber war auch bereits die grundsätzliche Entscheidung für die Mission unter den Völkern gefallen. Durch hellenistische Judenchristen, deren Namen unbekannt geblieben sind, wurden christliche Gemeinden in Damaskus, Antiochia, an der Küste Palästinas und anderen Orten, die an den großen Verkehrswegen lagen, in rascher Folge gegründet. Damit war das Tor aufgestoßen, um das Volk Gottes aus Juden und Heiden zur Gemeinde Jesu Christi zu sammeln.

3. Die Verfolgung der Christen durch Paulus

In der breit ausgemalten Darstellung, die die Apostelgeschichte von der Verfolgung der Christen durch den Juden Paulus entworfen hat, heißt es, daß die Männer, die Stephanus steinigten, ihre Kleider zu den Füßen eines jungen Mannes abgelegt hatten, der Saulus hieß (7, 58). Saulus aber habe Gefallen am Tod des Stephanus gehabt (8,1). Doch damit nicht zufrieden, sei er bestrebt gewesen, die Gemeinde zu zerstören, sei von Haus zu Haus gegangen, habe Männer und Frauen fortgeschleppt und sie ins Gefängnis geworfen (8, 3). Schließlich habe er sich vom Hohenpriester Briefe an die Synagoge in Damaskus erbeten, um dort die Anhänger des neuen Weges, Männer und Frauen, aufzuspüren und sie gefesselt nach Jerusalem zu führen (9, 2).

Dieser Bericht ist durch erhebliche Übertreibungen gekennzeichnet. Den Synagogen war zwar im Römischen Reich zugestanden, unter ihren Mitgliedern eine eigene Gerichtsbarkeit ausüben zu dürfen. Sie konnten daher Strafen wie Geißelung oder auch Ausschluß aus der Gemeinschaft verfügen. Aber diese Rechte bedeuteten nicht, daß sie Gefängnishaft über Männer und Frauen verhängen durften. Auch war es ausgeschlossen, daß der Hohepriester von Jerusalem rechtswirksame Maßnahmen bis nach Damaskus hätte anordnen können. Zwar war es üblich, daß jüdische Gemeinden einander durch beglaubigende Schreiben Empfehlungen für bestimmte Personen ausstellten, um diesen auch an anderem Ort Eingang zu verschaffen. Doch stand dem Hohenpriester keine Befugnis zu, in Damaskus Mitglieder der jüdischen Gemeinde gefangennehmen und sie nach Jerusalem bringen zu lassen.

Die Zusammenhänge, wie sie die Apostelgeschichte darbietet, sind daher nicht dem historischen Ablauf der Ereignisse, sondern der redaktionellen Gestaltung ihres Verfassers zuzuschreiben. Er wußte, daß der Jude Paulus Christen verfolgt hatte, und verwendete diese Überlieferung dazu, um ihn mit den Geschehnissen in Verbindung zu bringen, die die erste Christenheit in Jerusalem betrafen. So wurde die Szene entworfen, daß Paulus daran mitgewirkt habe, Stephanus zu töten. Ihm wurde geradezu die Hauptschuld an der ersten Verfolgung zugewiesen, die über die Gemeinde in Jerusalem kam. Je dunkler dieser Hintergrund gemalt wurde, um so heller konnte das Licht leuchten, das auf die Bekehrung des Verfolgers fällt, der dann als ein auserwähltes Rüstzeug Gottes im Dienst des Gekreuzigten tätig wird. Paulus hingegen erwähnt weder den Namen des Stephanus, noch spricht er davon, daß er die Christen in Jerusalem verfolgt habe. Nicht der legendäre Bericht, den der Verfasser der Apostelgeschichte mit schriftstellerischer Kraft entwirft, sondern allein die Angaben, die Paulus selbst über seine einstige Feindschaft gegen die Christen gemacht hat, dürfen daher herangezogen werden, um die Frage zu beantworten, warum der Jude Paulus sich mit Entschiedenheit gegen die werdende Kirche gewandt hat.

Er habe die Gemeinde Gottes verfolgt, sagt Paulus zu den Korinthern (1. Kor. 15,9). Dieselben Worte verwendet er gegenüber den Christen in Galatien, fügt jedoch hinzu, er habe die Gemeinde Gottes zerstören wollen (Gal. 1,13). Es folgt der Hinweis darauf, er habe viele seiner Altersgenossen in der Strenge seines Jude-Seins übertroffen und sich mit Nachdruck für die von den Vätern überkommenen Überlieferungen eingesetzt (V. 14). In ähnlicher Weise wird auch im Philipperbrief die gesetzesstrenge Lebensführung des Pharisäers Paulus erwähnt und mit der Bemerkung verknüpft, er sei mit Eifer ein Verfolger der Gemeinde gewesen, nach der Gerechtigkeit, wie sie das Gesetz vorschreibt, untadelig (Phil. 3,5 f.). Während Gal. 1,14 der Eifer, der sein Verhalten als Jude charakterisiert, auf die von den Vätern überkommenen Überlieferungen bezogen ist, spricht Paulus Phil. 3,6 von seinem Eifer, um das Vorgehen gegen die Christen zu kennzeichnen. Der Gedankengang betrifft mithin hier wie dort auf der einen Seite den entschiedenen Gehorsam gegen das Gesetz, auf der anderen Seite aber die Verfolgung der Gemeinde Gottes. Indem sie miteinander in Verbindung gebracht werden, wird mit aller Deutlichkeit die Ursache angezeigt, deretwegen Paulus Lehre und Verhalten der Christen so entschlossen ablehnte und bekämpfte: Es ging um die Frage der Verbindlichkeit des Gesetzes, wie sie die hellenistischen Judenchristen zum ersten Mal gestellt hatten.

Nennt Paulus sich einen Eiferer, so meint er damit nicht etwa die Zugehörigkeit zur Gruppe der Zeloten, die mit eifernder Tatkraft das Joch der Römerherrschaft abwerfen wollten. Denn Paulus gehörte nicht zu ihnen, sondern zu den Pharisäern. Diese aber wollten ihren Einsatz nicht in politischem Sinn verstanden wissen, sondern richteten ihn ausschließlich darauf, ihr Leben im Gehorsam gegen das Gesetz zu führen. Von denen aber, die diese Einstellung nicht teilten, hielten sie sich fern, um sich nicht durch Berührung mit ihnen zu verunreinigen. Solche Haltung entsprach nach der Lehre der Pharisäer der Gerechtigkeit, wie sie das Gesetz vorschreibt. Denn allein diejenigen, die dieser Norm entsprechen, würden am Tage des Gerichtes vor Gott bestehen können; den andern aber drohe das Verderben des über sie ergehenden Urteils. Nur in seiner Treue, in der man mit allem Ernst den Geboten des Gesetzes zu entsprechen sucht, würde daher das Volk Gottes bestehen und den Willen Gottes erfüllen können.

Paulus hatte als Jude sein Leben in eindeutiger Entschiedenheit nach dieser Orientierung geführt. Er war und blieb davon überzeugt, er sei – gemessen an diesem Maßstab – untadelig gewesen (Phil 3,6). Er war demnach keineswegs von zweifelnden Überlegungen geplagt, ob wirklicher Gehorsam gegen das Gesetz denn möglich sei und nicht vielleicht alles Mühen am Ende vergeblich bleiben müsse, weil man doch niemals den Anforderungen des göttlichen Willens genügen könne. Solche Gedanken lagen den Pharisäern und mit ihnen auch Paulus fern. Sie waren vielmehr der bestimmten Meinung, daß Gott seinem Volk die Thora gegeben habe, damit es den Weg kennen sollte, den man zu gehen habe, um in seinem Urteil gerecht zu sein.

Verdeutlicht man sich diese Gedanken, wie sie das Leben des Pharisäers Paulus bestimmt haben, so muß es als ausgeschlossen erscheinen, die Schilderung, die Paulus Röm. 7,7–25 von der Verlorenheit des Menschen unter der Herrschaft von Sünde und Gesetz gibt, als autobiographischen Bericht zu werten. Lange Zeit hat man – insbesondere im Gefolge der kraftvollen Auslegung durch Martin Luther – dieses Kapitel in diesem Sinn verstehen wollen. Redet doch Paulus in der Tat in der „Ich"-Form und sagt, dieses Ich habe sich in auswegloser Gefangenschaft befunden. „Denn nicht das Gute, das ich will, tue ich, sondern das Böse, das ich nicht will, tue ich. Wenn ich aber das tue, was ich nicht will, so bin ich es nicht mehr, der es vollbringt, sondern die Sünde tut es, die in mir wohnt." (Röm. 7,19f.) Hier ist aber weder vom Christen die Rede, der im Widerstreit von Wollen und Nicht-Vollbringen steht, noch wird von individuellen Erfahrungen des Paulus berichtet. Sondern das „Ich" ist – wie z. B. auch 1. Kor. 13,1–3 – in allgemeingültiger Bedeutung gebraucht, um die Lage des adamitischen Menschen zu beschreiben, wie sie erst dann erkannt werden kann, wenn die Freiheit vom Gesetz verwirklicht ist (Kümmel) und – wie Paulus sagt – „wir dem gestorben sind, wodurch wir gebunden waren, so daß wir nun im neuen Wesen des Geistes dienen und nicht im alten des Buchstabens" (Röm. 7,6).

Paulus beschreibt in diesem Abschnitt nicht in psychologisierender Überlegung das Gefühl inneren Ungenügens, wie es ein frommer Mensch bei gewissenhafter Selbstprüfung empfinden mag, sondern er blickt auf das Resultat des jeweiligen Tuns, das stets im Widerspruch zum Wollen steht. Nicht das Leben, sondern der Tod, nicht das Gute, sondern das Böse kommt zustande. Zwar will dieses „Ich" durch sein Handeln – gerade auch durch den Gehorsam gegenüber dem Gesetz – das Leben finden. Aber die Sünde hat den Menschen betrogen, so daß bei allem Begehren und Wirken, die doch auf das Leben gerichtet sind, am Ende stets der Tod steht. Diese Einsicht aber eröffnet sich erst dann und dort, wo die Erkenntnis gewonnen ist, daß allein Christus der Sieger über Sünde und Tod ist, und das jubelnde Bekenntnis derer, die zur Freiheit geführt wurden, spricht: „Dank sei Gott durch Jesus Christus." (Röm. 7,25)

Die Ausführungen, die Paulus Röm. 7 macht, haben daher außer Betracht zu bleiben, wenn es gilt, Auskunft über die Biographie des Juden Paulus zu bekommen. Er suchte dem Gesetz in jeder Hinsicht gehorsam zu sein und trug in seinem Gewissen keinen Zweifel daran, er sei tatsächlich im Blick auf die Gerechtigkeit, wie sie das Gesetz vorschreibt, ohne Tadel gewesen. Hatte er aber das Gesetz als Quelle der Gerechtigkeit erfahren, so mußte er auch alles daran setzen, ihm ungeteilte Anerkennung unter allen Juden zu verschaffen, die als Volk Gottes ihrem Gott gehorsam sein sollen.

Im Galaterbrief bemerkt Paulus beiläufig, wenn er noch die Beschneidung predigen würde, warum er dann Verfolgung leiden müßte (5,11). Vielleicht läßt sich diesem Satz entnehmen, daß Paulus einst in der Tat ein Prediger der Beschneidung gewesen ist, der in der Diaspora dafür geworben hat, daß gottesfürchtige Heiden sich den Geboten der Thora unterwerfen und sich beschneiden lassen sollten. Solches Bemühen würde jedenfalls vollauf der Überzeugung entsprechen, daß Gerechtigkeit allein in einem Leben zu finden sei, das sich entschieden an die Weisungen des Gesetzes hält. Wer aber dieser Hochschätzung der Thora nicht zustimmen wollte, würde sich aus der Synagoge ausgliedern.

Eifer um das Gesetz mußte daher dazu führen, daß diejenigen zu verfolgen sind, die seine Gültigkeit nicht eindeutig bejahen. Paulus konnte darauf hinwirken, daß in den Synagogen Strafen über Judenchristen verhängt wurden, wie er selbst sie später wiederholt hat erleiden müssen – Geißelhiebe, gelegentlich sogar Steinigung oder auch Ausschluß aus der Gemeinschaft (vgl. 2. Kor. 11,24f.). Da Paulus sich nach Gal. 1,17 unmittelbar nach seiner Bekehrung in der Umgebung von Damaskus aufgehalten hat, wird er hier auch die Verfolgung der Christen betrieben haben. Sie sollte Kritikern des Gesetzes die Möglichkeit nehmen, sich weiterhin als Teil der Synagoge verstehen und die ihr zuerkannten Rechte beanspruchen zu dürfen. Damit sollte ihrer Gemeinschaft die Existenzgrundlage entzogen und ihre Gruppe, die sich Gemeinde Gottes nannte, vernichtet werden. Denn die Überzeugung stand für den Pharisäer Paulus fest, daß es zwar mancherlei unterschiedliche Meinungen innerhalb der Diasporasynagogen geben könne, daß aber mit grundsätzlicher Kritik an der Thora die Identität jüdischen Lebens inmitten einer andersgläubigen Welt angetastet wird.

4. Die paulinische Chronologie

Wann haben sich diese Begebenheiten zugetragen, und wie sind sie in die früheste Zeit des Urchristentums einzuordnen? Wie alle anderen neutestamentlichen Schriften sind die paulinischen Briefe nicht mit Angaben über die Zeit ihrer Abfassung versehen. Auch enthalten die kurzen biographischen Hinweise, die hier und da gegeben werden, keine festen Datierungen. So läßt sich nur indirekt erschließen, wie in etwa eine Chronologie für den Lebensweg des Paulus gewonnen werden kann. Dabei pflegt man zwischen einer sog. relativen und einer sog. absoluten Chronologie zu unterscheiden. Zunächst sind die zeitlichen Angaben zu prüfen, die sich primär aus den paulinischen Briefen und sekundär aus der Apostelgeschichte erheben lassen. Die dabei gewonnenen Ergebnisse sind dann – soweit möglich – zu Ereignissen der Zeitgeschichte in Beziehung zu setzen. Kann auf diese Weise ein Fixpunkt gefunden werden, so läßt sich die relative mit der absoluten Chronologie verbinden.

Für die Zeit von seiner Bekehrung bis zu den Beratungen des sog. Apostelkonvents (s. u. S. 86–90) gibt Paulus einen knappen Bericht im ersten Kapitel des Galaterbriefes. Darin heißt es, er sei drei Jahre nach der ihm widerfahrenen Offenbarung zu einem ersten Besuch nach Jerusalem gereist, um sich dort zwei Wochen aufzuhalten und Kephas sowie den Herrenbruder Jakobus zu treffen (Gal. 1, 18). Nach weiteren vierzehn Jahren sei er abermals nach Jerusalem hinaufgezogen, um dort am sog. Apostelkonvent teilzunehmen (Gal. 2, 1). Da man nach antiker Praxis angefangene Jahre voll mitzählte, sind demnach etwa $2^{1}/_{2}$ und $13^{1}/_{2}$ Jahre zusammenzunehmen, so daß rund 16 Jahre zwischen der Bekehrung des Paulus und seinem zweiten Besuch in Jerusalem anzusetzen sind.

Will man die Zeit nach dem Apostelkonvent bestimmen, so lassen sich in den paulinischen Briefen keine genaueren Anhaltspunkte finden, sondern man bleibt auf die Apostelgeschichte angewiesen. Zwar ist deren Beschreibung der Reisewege, die Paulus durch Kleinasien und Europa gemacht hat, von den theologischen Leitmotiven bestimmt, unter die der Verfasser seine Darstellung gesetzt hat. Mit hoher Wahrscheinlichkeit aber darf angenommen werden, daß ihm dabei Traditionen sowohl über die wichtigsten Stationen paulinischer Wirksamkeit wie auch über die zeitliche Dauer vorgelegen haben, die den Aufenthalt des Paulus an den Zentren seiner missionarischen Tätigkeit betreffen: $1^1/_2$ Jahre in Korinth (Apg. 18,11) und $2^1/_4$ Jahre in Ephesus (Apg. 19,8.10). Diese Daten bieten ungefähre Anhaltspunkte, um die Abfassung der wichtigsten Briefe bestimmen zu können (s. u. S. 125–131). Doch lassen sich Angaben von festen Jahreszahlen nur gewinnen, wenn die aus den Briefen und der Apostelgeschichte errechneten Fristen mit einem genauer datierbaren Geschehen in der Zeitgeschichte in Verbindung gebracht werden können.

Dieses Datum liegt in einer Inschrift vor, die man im Jahr 1905 in Delphi gefunden hat (Deissmann). Sie enthält einen Brief des Kaisers Claudius an die Stadt Delphi, in dem er ihr bestimmte Privilegien bestätigt. In diesem Zusammenhang wird der Proconsul Gallio erwähnt, der zur Zeit der 26. imperatorischen Akklamation des Claudius in Korinth amtierte. Nun ist bekannt, daß die 22. bis 24. Akklamation, die jeweils nach einem militärischen Sieg erfolgte, im 11. Regierungsjahr des Claudius stattfanden, die 27. hingegen vor dem 1. August 52 n. Chr. Dann wird die 26. Akklamation in das Frühjahr 52 anzusetzen sein. Zu diesem Zeitpunkt war Gallio, ein Bruder des Philosophen Seneca, im Amt. Die Amtszeit eines Proconsuls dauerte nur jeweils ein Jahr, bis ein Nachfolger an seine Stelle trat. Da der Amtsantritt stets in das späte Frühjahr bzw. den Frühsommer fiel, wird Gallio wahrscheinlich im Frühsommer 51 n. Chr. in Korinth eingetroffen sein. Diese Berechnung läßt sich mit einem Grad hoher Wahrscheinlichkeit aufstellen, doch wird man eine denkbare Schwankungsbreite um ein Jahr zuzugestehen haben.

Das auf diese Weise erreichte Ergebnis ist für die paulinische Chronologie von großer Bedeutung. Denn in der Apostelgeschichte wird berichtet, als Gallio Statthalter in Achaja war (bzw. wurde), „erhoben sich die Juden einträchtig gegen Paulus und brachten ihn vor den Richterstuhl [des Statthalters]“ (Apg. 18,12). Der fand sich zwar nicht bereit, sich in die innerjüdischen Streitigkeiten, die ihm vorgetragen wurden, hineinziehen zu lassen (18,14f.). Aber Paulus mußte gleichwohl – offenkundig infolge der entstandenen Schwierigkeiten – die Stadt kurze Zeit später verlassen. Dann wird Paulus um die Mitte des Jahres 51 aus Korinth abgereist sein. Rechnet man die $1^{1}/_{2}$ Jahre zurück, die sein Aufenthalt dort gedauert hat (Apg. 18, 11), so wird er Ende 49/Anfang 50 nach Korinth gekommen sein. Nach Apg. 18, 2 fand er dort das Ehepaar Aquila und Priscilla vor, die Rom hatten verlassen müssen, weil Kaiser Claudius die Juden aus der Hauptstadt verbannt hatte. Dieses sog. Judenedikt ist wiederum nicht ganz sicher zu datieren. Nach dem erst im 5. Jahrh. n. Chr. schreibenden Historiker Orosius wurde es im Jahre 49 erlassen – eine Angabe, die sich zu den aus der Gallio-Inschrift errechneten Daten fügen würde.

Von diesem Fixpunkt aus, der durch die Gallio-Inschrift gefunden ist, kann nun mit Hilfe der relativen Chronologie vorwärts und rückwärts gerechnet werden. Dabei ergibt sich für die Zeit, die vor dem Amtsantritt des Gallio liegt, folgendes Bild: Ehe Paulus nach Korinth gelangte, hat er eine Reihe anderer Orte besucht, wie in der Apostelgeschichte anschaulich beschrieben wird (15, 36–18, 22). Mit diesen Besuchen wird das Jahr 49 reichlich ausgefüllt gewesen sein. Der Apostelkonvent wird dann im Jahr 48 stattgefunden haben. Von hier aus kann man mit Hilfe der Angaben von Gal. 1–2 weiterkommen.

Zieht man die rund 16 Jahre ab, die Paulus für die davor liegende Zeit nennt, so ist für seine Bekehrung etwa das Jahr 32 anzunehmen. Der Tod Jesu wird wahrscheinlich in das Jahr 30 gefallen sein, so daß nicht lange Zeit vergangen sein kann, bis aus dem Verfolger der ersten Christen der Apostel Jesu Christi wurde.

Betrachtet man nun die Zeit nach dem Amtsantritt des Gallio, so lassen sich folgende Überlegungen anstellen: Mitte 51 hat Paulus Korinth verlassen und ist dann alsbald nach Caesarea zurückgekehrt (Apg. 18, 22). Von Antiochia hat er sich einige Zeit später wieder auf den Weg begeben und sich nach dem Besuch christlicher Gemeinden in Galatien und Phrygien $2^{1}/_{4}$ Jahre in Ephesus aufgehalten. Von Ephesus zog er über Makedonien nach Korinth, um drei Monate dort zu bleiben (Apg. 20, 3). Die drei Monate in Korinth müssen in die Winterzeit gefallen sein, da die Schiffahrt erst im Frühjahr wieder aufgenommen werden konnte. Dann ist der Aufenthalt in Ephesus etwa in die Jahre 53–55 und in Korinth in das Frühjahr 56 anzusetzen. Von Korinth machte sich der Apostel – wie es in der Apostelgeschichte heißt – zunächst nach Makedonien auf den Weg und schiffte sich in Philippi zur Reise nach Jerusalem ein. Hier kam es zur Verhaftung des Paulus. Als Gefangener wurde er nach Caesarea gebracht und dort nach Apg. 24,27 zwei Jahre lang im Gefängnis festgehalten. Wenn Paulus im Jahr 56 n. Chr. in Jerusalem eingetroffen ist, wäre also die Zeit 56–58 für die Gefangenschaft in Caesarea anzunehmen. Eine gewisse Unsicherheit hinsichtlich der zeitlichen Angaben bleibt freilich auch hier bestehen. Apg. 24,27 wird der Wechsel im Amt des Procurators von Felix zu Festus erwähnt. Felix ist 52/53 Statthalter geworden, ihm folgte Festus und amtierte bis zu seinem Tod im Jahr 62. Wann jedoch die Amtsübergabe erfolgte, ist nicht sicher. Da Paulus an den Kaiser appellierte, wurde er von Caesarea zur Entscheidung seines Prozesses nach Rom überführt. In Rom wurde er nach Apg. 28,30f. zwei Jahre lang gefangengehalten. Weitere Angaben bieten weder die Apostelgeschichte noch die Paulusbriefe.

Endete die römische Gefangenschaft mit dem Tod des Paulus? Oder sollte er noch einmal freigekommen sein? Hat Paulus seinen Plan, nach Spanien zu reisen (Röm. 15,24), noch ausführen können? Nach dem 1. Clemensbrief ist er bis zum äußersten Westen gelangt (5,7). Aber es könnte sich bei dieser Angabe vom Ende des 1. Jahrh. n. Chr. um eine aus Röm. 15,24 gewonnene Schlußfolgerung handeln; denn – so könnte man meinen – was sich ein Apostel vorgenommen hat, das wird er auch ausgeführt haben. Doch es gibt keine Daten, die eine Spanienreise oder eine spätere zweite Gefangenschaft des Paulus belegen könnten. Somit wird anzunehmen sein, daß Paulus zu Anfang der sechziger Jahre in Rom hingerichtet worden ist (s. u. S. 265).

Gegen diese Berechnung der paulinischen Chronologie, die sich auf einen breiten Konsens in der neueren Forschung stützen kann, sind einige abweichende Meinungen vorgetragen worden (Jewett, Lüdemann). Dabei sucht man die vorzunehmende Berechnung möglichst konsequent aus den paulinischen Briefen zu gewinnen und wertet die Angaben der Apostelgeschichte entsprechend kritisch aus. Nimmt man auf der einen Seite die Briefe zusammen, in denen das Thema der Kollekte für Jerusalem eine Rolle spielt (s. u. S. 89), so lassen sich die Korintherbriefe, der Galater- und der Römerbrief zeitlich in einige Nähe zueinander bringen. Seiner starken Naherwartung wegen aber gehört der 1. Thessalonicherbrief sicher an den Anfang der paulinischen Korrespondenz. Setzt man das Judenedikt des Claudius – was nicht ganz ausgeschlossen ist – schon früher an, möglicherweise bereits 41 n. Chr., so würde die Abfassung des 1. Thessalonicherbriefes auch früher datiert werden können (um 41?). Und werden schließlich die Berichte, die vom ersten missionarischen Wirken des Paulus in Kleinasien und Griechenland handeln, schon vor den Apostelkonvent eingeordnet, so rücken alle weiteren Jahreszahlen nach vorn, und die Abfassung der großen Paulusbriefe würde bereits in den Anfang der 50er Jahre fallen (Lüdemann). Doch die hierbei zugrundegelegten Annahmen bleiben zu ungewiß, als daß eine so frühe Datierung der paulinischen Briefe überzeugen könnte.

Bei der Berechnung der paulinischen Chronologie läßt sich nur ein mehr oder minder hoher Grad an Wahrscheinlichkeit gewinnen. Begegnet man jedoch den Angaben, die die Apostelgeschichte über den zeitlichen Ablauf bietet, nicht mit allzu großer Skepsis, sondern nimmt sie mit dem Bericht zusammen, den Paulus im Galaterbrief gibt, so läßt sich im Ergebnis ein Aufriß des chronologischen Rahmens gewinnen, der als im wesentlichen zutreffend gelten kann:

Tod Jesu 30 n. Chr.; Bekehrung des Paulus 32; erster Besuch in Jerusalem 35; Apostelkonvent 48; Gründung der Gemeinde in Korinth 50/51; Aufenthalt in Ephesus 53–55; Wirksamkeit in Korinth und Abfassung des Römerbriefs 56; Eintreffen in Jerusalem 56; Gefangenschaft in Caesarea 56–58; Prozeß in Rom 58–60; Tod des Paulus in Rom Anfang der 60er Jahre.

IV. Bekehrung und Berufung zum Apostel

1. Die Wende

Nur selten, dann aber in dicht gedrängten Formulierungen spricht Paulus von der entscheidenden Wende, die sein Leben von Grund auf veränderte, so daß sein Denken und Handeln fortan allein der Aufgabe dienten, den Herrn, den er eben noch mit aller Energie hatte bekämpfen wollen, als den Sohn Gottes und Kyrios zu bezeugen. Weit ausführlicher sind auch hier die Berichte gehalten, die die Apostelgeschichte bietet. Dreimal wird in den Kapiteln 9, 22 und 26 von der Bekehrung des Paulus erzählt. Dabei liegt der Darstellung eine einheitliche Struktur zugrunde, deren Themen freilich mit einzelnen Variationen abgewandelt und unterschiedlich ausgestaltet werden. Durch sie soll ein farbiges Bild von jenem Ereignis gemalt werden, durch das unweit von Damaskus der Verfolger der Christen zu einem Zeugen des Christus berufen wurde.

Im Unterschied zur Apostelgeschichte, die erbauliche Züge in reichlichem Umfang in die Erzählung einmengt, bleibt Paulus selbst ungemein sparsam im Ausdruck. Nur in einem – allerdings inhaltlich gewichtigen – Nebensatz spricht er im ersten Kapitel des Galaterbriefes von seiner Bekehrung und Berufung zum Apostel: „Als es aber Gott wohlgefiel [. . .], daß er seinen Sohn mir offenbare, da besprach ich mich nicht erst mit Fleisch und Blut." (1, 15 f.) „Durch Gottes Gnade" – so sagt Paulus zu den Korinthern – „bin ich, was ich bin." (1. Kor. 15, 10) Auch Phil. 3 läuft die Argumentation darauf hinaus, daß es darum gegangen sei, Gottes Barmherzigkeit zu erkennen: nicht durch die Gerechtigkeit, die das Gesetz fordert, sondern die Gerechtigkeit, „die durch den Glauben an Christus kommt, nämlich die Gerechtigkeit, die von Gott dem Glauben zugerechnet wird" (Phil. 3, 7–9). Von seiner Person oder gar von inneren Auseinandersetzungen, die sich in seiner Seele vollzogen hätten, will Paulus nicht sprechen. Sondern alle Aufmerksamkeit richtet er auf die Botschaft, die er als ihr Prediger aller Welt zu verkündigen hat.

Nicht als reuiger Sünder oder verzweifelter Gottsucher wurde Paulus zum Glauben an Christus bekehrt. Keinerlei Voraussetzungen, die auf seiner Seite bestanden hätten, werden dafür genannt, daß er zu einem neuen Leben berufen wurde. Kein Bußkampf hat stattgefunden, von dem ein hin- und hergerissener Gottsucher schließlich erlöst worden wäre. Vielmehr wußte Paulus sich durchaus stark und sicher in seinem Leben, das sich von den Weisungen des Gesetzes leiten ließ. Aber ihm trat der Gekreuzigte als der lebendige Herr in den Weg, wie er mehrfach versichert: „Der Herr ist auch mir erschienen" (1. Kor. 15, 8); „Ich habe unseren Herrn Jesus gesehen" (1. Kor. 9, 1); „Gott hat es gefallen, mir seinen Sohn zu offenbaren" (Gal. 1, 15); „Was mir Gewinn war, das habe ich um Christi willen für Schaden erachtet" (Phil. 3, 7). Jenes Geschehen, das Paulus widerfuhr, wird somit gleich in seiner fundamentalen Bedeutung für die Erkenntnis des Evangeliums und die Verkündigung seiner rettenden Kraft gewürdigt.

Im Galaterbrief bezieht Paulus sich auf ein alttestamentliches Wort, das den Fluch über denjenigen ausruft, der zu Tode gebracht und ans Holz gehängt wurde: „Verflucht ist jeder, der am Holz hängt." (Dt. 21, 23 = Gal. 3, 13) Dieser Satz läßt sich ohne weiteres in eine Polemik einfügen, die unter Berufung auf die Schrift denjenigen, der auf diese Weise zu Tode gebracht würde, für von Gott verworfen erklärt. Es könnte daher sein, daß Paulus als Verfolger der Christen mit diesem Argument deren Glauben als absurd hatte darstellen wollen. Jetzt aber begriff er, daß gerade an dieser Stelle, wo niemand es hätte erwarten mögen, Gott Heil und Rettung gewirkt hat. Denn Christus hat am Kreuz die äußerste Gottesferne auf sich genommen und die Last des Fluches so vollständig auf sich geladen, daß er selbst zum Fluch wurde – „für uns", wie der Glaube bekennt. Darum ist jenes Urteil durchgestrichen und an seine Stelle der Segen Abrahams getreten, der allen geschenkt wird, die an Christus glauben (Gal. 3, 13 f.). Paulus wußte nun zu sagen, wer der gekreuzigte Jesus von Nazareth ist: nicht ein von Gott verachteter und gestrafter falscher Prophet oder Pseudomessias, sondern der Christus, der Sohn Gottes. Der bestimmenden Kraft dieser Erfahrung hatte Paulus zu folgen. Ein Zwang war über ihn gekommen, dem er sich zu beugen und zu gehorchen hatte: das Evangelium zu predigen (1. Kor. 9, 16).

Wie alle anderen, denen der auferstandene Herr erschienen war, ist auch Paulus sogleich in seinen Dienst genommen worden und muß auch er das eine Evangelium verkündigen, das Glauben weckt und neues Leben begründet (1. Kor. 15, 11). Jene Wende, von der er in dieser Weise spricht, entzieht sich daher allen Versuchen, ihr mit psychologisierenden Erwägungen auf die Spur kommen zu wollen. Allein die Sprache des Bekenntnisses, mit dem Christen vom auferstandenen Herrn reden, und das Wort der Schrift können Aufschluß darüber geben, was jene Wende bedeutet.

Paulus nimmt ausdrücklich darauf Bezug, wie im alten Bund Propheten berufen und als Zeugen Gottes in Dienst genommen wurden. Nicht selten, ja fast stets geschah dieses gegen ihren eigenen Willen. Wie ihnen ist es auch Paulus ergangen, hat ihn Gott doch – das ist seine Überzeugung – bereits von seiner Mutter Leib an ausgesondert (Gal. 1,15; Röm. 1,1). Damit wird auf Worte angespielt wie das Selbstzeugnis jenes Propheten: „Und nun spricht der Herr, der mich von Mutterleib an zu seinem Knecht bereitet hat." (Jes. 49,5) Auch die Geschichte von der Berufung des Jeremia klingt an. Zwar hatte er sich weigern wollen, dem Ruf des Herrn zu folgen. Aber dessen Wort traf ihn, so daß er nicht ausweichen konnte: „Ich kannte dich, ehe ich dich im Mutterleib bereitete, und sonderte dich aus, ehe du von der Mutter geboren wurdest, und bestellte dich zum Propheten für die Völker." (Jer. 1,5)

Von nun an – so sagt Paulus – sei alles, was für sein Leben und Denken von Bedeutung war, von Grund auf verändert worden (Phil. 3,7–10). Um dies zu erläutern, bedient er sich eines Bildes, wie es im Geschäftsleben gebräuchlich war. Man führt eine Rechnung von Gewinn und Verlust. Als Gewinn kann alles verbucht werden, was zu fördern verspricht. Als Verlust aber muß alles gelten, was Nachteile bringt oder Schaden stiftet. Nimmt man eine solche Aufstellung vor, so hatte der Pharisäer Paulus an erster Stelle die Gerechtigkeit, die das Gesetz verlangt, und seine eigene Untadeligkeit genannt, die diesem Maßstab entsprach. Doch jetzt gelten plötzlich völlig andere Kriterien. Was bisher auf der Gewinnseite verbucht wurde, kommt auf die Seite des Verlustes. Und was eben noch als verachtet erschienen war, wird nun in seiner wahren Bedeutung erkannt, die als Gewinn begriffen sein will.

Wie sieht die Bilanz aus, die Paulus aus seiner Bekehrung zieht? „Alles erachte ich für Schaden gegenüber der überschwenglichen Erkenntnis Christi Jesu, meines Herrn. Um seinetwillen ist mir das alles ein Schaden geworden, und ich erachte es für Dreck, damit ich Christus gewinne und in ihm gefunden werde, daß ich nicht habe meine Gerechtigkeit, die aus dem Gesetz kommt, sondern die durch den Glauben an Christus kommt, nämlich die Gerechtigkeit, die von Gott dem Glauben zugerechnet wird." (Phil. 3,8 f.) Christus gewinnen ist demnach gleichbedeutend mit dem Empfang der neuen Gerechtigkeit, wie sie allein dem Glauben zuteil wird.

Wie verhalten sich diese Sätze, mit denen Paulus den Inhalt der entscheidenden Wende seines Lebens beschreibt, zu Vorstellungen und Gedankengängen, die man sich im zeitgenössischen Judentum von endzeitlicher Hoffnung und zukünftiger Erfüllung machte? Wird Paulus in seiner Kritik, die er gegenüber einer Gerechtigkeit nach dem Gesetz übt, jüdischer Frömmigkeit gerecht, oder urteilt er mit unbilliger Schärfe? Wie verstand er nun die Christusbotschaft, wenn man Damaskus als Schlüssel zu seiner Theologie (Jeremias) und seine Berufung als ihren Ursprung (Dietzfelbinger) zu bestimmen sucht? Von welchen Voraussetzungen war jene von Grund auf veränderte Rechnung über Gewinn und Verlust bestimmt, von der der Apostel im Blick auf die Veränderung spricht, die alle Bereiche seines Lebens betrifft?

2. Die neue Erkenntnis

Bekehrung und Berufung, die der Pharisäer Paulus erfahren hatte, haben ihm die neue Erkenntnis Christi Jesu seines Herrn eröffnet (Phil 3, 8). Wie aber ist diese neue Einsicht des näheren zu begreifen? Und was hat sie für die Verkündigung des Apostels bedeutet?

In verschiedenen Ansätzen sind in der neueren wissenschaftlichen Diskussion Versuche unternommen worden, die Erkenntnis so genau als möglich zu erfassen, die Paulus gewonnen hatte. So wurde zu erwägen gegeben, ob Paulus bereits als Pharisäer ein jüdisch-apokalyptisch denkender Theologe gewesen sei und dann als Christ dieses biographische Erbe in seinem theologischen Denken zur Wirkung gebracht habe (Wilckens). Doch es ist nicht angängig, apokalyptisch-heilsgeschichtliche Vorstellungen im damaligen Judentum von schriftgelehrter Gesetzesanschauung zu trennen und das eine vom anderen grundsätzlich zu unterscheiden. Denn tatsächlich gehörte die Anerkennung der Thora als Grund der Erwählung Israels mit der Lehre von der Verbindlichkeit der im Gesetz erteilten Gebote untrennbar zusammen.

Nachdem lange Zeit hindurch die reformatorische Rechtfertigungslehre die Interpretation der paulinischen Theologie wesentlich bestimmt hatte, ist in letzter Zeit verschiedentlich die Frage gestellt worden, ob die Aussagen von der Rechtfertigung des Sünders wirklich in das Zentrum der paulinischen Theologie gehören (s. u. S. 209f.). Könnte es sich bei ihnen um polemische Spitzensätze handeln, die keineswegs durchgehend das Denken des Apostels bestimmten, sondern nur in Auseinandersetzung mit judaisierenden Gegnern auftauchten? In Wahrheit sei das Sein der Glaubenden in Christus als die Mitte der paulinischen Theologie anzusehen (Sanders). Nicht die Frage der Rechtfertigung habe den Apostel als zentrales Problem beschäftigt, sondern die Überlegung, wie nicht nur Juden, sondern auch Heiden das Heil erlangen könnten. Denn beiden miteinander habe der Apostel dienen wollen, der als Jude unter den Völkern gewirkt hat. Der Hinweis auf die Rechtfertigung sei deshalb als eine Begründung dafür zu verstehen, daß die Heiden zu Israel als dem erwählten Volk Gottes hinzutreten können – nicht mehr und nicht weniger (Stendahl).

Der Apostel wurde von – bisweilen scharfer – Kritik nicht verschont: Er entwerfe vom Judentum seiner Zeit ein Zerrbild, wenn er ihm eine Lehre von der Gerechtigkeit aus Werken des Gesetzes unterstelle. Jüdischem Verständnis habe es vielmehr entsprochen, die durch Bundesschluß und Übergabe des Gesetzes vollzogene Erwählung und den dadurch eröffneten Weg zu Heil und Rettung als Ausdruck der Barmherzigkeit Gottes zu begreifen und nach dieser Überzeugung zu leben (Sanders). Der Apostel sei hingegen mit dem Problem des Gesetzes nicht ins reine gekommen, sondern sei in seinen Gedanken nur zu in sich nicht stimmigen und in der Sache unklaren Versuchen der Erklärung gelangt (Räisänen). Man dürfe daher den theologischen Ansatz des Paulus nicht in verengender Weise im Sinn einer Lehre von der Rechtfertigung beschreiben, sondern habe darauf zu achten, wie im Blick auf die fortbestehende Gültigkeit des Bundes das Verhältnis von Juden und Heiden im Licht der Christusbotschaft neu bestimmt werde. In Wahrheit stelle Paulus weder den Bund in Frage, noch ziehe er das Gesetz als Gottes Gesetz in Zweifel, sondern richte seine Kritik darauf, wie Bund und Gesetz allein von Israel in Beschlag genommen worden seien. Die paulinische Rechtfertigungslehre dürfe deshalb nicht in einem individualisierenden Sinn verstanden werden, sondern sei in den übergreifenden Zusammenhang einzuordnen, in dem es um die Frage gehe, wie Juden und Heiden nach Gottes Heilsplan in das rechte Verhältnis zueinander gebracht werden (Dunn).

Jedem dieser Gesichtspunkte kommt Beachtung zu; denn jedes der genannten Themen spielt in den Gedankengängen des Apostels eine bestimmte Rolle, deren Bedeutung genau geprüft werden muß. Doch verdient angemerkt zu werden, daß in der intensiven Auseinandersetzung, die gegenwärtig um das rechte Verständnis der paulinischen Theologie geführt wird, ein schwerwiegender konfessioneller Gegensatz von einst keine Rolle mehr spielt (s. u. S. 285–287). Denn zwischen katholischen und evangelischen Exegeten gibt es keinen grundsätzlichen Streit mehr über die Auslegung der Aussagen von der Rechtfertigung und ihre Bedeutung für ein ökumenisches Zusammenwirken der Kirchen heute (Kertelge).

In welcher Weise sind nun aber die verschiedenen Gedankenkreise innerhalb der paulinischen Theologie einander zuzuordnen? Auskunft kann allein aus sorgfältiger Interpretation der einschlägigen Texte gewonnen werden. Zeit seines Lebens hat Paulus daran festgehalten, Israelit zu sein (2. Kor. 11,22; Röm. 9,4) und seinem Volk verbunden zu bleiben (Röm. 9,1–5; 10,1). Immer wieder ist er darauf zu sprechen gekommen, wie sich Juden und Heiden zueinander verhalten und wie sie durch Gottes Erbarmen zur Rettung gelangen (Röm. 9–11). Und das Problem des Gesetzes hat er nicht nur hinsichtlich seiner Bedeutung für jüdische Lebensweise, sondern auch im Blick auf seine Verbindlichkeit für das Verhalten der Christen bedacht (Röm. 13,8-10; Gal. 6,2; 1. Kor. 9,21).

Nicht nur Phil. 3, sondern auch 1. Kor. 15,10 begreift Paulus das ihm widerfahrene Geschehen als Erweis der göttlichen Gnade. Nichts ist er aus sich selbst, allein die Barmherzigkeit Gottes hat ihn auf den Weg zum Leben gestellt. Sie aber sei nicht vergeblich gewesen, fügt Paulus hinzu und fährt fort: „Ich habe viel mehr gearbeitet als sie alle; nicht aber ich, sondern Gottes Gnade, die mit mir ist." (ebda.) An seinem Geschick läßt sich daher ablesen, wie Gottes rettende Kraft wirksam wird. Nicht nur in der Begrifflichkeit der Rechtfertigung, sondern auch mit anderen Ausdrücken kann Paulus denselben Sachverhalt bezeichnen und damit immer wieder auf Gottes Schöpferkraft hinweisen, die nicht nur am Anfang des Kosmos, sondern ebenso in seinem rettenden Handeln wirksam wurde. „Denn Gott, der sprach: Licht soll aus der Finsternis hervorleuchten, der hat einen hellen Schein in unsere Herzen gegeben, daß durch uns entstünde die Erleuchtung zur Erkenntnis der Herrlichkeit in dem Angesicht Jesu Christi." (2. Kor. 4,6)

Die Einsicht, wer der Gott ist, der in Christus seine Barmherzigkeit offenbar gemacht hat, hat somit zur Folge, daß der Weg frei wird, um das Evangelium zu den Völkern hinauszutragen, und alle Grenzen niedergelegt werden, die Juden und Heiden bis dahin voneinander getrennt hatten. Dieses Verständnis liefert nicht lediglich eine missionsstrategische Begründung, sondern setzt die Bewegung in Gang, die bis an die Enden der Erde führt. Es waren nicht soziale Probleme – so wichtig auch die Frage nach dem Zusammenleben von Juden und Griechen sein mochte –, die das theologische Nachdenken des Apostels motivierten, sondern umgekehrt: Die fundamentale Einsicht, die mit der Erkenntnis über die Rechtfertigung aus Glauben gewonnen war, führte zu der Konsequenz, daß alle, die sich zum gekreuzigten und auferstandenen Herrn bekennen, eins sind in Christus.

Alle Gedanken der paulinischen Theologie stehen mithin in fester Beziehung untereinander. Sie werden zusammengehalten von der zentralen Erkenntnis, daß Gott sich in Kreuz und Auferstehung Jesu Christi als der zu erkennen gegeben hat, der er von jeher ist: „der die Toten lebendig macht und ruft das, was nicht ist, daß es sei." (Röm. 4,17) In der Begrifflichkeit von Gerechtigkeit und freisprechender Rechtfertigung, die zu einem Leben in gehorsamem Dienst ruft, faßt Paulus prägnant zusammen, welche Einsicht ihm durch die Erscheinung des Kyrios erschlossen wurde, so daß von ihr her alle anderen Themen angegangen werden: die Frage nach der Bedeutung des Gesetzes wie auch das Problem, wie sich Juden und Heiden zueinander verhalten; die endzeitliche Hoffnung und die Erwartung künftiger Rettung wie auch die mannigfachen Formulierungen missionarischer Rede, die in reichen Variationen das eine Grundmotiv entfalten – das Wort von der Versöhnung, das im Namen ihres Herrn seine Botschafter allerorten auszurufen haben (2. Kor. 5,19f.).

3. Der Auftrag

In der Apostelgeschichte wird erzählt, wie Paulus in den Dienst des Kyrios genommen wurde als ein „auserwähltes Werkzeug" (9,15; vgl. Jer. 18,3-6; Weish. 15,7), um seinen Namen vor Heiden und vor Könige und vor die Söhne Israels zu tragen. Der Herr selbst habe ihm gezeigt, wieviel er leiden müsse um seines Namens willen (9,16). Auch im 1. Timotheusbrief wird in erbaulicher Weise davon gesprochen, wie der Apostel in sein Amt eingesetzt wurde (1. Tim. 1,12–17; s. u. S. 273).

Im Unterschied zu diesen Texten, die erst in nachpaulinischer Zeit abgefaßt wurden, gibt Paulus selbst sich niemals weitschweifigen Erklärungen hin, wenn er von der Berufung spricht, die ihm zuteil wurde. Er stellt nur ebenso knapp wie eindeutig klar, es habe Gott gefallen, ihn damit zu beauftragen, seinen Sohn durch das Evangelium unter den Völkern zu verkündigen (Gal. 1, 16). Seine Beglaubigung als Bote seines Herrn weist Paulus vor, indem er sich Apostel Christi Jesu nennt. Dabei ist er sich dessen durchaus bewußt, daß es vor und neben ihm andere Apostel gab und gibt: zuerst Petrus und die Zwölf, dann aber auch einen weiteren Kreis von Predigern, denen der Herr erschienen ist und die er in den Dienst seiner Verkündigung genommen hat (1. Kor. 15,7; Röm. 16,7; u. ö.). Ihr Kreis ist also größer als der der Zwölf gewesen, war aber offensichtlich nicht fest begrenzt. Zu ihm rechnete man alle Zeugen des auferstandenen Christus. Paulus ordnet die ihm widerfahrene Beauftragung in die Reihe der Erscheinungen des Auferstandenen ein. Doch kommt er sich darin als ehemaliger Verfolger der Gemeinde Gottes wie eine „unzeitige Geburt" vor (1. Kor. 15,8). Mit diesem Ausdruck will Paulus das außergewöhnliche Ereignis seiner Berufung charakterisieren. Da aber Gottes Gnade sich an ihm in besonderer Weise wirksam erwiesen hat, kann er mit der ihm zuteil gewordenen Christuserscheinung den Anspruch verbinden, mit ihr sei die Reihe der Osterzeugen endgültig geschlossen, so daß er sich als den letzten begreift, dem der Herr erschienen ist. Daher kann die Wahrheit des Ostergeschehens nicht durch weitergehende Erscheinungen zum Ausdruck gelangen, sondern nur durch das Wort der Zeugen so ausgesagt werden, daß sie als glaubwürdig gehört und angenommen werden kann. Paulus hebt seine Beauftragung von anderen, etwa vergleichbaren Vorgängen ab. Gemeinden konnten Boten ausschicken und ihnen eine Legitimation mit auf den Weg geben (Phil. 2,25; 2. Kor. 8,23; Apg. 13,1–3). Von jeder Mitwirkung von Menschen – auch derjenigen der Urapostel – weiß Paulus sich unabhängig. Denn er wurde nicht in eine vorgegebene Kette der Tradition eingereiht, die um ein weiteres Glied hätte vermehrt werden sollen; sondern der erhöhte Herr, ja Gott selbst hat ihm den Auftrag erteilt, die frohe Botschaft zu verkündigen.

Welche Autorität einen Boten auszeichnet und wie man ihm zu begegnen hat, war in der alten Welt überall bekannt. Ihm kam dasselbe Ansehen zu wie seinem Auftraggeber. Denn ein Bote gilt so viel wie derjenige, der ihn gesandt hat. Versagte man ihm die gebührende Achtung, so wurde ihm angetaner Schimpf zugleich als Beleidigung seinem Herrn zugefügt. Und begegnete man ihm mit Achtung, so bezeugte man damit den Respekt, den man denen schuldig war, die ihn ausgeschickt hatten. Als Apostel und Diener seines Herrn spricht daher Paulus an Christi Statt. Der Apostel erhebt damit den Anspruch, im

Namen der höchsten Autorität, die überhaupt denkbar ist, das Wort zu nehmen und eine Nachricht zu überbringen, die alle Welt angeht. Wie bei den anderen Aposteln ist auch seine Verkündigung von Zeichen und Wundern begleitet (Mk. 16,17; 1. Thess. 1,5; 1. Kor. 2,4; 2. Kor. 12,12; Röm. 15,19). Aber von diesen Vorgängen spricht Paulus nur beiläufig, weil seine Legitimation von ihnen nicht abhängig gemacht wird. Seine Person tritt ganz zurück hinter der unvergleichlichen Botschaft, die er zu Gehör zu bringen hat.

Die Kunde, daß der ehemalige Verfolger der Christen nun zu einem Prediger des Christus geworden war, breitete sich rasch aus: „Der uns früher verfolgte, der predigt jetzt den Glauben, den er früher zu zerstören suchte." (Gal. 1,23) In diesen Worten wird in einem Satz zusammengefaßt, was man sich in den christlichen Gemeinden in Judäa erzählte (Bammel). Sie hatten mit Paulus keine persönliche Berührung gehabt, wohl aber berichten hören, wie der Pharisäer gegen judenchristliche Gruppen in der Diaspora vorgegangen war (Gal. 1,21). Um so wunderbarer mußte es nun erscheinen, daß dieser Mann zu einem Zeugen Christi geworden war. Das Werk der Zerstörung hatte sich als nichtig erwiesen; nun ging es an den Bau der Gemeinde Gottes, dessentwegen Gott zu loben und zu preisen ist (V. 24).

4. Jesus und Paulus

Der Christus, der Paulus als der Herr in den Weg trat, war der gekreuzigte und auferstandene Kyrios, wie ihn seine Gemeinde glaubte und bekannte. Dem irdischen Jesus hingegen wird Paulus schwerlich jemals begegnet sein. Zwar wäre denkbar, daß der Pharisäer Paulus Jesus in Jerusalem gesehen haben könnte. Doch nirgendwo läßt sich in den Briefen des Apostels ein Hinweis erkennen, daß er einst mit dem Propheten aus Nazareth in Berührung gekommen ist. Die Christen in Galatien erinnert Paulus daran, ihnen sei doch Jesus Christus als der Gekreuzigte vor die Augen gemalt worden; sie dürften sich daher nicht von anderen Lehrern bezaubern lassen (Gal. 3,1). Aus dieser Bemerkung ist jedoch mit Sicherheit nicht abzuleiten, daß Paulus etwa Zeuge der Hinrichtung Jesu gewesen wäre, der nun ein Bild seiner Kreuzigung beschreibt.

Zu den Korinthern sagt Paulus, Erkennen und Urteilen der Christen werde nicht mehr nach irdischer Weise vollzogen, wie sie allgemein geschehe. Weil nun aber Erkenntnis „nach dem Fleisch" nicht mehr gelte, betreffe diese Einsicht auch das Verhältnis zu Christus: „Auch wenn wir Christus gekannt haben nach dem Fleisch, so kennen wir ihn doch jetzt so nicht mehr." (2. Kor. 5, 16) In Christus gilt vielmehr Gottes neue Schöpfung; das Alte ist vergangen, Neues aber geworden (V. 17). Aus dieser Äußerung des Apostels ist von manchen Auslegern geschlossen worden, der Christ Paulus habe kein Interesse am irdischen Jesus gehabt und sich nur auf den erhöhten Herrn gerichtet. Doch von einer solchen Unterscheidung spricht Paulus an dieser Stelle nicht. Vielmehr ist die Wendung „nach dem Fleisch" zum Verbum „kennen" zu ziehen, so daß einer Erkenntnis nach Menschenweise die des Glaubens entgegengestellt wird. Sie begreift, daß der in Schwachheit ans Kreuz geschlagene Jesus von Nazareth der Christus ist, den Gott aus dem Tod gerufen und aus der Niedrigkeit zur Herrlichkeit erhöht hat. Die Erkenntnis, von der der Apostel hier spricht, betrifft daher sowohl den erhöhten Kyrios wie den irdischen Jesus. Ist im Glauben angenommen, daß in ihm Gott aller Welt seine Barmherzigkeit zugewandt hat, so ist die schlechthin entscheidende Erkenntnis für das Leben der Christen gewonnen. Diese Überzeugung teilt Paulus mit der ersten Christenheit und legt seinen Gemeinden aus, was es bedeutet, zu diesem Herrn zu gehören.

In den Briefen des Apostels ist weder von Jesu Verkündigung der Gottesherrschaft noch von seinen Wundertaten die Rede. Zur Zeit des Paulus hat es noch keine schriftlich abgefaßten Evangelien gegeben, sondern nur in mündlicher Überlieferung wurde berichtet, was man von Jesus wußte. Doch von diesen Traditionen macht Paulus in seinen Briefen nahezu keinen Gebrauch, vielmehr steht in seinen christologischen Aussagen die Predigt des Evangeliums, das den gekreuzigten und auferstandenen Christus bezeugt (1. Kor. 15, 3b–5), ganz und gar im Vordergrund.

In Erniedrigung und Erhöhung Jesu Christi – das hebt der Apostel mit der urchristlichen Verkündigung hervor – hat sich Gottes Handeln ereignet. Als die Zeit auf ihr Vollmaß gekommen war, sandte er seinen Sohn, der von einer Frau geboren und unter das Gesetz getan wurde (Gal. 4, 4). Gott gab ihn um unseretwillen dahin, um uns mit ihm alles zu schenken (Röm. 8, 32). Im Einklang mit dem Willen des Vaters erniedrigte sich der präexistente Christus und wurde ein Knecht, den Menschen gleich, gehorsam bis zum Tod, zum Tod am Kreuz (Phil. 2, 7 f.). Er wurde arm, um durch die Armut, die er auf sich nahm, uns reich zu machen (2. Kor. 8, 9). Er gab sich für unsere

Sünden dahin, um uns von dieser gegenwärtigen bösen Welt zu erretten (Gal. 1,4). Aus Israel kommend (Röm. 9,5), gehörte er zu Davids Geschlecht (Röm. 1,3). Ihn, der von keiner Sünde wußte, hat Gott für uns zur Sünde gemacht, damit wir Gottes Gerechtigkeit würden in ihm (2. Kor. 5,21). In diesen und anderen Sätzen, die vom Geschick Jesu in wenigen Worten sprechen, betont der Apostel, daß um unseretwillen geschehen ist, was sich zugetragen und an Karfreitag und Ostern seine das Heil begründende und schenkende Bedeutung gewonnen hat. In ihm sind alle Verheißungen und Zusagen Gottes in Erfüllung gegangen; „darum sprechen wir auch durch ihn das Amen, Gott zum Lob“ (2. Kor. 1,20).

Redet Paulus von Jesus, so ist sein Blick stets darauf gerichtet, daß er der gegenwärtige Herr ist. Das Hoheitsprädikat Kyrios wendet der Apostel ebenso auf den erhöhten Herrn wie den irdischen Jesus an und betont damit die Identität des einen Christus. Aus den Briefen des Apostels ist nicht sicher zu erkennen, wieviel ihm von der mündlichen Jesustradition, bekannt gewesen ist. Wie er im Galaterbrief berichtet, hat er erst rund drei Jahre nach seiner Bekehrung und Berufung Kephas aufgesucht und ist zwei Wochen bei ihm geblieben (1,18). Was sie in dieser kurzen Zeit miteinander besprochen haben, sagt Paulus nicht. Bei seinem Besuch in Jerusalem könnte er einige die Geschichte Jesu betreffende Traditionen kennengelernt haben. Manche Vermutungen sind darüber angestellt worden, Paulus könnte von diesen Überlieferungen in seiner mündlichen Predigt in den Gemeinden Gebrauch gemacht haben, während er sich in den Briefen ganz auf aktuelle Probleme konzentriert habe, die es zu lösen galt. Aber solche Erwägungen können lediglich auf denkbare Möglichkeiten aufmerksam machen, jedoch keine Beweise erbringen.

Nur an vier freilich besonders hervorgehobenen Stellen seiner Briefe führt Paulus ihm überkommene Sprüche des Herrn an, um durch Berufung auf sie strittige Fragen entscheiden zu können. Das früheste Zitat eines Herrenwortes findet sich im ersten Brief an die Gemeinde in Thessalonich. Unklarheit war entstanden, weil einige Todesfälle in der jungen Gemeinde Zweifel hatten aufkommen lassen, wie das künftige Heil denen würde zuteil werden können, die vor Anbruch der für nahe Zukunft erwarteten Ankunft des Herrn verstorben waren. Paulus sucht diese Ungewißheit auszuräumen, indem er sich für seine Antwort auf ein Wort des Herrn bezieht. Hierunter ist sicherlich nicht eine Offenbarung zu verstehen, die der erhöhte Kyrios durch den Mund von Propheten hätte kund werden lassen, sondern der

Apostel nimmt aus der mündlichen Tradition einen Satz auf, der auf den irdischen Herrn zurückgeführt wird.

Aus dem Gedankengang läßt sich nur schwer das Wort Jesu mit hinlänglicher Deutlichkeit herausheben. Denn Paulus fährt nach der Ankündigung eines Zitats fort: „daß wir, die wir leben und übrigbleiben bis zur Ankunft des Herrn, denen nicht zuvorkommen werden, die entschlafen sind" (1. Thess. 4,15). Die Formulierung in der Wir-Form, die den Apostel mit der Gemeinde zusammenschließt, wird auf die Hand des Paulus zurückzuführen sein. Der zugrundeliegende Spruch könnte dann etwa besagt haben, daß es kein Zuvorkommen der Lebenden vor den Entschlafenen am Jüngsten Tage geben wird. Dabei liegt die Vermutung nahe, daß diese Überlieferung ein Stück urchristlicher Belehrung über das Geschick der Verstorbenen darstellt. Dieser Spruch wird im folgenden durch ein apokalyptisches Traditionsstück erläutert, das lautet: „Er selbst, der Herr, wird, wenn der Befehl ertönt, wenn die Stimme des Erzengels und die Posaune Gottes erschallen, herabkommen vom Himmel, und zuerst werden die Toten, die in Christus gestorben sind, auferstehen. Danach werden wir, die wir leben und übrigbleiben, zugleich mit ihnen entrückt werden auf den Wolken in die Luft dem Herrn entgegen." Paulus schließt ab mit der Folgerung: „Und so werden wir bei dem Herrn sein allezeit." (V. 17b)

Wie im einzelnen die Vorlage, die dem Apostel überkommen war, ausgesehen haben könnte, läßt sich nur in etwa rekonstruieren. Denn obwohl Paulus dem Herrenwort für seine Argumentation maßgebende Beweiskraft beimißt, hat er sich nicht gehindert gesehen, den Wortlaut so zu verändern, daß er unmittelbar auf die in der Gemeinde aufgekommenen Fragen Antwort gibt. Ihrer endzeitlichen Hoffnung entsprechend wird gesagt, daß der Kyrios vom Himmel erscheinen wird und die Toten, die in Christus entschlafen sind, mit ihm zusammengeführt werden sollen. Weder der Kyriostitel noch die Wendung „in Christus" können jedoch in einem authentischen Jesuswort genannt sein. Auch im nächsten Satz ist wie in der vorangestellten Einleitung und in der anschließenden Folgerung von dem „Wir" die Rede, das Paulus und alle glaubenden Christen in der Gemeinde bilden: „Wir, die wir leben und übrigbleiben, werden entrückt werden – dem Herrn entgegen." Paulus zitiert also den Spruch des Herrn nicht nach einem eindeutig fixierten Wortlaut, sondern gibt seinen Inhalt so wieder, daß er vom Kerygma her begriffen wird und die Gemeinde unmittelbar betrifft.

In ähnlicher Weise legt Paulus auch die Herrenworte aus, die er im ersten Brief an die Gemeinde in Korinth anführt. Zu der Frage, ob es unter Christen eine Ehescheidung geben dürfe, nimmt der Apostel Stellung, indem er sich auf ein Wort Jesu beruft, „daß die Frau sich nicht von ihrem Mann scheiden soll" (1. Kor. 7, 10). Diese Weisung soll jedoch weder legalistisch noch kasuistisch gehandhabt, sondern vom Gebot der Liebe und des Friedens her interpretiert werden. Der Apostel kann daher als von ihm gegebene Anwendung hinzufügen: „Wenn ein Bruder [d. h. ein Christ] eine ungläubige Frau hat und es gefällt ihr, bei ihm zu wohnen, so soll er sich nicht von ihr scheiden." (V. 12) Diesen Satz hebt Paulus als im eigenen Namen gegebene Auslegung vom überkommenen Wort des Herrn ab. Im Blick auf Probleme, wie sie sich in einer heidenchristlichen Gemeinde durchaus ergeben können, führt er dann aus, daß unter bestimmten Bedingungen, die der christliche Ehepartner nicht zu verantworten hat, die Trennung einer Ehe denkbar erscheint, nämlich dann, „wenn der Ungläubige sich scheiden will" (V. 15). In diesem Fall soll der betroffene Christ sich nicht weigern, sondern der Auflösung der Ehe zustimmen. Denn „zum Frieden hat euch Gott berufen" (V. 15). Jesu Wort darf somit nach dem Verständnis des Paulus nicht nach Art unveränderlicher Regeln gehandhabt werden, sondern muß unter veränderten Bedingungen vom Evangelium des Friedens her in seiner aktuellen Bedeutung neu bestimmt werden.

Im neunten Kapitel des ersten Korintherbriefes beruft Paulus sich gegenüber der Gemeinde auf die ihm zustehenden apostolischen Rechte, die er freilich – unbeschadet ihrer unbestreitbaren Gültigkeit – nicht für sich selbst in Anspruch genommen hat. Zu diesen Rechten gehört der durch ein Wort des Herrn begründete Anspruch, „daß diejenigen, die das Evangelium verkündigen, sich vom Evangelium ernähren sollen" (1. Kor. 9, 14). Die hier wiedergegebene Fassung des Herrenwortes ist so formuliert, daß sie als urchristliche Verfahrensregel anwendbar ist. Denn der Begriff des Evangeliums gehört nicht in die Situation des historischen Jesus hinein, sondern entspricht urchristlicher Missionsterminologie als zusammenfassender Ausdruck der Christusverkündigung (1. Kor. 15, 1–5). Der Apostel hat somit auch an dieser Stelle ein überliefertes Herrenwort vom Verständnis urchristlicher Predigt her so gefaßt, daß es in die Situation der christlichen Gemeinde hineinspricht.

In derselben Weise hat Paulus schließlich auch die liturgische Überlieferung gestaltet, die von der Einsetzung des Herrenmahls handelt

(s. u. S. 140–142). Es ist der Kyrios, der die Seinen an den Tisch lädt und sich ihnen unter Brot und Wein schenkt. Wird dabei auf die Nacht hingewiesen, in der der Herr verraten wurde, so ist der Christus kein anderer als der gegenwärtige Kyrios, zu dem sich seine Gemeinde bekennt. In der gottesdienstlichen Versammlung wird sein lebendiges Wort ausgerufen, durch das der erhöhte Herr zu seiner Gemeinde spricht (1. Kor. 11,23–25).

Außer diesen vier ausdrücklichen Zitaten finden sich unter den ethischen Ermahnungen, die der Apostel an die Gemeinden richtet, gelegentlich Sätze, die auf Grund ihres Inhalts als Wendungen zu erkennen sind, die auf Jesusworte zurückgehen. Sie sind in urchristliche Gemeindeunterweisung eingegangen, ohne daß ihre Herkunft näher angegeben würde. Ihr Inhalt spricht für sich, so daß sie eindeutig als Gebote christlicher Lebensführung gelten: „Segnet, die euch verfolgen; segnet und flucht nicht" (Röm. 12,14; vgl. Mt. 5,44; Lk. 6,28) – „Vergeltet niemandem Böses mit Bösem" (ebda. V. 17; vgl. Mt. 5,39; Lk. 6,29f.) – „Rächt euch nicht" (ebda. V. 19). Der hohe Rang, der dem Liebesgebot zukommt, ist ihm bereits in Jesu Worten zugesprochen, ohne daß diese bei jedem Hinweis auf das höchste aller Gebote jedesmal ausdrücklich genannt werden (Gal. 5,14; Röm. 13,8–10).

Nimmt man alle Anklänge und Zitate von Herrenworten zusammen, auf die Paulus sich in seinen Briefen bezieht, so ist ihre Zahl nur klein. Ohne Ausnahme werden sie vom Bekenntnis her ausgelegt, in dem der Apostel den erhöhten wie den irdischen Christus als Herrn und Gottessohn begreift. Als der Gekreuzigte hat er die Liebe Gottes offenbar gemacht, so daß sich seine Gemeinde ihm in ihrem Leben und ihrem Dienst zugehörig weiß.

V. Der Beginn missionarischen Wirkens

1. Diaspora und Jerusalem

Über die Anfänge des missionarischen Wirkens, dem der Christ Paulus sich verpflichtet wußte, sind nur wenige Nachrichten erhalten. In seinem Rechenschaftsbericht, den er später den galatischen Gemeinden vorträgt, sagt der Apostel, er sei alsbald nach seiner Bekehrung nicht nach Jerusalem gegangen zu denen, die vor ihm Apostel waren, sondern nach Arabien gezogen und dann wieder nach Damaskus zurückgekehrt (Gal. 1, 17). Er legt damit besonderen Nachdruck darauf, daß der ihm erteilte apostolische Auftrag allein auf der Weisung beruht, die ihm durch den in Christus handelnden Gott erteilt wurde.

Die Apostelgeschichte, deren Verfasser den Galaterbrief nicht gekannt haben wird, weicht von den Angaben, die Paulus selbst macht, in wesentlicher Hinsicht ab. Sie erzählt, daß Saulus in Damaskus in beeindruckender Kraft Jesus als den Christus verkündigt, dadurch aber Feindschaft von seiten der Juden hervorgerufen habe. Als sie beschlossen, ihn zu töten, ihm nachstellten und die Tore Tag und Nacht bewachten, sei er mit Hilfe der damaszenischen Christen bei Nacht in einem Korb über die Mauer hinabgelassen worden, so daß er entkommen konnte (Apg. 9, 19–25). Er sei dann nach Jerusalem gezogen und durch Barnabas bei den Aposteln eingeführt worden. Ihnen und der Urgemeinde sollte die Furcht genommen werden, die sie verständlicherweise vor ihm haben konnten, da er noch eben Christen verfolgt hatte. Als jedoch auch hier sich Widerstand gegen ihn regte, sei er von den Brüdern nach Caesarea geleitet worden und von dort nach Tarsus weitergereist (Apg. 9, 26–30).

Da Paulus seinen Bericht mit großer Entschiedenheit vorträgt – „siehe, Gott weiß, ich lüge nicht" (Gal. 1, 20) –, wird ihm als der Primärquelle der Vorzug zu geben sein. Die später entworfene Darstellung der Apostelgeschichte hingegen verfolgt einen anderen Zweck. Sie möchte die Zusammengehörigkeit der werdenden Kirche aus den Juden und aus den Völkern hervorheben und darum die Anfänge der paulinischen Mission so eng wie möglich mit Jerusalem verknüpfen. Dabei wird zwar auch in der Apostelgeschichte alte Tradition erkennbar, nach der Barnabas eine Verbindung zwischen Paulus und der christlichen Gemeinde hergestellt hat und dieser zunächst in der Gemeinde von Damaskus zu wirken begonnen hat. Die Erwähnung einer alsbald vorgenommenen Reise nach Jerusalem muß jedoch als unhistorische Konstruktion beurteilt werden.

Der Aufgabe, Christus als den Gottessohn unter den Völkern zu verkündigen, suchte Paulus zuerst in Arabien zu dienen; gemeint ist das Gebiet des Nabatäerreichs, dessen Hauptstadt Petra war. Wahrscheinlich wird Paulus in Orte gegangen sein, in denen es Synagogen und Kreise von Gottesfürchtigen gegeben hat, denen er die Christusbotschaft nahebringen konnte. Doch nach einer Zeit von zwei bis drei Jahren kam diese Tätigkeit an ihr Ende. 2. Kor. 11,32f. erwähnt Paulus, in Damaskus habe der Statthalter des Königs Aretas IV. ihn gefangennehmen wollen und er habe nur dadurch entkommen können, daß er in einem Korb durch ein Fenster die Mauer hinuntergelassen wurde. Möglicherweise ist eine abgewandelte Form dieser Nachricht in der lukanischen Fassung von der Flucht des Paulus aus Damaskus wiederzuerkennen (Apg. 9,23–25). Dieses Geschehen läßt sich aber nicht datieren, da der König Aretas IV. von 9 v. Chr. bis 40 n. Chr. regiert hat und kein Hinweis gegeben wird, in welchen Abschnitt seiner langen Regierungszeit dieses Ereignis einzuordnen ist. Doch ist dieser Bemerkung zu entnehmen, daß die missionarische Wirksamkeit des Paulus Aufsehen erregt haben muß und als störend empfunden wurde, so daß man sich seiner zu entledigen suchte und er nicht länger im Gebiet von Damaskus bleiben konnte.

An die Ortsangabe Damaskus – das sei kurz erwähnt – sind in neuerer Zeit mancherlei Vermutungen geknüpft worden, die eine Verbindung zu den Texten herstellen wollen, die vor nahezu einem halben Jahrhundert am Ufer des Toten Meeres gefunden wurden. In der sog. Damaskusschrift ist mehrfach von einer Gemeinde des neuen Bundes im Lande Damaskus die Rede. Dabei bezieht man sich auf ein Wort aus dem Buch des Propheten Amos, in dem eine Verbannnung „über die Zelte von Damaskus hinaus“ angesagt wird (Am. 5,26f.; CD VII, 14f.). Wahrscheinlich hat der Leiter der Gruppe, der sog. Lehrer der Gerechtigkeit, der nach einem schweren Konflikt mit dem amtierenden Hohenpriester aus Jerusalem weichen mußte (s. o. S. 28), vorübergehend in Damaskus Zuflucht gefunden, ehe dann die Gemeinde ihre Niederlassung in Qumran gründen konnte. Diese Vorgänge haben sich um die Mitte des 2. Jahrh. v. Chr. abgespielt. Es wird jedoch an keiner Stelle angedeutet, daß Damaskus in übertragenem Sinn zu verstehen sei und etwa auf Qumran bezogen werden könnte. Mit Bestimmtheit muß es als unbegründete Kombination bezeichnet werden, wenn man diese Texte erst in christliche Zeit datieren, in kühnen Vermutungen Damaskus mit Qumran identifizieren und an diese Gleichsetzung weitergehende Spekulationen knüpfen möchte: Paulus mit dem in den Texten erwähnten sog. Lügenmann gleichzusetzen, der die rechte Lehre verfälscht und sich dem Lehrer der Gerechtigkeit entgegengestellt habe (Baigent/Leigh). Derartige Kombinationen entbehren schon deshalb jeder Grundlage, da an der vorchristlichen Entstehung der Texte von Qumran kein begründeter Zweifel möglich ist und in ihnen daher keinerlei verdeckte Hinweise auf frühchristliche Ereignisse und die Anfänge der paulinischen Wirksamkeit zu finden sind. Es muß deshalb bei der Feststellung bleiben, daß allein die Angaben, die Paulus selbst macht, Auskunft über den Beginn seiner missionarischen Tätigkeit bieten.

Erst drei Jahre nach seiner Bekehrung – so versichert Paulus – sei er zum ersten Mal nach Jerusalem gezogen, habe sich dort zwei Wochen aufgehalten und nur Kephas und den Herrenbruder Jakobus gesehen (Gal. 1, 17–19). Eine so kurze Zeit kann unmöglich ausgereicht haben, um ihn zu einem Gefolgsmann von Kephas und Jakobus zu machen, wie man ihm etwa hätte vorhalten mögen.

Da Paulus Petrus als den ersten Zeugen des Auferstandenen achtete und seine daraus erwachsene Autorität respektierte, war ihm daran gelegen, ihn kennenzulernen, wie er mit bewußt zurückhaltender Formulierung sagt (ebda.). Auch dem Herrenbruder Jakobus sei er begegnet, fügt er hinzu, sonst aber habe er keinen anderen von den Aposteln gesehen (Gal. 1, 19). Sicherlich werden sich Petrus und Paulus in den zwei Wochen ihres Zusammenseins nicht nur über alltägliche Dinge unterhalten, sondern wichtige Fragen der Christusverkündigung erörtert haben (Dodd). Aber in ein Verhältnis der Abhängigkeit von Jerusalem ist Paulus mitnichten eingetreten. Allerdings war ihm bewußt, auch bei bestem Bemühen werde er „vergeblich laufen" (Gal. 2, 2), wenn die Einheit des Volkes Gottes aus Juden und Heiden zerbrechen würde. Deshalb mußte er es als unbedingt erforderlich ansehen, mit Petrus und Jakobus eine Verständigung herbeizuführen.

Nach diesem kurzen Besuch ist Paulus nicht in Judäa geblieben, sondern hat sich in die Länder Syrien und Cilicien begeben (Gal. 1, 21).

Auch hier beschränkt Paulus sich auf die karge geographische Notiz, ohne irgendeine weitere Auskunft hinzuzufügen. Dabei betrifft diese Angabe einen Zeitraum von 13–14 Jahren, der bis zum zweiten Besuch in Jerusalem verstreichen sollte (Gal. 2, 1). Nur unter vorsichtiger Auswertung des Berichts, den die Apostelgeschichte über diese Zeit gibt, läßt sich in etwa erschließen, wo und wie Paulus damals gewirkt hat (Apg. 13–14). Offenbar war durch Vermittlung des Barnabas (Apg. 9,27; 13,1f.) Paulus mit der Gemeinde in Antiochia in Verbindung gekommen. Nächst Rom und Alexandria war Antiochia die drittgrößte Stadt im Römischen Reich. In ihr lebte eine zahlreiche Judenschaft. Hier gewann die Christuspredigt, die hellenistische Judenchristen ausbreiteten, schon bald einen größeren Kreis von Anhängern, die aus dem Synagogenverband heraustraten und auch von der Außenwelt als selbständige Gruppe bemerkt wurden. Sie habe man – so heißt es – als Christen bezeichnet (Apg. 11,26). Außenstehende gaben ihnen diesen Namen, mit dem sie den sie charakterisierenden Inhalt ihres Glaubens kennzeichneten, und wiesen damit zugleich darauf hin, daß nunmehr die Christen nicht mehr eine Gruppe innerhalb der Synagoge darstellten, sondern eine eigene Gemeinde gebildet hatten.

In dieser Gemeinde, in der Juden- und Heidenchristen zusammenlebten, begann Paulus zu wirken. In ihrem Auftrag wurde er gemeinsam mit Barnabas ausgesandt, um als Bote des Christus nach Cypern und in das südliche Kleinasien zu reisen. Neben Cypern werden Antiochia in Pisidien, Ikonion, Lystra und Derbe als Stationen ihrer missionarischen Tätigkeit aufgeführt. Wenn die Darstellung der Apostelgeschichte auch einem gewissen Schema folgt, nach dem die urchristlichen Missionare stets zunächst zu den Juden und dann erst zu den Heiden gegangen sind, so wird es doch als zutreffend anzusehen sein, daß Barnabas und Paulus in den verschiedenen Orten, in die sie kamen, sich in der Regel zuerst in die Synagogen begaben und von dort auch Verbindung zu Gottesfürchtigen aus der heidnischen Umgebung zu gewinnen suchten. Durch das spürbar empfundene Walten des göttlichen Geistes wußten sie sich in der Gewißheit bestärkt, daß Juden und Heiden, die zum Glauben an Christus kamen, zum einen Volk Gottes untereinander verbunden wurden.

Während dieser Zeit handelte Paulus also nicht allein, sondern wirkte in Zusammenarbeit mit Barnabas, der in den Gemeinden in hohem Ansehen stand. Nach Erfüllung ihres Auftrags kehrten sie wieder nach Antiochia zurück (Apg. 14,26–28). Ihr Handeln fand dort Billigung und Anerkennung, so daß man gemeinsam der Überzeugung war, Gott selbst „habe den Heiden die Tür des Glaubens aufgetan“ (Apg. 14,27). Hatten die langen Jahre, in denen die Anfänge missionarischer Verkündigung im Wirken des Paulus deutliche Gestalt annahmen, zu diesem Erfolg geführt, so waren nun in Absprache mit der Urgemeinde Konsequenzen zu ziehen, die sich für die gesamte Christenheit – in der Diaspora wie in Jerusalem – mit zwingender Notwendigkeit ergeben mußten (s. u. S. 86–90).

2. Das Evangelium von Christus

Obwohl Paulus mit aller Entschiedenheit betont, nicht unter Mitwirkung von Menschen, sondern unmittelbar von Gott selbst beauftragt zu sein, beschreibt er doch den Inhalt der Botschaft, die ihm offenbart worden sei, mit Begriffen, die bereits vor ihm in der frühesten Christenheit geprägt worden waren: den Sohn Gottes durch das Evangelium zu verkündigen (Gal. 1,16). Sowohl vom Evangelium als der frohen Botschaft wie auch vom Sohn Gottes als dem zur Rettung Gesandten handelte die urchristliche Verkündigung, durch deren Predigt zu glaubender Annahme eingeladen wurde.

Als Paulus Christ wurde, gab es bereits Aussagen urchristlichen Bekenntnisses, die in festere Form gefaßt waren und der mündlichen Verkündigung und Unterweisung zugrunde gelegt wurden (s. o. S. 43–46). Solche Formulierungen sind in verschiedenen Zusammenhängen der paulinischen Briefe zu erkennen, an denen sie sich durch ihre inhaltliche Prägung sowie durch den in ihnen verwendeten Sprachgebrauch als vorgegebene Stücke deutlich herausheben. Paulus hat sie aufgenommen, mit Erläuterungen versehen und in seinen Gedankengängen erklärend kommentiert. Sie müssen demnach in die früheste Zeit einer vorpaulinischen Christenheit zurückreichen. Zwar läßt sich ihre urchristliche Entstehung hinlänglich erweisen, aber es ist nicht möglich, sie geographisch genauer zu lokalisieren oder mit Sicherheit zu entscheiden, ob einige dieser Sätze ursprünglich in hebräischer oder aramäischer Sprache formuliert worden sein könnten. Ihre Ausdrucksweise kann auch auf die Verwendung einer Begrifflichkeit zurückgehen, die durch die griechische Übersetzung des Alten Testaments geprägt ist. Der Apostel nimmt des öfteren solche urchristlichen Formulierungen auf, doch zitiert er diese Sätze nicht als „heilige Formeln“, sondern kommentiert sie und legt sie in seiner theologischen Interpretation aus.

Das urchristliche Bekenntnis versteht Kreuz und Auferstehung Jesu Christi als Erfüllung der in den Schriften verbürgten göttlichen Verheißungen (1. Kor. 15,3b–5; s. o. S. 44). Paulus bezieht sich auf diese zusammenfassende Aussage des Evangeliums, indem er den Christen in Korinth versichert, er habe ihnen bei Gründung der Gemeinde „weitergegeben", was er auch „empfangen" habe (V. 3a). Damit bedient er sich einer Begrifflichkeit, wie sie auch die rabbinischen Schriftgelehrten verwendeten, um die Weitergabe der mündlich überlieferten Gesetzestradition von einem Gelehrten an den nächsten zu kennzeichnen (s. o. S. 40). Doch während der Ursprung ihrer Traditionskette zu Mose auf dem Sinai zurückführen soll, ist die Autorität, von der her die urchristliche Überlieferung ihre Legitimation empfängt, kein anderer als der Kyrios selbst (1. Kor. 11,23). Im überlieferten und zugesprochenen Wort will er selbst sich den Seinen als der Herr bezeugen.

Im Anschluß an die vorgegebene Formel von 1. Kor. 15,3b–5 fährt Paulus mit erläuternden Sätzen fort. Sie führen die Reihe der Osterzeugen weiter bis zu ihm selbst als dem letzten, dem der auferstandene Christus erschienen ist (1. Kor. 15,4–11). Der Apostel unterstreicht dadurch, daß im Osterkerygma das eine gemeinchristliche Bekenntnis ausgesagt ist, das daher – wie die Interpretation im ganzen Kapitel von 1. Kor. 15 darlegen soll – auch für die Korinther maßgebend zu sein hat. Denn diese einhellig ausgerichtete Verkündigung haben sie einst im Glauben angenommen und sind daher an sie gebunden.

Auch im Eingang des Römerbriefs greift Paulus eine vorgegebene Formulierung des Bekenntnisses auf, wie sie offensichtlich den Christen in Rom bekannt gewesen ist. Danach handelt das Evangelium vom Sohn Gottes, „der geboren ist aus dem Samen Davids nach dem Fleisch und eingesetzt nach dem Geist der Heiligkeit als Sohn Gottes in Kraft durch die Auferstehung von den Toten – Jesus Christus, unser Herr" (Röm. 1,3 f.).

Das vorpaulinische Zitat läßt sich klar vom Kontext unterscheiden. In dem Zweizeiler, der die irdische Davidssohnschaft der himmlischen Gottessohnschaft gegenüberstellt, spricht sich judenchristliches Bekenntnis aus, das von der Einsetzung des erwählten Herrschers in sein königliches Amt handelt. Dabei wird auf die Worte von Ps. 2,7 zurückgegriffen: „Du bist mein lieber Sohn, heute habe ich dich gezeugt." Das bedeutet, daß der auferstandene Christus zum Sohn Gottes eingesetzt wurde. In der hellenistischen Christenheit jedoch wird der Titel Gottessohn nicht erst auf den Auferstandenen angewendet, sondern schon auf den Präexistenten, der vor aller Zeit beim Vater war und von ihm in die Welt gesandt wurde, als die Zeit erfüllt war (Gal. 4,4). Paulus stellt daher den so verstandenen Hoheitstitel des Gottessohnes an den Anfang des Zitats und interpretiert damit die ursprünglich judenchristliche Aussage im Sinn der Christologie, wie sie in der hellenistischen Christenheit entfaltet wurde. Am Ende der übernommenen Formulierung aber schließt er mit der kraftvollen Wendung „Jesus Christus unser Herr" ab, in der die Kyriosprädikation ihren zusammenfassenden Ausdruck findet.

Am Anfang und am Schluß der judenchristlichen Wendung stehen somit die beiden wichtigsten christologischen Hoheitstitel – Sohn und Herr –, die in der hellenistischen Welt in das Zentrum des Christusbekenntnisses gerückt wurden. Indem sie die überkommene judenchristliche Formulierung einrahmen, verleihen sie der Aussage des gemeinsamen Bekenntnisses besondere Betonung.

In der urchristlichen Überlieferung finden sich auch Fragmente von Liedern, in denen die erste Christenheit ihren Glauben aussprach und sich im Gottesdienst zum erhöhten Kyrios bekannte,

„der in göttlicher Gestalt war,
es nicht für einen Raub hielt, Gott gleich zu sein,
sondern entäußerte sich selbst
und nahm Knechtsgestalt an,
den Menschen gleich wurde
und der Erscheinung nach als Mensch erkannt.
Er erniedrigte sich selbst
und wurde gehorsam bis zum Tode,
– ja zum Tode am Kreuz.

Darum hat ihn auch Gott erhöht
und hat ihm den Namen gegeben, der über alle Namen ist,
daß im Namen Jesu sich beugen sollen aller derer Knie,
die im Himmel und auf Erden und unter der Erde sind,
und alle Zungen bekennen sollen,
daß Jesus Christus der Herr ist,
zur Ehre Gottes, des Vaters." (Phil. 2,6–11)

In diesem Lied findet sich eine Reihe von Wendungen, wie der Apostel sie sonst nicht gebraucht – „für einen Raub halten", „Gott gleich sein", „sich entäußern" u. a. –, so daß mit Sicherheit auf vorpaulinische Entstehung geschlossen werden kann. Der Hymnus gliedert sich in zwei Strophen. Die erste spricht von der Erniedrigung des präexistenten Christus, der Knechtsgestalt annahm und gehorsam war bis zum Tode (V. 6–8). Die zweite Strophe dagegen handelt von der Erhöhung Christi, dem Gott den höchsten aller Namen gibt, so daß der ganze Kosmos ausruft: Herr ist Jesus Christus (V. 9–11). In dieses Schema von Erniedrigung und Erhöhung aber hat Paulus durch den betonten Zusatz „ja zum Tode am Kreuz" seine Theologie des Kreuzes eingezeichnet. Denn der Gekreuzigte ist zum Herrn über alle Herren erhöht worden, dem alle Ehre im Himmel und auf Erden gebührt. Paulus führt den Hymnus, den er als Wort vom Kreuz auslegt, in seinem Brief an die Gemeinde in Philippi an, um zu zeigen, was es heißt, so gesinnt zu sein, wie es der Gemeinschaft in Christus Jesus entspricht (V. 5).

Die verschiedenen Aussagen, in denen sich das urchristliche Bekenntnis ausspricht, sind nicht zu einem einheitlichen System zusammengefaßt worden und schon gar nicht als Ableitungen von einem einzigen Text zu betrachten, in dem eine einheitliche Lehrgestalt fixiert worden wäre, wie einige Gelehrte vermutet haben (Seeberg). Vielmehr bediente man sich unterschiedlicher Hoheitstitel und Heilsvorstellungen, wie sie die alte Welt kannte, um auszusagen, daß alle Hoffnungen, mit denen sich Menschen nach ersehnter Rettung ausstreckten, in Christus auf wunderbare Weise in Erfüllung gegangen sind. In seinem Leiden und Sterben hat Gott seine Barmherzigkeit kundgemacht und sein gültiges Ja gesprochen, indem er den Gekreuzigten ins Leben gerufen hat. Den Christus, der sich entäußert und Knechtsgestalt angenommen hatte, hat Gott zur Herrlichkeit erhöht. Paulus stimmt damit in den Chor derer ein, die in vielstimmigem Bekenntnis den Gesalbten Gottes preisen, um das Evangelium als frohe Botschaft an alle Welt zu bezeugen.

Da Paulus an wichtigen Stellen seiner Briefe sich auf Aussagen urchristlichen Bekenntnisses bezieht, ist er keineswegs der erste christliche Theologe gewesen. Vielmehr hat er bereits eine urchristliche Theologie vorgefunden, die er aufnehmen, in ihren Konsequenzen durchdenken und in seiner Predigt auslegen konnte (Lohmeyer). Weder hat er so etwas wie eine urchristliche Dogmatik ersonnen – was die einen begrüßen, die anderen aber ihm zum Vorwurf machen möchten –, noch hat er einen ursprünglichen schlichten und einfachen Glauben der ersten Christen zu einem komplizierten Lehrsystem umgestaltet.

Die urchristliche Theologie, an die Paulus anknüpfen konnte, wies eine gewisse Mannigfaltigkeit auf, für deren Ausprägung auch verschiedenartige religionsgeschichtliche Voraussetzungen – wie sie z. B. in den einzelnen Hoheitstiteln zu erkennen sind – von Bedeutung waren. Da der christlichen Gemeinde in Antiochia alsbald eine führende Rolle im syrischen Raum zukam, werden hier manche Formulierungen ihren Ursprung gehabt haben. Aber auch andere Linien urchristlicher Bekenntnisbildung werden hier zusammengelaufen sein. Denn man bewahrte auch Traditionen, die in aramäischer Sprache gehalten waren wie die Rufe „Maranatha" (1. Kor. 16,22: Unser Herr, komm!) und „Abba" (Gal. 4,6; Röm. 8,15: Vater) oder das Wort „Amen" (1. Kor. 14,16; 2. Kor. 1,20: Das ist wahr), mit dem man sich ein gesprochenes Gebet zu eigen machte. Indem man an diesen Ausdrücken festhielt, bezeugte man die Gemeinschaft mit der Jerusalemer Gemeinde des Ursprungs.

Auch für die katechetische Unterweisung der Gemeinden wurden schon in frühester Zeit bestimmte Wendungen geprägt, die mündlich weitergegeben wurden. Dabei wurde auch Traditionsgut aus den Synagogen übernommen, um es nun auf das Verhalten der Christen anzuwenden (s. u. S. 228–231). Doch stets hat der Apostel dann in genauer Erläuterung dargelegt, wie diese Inhalte zu verstehen sind.

Während der langen Zeit, in der Paulus zur Gemeinde von Antiochia gehörte, in ihr lebte und in ihrem Auftrag zu missionarischer Tätigkeit auszog, wird er sich mit dem urchristlichen Traditionsgut vertraut gemacht haben, wie er es später in seinen Briefen entfaltet. In Weitergabe und Auslegung dieser Überlieferungen hat er die Punkte und Themen gründlich durchdacht, die für das Leben seiner Gemeinden von besonderer Bedeutung waren. So gewann seine Verkündigung die unverwechselbare Prägung, mit der sie zur weltweiten Wirkung gelangte.

3. Die Leiden des Paulus

Von Anfang an war die missionarische Wirksamkeit des Apostels von mancherlei Strapazen, vielen Beschwerlichkeiten und großen Anstrengungen gezeichnet. Gelegentlich spricht Paulus in seinen Briefen von diesen Erfahrungen, die seine Wege ständig begleiteten und gleichsam zur apostolischen Existenz hinzugehören. Aber weder Orte noch Zeiten werden genannt, an denen sich Krankheiten und Verfolgungen zugetragen haben. Obwohl die Verkehrswege im Römischen

Reich bessere Reisemöglichkeiten boten, als es sie je zuvor gegeben hatte, blieb es ein mühevolles Unterfangen, weite Strecken zu Fuß zurückzulegen und dabei Wind und Wetter, aber auch Überfällen durch Räuber oder Nachstellungen von Feinden ausgesetzt zu sein. Und begab man sich auf ein Schiff, so konnte man in Sturm geraten und Schiffbruch erleiden. Hitze und Kälte, Hunger und Durst konnten dem Reisenden zu schaffen machen. Keines dieser Leiden ist Paulus erspart geblieben (2. Kor. 11,23–28).

Ging der Apostel in Synagogen und suchte dort die Botschaft des Evangeliums zu verkündigen, so konnte er gelegentlich aufmerksames Gehör – zumindest bei Proselyten und Gottesfürchtigen – finden. Gewann man jedoch den Eindruck, der fremde Reisende verstoße mit seiner Lehre gegen die alle Juden bindende Autorität des Gesetzes, so konnte es rasch dazu kommen, daß er der Gerichtsbarkeit der Synagoge unterworfen und mit Strafen belegt wurde, die ihn eines anderen belehren sollten. Der Vollzug solcher Urteile konnte bei rigorosem Vorgehen nicht nur schwere Schädigungen der Gesundheit, sondern sogar den Tod zur Folge haben. Das alles habe er durchgestanden, sagt Paulus später im Rückblick auf seine weiten, ständig von Gefahren umstellten Reisen (2. Kor. 11,29f.).

Paulus war sich dessen bewußt, daß ein Bote des Gekreuzigten selbst vom Kreuz gezeichnet ist. Mochten manche seiner Kritiker, von denen es etliche auch in seinen Gemeinden gab, sich hochgemut fühlen und geringschätzig auf die kümmerliche Erscheinung des Paulus herabblicken, so weiß er doch, daß ihm nach Gottes Willen die Leiden Christi auferlegt sind: „Gott hat uns Apostel als die Allergeringsten hingestellt, wie zum Tode Verurteilte. Denn wir sind ein Schauspiel geworden der Welt und den Engeln und den Menschen. [...] Bis auf diese Stunde leiden wir Hunger und Durst und Blöße und werden geschlagen und haben keine feste Bleibe und mühen uns mit unserer Hände Arbeit. Man schmäht uns, so segnen wir; man verfolgt uns, so dulden wir's; man verlästert uns, so reden wir freundlich." (1. Kor. 4,9–13) Manche dieser Erfahrungen gehören sicherlich bereits in die Anfänge der missionarischen Tätigkeit des Paulus. Aber später ist es nicht anders geworden, sondern er hat schließlich eine lange Zeit der Gefangenschaft und am Ende den Märtyrertod erleiden müssen (s. u. S. 265). Zu den äußeren Bedrängnissen, die sich in reichem Maß einstellten, kam ein schweres körperliches Leiden, das ihm oft zu schaffen machte. Im 2. Korintherbrief spricht der Apostel von einer Begebenheit, die 14 Jahre zurücklag und daher in die frühe Zeit seines

Wirkens gehören muß (2. Kor. 12, 1–10). Damals habe er eine visionäre Erfahrung gehabt, er sei in das Paradies entrückt worden und habe unaussprechliche Worte gehört, die kein Mensch sagen könne. Doch ihm sei ein Pfahl ins Fleisch gegeben worden, „nämlich des Satans Engel, der mich mit Fäusten schlagen soll, damit ich mich nicht überhebe“ (V. 7).

Viel Scharfsinn ist daran gewandt worden, um die Frage zu beantworten, auf was für ein Leiden diese Worte sich beziehen. Sollte Paulus hin und wieder von schweren Depressionen heimgesucht und niedergedrückt worden sein? Die Andeutungen, die der Apostel macht, weisen weit eher auf ein körperliches Gebrechen hin, das ihn immer wieder zu Boden wirft. Daher wird ihn eine Krankheit zeit seines Lebens bedrückt haben. Aber um welche Krankheit könnte es sich gehandelt haben? Im Brief an die Gemeinden in Galatien sagt Paulus, obwohl seine körperliche Schwäche ihnen einst anstößig erschienen sei, sei er von ihnen wie ein Engel Gottes, ja wie Christus Jesus aufgenommen worden (Gal. 4, 14). Wenn es möglich gewesen wäre, hätten sie sogar ihre Augen ausgerissen und ihm gegeben (ebda. V. 15). Sollte der Apostel ein Augenleiden gehabt haben, das ihn stark behinderte? Die Anspielung, die Paulus hier macht, wird aber im bildlichen Sinn zu verstehen sein: Die Galater wären damals bereit gewesen, auch das Kostbarste, was sie haben, für Paulus herzugeben.

Man hat sich gefragt, ob jene vom Satan ausgeteilten Schläge darauf deuten könnten, daß Paulus Epileptiker gewesen und des öfteren von Anfällen ereilt worden sei, die ihn hart trafen. Denkbar wäre auch, daß der Apostel von chronischen Kopfschmerzen geplagt wurde, die jeweils in periodischen Anfällen überaus beschwerliche Leiden verursachten (Heckel). Doch eine auch nur annähernd sichere Diagnose ist auf Grund der wenigen Angaben, die Paulus macht, nicht möglich. Der Apostel will allein die ständige Erfahrung eigener Schwachheit betonen, von der seine apostolische Existenz gezeichnet ist. Immer wieder wurde ihm unter Schmerzen zum Bewußtsein gebracht, daß er nicht anders als in Schwachheit auftreten und wirken konnte.

Dreimal habe er – so berichtet Paulus im Blick auf jene visionäre Erfahrung, die 14 Jahre zurücklag – den Herrn gebeten, er möge jenen Satansengel, der ihn mit Fäusten prügelte, von ihm weichen lassen. Doch diese so dringlich vorgetragene Bitte wurde nicht erhört, sondern es wurde ihm geantwortet: „Laß dir an meiner Gnade genügen; denn meine Kraft ist in den Schwachen mächtig.“ (2. Kor. 12,9) War dem Apostel von seiner Berufung an klar, daß er aus Gottes Gnade sei, was er ist (1. Kor. 15, 10), so wurde er durch das Wort des erhöhten Herrn erneut auf die Gnade verwiesen, aus der allein er zu leben und zu handeln vermag. Nicht durch Stärke – unwiderlegliche Weise der Rede, eindrucksvolle Erscheinung oder strahlende Gesundheit –, sondern in Niedrigkeit hat er seinen apostolischen Dienst zu versehen. Damit aber wird er an die Seite Christi gerückt. Denn Christus wurde gekreuzigt in Schwachheit, doch er lebt in der Kraft Gottes (2. Kor. 13, 4). Die Signatur des apostolischen Dienstes ist daher von jenen Zügen gezeichnet, die auch das Leiden und Sterben des Herrn bestimmen. Doch Gott hat in seiner unergründlichen Barmherzigkeit das Schwache erwählt, um seine verborgene Kraft dort zu offenbaren, wo man es in dieser Welt gerade nicht sich hätte vorstellen mögen.

Das Kreuz aber, das er um Christi willen zu tragen hatte, brachte Paulus eine Erkenntnis ein, die die Leiden seines von vielen Gebrechen gezeichneten Weges in wunderbarer Weise zum Segen wandelte. Konnte er doch lernen, wie Gott in allen Bedrängnissen tröstet, „damit wir auch trösten können, die in allerlei Trübsal sind, mit dem Trost, mit dem wir selber getröstet werden von Gott“ (2. Kor. 1, 4). „Denn“ – so fährt Paulus fort – „wie die Leiden Christi reichlich über uns kommen, so werden wir auch reichlich getröstet durch Christus. Haben wir aber Trübsal, so geschieht es euch zu Trost und Heil. Haben wir Trost, so geschieht es zu eurem Trost, der sich wirksam erweist, wenn ihr mit Geduld dieselben ertragt, die auch wir leiden.“ (ebda. V. 5 f.) Aus den leidvollen Erfahrungen und den Schmerzen, unter denen er das Kreuz Christi trägt, leitet der Apostel darum die Gewißheit ab: „Wie ihr an den Leiden teilhabt, so werdet ihr auch am Trost teilhaben.“ (ebda. V. 7)

VI. Der Apostelkonvent und seine Auswirkungen

1. Gefährdete Einheit der Christenheit

Die Ausbreitung des Evangeliums unter den Völkern, wie sie von hellenistischen Judenchristen in Gang gesetzt und von Paulus und Barnabas weiter vorangetrieben worden war, hatte raschen Fortgang genommen. Dabei kam der Gemeinde von Antiochia eine führende Rolle zu. Heiden, die die Christusbotschaft im Glauben annahmen, wurde nicht abverlangt, sie müßten sich zunächst zum Gehorsam gegenüber der Thora verpflichten, um auf diese Weise zur Gemeinschaft des Gottesvolkes Zugang zu bekommen. Vielmehr wurde getauft, wer sich zu Christus als seinem Herrn bekannte, und damit als Glied in die christliche Gemeinde aufgenommen. Zu den Gemeinden, die sich zunächst im Umkreis von Synagogen bildeten, gehörten daher sowohl Juden wie auch Heiden, die Christen geworden waren und nun zu einer neuen Gemeinschaft zueinander zu finden hatten. Wie aber sollte diese Gemeinschaft Gestalt gewinnen? Und welche Bedingungen mußten erfüllt sein, damit Menschen höchst unterschiedlicher Herkunft zusammen leben konnten?

Diese Probleme waren nicht einfach zu lösen. Juden wußten sich an die Weisungen gebunden, die das Gesetz hinsichtlich der Wahrung ritueller Reinheit und der Befolgung von Speisevorschriften enthält. Doch Heiden kannten derartige Gebote nicht. In den Synagogen hatte man Regeln entwickelt, nach denen Gottesfürchtige und Sympathisanten an der Gemeinschaft teilhaben konnten. Von ihnen wurde zwar nicht gefordert, daß sie den vollen Übertritt zum Judentum vollziehen müßten. Aber sie hatten bestimmten Mindestanforderungen zu genügen, die im Blick auf die Beachtung von Reinheits- und Speisegeboten zu befolgen sind. Wenn sich Heiden, die in nähere Verbindung zur Synagoge treten wollten, diesen Weisungen zu fügen bereit waren, konnten sie zu Zusammenkünften und gemeinsamen Mahlzeiten zugelassen werden – sonst nicht.

Für die frühe Christenheit mußte sich die Frage stellen, ob sie diesem Vorbild, wie es in den hellenistischen Synagogen entwickelt worden war, folgen oder aber andere Entscheidungen treffen sollte. Konnte es doch nicht angängig sein, daß die verschiedenen Gruppen je nach ihrer Herkunft unter sich blieben und die ihnen geläufige Lebensform unverändert fortsetzten. In der Gemeinde von Antiochia, die durch ihre Größe für die beginnende Mission unter den Völkern von richtungweisender Bedeutung werden sollte, hatte man sich dazu entschlossen, keine gesetzlichen Forderungen zu stellen, sondern die neue Gemeinschaft aus Juden und Heiden zu verwirklichen und Formen des Zusammenlebens zu entwickeln, die keinen ausschlossen, aber auch niemandem Bedingungen stellten, die er nicht hätte annehmen können.

Dieses Verhalten der Christen in Antiochia blieb nicht unumstritten. In der Apostelgeschichte heißt es, Kritik sei von seiten judenchristlicher Kreise in Judäa geäußert worden. Es seien Vertreter dieser Gruppen nach Antiochia gekommen mit der Forderung, die Heidenchristen müßten sich beschneiden lassen, sonst könnten sie nicht das Heil empfangen (Apg. 15, 1). Diesem Ansinnen sei jedoch widersprochen worden, so daß es zu einer scharfen Auseinandersetzung zwischen den Vertretern unterschiedlicher Positionen gekommen sei. Daraufhin habe man beschlossen, Barnabas und Paulus nach Jerusalem zu entsenden, um mit den Uraposteln über diese Frage zu verhandeln und eine Klärung herbeizuführen (V. 2).

Paulus, der im Galaterbrief einen kurzen Bericht über den Hergang gibt, sagt ebenfalls, daß die Frage beantwortet werden mußte, wie das Evangelium unter den Heiden verkündigt werden sollte (Gal. 2, 2). Ihm liegt jedoch daran, ausdrücklich zu betonen, daß er nicht etwa nach Jerusalem zitiert worden oder auf eine von Menschen erteilte Weisung hin in die heilige Stadt gezogen sei, sondern sich „aufgrund einer Offenbarung" auf den Weg gemacht habe (ebda.). Damit könnte gemeint sein, daß prophetische Stimmen die Aussendung durch die Gemeinde von Antiochia ausgelöst haben (vgl. Apg. 13, 1–3), die Barnabas und Paulus nach Jerusalem führen sollte. Der Bericht des Paulus wie der der Apostelgeschichte stimmen demnach sowohl im Blick auf die Veranlassung, die hinsichtlich der Einheit der Christenheit eine Klärung erforderlich machte, wie auch in der Angabe überein, daß Barnabas und Paulus sich gemeinsam auf die Reise begaben. Auch wird hier wie dort hervorgehoben, daß das Herzukommen der Heiden, wie es sich in den neu gegründeten Gemeinden vollzog, anerkennende Zustimmung fand und Freude bei den Christen in Jerusalem auslöste (Apg. 15,5 f.; Gal. 2, 7.9). Doch konnten die Probleme, die die zu gestaltende Einheit der Christenheit betrafen, nicht allein durch einen spontan erteilten Beifall entschieden werden, sondern mußten eine überzeugende theologische Begründung erfahren.

Diese zu finden, war – wie der Apostel deutlich erkannt hatte – eine entscheidende Voraussetzung für seine weitere Wirksamkeit (Gal. 2, 2). Denn trotz achtbarer Motive und schlüssiger Argumente, auf die Paulus und seine Mitarbeiter sich berufen konnten, würde ihre Wirkung letzten Endes erfolglos bleiben, wenn es nicht gelänge, mit den Jerusalemern zu einer tragfähigen Übereinkunft zu kommen. Kritiker, die sich einer gesetzesfreien Mission unter den Völkern entgegenstellten, vertraten den Standpunkt, die Einheit der werdenden Christenheit könne nur innerhalb des jüdischen Verbandes gewahrt werden. Paulus hingegen wußte sich mit Barnabas darin einig, als Standpunkt der Gemeinde von Antiochia die in ihr gelebte christliche Freiheit zu verteidigen, die sich als einzig angemessene Folgerung aus dem Christusbekenntnis ergibt.

2. Der Konvent in Jerusalem

Stimmen die Ausführungen, wie sie einerseits in der Apostelgeschichte, andererseits im Galaterbrief über die Gefährdung der christlichen Gemeinschaft gegeben werden, in wesentlichen Zügen überein, so gehen dann für den weiteren Verlauf die Darstellungen erheblich auseinander. Die Ursachen, die den entstehenden Streit betreffen, sind klar benannt: Muß die Beschneidung als Voraussetzung dafür gefordert werden, daß Heiden Glieder des Volkes Gottes werden? Und ist eine grundsätzliche Anerkennung und Übernahme des Gesetzes unerläßliche Bedingung dafür, daß Heiden und Juden in der christlichen Gemeinde Gemeinschaft miteinander haben können?

Nach der lukanischen Schilderung wird die Versammlung durch zwei Reden, zuerst des Petrus und dann des Jakobus, dazu ermutigt, den entstandenen Streit beizulegen und den Heiden, die sich zu Christus bekehrt haben, keine unnötige Unruhe zu bereiten. Allerdings – so wird empfohlen – soll von ihnen erwartet werden, daß sie sich bestimmten gesetzlichen Mindestanforderungen beugten, um Tischgemeinschaft zwischen Juden und Heiden zu ermöglichen. Die anwesende Menge ist nicht nur von den Berichten beeindruckt, die Paulus und Barnabas über die Erfolge ihrer Mission unter den Heiden geben, sondern läßt sich auch davon überzeugen, daß man mit Hilfe der vorgeschlagenen Regelung Gemeinschaft zwischen Juden- und Heidenchristen herstellen könne. Man beschließt daher, den Vorschlägen zu folgen und ein entsprechendes Schreiben als einhellig verabschiedetes Wort an die Gemeinden ausgehen zu lassen (Apg. 15,22–29).

Die Apostelgeschichte rückt Petrus und Jakobus in den Mittelpunkt der in Jerusalem geführten Verhandlungen, um ihren Worten und Empfehlungen das Verdienst zuzuschreiben, die gefährdete Einheit der Christenheit gerettet und auf eine stabile Grundlage gestellt zu haben. Doch diese Darstellung, die den erwähnten feierlichen Bescheid als krönenden Abschluß hinstellt, widerspricht der Beschreibung, wie sie Paulus im Galaterbrief bietet. Denn in aller Klarheit versichert er, daß zwischen den Jerusalemer Autoritäten und Barnabas und ihm Gemeinschaft hergestellt worden sei, es aber keine zusätzliche Auflage gegeben habe, die man ihnen etwa hätte machen wollen. Zwar ist offenkundig, daß auch Paulus nicht so etwas wie ein objektives Protokoll vorlegen will, sondern seine bestimmte Auffassung über sein Verhältnis zu Jerusalem vorträgt. Aber der kritische Vergleich zwischen dem Galaterbrief und der Apostelgeschichte führt doch zu dem eindeutigen Ergebnis, daß die lukanische Schilderung der Verhandlungen von literarisch-theologischen Motiven geleitet ist, der Galaterbrief aber den einzigen Bericht gibt, der als historische Quelle zu betrachten, freilich auch kritisch auszuwerten ist (Dibelius).

Was ist diesem Bericht über den Verlauf des Apostelkonvents und die damals gefaßten Beschlüsse zu entnehmen? Zunächst stellt Paulus fest, daß er die in Christus begründete Freiheit dadurch demonstriert habe, daß Barnabas und er den Griechen Titus, einen Heidenchristen, nach Jerusalem mitnahmen. Doch dem Ansinnen, er müsse beschnitten werden, widerstanden sie mit Entschiedenheit. Hier kam es darauf an, für die Konsequenzen, die sich zwingend aus der Wahrheit des Evangeliums ergeben mußten, einzutreten und sie durchzuhalten. Deshalb konnte und durfte Paulus auch nicht einen Augenblick gegenüber den Forderungen jener Leute zurückweichen, die er in scharfer Polemik als falsche Brüder bezeichnet (Gal. 2,4). Ihnen wirft er vor, daß sie sich in Jerusalem eingeschlichen hätten, um die Freiheit auszukundschaften, in der Barnabas und er in ihrer Mission handelten. Verfolgten jene dabei die Absicht, sie zu verbindlicher Beachtung des Gesetzes zu nötigen, so galt es für Paulus, die Freiheit in Christus gegen jede denkbare Einschränkung zu schützen und sie zu erhalten. Denn wäre der glaubenden Annahme der Christusbotschaft irgendeine andere zusätzliche Bedingung an die Seite gestellt worden, so wäre die christliche Predigt gesetzlich verfälscht und ihre Wahrheit ins Gegenteil verkehrt worden. Mit dieser von Barnabas und ihm vertretenen Auffassung – so hebt Paulus hervor – habe er sich in Jerusalem gegen die falschen Brüder durchsetzen können.

Der negativen Entscheidung entsprach der positive Beschluß. Jakobus, Kephas und Johannes, die maßgebenden Leiter der Jerusalemer Urgemeinde, gaben Paulus und Barnabas die rechte Hand und bekräftigten damit die zwischen ihnen bestehende Gemeinschaft, die auf der Einheit stiftenden Kraft des Evangeliums beruht. Es ist daher als dieselbe Botschaft an Juden und an Heiden auszurichten. Paulus nimmt dabei Maß an dem von ihm nicht in Zweifel gezogenen, sondern geachteten und anerkannten Apostelamt des Petrus. Als der erste Zeuge des auferstandenen Herrn verkündigt Petrus dasselbe Evangelium wie Paulus; „denn der in Petrus wirksam gewesen ist zum Apostelamt unter den Juden, der ist auch an mir wirksam gewesen unter den Heiden" (V. 8). Man verständigte sich daher auf eine Arbeitsteilung: „daß wir unter den Heiden, sie aber unter den Juden predigen sollten" (V. 9). Diese Verabredung ist weder im Sinn einer geographischen Aufteilung – hier Jerusalem und das heilige Land, dort das weite Feld der Diaspora und der Völker – noch in der Bedeutung einer strikten Trennung zu verstehen. Denn selbstverständlich war nicht auszuschließen, daß die Jerusalemer Autoritäten sich auch Nicht-Juden zuwenden konnten, wie auch Paulus bei seinem Wirken unter den Völkern sich nicht daran gehindert sehen mußte, Verbindung zu Synagogen aufzunehmen. Doch es wurden eindeutige Schwerpunkte für das jeweils zu bestellende Arbeitsgebiet gesetzt: die einen zu den Juden, die anderen zu den Völkern.

Die Vereinbarung, in gegenseitiger Übereinkunft die eine Christusbotschaft unter den Juden und unter den Völkern auszurichten, bedeutete, daß es nach gemeinsamer Überzeugung nur ein Evangelium gibt, das ohne zusätzliche Bedingungen verkündigt wird. Weder wurde von den Juden verlangt, ihr Jude-Sein aufzugeben, noch wurden die Heiden genötigt, die Thora anzunehmen. Weder von den einen noch von den anderen wurde eine Vorleistung gefordert, sondern das Evangelium wird „allein aus Gnade" bezeugt. Allerdings mußte diese Entscheidung zur Folge haben, daß für einen Juden, der Christ geworden war, das Gesetz, dem er sich weiterhin zugehörig wußte, nicht mehr Mittel sein konnte, um das Heil zu erwerben, sondern nun mußte auch die Beachtung gesetzlicher Lebensweise als Zeugnis dafür verstanden werden, daß das Heil ohne Bedingungen geschenkt wird (Conzelmann).

Da mit diesem Beschluß keinerlei weitere Forderung verbunden wurde, brauchten Paulus und Barnabas nicht zu zögern, der Bitte zu entsprechen, die ihnen vorgetragen wurde: an die Armen in Jerusalem zu denken (V. 10). Durch die Kollekte, die Paulus mit starkem Einsatz in den heidenchristlichen Gemeinden zur Unterstützung der Jerusalemer Urgemeinde einzusammeln begann, sollte ein sichtbares Zeichen der Verbundenheit gegeben werden. Da die Verkündigung des Evangeliums ihren Ursprung in Jerusalem genommen hat, stehen nach dem Verständnis des Paulus die heidenchristlichen Gemeinden in einer Dankesschuld gegenüber der notleidenden Kirche des Anfangs: „Denn wenn die Heiden an ihren geistlichen Gütern Anteil bekommen haben, ist es recht und billig, daß sie ihnen auch mit leiblichen Gütern Dienst erweisen.“ (Röm. 15,27)

Sollte diese Kollekte als eine verpflichtende Abgabe zu betrachten sein, die sich mit der Tempelsteuer vergleichen ließe, wie sie überall im Judentum eingesammelt und zur Förderung des Opferdienstes an heiliger Stätte nach Jerusalem gebracht wurde (Holl)? Wenn die Bezeichnung „die Armen“, jüdischem Sprachgebrauch entsprechend, als Ehrentitel zu begreifen und in entsprechender Bedeutung auf die Urgemeinde angewendet worden ist, könnte man daran denken, daß die Kollekte zumindest so etwas wie eine ideelle Steuer für Jerusalem hätte darstellen können. Doch gegen diese Annahme sprechen eindeutige Gründe. Zunächst unterstreicht Paulus, daß ihm eine Bitte vorgetragen, aber keine Verpflichtung auferlegt worden sei. Sodann wird die Kollekte als eine Sammlung für die „Armen unter den Heiligen“ genannt (Röm. 15,26), wobei „die Heiligen“ die Urgemeinde, „die Armen“ die Notleidenden in ihr bezeichnen. Und schließlich wurde die Tempelsteuer Jahr für Jahr von allen Juden, sowohl denen in der Diaspora wie auch denen in Jerusalem und Palästina, eingezogen. Die Kollekte hingegen wurde nicht alljährlich, sondern einmalig erhoben und als ein freiwillig übernommener Beitrag verstanden. Paulus war um so gewissenhafter darum bemüht, diese Aufgabe zu erfüllen, als sie der weltweiten Gemeinschaft der ganzen Christenheit Ausdruck zu geben hatte, die in der Mannigfaltigkeit der in ihr entwickelten Lebensformen die Einheit der Kirche aus Juden und Heiden zu wahren und zu bekennen hat.

Der Apostelkonvent führte somit zu einer Entscheidung darüber, wie Heiden Christen werden können und wie die alle Christen verbindende Gemeinschaft zu gestalten ist. Für die Jerusalemer Autoritäten kann es kein leichter Entschluß gewesen sein, die gesetzesfreie

Heidenmission anzuerkennen. Doch hatten sie ihrerseits für die Judenchristen, für die sie verantwortlich waren, die Verbundenheit mit Israel festhalten können, die die Achtung gegenüber dem Gesetz einschloß. Damit waren aber noch nicht alle Fragen, die die eine Kirche aus Juden und Heiden betrafen, geklärt – vor allem nicht das Problem, wie innerhalb einer einzelnen Gemeinde Heidenchristen, die ohne das Gesetz lebten, mit Judenchristen Gottesdienst feiern und mit ihnen Tischgemeinschaft halten könnten. Da es in der Beantwortung dieser Frage alsbald zu schwerwiegenden Meinungsunterschieden kam, mußte um eine Lösung dieses Problems gerungen werden.

3. Das Aposteldekret

Der Bericht, den die Apostelgeschichte über den Apostelkonvent gibt, mündet in einen amtlichen Beschluß, der schriftlich festgehalten und durch eine Delegation, die Paulus und Barnabas beigesellt wird, an die Gemeinde in Antiochia übersandt wird. Diese Darstellung muß – wie bereits auf Grund eines kritischen Vergleichs mit Gal. 2 dargetan – auf die schriftstellerische Gestaltung des Verfassers der Apostelgeschichte zurückgeführt werden. Er wollte zeigen, daß der Apostelkonvent mit einer praktischen Regelung für das Zusammenleben von Juden- und Heidenchristen einen würdigen Abschluß gefunden habe, der lobende Anerkennung für Barnabas und Paulus, aber auch konkrete Empfehlungen für die Wahrung christlicher Einheit enthielt.

Das Dokument, wie es in der Apostelgeschichte angeführt wird, deutet selbst an, daß es nicht als eine generelle Regelung für die gesamte Christenheit formuliert wurde, sondern ursprünglich für die Gemeinden in Antiochia, Syrien und Cilicien bestimmt war (Apg. 15,23). Zwar sollte den Heidenchristen keine besondere Last auferlegt, von ihnen aber doch die Einhaltung bestimmter Regeln für das Zusammenleben von Juden- und Heidenchristen gefordert werden: „daß ihr euch enthaltet vom Götzenopfer und vom Blut und vom Erstickten und von Unzucht. Wenn ihr euch davor bewahrt, tut ihr wohl.“ (V. 29) Eindeutige Abkehr von der Verehrung heidnischer Gottheiten sowie Beachtung gesetzlicher Vorschriften, wie sie nach der Thora für Heiden gelten, die in Israel wohnen (Lev. 17–18), werden als Voraussetzung dafür genannt, daß man sich zu gemeinsamen Mahlzeiten zusammenfinden kann. Nur Fleisch, das nach den Bestimmungen der Thora geschlachtet worden ist, darf genossen werden;

und unsittliches Verhalten, insbesondere das Eingehen verbotener geschlechtlicher Verbindungen, ist strikt zu meiden. Diese Bedingungen beinhalten keinen förmlichen Übertritt zum Judentum, wohl aber die Befolgung gewisser gesetzlicher Grundregeln. Werden sie beachtet, dann sind die Hindernisse fortgeräumt, die nach jüdischem Verständnis einer Tischgemeinschaft im Wege stehen.

Die Briefe des Apostels bieten nirgendwo einen Hinweis dafür, daß in den paulinischen Gemeinden eine derartige Regel bekannt gewesen sei. Da die Weisungen für den Bereich Syriens und des südlichen Kleinasien bestimmt waren, werden sie in Gemeinden angewendet worden sein, zu denen sowohl Juden- wie auch Heidenchristen gehörten. Tatsächlich sind diese Bestimmungen auch zeitlich nur von begrenzter Wirkung gewesen. Denn die Synagogengemeinden verschlossen sich in der Folgezeit mehr und mehr gegenüber den Einflüssen ihrer hellenistischen Umwelt, gaben die Septuaginta, die die Christen in Gebrauch genommen hatten, preis und zogen sich in der rabbinischen Tradition auf den hebräischen Urtext der biblischen Schriften zurück. Judentum und Kirche traten auseinander, so daß es immer weniger zu Begegnungen und Gesprächen zwischen ihnen kam. Je stärker infolgedessen das Heidenchristentum wuchs und je geringer die Zahl von Judenchristen wurde, die sich noch an Weisungen des Gesetzes hielten, um so weniger bedurfte es für die christlichen Gemeinden der Anforderungen, wie sie im Aposteldekret formuliert sind.

Angesichts dieses geschichtlichen Verlaufs ist es nicht verwunderlich, daß das Aposteldekret schon bald nicht mehr im Sinn kultisch-ritueller Anordnungen, sondern in ethischer Bedeutung verstanden wurde. In der handschriftlichen Überlieferung finden sich daher alsbald Varianten, die eine entsprechende Interpretation bezeugen und sagen, die Heidenchristen sollten sich vom Götzendienst abwenden und von Blut, d. h. Mord, und Hurerei fernhalten. Wo das Aposteldekret in diesem Sinn umgedeutet wurde, war seine ursprüngliche Bestimmung bereits in Vergessenheit geraten und in eine ethische Maxime verwandelt worden, gegen die billigerweise kein Einspruch hätte erhoben werden können.

4. Der Streit in Antiochia

Zwar war auf dem Apostelkonvent in Jerusalem anerkannt worden, daß heidenchristliche Gemeinden zur einen Christenheit zu zählen waren und ihnen keine weiteren Auflagen gemacht werden sollten. Aber die Frage war offengeblieben, wie in ein und derselben Gemeinde Juden- und Heidenchristen zusammenleben sollten, ohne daß eine Gruppe die andere bedrängte oder ihr Bedingungen stellen würde, die erfüllt sein müßten, um verbindende Gemeinschaft aufrechterhalten zu können.

In Antiochia war man in dieser Hinsicht einigermaßen unbekümmert verfahren, ohne die unterschiedliche Herkunft der einen wie der anderen als Problem zu empfinden. Im gemeinsamen Glauben an den gekreuzigten und auferstandenen Christus wußte man sich verbunden und feierte miteinander Gottesdienste und Mahlgemeinschaften. Als – wahrscheinlich kurze Zeit nach dem Apostelkonvent – Petrus nach Antiochia kam, hatte er keine Bedenken, dieses Verständnis zu teilen und als Judenchrist mit den Heidenchristen gemeinsame Mahlzeiten zu halten. Doch diese Einstellung wurde nicht allseits gebilligt, sondern stieß auf schwerwiegende Einwände. Sie wurden nicht aus der Gemeinde selbst erhoben, sondern von außen in sie hineingetragen. Paulus berichtet, daß einige Leute von Jakobus, der als der Herrenbruder die Urgemeinde leitete, kamen und Einspruch geltend machten. Ob es sich dabei um eine Gruppe von Besuchern oder aber um eine förmliche Delegation handelte, die etwa die Situation in der Gemeinde von Antiochia hätte prüfen sollen, wird nicht gesagt. Jedenfalls aber waren es Leute, deren Auftreten Beachtung fand. Ihre Einrede bewirkte, daß nicht nur Petrus, sondern auch Barnabas und die anderen Judenchristen sich aus der schon vollzogenen Tischgemeinschaft zurückzogen und nicht mehr mit den Heidenchristen aßen (Gal. 2, 11–13).

Bei diesem Verhalten hatten sich Petrus und die anderen Judenchristen durch die Argumente, die von seiten der Jakobusleute vorgebracht wurden, beeindrucken lassen. Denn tatsächlich mußte sich für jüdisches Verständnis, das weiterhin auf die dem Gesetz geschuldete Achtung zu sehen hatte, die kritische Frage stellen, ob nicht durch freizügige Praktizierung der Tischgemeinschaft die Bindungen zu Israel abgebrochen und damit alle Möglichkeiten zerstört würden, Juden die Christusbotschaft bringen zu können. Zwar erscheint im kritischen Bericht des Paulus das schwankende Verhalten des Petrus als taktisch bedingte Schwäche. Aber tatsächlich ist hinter der polemisch zugespitzten Darstellung, wie Paulus sie gibt, doch zu erkennen, daß der von Kephas und den anderen vollzogene Rückzug Gründe hatte, die nicht ohne Gewicht waren. Es stand gleichsam Einheit gegen Einheit – Einheit des Gottesvolkes Israel gegen Einheit der Kirche aus Juden und Heiden. Ließ sich beides miteinander verbinden? Oder kündigte sich unausweichlich eine Trennung in der einen oder der anderen Richtung an? Petrus und die große Mehrheit der judenchristlichen Glieder der Gemeinde fürchteten die kritischen Bedenken der Juden bzw. Judenchristen und zogen sich deshalb aus der eben noch gewährten Gemeinschaft mit den Heidenchristen zurück.

Paulus kritisierte dieses Verhalten mit äußerster Schärfe, indem er Kephas ins Angesicht widersprach und ihm Heuchelei vorwarf (Gal. 2,11.13). Er konzediert nicht einmal, daß Erwägungen im Spiel gewesen sein könnten, die den ungehinderten Fortgang christlicher Verkündigung unter den Juden betrafen, so daß man über sie hätte reden können. Sondern er sieht die Wahrheit des Evangeliums in Zweifel gezogen, muß doch nach seiner festen Überzeugung die einzig mögliche Folgerung, die aus dem Evangelium zu ziehen ist, lauten, daß Juden und Heiden eins geworden sind in Christus.

Der Apostel berichtet in wörtlicher Rede, wie er Petrus entgegengetreten sei: „Wenn du, der du ein Jude bist, heidnisch lebst und nicht jüdisch, warum zwingst du dann die Heiden, jüdisch zu leben?" (V. 14) Der Judenchrist Petrus hatte zunächst eingewilligt, keine trennenden Schranken anzuerkennen, die der vollen Gemeinschaft mit den Heidenchristen hätten hinderlich sein können. Doch dann hatte er sich auf Grund der Kritik von seiten der Jakobusleute wieder auf eine jüdische Verhaltensweise zurückgezogen. Wollten nun Heidenchristen weiterhin mit ihm Gemeinschaft haben, so würden sie gezwungen sein, sich an die von jüdischer Seite für notwendig erachteten Regeln zu halten und „jüdisch zu leben". Ob Petrus sich diese Konsequenzen im einzelnen klargemacht hat, wird nicht ersichtlich. Paulus hält sie ihm und der ganzen Gemeinde vor Augen und sieht das Evangelium durch gesetzliche Forderungen verdunkelt, ja die Wahrheit in ihr Gegenteil verkehrt.

In den Sätzen, die diesem kurzen Bericht folgen, behält Paulus die Form eines Dialogs bei, den er in schroffer Härte mit Petrus austrägt. Der Sache nach aber geht er über die damalige Situation hinaus und hebt die grundsätzliche Bedeutung des Konflikts hervor, die nicht nur die Gemeinde von Antiochia, sondern zugleich auch die Gemeinden in Galatien, ja die ganze Christenheit betrifft – geht es doch wie in Jerusalem darum, „daß die Wahrheit des Evangeliums bei euch bestehen bliebe" (Gal. 2, 5). Paulus schließt sich in der an Petrus gerichteten Anrede mit ihm zusammen als Juden, die sie ihrer Herkunft nach sind. Doch obwohl sie nicht aus der Gottesferne der Heiden kamen, hatten sie verstanden, „daß der Mensch nicht durch Werke des Gesetzes gerecht wird, sondern durch den Glauben an Jesus Christus" (V. 16). Paulus macht damit klar, welche schwerwiegenden Folgen sich aus der Aufkündigung der Tischgemeinschaft ergeben müssen. Handelt es sich doch nicht lediglich um eine Frage praktischen Verfahrens, sondern die Einheit der Kirche war auf das schwerste gefährdet worden.

In einem von gewichtigen Begriffen überladenen Satz faßt Paulus zusammen, was Rechtfertigung aus Glauben bedeutet. Dreimal wird innerhalb eines einzigen Verses vom Glauben an Christus Jesus gesprochen. Diese konzentrierten Formulierungen werden sicherlich nicht erst in der augenblicklichen Situation der Auseinandersetzung mit Petrus entstanden sein. Sondern sie nehmen Lehraussagen auf, die bereits früher geprägt wurden und daher feste Form erhalten hatten. Deshalb wird man diese Aussagen nicht als eine Kampfeslehre beurteilen können, die sich erst in der Abwehr von Lehrern des Gesetzes herausgebildet hat, wie sie in den galatischen Gemeinden aufgetreten waren (s. u. S. 209f.). Paulus bringt vielmehr auf einen knappen Ausdruck, wie er in seiner Verkündigung auslegt, was die Wahrheit des Evangeliums bedeutet. Dabei erhebt er den Anspruch, daß die Lehre von der Rechtfertigung die Interpretation der Christusbotschaft darstellt, die allein in rechter Weise auszusagen vermag, was deren Wahrheit bedeutet. Denn es bleibt nicht bei einer dogmatischen Behauptung oder einer lehrhaften Feststellung, sondern die theologische Erkenntnis wird sogleich in konkrete Folgerungen umgesetzt: Wer die Tischgemeinschaft zwischen Juden- und Heidenchristen aufhebt, der „geht nicht richtig im Blick auf die Wahrheit des Evangeliums" (V. 14). Gibt er doch die fundamentale Einsicht preis, die aus der befreienden Kraft der Rechtfertigung des Sünders erwächst und die Einheit der Christenheit schlüssig begründet. Denn – darauf läuft die paulinische Argumentation hinaus – „wenn die Gerechtigkeit durch das Gesetz kommt, so ist Christus vergeblich gestorben" (Gal. 2, 21).

In der von ihm geführten Auseinandersetzung möchte Paulus dem Partner zeigen, daß dieser die weitreichenden Konsequenzen der anstehenden Problematik nicht erkannt und darum falsch gehandelt hat.

Indem er auf die grundlegende Bedeutung der Rechtfertigung des Sünders durch den Glauben an Christus Jesus verweist, will Paulus die Einsicht fördern, daß durch Werke, wie das Gesetz sie vorschreibt, kein Mensch gerecht wird. Deshalb wäre es nicht nur unsinnig, Forderungen des Gesetzes erneut aufzurichten, sondern dadurch würde Gottes Gnade geradezu unwirksam gemacht. Das kann aber ernsthaft kein Christ wollen, so daß das Zusammenleben von Juden und Heiden nicht mehr von Weisungen des Gesetzes bestimmt sein darf.

Paulus sagt nicht, zu welchem Ende der harte Streit geführt hat, den er mit dem Felsenapostel in Antiochia austragen mußte. Der Ausgang des Dialogs bleibt offen. Damit wird noch einmal eindrucksvoll unterstrichen, daß Paulus in keiner Weise von den Uraposteln abhängig gewesen ist, sondern sogar Petrus widerstanden hat, als es galt, für die konsequente Beachtung der Wahrheit des Evangeliums einzutreten. Zugleich aber werden Hörer und Leser in die Überlegungen einbezogen, die damals anzustellen und auszutragen waren. Wie mögen sie urteilen? Einige Wahrscheinlichkeit spricht dafür, daß die Christen in Galatien sich den Argumenten, die der Apostel ihnen vorgetragen hat, geöffnet und ihm letztlich zugestimmt haben. Denn da der Galaterbrief aufbewahrt wurde und erhalten blieb, wird sein Inhalt die weitere Orientierung maßgeblich beeinflußt haben.

Ungewiß bleibt hingegen, wie Petrus auf die paulinische Kritik reagiert hat. Immerhin hatte der judenchristliche Teil der Gemeinde von Antiochia seinem Verhalten zugestimmt und damit seine Entscheidung gebilligt. Selbst Barnabas, mit dem Paulus bis dahin zusammengearbeitet hatte (s. o. S. 72f., 85f.), war umgestimmt worden und hatte die Tischgemeinschaft mit den Heidenchristen aufgegeben. Paulus nennt das Heuchelei; doch er kann nicht davon berichten, daß er sich mit seiner Auffassung hätte durchsetzen können. Vermutlich ist der Ausgang des Streites zumindest ebenso offengeblieben wie der Dialog, den Paulus später im Galaterbrief aufgezeichnet hat. Es erscheint denkbar, daß man in Antiochia Paulus darin nicht gefolgt ist, daß er der anstehenden Problematik einen derart grundsätzlichen Charakter beigemessen hat. Eher wird man dahin tendiert haben, erträgliche praktische Regelungen zu finden, die auf allzu grundsätzliche Erwägungen verzichteten und auf Grund gewisser Konzessionen ein Zusammenfinden der verschiedenen Gruppen ermöglichen sollten. Die im Aposteldekret enthaltenen Vorschriften könnten Ausdruck einer solchen Kompromißlösung gewesen sein, mit deren Hilfe man Aufnahme und Fortführung von Tischgemeinschaft regeln wollte. Denn wenn es die Bestimmungen des Aposteldekrets vor Ausbruch des Konflikts bereits gegeben hätte, hätte man mit ihrer Hilfe den Streit vermeiden können. Es ist deshalb als sicher anzunehmen, daß der Inhalt des Aposteldekrets erst nach der in Antiochia ausgetragenen Auseinandersetzung formuliert wurde. Paulus hätte ihm keinesfalls zustimmen können; aber in manchen Gemeinden fand man sich dazu bereit, sich auf der Basis dieser Vereinbarung zu verständigen.

Wäre der Ausgang des Streites in Antiochia glücklicher gewesen, hätte Paulus gewiß den galatischen Gemeinden gegenüber davon gesprochen, um seine Position zu stärken. Der Konflikt wird zur Folge gehabt haben, daß Paulus sich nunmehr von der Gemeinde in Antiochia als Stützpunkt seiner missionarischen Aktivitäten löste und fortan in eigener Verantwortung allein tätig wurde. Denn die Zusammenarbeit mit Barnabas ließ sich nicht fortführen (vgl. Apg. 15,36–41). Dennoch wird es weder mit der Gemeinde von Antiochia noch vor allem mit Petrus zu einem dauerhaften Zerwürfnis gekommen sein. Denn im 1. Korintherbrief, der in zeitlicher Nähe zum Galaterbrief steht, nennt Paulus mehrfach seinen Namen, ohne eine zwischen ihnen bestehende Distanz anzudeuten (1,12; 3,22; 9,5; 15,5). Von einem radikalen Bruch zwischen Paulus und den führenden Männern der Urgemeinde kann daher nicht die Rede sein (Holtz). Wenngleich Differenzen in der Beurteilung des Gesetzes fortbestanden, so blieb man sich doch in der grundsätzlichen Erkenntnis einig, daß es keine unterschiedlichen Botschaften für Juden und Heiden, sondern nur das eine Evangelium geben kann.

Mit der Entscheidung, die Paulus getroffen hatte, waren nun endgültig die Voraussetzungen dafür gewonnen, die Christuspredigt in die Welt hinauszutragen und allen Völkern die rettende Kunde des Evangeliums zu bringen. Die Kreise, die aus der paulinischen Mission hervorgingen, konnten darum nicht mehr als Gruppen innerhalb des Synagogenverbandes bestehen, sondern sie formierten sich als selbständige Gemeinden, in denen Juden und Griechen, Sklaven und Freie, Männer und Frauen eins waren in Christus (Gal. 3,28). Die Zukunft sollte von dieser Erkenntnis bestimmt sein, nicht aber von vorübergehenden Kompromißlösungen, wie man sie im Aposteldekret hatte finden wollen.

VII. Die paulinische Missionspredigt

1. Von Kleinasien nach Europa

Nachdem Paulus sich von Antiochia gelöst hatte, blieb er nicht mehr im weiteren Umkreis tätig, in den diese Gemeinde nach Syrien und in das südliche Kleinasien ausstrahlte, sondern handelte nun selbständig und griff in seinem missionarischen Wirken weiter aus. Die Apostelgeschichte kann sich für ihre Darstellung, die verschiedene Szenen gestalterisch ausschmückt, auf Ortsangaben stützen, die die Wirksamkeit des Apostels an einzelnen Stationen betreffen. Zunächst werden Derbe und Lystra sowie Ikonium genannt (Apg. 16, 1f.). Dann zog Paulus mit seinem Begleiter Timotheus durch Phrygien und das Land Galatien (16, 6). Da es ihnen – so heißt es – durch den Heiligen Geist verwehrt worden sei, in der Provinz Asien das Wort zu predigen, seien sie alsbald weiter nach Norden gereist (16, 6–8). In der Tat muß auffallen, daß Paulus nicht zunächst nach Ephesus als der wichtigsten Stadt in Kleinasien gegangen ist, sondern den Weg durch das Binnenland genommen hat. Weder in der Apostelgeschichte noch in den paulinischen Briefen wird eine Erklärung für diese Entscheidung gegeben – außer jenem Hinweis auf die bestimmende Leitung durch den Heiligen Geist. Da keinerlei Andeutung über Erwägungen gemacht wird, die Paulus angestellt haben könnte, kann durchaus prophetische Weisung, wie sie durch warnende Stimmen aus den Gemeinden laut wurde, den Apostel geleitet haben, so daß er befürchteten Gefährdungen ausgewichen ist und sich deshalb nicht zur Küste gewandt hat.

Während die Apostelgeschichte an die Erwähnung Galatiens keine weiteren Bemerkungen knüpft, wird aus dem Brief, den Paulus später an die galatischen Gemeinden gerichtet hat, ersichtlich, daß er einer schweren Krankheit wegen sich einige Zeit dort aufhalten mußte (Gal. 4, 13). Seine Predigt des Evangeliums stieß auf zustimmende Aufnahme. Menschen, die die leibliche Schwäche des Paulus nicht verachteten, nahmen ihn wie einen Boten Gottes auf, ja wie Christus Jesus selbst (V. 14). Denn sie hatten verstanden, worauf es diesem Prediger ankam: als Gesandter seines Herrn den gekreuzigten und auferstandenen Christus zu bezeugen, in dessen Namen Heil und Rettung aller

Welt zuteil werden. Der Aufenthalt, der zunächst nicht geplant war, führte zu dem unerwarteten Ergebnis, daß in Galatien christliche Gemeinden entstanden. Mit ihnen hielt der Apostel nach der kurzen Zeit seines dortigen Wirkens weiter Verbindung.

Die Frage, wo Galatien in Kleinasien zu suchen sei, wird bis heute nicht einheitlich beantwortet. Der Name Galater bezieht sich auf ein Volk, das ursprünglich aus Gallien kam und sich auf eine lange Wanderschaft begeben hatte. Schließlich hat es sich im 3. Jahrh. v. Chr. im Zentrum Kleinasiens niedergelassen und ist dort von der prägenden Kraft der Hellenisierung erfaßt worden. Nach dem Tod des letzten Galaterkönigs Amyntas (25 v. Chr.) wurde sein Land römisch. Die Römer verbanden Galatien mit Pisidien, Isaurien, Lykaonien, Phrygien, Paphlagonien und Pontus zu einer Provinz, die sich von Südwesten nach Nordosten erstreckte, etwa ein Drittel Kleinasiens umfaßte und abgekürzt „Galatia" genannt wurde.

Wenn von Galatien die Rede ist, kann entweder die von den Galatern bewohnte Landschaft oder aber die umfangreichere römische Provinz gemeint sein. Zu dieser gehörten auch die im Süden Kleinasiens gelegenen Orte, in die Paulus – von Antiochia aus – gekommen war (Apg. 13–14). Die dort entstandenen Gemeinden setzten sich überwiegend aus Judenchristen zusammen. Im Galaterbrief erwähnt Paulus, daß er die Gemeinden in Galatien schon zweimal besucht habe (4,13). Sucht man nun die Adressaten des Briefes im Süden Kleinasiens, d. h. in der Provinz Galatia, so müßte das Schreiben des Apostels relativ früh abgefaßt worden sein. Da der Brief einige Kenntnis des Alten Testaments und seiner Auslegung voraussetzt, könnte man sich die Empfänger des Briefes als Leute vorstellen, die vorher zu Synagogen gehört und dort den Umgang mit der Schrift erlernt haben.

Im Unterschied zu dieser sog. südgalatischen Hypothese nimmt man nach der sog. nordgalatischen Theorie an, daß die Gemeinden, an die der Brief des Apostels gerichtet ist, sich in der Landschaft Galatien befunden haben. Da Paulus die Adressaten mit Namen anredet – „o ihr unverständigen Galater" (3,1) –, wird man sich diese schwerlich im Süden der Provinz vorzustellen haben. Denn die dortigen Einwohner gehörten gar nicht zum Volk der Galater. Überdies werden die Leser mehrfach unmißverständlich als ehemalige Heiden angesprochen, die früher Gott nicht kannten, Götzen dienten, die ihrem Wesen nach gar keine Götter sind (4,8), und unter die diese Welt knechtenden Elemente versklavt waren (4,9). Es wird deshalb als wahrscheinlich zu gelten haben, daß Paulus seinen Brief an die Gemeinden schrieb, die von ihm im Herzen Kleinasiens gegründet waren. Nach seinem ersten Aufenthalt, bei dem er den heidnischen Galatern das Evangelium gebracht hatte, ist Paulus noch ein zweites Mal dort gewesen (4,13; Apg. 18,23). Danach aber sind Leute in die Gemeinden eingedrungen, die sich kritisch gegen die paulinische Mission wandten und den Vorwurf erhoben, Paulus habe den jungen Christen die volle Wahrheit vorenthalten und ihnen verschwiegen, daß sie sich dem Gesetz Israels zu beugen und seinen Satzungen zu folgen hätten. Die Verteidigung seiner Verkündigung des Evangeliums und eine entsprechend kritische Interpretation des Gesetzes machen Veranlassung und Inhalt des Galaterbriefes aus (s. u. S. 189–193).

Von Galatien wandte Paulus sich weiter nach Norden und reiste durch Mysien bis nach Troas (Apg. 16,8) – einen Ort, an dem eine Gemeinde entstand, die für die Weiterführung der paulinischen Mission wichtig wurde (2. Kor. 2,12; Apg. 20,5f.). Von hier setzte Paulus dann nach Europa über. Die Apostelgeschichte hebt die Bedeutung dieses Übergangs hervor, indem sie erzählt, Paulus sei bei Nacht im Traum ein Mann erschienen, der aus Makedonien gekommen sei und gebeten habe: „Komm herüber nach Makedonien und hilf uns." (16,9) Paulus sei diesem Ruf als einem göttlichen Wink sogleich gefolgt. Denn er habe die Gewißheit gewonnen, daß Gott ihn nach Makedonien berufen hatte, um dort das Evangelium zu predigen (16,10).

Der zügige Fortgang, mit dem Paulus in rascher Folge an verschiedenen Orten Gemeinden sammelte, die sich dann aus eigener Kraft weiterentwickeln sollten, deutet darauf hin, daß Paulus einem Plan folgte, den er als Bote des Evangeliums zu verwirklichen suchte. Die zur Verfügung stehende Zeit betrachtet er als kurz (1. Kor. 7,29); erwartete er doch mit der ersten Christenheit, daß diese Welt nicht mehr lange Bestand haben wird, bis der Herr erscheinen und der Jüngste Tag anbrechen wird. Darum muß die gegebene Frist genutzt und das Evangelium in die Welt hinausgetragen werden – bis nach Rom und an die Enden der Erde. Wo es gelingt, eine Gemeinde so weit zu fördern, daß sie ihre Aufgabe auch ohne die Hilfe des Apostels erfüllen kann, kann er weiterreisen und am nächsten Ort eine neue Gemeinde aufbauen.

Die erste Station in Europa war Philippi – eine römische Kolonie, in der nur wenige Juden lebten. Nach dem Bericht der Apostelgeschichte gab es dort nur eine kleine Betstätte, die vor der Stadt an einem Fluß gelegen war (16,13). Paulus habe sich dort zuerst an einige

Frauen gewandt, unter denen sich eine Gottesfürchtige namens Lydia befand, und ihnen die Christusbotschaft nahegebracht. Nichtjuden – vornehmlich Frauen – gehörten an vielen Orten zum Umkreis der Synagogen, so daß es sich anbot, unter ihnen das missionarische Werk zu beginnen. Die kleine Gemeinde, die Paulus als erste in Makedonien hatte gründen können, blieb ihm herzlich verbunden und suchte ihrerseits ihn auch später durch Gaben zu unterstützen. Obwohl es seinem Grundsatz widersprach, Zuwendungen anzunehmen, statt sich von eigener Hände Arbeit zu ernähren, fühlte Paulus sich den Philippern so zugetan, daß er sich bereit fand, sich von ihnen beschenken zu lassen (Phil. 4, 14–18).

Der Aufenthalt in Philippi kann nicht lange gedauert haben. Denn es wurden dem Apostel alsbald Schwierigkeiten bereitet. Den Thessalonichern gegenüber spricht er von Leiden und Mißhandlungen, die er in Philippi erfahren habe (1. Thess. 2, 2). Die Apostelgeschichte bringt eine lange Erzählung, wie Paulus und Silas in Haft genommen und auf wunderbare Weise befreit worden seien. Unter dem Eindruck dieser Vorgänge sei der Aufseher des Gefängnisses Christ geworden und habe sich mit seinem Haus taufen lassen (Apg. 16, 25–34). Die Auskunft, Paulus und Silas seien römische Bürger, habe unter den Repräsentanten der Stadt, die für die Mißhandlungen verantwortlich waren, solche Furcht geweckt, daß man sie bat, die Stadt zu verlassen (Apg. 16, 35–40).

Die nächste Station war Thessalonich, ein bedeutender Handelsplatz und die Hauptstadt der römischen Provinz Makedonien. Hier gelang es rasch, eine Gemeinde zu sammeln. Nach der in der Apostelgeschichte gegebenen Darstellung ging Paulus zunächst in die Synagoge, predigte dort an drei Sabbaten aus der Schrift „und legte ihnen dar, daß Christus leiden mußte und von den Toten auferstehen und daß dieser Jesus der Christus ist" (Apg. 17, 2f.). Während einige der Hörer sich überzeugen ließen, erhob sich tätlicher Widerstand von seiten der Juden, so daß Paulus nicht lange bleiben konnte (Apg. 17, 1–10).

Der 1. Thessalonicherbrief, der wenig später während des Aufenthalts in Korinth – wahrscheinlich im Jahr 50 n. Chr. – abgefaßt wurde, spiegelt wider, wie Paulus dort hat wirken können. Er erinnert die Gemeinde daran, daß seine Predigt des Evangeliums nicht allein im Wort, sondern auch in der Kraft und im Heiligen Geist und in großer Gewißheit ausgerichtet wurde (1, 5). Infolgedessen sei er gut aufgenommen worden und seine Predigt nicht vergeblich gewesen (2, 1). Allerdings muß der Apostel noch einmal betonen, daß sein Wirken nicht mit dem Treiben von allerlei Wanderpredigern, wie sie die hellenistische Welt kannte, verglichen werden dürfe, sondern vollkommen anderer Art ist. Jene Leute zogen umher, traten mit unterhaltenden Vorträgen auf, die sich auch auf popularphilosophische Themen beziehen konnten, und suchten durch allerlei Gaukeleien die Aufmerksamkeit ihrer Hörer zu gewinnen, damit sie ihnen möglichst auch Geldgaben entlocken konnten. Der Apostel stellt fest, daß er im Unterschied zu solchen Leuten völlig uneigennützig gekommen sei, sich durch eigene Arbeit ernährt habe, niemandem zur Last gefallen sei und sich untadelig verhalten habe (2, 9f.). Gott gegenüber sei er von Dank erfüllt dafür, daß sie das Wort der Predigt nicht als Menschenwort, sondern – was es in Wahrheit ist – als Gottes Wort aufgenommen haben, das sich unter ihnen wirksam erweist (2, 12f.). Daß der Apostel auf Grund des Widerstands, der sich von seiten der Synagoge regte, Thessalonich hat verlassen müssen, geht wie aus der Apostelgeschichte so auch aus den Ausführungen des Briefes hervor (2, 14–17).

War der Abschied von der Gemeinde erzwungen worden, so wußte sich der Apostel ihr doch weiterhin eng verbunden. Sein Wunsch, wieder zu den Christen in Thessalonich zu kommen, ging nicht in Erfüllung – „der Satan hat uns gehindert" (2, 18). Um verläßliche Nachricht über ihr Ergehen zu bekommen, hat Paulus daher von Athen aus seinen Mitarbeiter Timotheus zu ihnen geschickt. In Korinth ist dieser wieder zum Apostel zurückgekommen und hat Gutes berichtet von Glauben und Liebe der Gemeinde (3, 1–13).

Der Brief erwähnt, daß Paulus von Thessalonich nach Athen weitergereist ist (3, 1). Dort wird er nur kurze Zeit geblieben sein und hat in der Stadt keine sonderlich erfolgreiche Wirksamkeit entfalten können. Zwar nutzt der Verfasser der Apostelgeschichte die Gelegenheit, um von einem wirkungsvollen Auftritt des Paulus auf dem Areopag zu erzählen (Apg. 17,16–34 s. u. S. 114f.), doch kann er am Ende nur von wenigen Leuten berichten, die gläubig geworden seien. Zur Gründung einer Gemeinde ist es daher schwerlich gekommen. Es ist darum nicht verwunderlich, daß Paulus sich alsbald nach Korinth wandte – „in Schwachheit und in Furcht und mit großem Zittern" (1. Kor. 2, 3). Hier sollte es gelingen, eine Gemeinde zu gründen, deren Wirksamkeit weit nach Achaja ausstrahlte.

Korinth war im Jahr 146 v. Chr. durch die Römer zerstört worden, um die mächtige Konkurrenz seiner großen Wirtschaftskraft auszuschalten. Doch hundert Jahre später hatte Caesar befohlen, die Stadt aus den Trümmern wieder aufzubauen. Seit 29 v. Chr. Hauptstadt der senatorischen Provinz Achaja und Sitz des Proconsuls, war Korinth auf Grund seiner günstigen geographischen Lage rasch wieder zu Bedeutung gelangt. Schiffahrt und Handel brachten viele Fremde in die Hafenstadt, doch mit ihnen breiteten sich auch Vergnügungssucht und lockerer Lebenswandel aus.

Der Bericht, den die Apostelgeschichte über die Anfänge der christlichen Gemeinde gibt, ist kurz gehalten. Paulus geht, von Athen kommend, in Korinth zunächst zu dem Ehepaar Aquila und Priscilla, die auf Grund des Judenedikts des Kaisers Claudius Rom hatten verlassen müssen (s. o. S. 55), und findet durch sie Arbeit als Zeltmacher (18,2f.). Jeden Sabbat lehrt er in der Synagoge (V. 4). Silas und Timotheus stoßen wieder zu ihm (V. 5). Der Christuspredigt wegen kommt es auch hier zum Konflikt mit den Juden, so daß Paulus die Synagoge verlassen muß und sich den Heiden zuwendet (V. 6). Im Haus des Proselyten Titius Justus wird Paulus aufgenommen (V. 7). Als besonderer Erfolg der Wirksamkeit des Apostels wird erwähnt, daß der Synagogenvorsteher Krispus Christ wurde (V. 8; vgl. 1. Kor. 1,14). Auch viele andere Korinther werden gläubig und lassen sich taufen. Als aber die Juden gegen Paulus vorgingen und ihn vor den Richterstuhl des Proconsuls Gallio schleppten, mußte er Korinth verlassen (V. 12–18). Im Vorhafen Kenchreae schiffte er sich ein und reiste über Ephesus nach Caesarea.

Diese knappe Darstellung wird aus den Angaben des 1. Korintherbriefes bestätigt bzw. ergänzt. Paulus hat die Gemeinde gegründet (3,6; 4,15), indem er den Korinthern das Evangelium brachte, wie es ihm selbst als Inhalt der gemeinchristlichen Verkündigung überliefert worden war (1. Kor. 15,1–5). Mit der Wendung „Wißt ihr nicht?“ wird im Brief des öfteren auf die der Gemeinde zuteil gewordene Belehrung angespielt (3,16; 5,6; 6,2f.9.15f.19 u. ö.). Die Glieder der Gemeinde stammen größtenteils aus den unteren Schichten der Gesellschaft (1,26–28). Sklaven (7,21; 12,13), aber auch einzelne reichere Leute gehören dazu (11,21f.). Die Zusammensetzung der Gemeinde ist mannigfaltig, wie es dem Bild der Stadt entspricht.

Bald nach der Gründung war Apollos, ein aus Alexandria stammender Judenchrist (Apg. 18, 24), nach Korinth gekommen und hatte dort gewirkt. Paulus erkennt seine Tätigkeit an: „Ich habe gepflanzt, Apollos hat begossen“ (3,6), d. h. er hat das Werk des Apostels fortgesetzt. Paulus unterstützt daher die von den Korinthern ausgesprochene Bitte, Apollos möchte wieder zu ihnen kommen (16,12). Auch von missionarischer Tätigkeit des Petrus ist die Rede, doch wird sie nicht mit Korinth in direkte Verbindung gebracht (9, 5). Paulus kann für sich in Anspruch nehmen, als ein weiser Baumeister den Grund gelegt zu haben. Andere bauen darauf weiter, doch soll jeder achthaben, wie er darauf baut. Denn „niemand kann einen anderen Grund legen als den, der gelegt ist, welcher ist Jesus Christus" (3, 11). Im Zusammenwirken der verschiedenen Mitarbeiter und Diener der Gemeinde soll der Bau Gottes vorangebracht werden, für dessen Förderung alle sich einsetzen, ist doch die Gemeinde Tempel Gottes (3, 16). Daher wird die Warnung ausgesprochen: „Wenn jemand den Tempel Gottes verdirbt, den wird Gott verderben; denn der Tempel Gottes ist heilig." (V. 17)

Es bleibt ständige Sorge des Apostels, die höchst unterschiedlichen Einflüsse, die von außen eindringen, und die mannigfaltigen Gedanken, die sich innerhalb der Gemeinde regen, könnten sie von dem festen Fundament entfernen, auf das der Anfang gegründet war. Deshalb sucht er in einer intensiven Korrespondenz, die er in den folgenden Jahren mit ihr führt (s. u. S. 127–130), und durch wiederholte Besuche die Verbindung zu stärken und dahin zu wirken, daß die Gemeinde dem ihr gestellten Auftrag gerecht wird. Sie wird vom Apostel daran erinnert, sie möge den Reichtum festhalten, der ihr in Lehre und Erkenntnis geschenkt ist (1, 5), und darauf vertrauen, daß Gott, der sie berufen hat, sie auch fest erhalten wird bis ans Ende (1, 8).

2. Umkehr und Glaube

Wie die Missionspredigt, die der Apostel bei Begründung einer Gemeinde ausrichtete, ausgesehen hat, ist aus dem 1. Thessalonicherbrief besonders gut zu erkennen. Paulus schreibt an die junge Gemeinde, um sie im erst kürzlich gewonnenen Glauben zu bestärken. Dabei erinnert er sie an den Anfang und spricht von seiner Predigt sowie der Antwort, die sie darauf gegeben hat. Wenn dabei davon die Rede ist, „wie ihr euch bekehrt habt zu Gott von den Götzen, zu dienen dem lebendigen und wahrhaftigen Gott" (1. Thess. 1, 9), so entspricht diese Formulierung vollauf dem Inhalt jüdischer Missionspredigt, die sich in der hellenistischen Welt an Heiden richtete. Ihnen sollte klargemacht werden, daß im Unterschied zu den Götzen, die in Wirklichkeit kein Leben haben, allein Gott der Lebendige und Wahrhaftige ist, dem die Menschen zu dienen haben. Wenn sie sich aber von Irrtum und Torheit ihres bisherigen Lebens abwenden und sich zum Glauben an den einen wahren Gott bekehren, so vollziehen sie den Schritt von der Finsternis zum Licht und damit die Umkehr von der Welt des Todes zum rechten Leben.

An derartige Sätze jüdischer Missionsunterweisung hat urchristliche Verkündigung angeknüpft und sie in wesentlicher Hinsicht erweitert. Jüdische Predigt wies stets auf den Ernst des kommenden Gerichts hin und verdeutlichte dadurch ihren Hörern ihre Verantwortung, wird doch jeder Mensch vor Gott Rechenschaft über sein Leben abzulegen haben. Diese auf die Endzeit bezogene Verkündigung wird nun im christlichen Verständnis neu gefaßt, indem der zentrale Inhalt des Evangeliums eingebracht wird: Die Bekehrung wurde vollzogen, „zu erwarten seinen Sohn aus den Himmeln, den er von den Toten auferweckt hat, Jesus, der uns errettet vom kommenden Zorngericht" (1. Thess. 1, 10). Der von den Toten auferstandene Christus wird im kommenden Gericht erscheinen, um für die Seinen einzutreten und sie von der Verdammnis zu erlösen. Der Ruf zur Umkehr wird also von der Forderung, das Gesetz übernehmen zu sollen, gelöst, erhält aber durch den Hinweis auf das bald anhebende göttliche Gericht und die Ankündigung des Kommens Christi starken Nachdruck. Wer sich bekehrt und an Christus glaubt, der wird durch ihn gerettet werden und das Heil empfangen.

Der Apostel Paulus hat – wie dieser Bericht zeigt – als Missionar Aussagen, die hellenistisch-urchristliche Verkündigung formuliert hatte, weitergegeben und ihre Bedeutung seinen Hörern dargelegt. Diese Predigt wurde von manchen Juden und vielen Proselyten, Gottesfürchtigen und Heiden angenommen, die Glieder der entstehenden Gemeinden wurden. Vielfach vollzog sich der Übergang vom Diasporajudentum in die christliche Gemeinde, ohne daß man einen tieferen Bruch empfand. War doch das Gesetz in der jüdischen Diaspora weithin in seiner Bedeutung für die Ethik und ihr entsprechendes verantwortliches Verhalten ausgelegt und verstanden worden. Auch nach der christlichen Unterweisung bestimmte der Wille Gottes, dem sein Volk zu dienen hat, das sittliche Verhalten.

Heiden, die noch nicht mit der Synagoge in Verbindung gestanden hatten, mußten eine tiefgreifende Veränderung ihres Lebens vollziehen. Denn sie hatten eine deutliche Scheidung von der vorchristlichen Vergangenheit vorzunehmen, jegliche Berührung mit Götzendienst zu vermeiden und ihr ganzes Leben nach Gottes Gebot auszurichten. Als Christen aber sind sie aus der Kraft ihres Glaubens von einer

Hoffnung erfüllt, wie sie die synkretistische Welt ihrer Umgebung nicht kannte. Mochte man sich in Mysterien einweihen lassen oder an von Geheimnis umwitterten Kulthandlungen teilnehmen, der harten Wirklichkeit des Todes konnte man dadurch nicht entrinnen. Paulus betont darum, daß Christen keinen Anlaß haben, „traurig zu sein wie die anderen, die keine Hoffnung haben" (1. Thess. 4, 13). Sie können vielmehr dessen gewiß sein, daß sie von Gott erwählt sind (1, 4), berufen zu Gottes Reich und zu seiner Herrlichkeit (2, 12). Ihre Herzen sollen in dieser Gewißheit gestärkt werden und untadelig sein „in Heiligkeit vor Gott unserem Vater, wenn unser Herr Jesus kommt mit allen seinen Heiligen" (3, 13).

In seiner Missionspredigt nimmt der Apostel auf das urchristliche Bekenntnis Bezug, wenn er kurz und knapp daran erinnert, daß „wir glauben, daß Jesus gestorben und auferstanden ist" (1. Thess. 4, 14). Entscheidend für die bestimmende Gültigkeit des christlichen Glaubens ist, was diese Aussage für das Leben der Christen bedeutet. Paulus gibt hierzu eine entsprechende Erläuterung: Wenn dieses christlicher Glaube ist, dann folgt daraus, daß „Gott auch die, die entschlafen sind, durch Jesus Christus mit ihm einherführen wird" (ebda.). Paulus legt mit diesem Satz das Bekenntnis aus: Christus ist gestorben und auferstanden – für uns. Wer an ihn glaubt, weiß sich hineingestellt in das Heilsereignis, von dem der Glaube spricht. Das Bekenntnis erinnert somit nicht lediglich an ein bedeutungsvolles Geschehen der Vergangenheit, sondern spricht stets zugleich seine gegenwärtige und zukünftige Gültigkeit aus. Der Christus, an den sich die Seinen als ihren Herrn halten, läßt sie nicht fallen, weder im Leben noch im Tod. Die Christusbotschaft wird darum den Hörern so zugesprochen, daß jede Aussage über Christus zugleich eine Aussage über die Glaubenden enthält. Ihr Inhalt wird verstanden in der Zustimmung, die weiß, daß um unseretwillen und uns zugut Christus gestorben und auferstanden ist (Conzelmann).

Die Wahrheit dieser Aussage läßt sich weder durch historische Nachforschungen ergründen, noch darauf reduzieren, daß der Osterglaube durch Visionen entstanden sei, die den Jüngern in ihrer Trauer über Jesus und auf Grund ihrer Schuldgefühle ihm gegenüber widerfahren seien (Lüdemann). Vielmehr wird die Wahrheit der Osterbotschaft allein im Glauben erfaßt, der sich von der Leben schaffenden Kraft des zugesprochenen Wortes getroffen weiß und sein Vertrauen darauf setzt, daß Gott selbst durch den gekreuzigten und aus dem Tod erweckten Jesus von Nazareth ein für allemal gehandelt hat.

Eine lehrhafte Zusammenfassung dieser ältesten christlichen Predigt führt der Apostel Paulus auch in den Sätzen an, die den Inhalt des Evangeliums angeben, wie er es bei der Gründung der Gemeinde von Korinth ausgerichtet hat: Christus gestorben für unsere Sünden nach der Schrift und begraben – Christus auferstanden am dritten Tage nach der Schrift und erschienen dem Kephas, danach den Zwölfen (1. Kor. 15,3b–5; s. o. S. 44). Diese Botschaft haben die Korinther angenommen, und bei ihr sollen sie auch bleiben – „sonst wäret ihr ja vergeblich zum Glauben gekommen" (V. 2). Auch hier geht es also darum, aus dem Glauben, für den man sich entschieden hat, die notwendigen Konsequenzen zu ziehen.

Tod und Auferstehung Jesu Christi werden in diesen Sätzen ebenso wie in dem kurzen Zitat des 1. Thessalonicherbriefes als der zentrale Inhalt des christlichen Bekenntnisses genannt. Am Anfang steht nicht der Name Jesu von Nazareth, sondern der Titel Christus. Er bezeichnet seinem ursprünglichen Sinn nach den Gesalbten, der von Gott zu seinem königlichen Amt erwählt und in seine Herrschaft eingesetzt worden ist. Wie aber konnte es geschehen, daß der Messias nicht in Glanz und Herrlichkeit auftrat, sondern am Kreuz sein Leben hingab? Zur Begründung dieses Satzes hat die christliche Verkündigung von Anfang an auf die Schriften des Alten Testaments hingewiesen. Im Zusammenhang mit Ausführungen über den Kreuzestod Jesu werden einzelne Abschnitte des Alten Testaments häufiger angeführt: die Psalmen 22,31 und 69, vor allem aber das Lied vom leidenden Gottesknecht aus dem 53. Kapitel des Jesajabuches: „Er ist um unserer Missetat willen verwundet und um unserer Sünde willen zerschlagen. Die Strafe liegt auf ihm, auf daß wir Frieden hätten, und durch seine Wunden sind wir geheilt." (Jes. 53,5) Diese Worte werden jedoch als Botschaft der ganzen Schrift begriffen, deren verborgener Sinn sich erst von der Christusverkündigung her erschließt. Ebenso ist in dem Satz, die Auferstehung Christi sei am dritten Tag – d. h. nach kurzer Frist – nach der Schrift geschehen, nicht nur an die eine oder andere einzelne Aussage des Alten Testaments gedacht, wie z. B. Hos. 6,2: „Der Herr macht uns lebendig nach zwei Tagen, er wird uns am dritten Tag aufrichten, daß wir vor ihm leben werden." Vielmehr werden auch hier die Schriften vom Anfang bis zum Ende zum Zeugnis für die Auferstehung Christi aufgeboten.

Christus starb für unsere Sünden. In diesen Worten ist ausgesprochen, was der Glaube im Blick auf das Kreuz Christi bekennt. Die entscheidende Aussage ist klar formuliert: Unsere Sünden, die durch unsere Schuld verursachte Ferne von Gott, sind der Grund dafür, daß der Christus leiden und sterben mußte. Er trat in die Lücke ein, die die Menschen von Gott als dem Grund ihres Lebens scheidet und die sie nicht zu schließen vermögen. Das aber tat er, um die Sünden abzunehmen und Freiheit zu eröffnen. Die urchristliche Verkündigung spricht von der Heilsbedeutung des Kreuzes Jesu stets im Zusammenhang mit seiner Auferweckung. Denn nur in engster gegenseitiger Bezogenheit werden das Sterben Jesu und seine Auferstehung recht verstanden. Weil Christus aus dem Tod erweckt wurde, darum eignet seinem Sterben die Kraft, Heil zu begründen und zu spenden. „Ist Christus aber nicht auferstanden" – so sagt Paulus zu den Korinthern –, „so ist euer Glaube nichtig, so seid ihr noch in euren Sünden." (1. Kor. 15,17)

Ohne Ostern würde der Karfreitag nur das Ende von Jesu Weg bedeuten, nicht aber Erlösung und Leben. Jesus von Nazareth wird jedoch nicht trotz seines Todes, den er erleiden mußte, als der Christus verkündigt, sondern gerade wegen seines Todes als der Messias bekannt, der am dritten Tag auferweckt ist. Die älteste christliche Verkündigung gibt keinerlei Hinweis auf die näheren Umstände dieses Ereignisses, sondern nennt lediglich das unerhörte Geschehen als solches: Christus ist auferstanden nach den Schriften, er ist Kephas und den Zwölf erschienen. Sie sind als seine Zeugen in Dienst genommen – mit ihnen dann auch Paulus. Ihre Predigt steht am Anfang der Kirche: daß Gott ausgerechnet an der Stelle, wo Tod und Grab ein unwiderrufliches Ende gesetzt zu haben schienen, das letzte Wort gesprochen und dem Leben den Sieg gegeben hat.

Christ sein – so hebt Paulus mit der urchristlichen Verkündigung hervor – bedeutet daher, im Glauben an den gekreuzigten und auferstandenen Christus unter einer neuen Ausrichtung des ganzen Lebens zu stehen. Die Gemeinde in Thessalonich erinnert der Apostel daran, wie er ihnen die mit der Berufung verbundene ethische Verpflichtung dargelegt hat: „Denn das ist der Wille Gottes, eure Heiligung." (1. Thess. 4,4) Dabei bezeichnet der Begriff der Heiligung nicht etwa eine einzigartige moralische Qualität, nach deren Höhenlage man sich ausstrecken sollte. Seiner Bedeutung nach ist das Wort vielmehr durch den biblischen Sprachgebrauch bestimmt. „Ihr sollt heilig sein; denn ich bin heilig, der Herr, euer Gott" – heißt es Lev. 19,2. Heilig ist, was Gott gehört und damit jedem profanen Gebrauch entzogen ist. Wer auf Christus getauft wurde, ist daher nach urchristlichem Verständnis geheiligt, und das heißt: Gott zum Eigentum übergeben, um fortan in allem Handeln und Leben Gott zu ehren und zu loben (1. Kor. 6,11 u. ö.). Werden die Glieder der Gemeinde des öfteren Heilige genannt oder als solche angeredet, so ist diese Bestimmung ihres Lebens gemeint, die auf Gottes Barmherzigkeit gründet und ihrem sittlichen Verhalten die Richtung weist. Hat Gott sie doch zur Heiligung berufen (1. Thess. 4,7). Diese Berufung aber darf nicht verachtet werden; würde man doch sonst nicht Menschen verachten, sondern Gott, der den Seinen den heiligen Geist gibt (ebda. V. 8).

Zur Missionspredigt hat also – wie der 1. Thessalonicherbrief bezeugt – stets auch ethische Unterweisung gehört, in der über sittliche Lebensführung und ihr entsprechendes Handeln gesprochen wurde (s. u. S. 228–240). Paulus hält deshalb die Gemeinde dazu an, sie möge bestrebt sein, in ihrem Leben noch vollkommener zu werden. Hat sie doch von ihm selbst Belehrung darüber erhalten, wie „es zu wandeln geboten ist" (1. Thess. 4,11). Wie ein Vater seine Kinder habe er einen jeden ermahnt, ihr Leben würdig des Gottes zu führen, der sie berufen hat zu seinem Reich und zu seiner Herrlichkeit (2,11f.). „Denn" – so sagt der Apostel – „ihr wißt ja, welche Gebote wir euch gegeben haben durch den Herrn Jesus." (4,2) An diese grundsätzlichen Hinweise schließt sich eine Reihe von Einzelmahnungen an, die dann wiederum durch die Erinnerung verstärkt werden, „wie wir es euch geboten haben, daß ihr schicklich wandeln sollt im Blick auf die, die außerhalb (der Gemeinde) stehen" (V. 11f.).

3. Rhetorische Gestaltung

Im gesellschaftlichen Leben der hellenistisch-römischen Antike kam der Rhetorik hohe Bedeutung zu. Als gebildet konnte nur derjenige gelten, der gelernt hatte, seinem Wissen und seiner Kenntnis überzeugenden Ausdruck zu verleihen. Er mußte es verstehen, die Kunst der Rede so einzusetzen, daß er für seine Ansichten entsprechende Anerkennung fand. Ob es sich um öffentliche Auftritte oder die Durchführung von Streitgesprächen, die Verteidigung oder Anklage vor Gericht, einen festlichen Anlaß oder die Darlegung philosophischer Gedankengänge handelte, stets kam es darauf an, nicht nur die jeweils zur Diskussion stehenden Inhalte zu beherrschen, sondern sie auch so vorzutragen, daß die Hörer sich zur Zustimmung bewegen ließen. Ein junger Mann hatte daher als Teil seiner Ausbildung eine Rhetorschule zu besuchen, um in den Regeln der guten Rede unterwiesen und durch Übung so weit gefördert zu werden, daß er in seinem Berufsleben wie auch in politischen Auseinandersetzungen mit Geschick für seine Sache eintreten konnte.

Auch bei der Darlegung philosophischer Gedankengänge wußte ein kritisch gestimmtes Publikum darauf zu achten, ob der Sprecher seine Gedanken schlüssig darlegen, mögliche Einwände im Blick halten und parieren und die wohlwollende Aufmerksamkeit des Auditoriums gewinnen konnte. Lehrer, die allgemeine Lebensweisheit als Hilfe zu rechtem Verhalten im Alltag anzubieten hatten, zogen von einem Ort zum anderen und suchten auf öffentlichen Plätzen eine Hörerschar um sich zu sammeln, um ihr vorzutragen, welche Lebenshilfe aus philosophischer Besinnung zu gewinnen sei. Man hielt den Menschen vor, wo sie bisher versagt oder falsch gehandelt hatten, um sie zur Besinnung zu rufen. Ihnen wurde handfeste Moral vermittelt, nach deren Weisung sie ihr Leben in Ordnung bringen sollten. Solche Lehre wurde nicht in komplizierten gedanklichen Überlegungen, sondern in lebendiger Rede und Gegenrede entfaltet, um auch den schlichten Hörer zum Mitdenken zu nötigen und ihn von der Schlüssigkeit der Argumentation zu überzeugen.

Der Vortrag derartiger Unterweisung (griechisch: Diatribe) verlief meist so, daß man im Wechsel den einen Standpunkt gegen den anderen hielt, um aus solcher Gegenüberstellung dann zwingende Schlußfolgerungen abzuleiten. Solche Form popularphilosophischen Dialogs, die mündliche Rede widerspiegelt, ist in den Lehrvorträgen des Epiktet (etwa 50–138 n. Chr.) bezeugt, in denen oft Fragen gestellt werden, auf die dann die Antwort unmittelbar folgt: „Einer stellte die Frage, wie man sich davon überzeugen könne, daß jede einzelne unserer Taten von Gott beobachtet werde. – Darauf Epiktet: Glaubst du nicht, daß das All eine Einheit darstellt? – Gewiß doch. – Weiter, glaubst du nicht, daß das Irdische mit dem Himmlischen in Wechselwirkung steht? – Gewiß. – Ja, denn wie würde sonst alles so geordnet wie auf ein Gebot Gottes ablaufen? Wenn er den Pflanzen gebietet zu blühen, so blühen sie; wenn er zu keimen gebietet, so keimen sie; wenn sie Frucht bringen sollen, so tun sie es ... usw." (Gespräche I 14, 1–3) Im fragenden und antwortenden Gespräch, für dessen Führung einst Sokrates das herausragende Beispiel abgegeben hatte, suchte man die Klärung eines strittigen Problems zu finden und auf diesem Weg zur Erkenntnis der Wahrheit zu gelangen, die für alle gilt.

Schwerlich ist Paulus mit einer hellenistischen Rhetorschule jemals in Berührung gekommen. Seine Briefe bieten keinerlei Anhaltspunkte, die eine solche Vermutung rechtfertigen könnten. Da er aber von Jugend auf im Studium der Schrift und der von den Vätern überkommenen Überlieferungen unterwiesen worden war (s. o. S. 20–25), hatte er aus den Lehrvorträgen der Synagoge und den Debatten, die in ihrem Schulbetrieb geführt wurden, lernen können, wie man einen Gedankengang schlüssig vorzutragen hat. Die hellenistische Synagoge hatte mit der griechischen Sprache auch manche Formen ihrer geschickten Handhabung übernommen. In Gottesdienst und Unterricht konnte sie gebildeten Gliedern der Gemeinden reichlich Gelegenheit bieten, Auslegung der Schrift und sittliche Belehrung in einleuchtender Argumentation vorzutragen.

Ein bezeichnendes Zeugnis, wie griechische Popularphilosophie mit dem Erbe jüdischer Gesetzesfrömmigkeit zu verbinden ist, bietet das 4. Makkabäerbuch (Klauck). Es wird etwa um die Zeit von Christi Geburt in der jüdischen Diaspora – in Alexandria oder in Syrien bzw. Kleinasien – entstanden sein. Wie der Verfasser zu Beginn seiner Darstellung ausführt, möchte er einen Vortrag halten, wie man ihn ähnlich hier und da in Synagogen veranstaltet haben wird. Gleich in den ersten Sätzen gibt er als Thema seiner Ausführungen an, darlegen zu wollen, daß die Vernunft über die Affekte herrschen soll. So führt er sein Vorhaben mit den Worten ein: „Echt philosophisch ist die Ansprache, die ich über die Frage halten will, ob die fromme Vernunft Selbstherrscherin der Triebe ist. Darum darf ich euch wohl mit Recht den Rat geben, auf die Philosophie aufmerksam zu achten." (4. Makk. 1, 1) Hiermit wird das Thema, das die Hörer bedenken sollen, herausgestellt und dabei dargetan, Judentum bedeute wahre Philosophie, die den Weg zur Tugend weist. Doch ist dem Verfasser wohl bewußt, daß man gegen eine derartige philosophische Argumentation auch Einspruch erheben könnte. Ihn nimmt er sogleich auf, um diesen mit wenigen Hinweisen zu entkräften: „Wie kommt es nun, könnten vielleicht einige einwenden, daß die Vernunft, wenn sie über die Triebe herrscht, über Vergessen und Unwissenheit nicht regiert? Was sie damit sagen wollen, ist etwas Lächerliches. Denn nicht über ihre eigenen Triebe herrscht die Vernunft, sondern über die der Gerechtigkeit, der Mannhaftigkeit, der Besonnenheit und der Einsicht feindlichen, und auch über diese nicht so, daß sie dieselben ausrottet, sondern so, daß sie ihnen nicht nachgibt." (V. 5 f.)

Nach Zurückweisung der genannten Bedenken wendet sich der Verfasser nun wieder der genaueren Bestimmung seines Vorhabens zu und fährt fort: „An mancherlei Beispielen hierher und dorther könnte ich euch nun zeigen, daß die fromme Vernunft Selbstherrin der Triebe ist. Am allerbesten aber glaube ich es beweisen zu können aus der wackeren Männlichkeit derer, die der Tugend zuliebe den Tod erlitten, des Eleazar, der sieben Brüder und ihrer Mutter. Denn indem diese der Schmerzen bis zum Tod allesamt nicht achteten, zeigten sie, daß die Vernunft über die Triebe Gewalt hat." (V. 7–9) Mit Hilfe dieser philosophischen Einleitung wird der geschichtlichen Erinnerung an die Märtyrer der Makkabäerzeit ihr besonderer Rang zuerkannt und die Bedeutung aufgewiesen, die ihrem Leiden für gegenwärtige Lebensorientierung der jüdischen Gemeinde zukommt. Wie es üblichen Regeln der Rhetorik entsprach, zur Begründung gedanklicher Argumente aus der Geschichte gewählte Beispiele anzuführen, so dient auch hier die Besinnung auf große Taten der Vergangenheit dazu, das Judentum als wahre Philosophie zu beschreiben, in der die Ideale der Tugend und Standhaftigkeit nicht nur gelehrt, sondern auch im Leben bewährt werden.

Auf welche Weise Paulus seine Predigten rhetorisch gestaltet hat, ist den Ausführungen seiner Briefe zu entnehmen, aus denen auf die mutmaßliche Gestalt seiner mündlichen Verkündigung zurückzuschließen ist (Classen). In manchen Abschnitten muß sich der Apostel gegen Einwände verteidigen, die von seiten seiner Gegner erhoben wurden. Dabei kann er sich dann einer Redeweise bedienen, wie sie bei einer Verteidigung vor Gericht geübt wurde. So möchte der Apostel im Brief an die Galater die Verbundenheit mit seinen Lesern stärken, der Kritik der Gegner die Unabhängigkeit des von ihm bezeugten Evangeliums entgegenstellen und aus der Schrift schlüssige Argumente für seine gesetzesfreie Verkündigung ableiten. Der unter Beachtung rhetorischer Regeln gestaltete Aufbau des Briefes soll die Anerkennung seiner Leser finden (Betz). Ähnlich wird in den Kapiteln 10–13 des 2. Korintherbriefes eine Auseinandersetzung mit Vorwürfen vorgenommen, die man gegen Paulus geltend gemacht hat. Dabei sind rhetorische Elemente verwendet worden, die in mancher Hinsicht an eine Verteidigungsrede erinnern.

In anderen Briefen ist nicht die Abwehr gegnerischer Positionen, sondern die positive Darlegung zentraler Lehrinhalte bestimmend, so daß die im Römerbrief entfaltete Verkündigung sich in formaler Hinsicht epideiktischer Rede vergleichen läßt, in der die vorzubringenden Argumente in möglichst überzeugender Weise vorgetragen werden (Wuellner). Geht es doch darum, den Lesern und Hörern klarzumachen, daß die Lehre des Apostels dem Inhalt des Evangeliums entspricht und dem Bekenntnis der ganzen Christenheit gerecht wird. Die Briefe des Apostels sind so abgefaßt, daß sie im Gottesdienst verlesen werden sollen, um von der ganzen Gemeinde aufgenommen und mit dem „Amen" ihrer Zustimmung beantwortet zu werden (1. Kor. 14, 16).

Im Gegensatz zu verbreiteter Hochschätzung der Rhetorik äußert sich der Apostel gelegentlich mit scharfer Kritik über die Weisheit dieser Welt, die doch in Wahrheit sich weithin als Torheit erweist (1. Kor. 1, 18–25). Mit Entschiedenheit betont er, daß er seine Predigt nicht mit Hilfe rhetorischer Künste, sondern in Erweisung des Geistes und der Kraft ausgerichtet habe (1. Kor. 2, 4). Von Lehrern, die darauf aus sind, mit ihren Vorträgen Geld zu verdienen, distanziert er sich grundsätzlich und hat sich deshalb weder einschmeichelnder Rede bedient noch aus Habsucht das Wort genommen (1. Thess. 2, 5). Die Kritik, er sei ungeschickt in seiner Rede, nimmt Paulus hin (2. Kor. 11, 6) und läßt es sich gefallen, daß man von ihm sagt, in seinem Auftreten sei er schwach gewesen und seine Rede habe auf manche kläglich gewirkt (2. Kor. 10, 10). Doch diese Schwachheit bringt der Apostel mit der Schwachheit Christi in Verbindung, die sowohl der Botschaft, die es zu überbringen gilt, wie auch den Boten anhaftet, die sie auszurichten haben. Unverhüllt hat er darum die harte Wirklichkeit ausgesprochen, auf die das Wort vom Kreuz zielt, und sich um der Wahrhaftigkeit willen lieber kritische Reaktionen als falsches Lob eingehandelt. Allein aus der Kraft, die im Geist Gottes wirksam ist, wollte Paulus die Wahrheit des Evangeliums bezeugen, damit der Glaube sich nicht auf von Menschen erdachte Weisheit stützen, sondern allein auf Christus gründen sollte.

Wenngleich Paulus in grundsätzlicher Kritik über die Weisheit dieser Welt und ihr entsprechende Redeformen urteilte, konnte er sich doch stilistischer Mittel bedienen, die geläufige Ausdrucksweise und die sog. Diatribe ihm anboten. So kann er seine Leser mit Namen anreden (Gal. 3, 1) oder als christliche Brüder (Röm. 7, 1.4; 8, 12; 10, 1.11, 25 u. ö.) ansprechen, um ihre Aufmerksamkeit zu wecken. Oder er wendet sich an ihr Urteilsvermögen, damit sie selbst sagen sollen, wie sie auf Grund ihres christlichen Wissens zu entscheiden haben. Wiederholt wird die Darlegung in aufgelockerter Form vorgetragen, indem Fragen, kurze Antworten, Gegenfragen und erneute Stellungnahme in rascher Folge aneinandergereiht werden – wie z. B. Röm. 3, 1–8 oder 27–31: „Wo bleibt nun das Rühmen? – Es ist ausgeschlossen. – Durch welches Gesetz? Durch das Gesetz der Werke? – Nein, sondern durch das Gesetz des Glaubens. [...] Ist Gott allein Gott der Juden? Ist er nicht auch der Gott der Heiden? – Ja gewiß, auch der Heiden. Denn es ist der eine Gott, der gerecht macht die Juden aus dem Glauben und die Heiden durch den Glauben." (V. 27.29f.)

Des öfteren leitet der Apostel einen Gedankengang mit der rhetorischen Frage ein: „Was sollen wir nun sagen?" (Röm. 6,1) Darauf folgt dann, in der Form einer Frage gehalten, ein Satz, der aus einer richtigen These eine falsche Folgerung ableitet: „Sollen wir denn in der Sünde beharren, damit die Gnade um so mächtiger werde?" Zwar trifft es zu, daß Sünde durch Gottes Gnade vergeben wird. Aber es ist unstatthaft, aus dieser Überzeugung zu folgern, also könne man nur um so unbekümmerter in der Sünde verharren, da ja die Gnade dann auch um so reichlicher fließen werde. Deshalb wird die gestellte Frage entschieden zurückgewiesen: „Das sei ferne!" (V. 2) Auf diese eindeutige Ablehnung folgt dann eine Begründung dafür, daß jene verfehlte Meinung unter keinen Umständen aufrechterhalten werden kann: „Wie sollten wir in der Sünde leben wollen, der wir doch gestorben sind?" (V. 2b) Die Leser werden die entsprechende Antwort zu finden wissen. Sie kann nur lauten: Unmöglich!

Mit der Frage „Wißt ihr nicht?" (Röm. 6,3.16; 7,1 u. ö.) erinnert der Apostel verschiedentlich an den Inhalt der allen Christen vertrauten Lehre, die ihnen in der Unterweisung nahegebracht worden ist. Indem den Lesern ins Gedächtnis gerufen wird, was ihnen doch längst bekannt ist, werden sie aufgefordert, in eigener Besinnung die rechte Entscheidung zu treffen bzw. sich durch die Darlegungen, die ihnen vorgetragen werden, zu zustimmender Antwort bewegen zu lassen. Sowohl die direkte Anrede an die Adressaten als auch das lebendige Frage-Antwort-Spiel sind geläufige rhetorische Mittel, wie man sie in popularphilosophischen Vorträgen, aber auch in der Unterweisung der hellenistischen Synagoge häufig verwendet. Der Apostel bedient sich solcher vorgegebenen Redeformen in seinen Briefen und wird sie in ähnlicher Weise auch in seiner Missionspredigt gebraucht haben.

In der Apostelgeschichte werden zu verschiedenen Gelegenheiten Missionsreden angeführt, die den Beginn einer Gemeindegründung beschreiben. Diese Reden sind vom Verfasser des Buches entworfen worden. Doch bedient er sich dabei vorgegebener Tradition, nach der der Aufriß der Predigten gestaltet wurde (Wilckens). Dabei wird die Heilsbotschaft von allen Predigern in ein und derselben Verkündigung dargeboten, so daß auch keine Unterschiede zwischen der Lehre des Petrus und der des Paulus erkennbar werden. Der Inhalt ihrer Predigt wird in einer einfachen Christologie ausgesagt: Gott hat Jesus durch seine Wundertaten legitimiert (2,22). Gleichwohl haben die Juden ihn abgewiesen und ans Kreuz gebracht (2,23), während Pilatus ihn freilassen wollte (3,13). In Jesu Tod und Auferweckung hat sich das in den Schriften geweissagte Sterben und Auferstehen des Messias erfüllt. Durch die Auferstehung hat Gott ihn erhöht und zu seiner Rechten eingesetzt (2,36; 5,31; 13,23). Dadurch ist er zum Herrn und Heiland geworden, so daß in seinem Namen aller Welt Rettung zuteil wird (4,12). Um das Heil zu empfangen, bedarf es der Buße und Bekehrung (2,36; 3,19) sowie der Taufe (2,38 u. ö.). Wer zu Jesus gehört, wird im kommenden Gericht gerettet werden (10,42; 15,11; 17,31). Denn als der „Urheber des Lebens" führt er die Seinen zum ewigen Leben (3,15; 5,31).

Den Höhepunkt überlegt formulierter Missionspredigt stellt die Rede dar, die Paulus auf dem Areopag in Athen gehalten haben soll. Dabei kümmert sich der Verfasser der Apostelgeschichte nicht darum, daß Paulus tatsächlich in Athen kaum hatte Erfolg erzielen und offensichtlich keine Gemeinde hatte gründen können (s. o. S. 101). Er nutzt vielmehr die Gelegenheit, um die Szene so zu gestalten, daß Paulus gleichsam als Gegenbild zu Sokrates vor den Vertretern der herausragenden Philosophenschulen auftritt (17,22–31). Zunächst wird in rhetorisch geschickter Zuwendung auf die Situation der Hörer eingegangen und lobend festgestellt, daß die Athener die Götter durchaus achten, ja sogar dem unbekannten Gott einen Altar errichtet haben. Nun aber soll ihnen verkündigt werden, was sie unwissend bereits verehren: den Gott, der das All geschaffen und den Menschen reiche Möglichkeiten der Lebensgestaltung gegeben hat. Dabei wird – wie bereits in der hellenistischen Synagoge vorgebildet – auf stoisches Gedankengut Bezug genommen und von dem Gott gesprochen, der nicht fern von einem jeden unter uns ist. „Denn in ihm leben, weben und sind wir." (V. 28) Stoische Lehre, nach der die Menschen dem im All wirkenden Gott ihrer Abkunft und Bestimmung nach nahe sind, wird positiv aufgenommen, um daraus zu folgern, daß jede Form äußeren Götzendienstes dieser Überzeugung unangemessen sei. Vielmehr sei der Ruf zu Buße und Erneuerung zu hören, lasse doch Gott den Menschen allenthalben Umkehr verkündigen. Denn er habe einen Tag festgesetzt, an dem er den Erdkreis richten werde mit Gerechtigkeit „durch einen Mann, den er dazu bestimmt und vor allen Menschen dadurch beglaubigt hat, daß er ihn von den Toten auferweckte" (V. 31). Diese Worte, die von Umkehr und Totenauferstehung handeln, rufen solch kritische Einwände von seiten der Hörer hervor, daß sie Paulus dazu nötigen, die Predigt an dieser Stelle zu beenden.

Auch in dieser Rede ist das Grundschema urchristlicher Missionspredigt wiederzuerkennen, wie es in knapper Form in den Sätzen von 1. Thess. 1,9f. vorliegt. Von dem einen Gott und der Zurückweisung jeglichen Götzendienstes wird ebenso gesprochen wie von Umkehr, zukünftigem Gericht und Auferstehung der Toten. Doch ist der Gedankengang durch Überlegungen angereichert, die hellenistischer Popularphilosophie entnommen sind. Sie sollen eine positive Verbindung zwischen der Frage nach Gott, wie sie die Antike kennt, und der Verkündigung des in Christus offenbaren Schöpfers und Erlösers herstellen. Diese kunstvoll aufgebaute Rede sucht eine ideale Form urchristlicher Missionspredigt zu entwerfen, die zu einer Verknüpfung zwischen griechischer Geistigkeit und urchristlicher Verkündigung führen möchte. Deren Gedanken sind jedoch deutlich von paulinischer Theologie unterschieden – sowohl hinsichtlich der unbefangenen Anwendung rhetorischer Stilmittel als auch im Blick auf die inhaltliche Gestaltung. Denn Paulus redet weder von der positiven Möglichkeit einer natürlichen Gotteserkenntnis, noch verharmlost er den Zustand der Menschheit als lediglich von Unwissenheit – statt von der zwingenden Gewalt der Sünde – beherrscht. Von der Bedeutung des Kreuzes spricht die Areopagrede nicht. Doch Paulus rückt das Wort vom Kreuz in das Zentrum seiner Auslegung der Christusbotschaft, die nicht mit Worten menschlicher Weisheit dargeboten werden soll, damit der Glaube „nicht stehe auf Menschenweisheit, sondern auf Gottes Kraft" (1. Kor. 2,5).

VIII. Die apostolischen Briefe des Paulus

1. Brief und Epistel

Um mit den Gemeinden, die er an verschiedenen Stellen gegründet hatte, Verbindung zu halten, schrieb Paulus Briefe. Ein Brief, der bei räumlicher Trennung einen Gedankenaustausch zwischen Absender und Empfänger pflegen soll, entsteht jeweils in einer bestimmten Situation, in der sich der Verfasser befindet, und spricht in eine konkrete Lage der Empfänger hinein. Die Antike kannte kein allgemeines Postwesen. Für die römischen Behörden und die Armee gab es amtliche Wege der Beförderung von Nachrichten und Mitteilungen. Um aber Privatbriefe zuzustellen, mußte man selbst zusehen, wie ein Schriftstück in die Hände des Empfängers gelangte. Man konnte einen Boten senden oder einen Brief einem Reisenden mitgeben, der es dann übernahm, das ihm anvertraute Dokument auszuhändigen. Nicht selten wird ein Brief daher längere Zeit unterwegs gewesen sein und bisweilen sein Ziel überhaupt nicht erreicht haben.

Im Unterschied zu persönlichen Briefen wurden auch Texte verfaßt, die zwar der Form nach als Brief gestaltet, ihrem Inhalt nach aber nicht für einen einzelnen Adressaten, sondern als Traktate für einen weiteren Leserkreis bestimmt waren. Hier gibt die briefliche Gestalt lediglich den Rahmen ab für eine literarische Ausführung, die sich an eine größere Öffentlichkeit wendet. Dokumente solcher Art liegen z. B. in den philosophischen Briefen des Cicero oder des Seneca vor. Diese literarische Kunstform ist vom eigentlichen Brief deutlich unterschieden und wird üblicherweise auch als Epistel bezeichnet (Deissmann). Zwar ist dieser Begriff nicht ganz treffend, da das lateinische Wort Epistel ja nichts anderes als Brief bedeutet; doch ist deutlich, was die angezeigte Unterscheidung besagen soll.

Der Apostel Paulus nimmt immer wieder auf Fragen Bezug, die man in den Gemeinden stellte und erörterte, und geht auf bestimmte Situationen ein, die sich in ihnen ergeben hatten. Alle Dokumente, die als authentische Schriften des Paulus gelten dürfen, stellen daher keine Episteln dar, die grundsätzliche Ausführungen zu bedenken geben wollen, sondern sind als wirkliche Briefe jeweils an bestimmte Empfänger gerichtet.

Antike Briefe waren durchweg kurz gehalten. Etwa 250 Wörter oder auch weniger standen darin, knappe Berichte und kurze Mitteilungen wurden miteinander verbunden, um Auskunft über das eigene Befinden zu geben, eine Bitte auszusprechen und gute Wünsche für den Empfänger auszurichten. Privatbriefe wurden in der alten Welt meist eigenhändig geschrieben, zumal Schreiber hätten teuer bezahlt werden müssen. Als Schreibmaterial dienten Papyrusblätter, als Tinte eine dickflüssige Tusche. Die Buchstaben wurden mit einer Rohrfeder aufgetragen, Wörter und Sätze ohne Abstände oder Übergänge aneinandergereiht. Das ganze Schreiben füllte in der Regel nur ein Blatt. Dieses wurde nach der Niederschrift zusammengerollt, verschnürt und versiegelt. Auf der Außenseite des Blattes wurde die Anschrift des Empfängers notiert, und so wurde der Brief auf die Reise geschickt.

Im Neuen Testament finden sich Beispiele für den knappen Umfang, auf den ein antiker Brief sich zu beschränken pflegte. So umfaßt der Brief, den nach Apg. 23,26–30 der römische Offizier Claudius Lysias an den Statthalter Felix schreibt, nur 5 Verse: „Claudius Lysias dem edlen Statthalter Felix: Gruß zuvor. Diesen Mann [nämlich Paulus in Jerusalem] hatten die Juden ergriffen und wollten ihn töten. Da kam ich mit Soldaten dazu und entriß ihnen den und erfuhr, daß er ein römischer Bürger ist. Da ich aber erkunden wollte, weshalb sie ihn anklagten, führte ich ihn hinunter vor ihren Hohen Rat. Da fand ich, daß er beschuldigt wird wegen Fragen ihres Gesetzes, aber keine Anklage gegen sich hatte, auf die Tod oder Gefängnis steht. Und als mir angezeigt wurde, daß ein Anschlag gegen den Mann geplant sei, sandte ich ihn sogleich zu dir und wies auch die Kläger an, vor dir zu sagen, was sie gegen ihn hätten." Es braucht nicht erörtert zu werden, ob in diesen Versen ein authentisches Dokument vorliegt oder ob nicht vielmehr – was wahrscheinlich ist – der Verfasser der Apostelgeschichte im Blick auf die Gefangennahme des Paulus den Inhalt des Briefes formuliert hat. In jedem Fall entspricht seine Länge dem üblicherweise eingehaltenen Umfang. Er ist in der normalen Form eines hellenistischen Briefes abgefaßt, dessen kurze Informationen mit einem Gruß eingeleitet und mit einem persönlichen Wunsch abgeschlossen wurden.

Blieben Privatbriefe, wie man sie in der Antike einander zusandte, zumeist auf knappe Mitteilungen beschränkt, so ist unter den paulinischen Briefen allein das an Philemon gerichtete Schreiben einigermaßen kurz gehalten. Die paulinischen Gemeindebriefe aber weichen ohne Ausnahme von dem vorgegebenen Muster antiker Privatbriefe in auffallender Weise ab. Obwohl sie sich unverkennbar als Briefe darstellen, die jeweils auf konkrete Situationen Bezug nehmen, greift der Apostel des öfteren bei der Erörterung aktueller Fragen gedankliche Überlegungen auf, die in Unterweisung und Belehrung der Gemeinden bereits in festere Form gebracht worden waren. Gleichwohl bleibt in allen Schreiben des Apostels der genuin briefliche Charakter bestimmend. Sie wenden sich jeweils an einen genau umschriebenen Kreis von Empfängern und suchen ihnen Nachrichten und Antworten zu anstehenden Problemen zu übermitteln. Erst dadurch, daß die angeredeten Gemeinden die apostolischen Briefe aufgehoben, sie in ihren Gottesdiensten verlesen und sie auch anderen Gemeinden weitergegeben haben, ist nach späterem Verständnis den paulinischen Briefen der Charakter grundsätzlicher Äußerungen und allgemeingültiger Dokumente beigemessen worden. Sie sind jedoch ohne Ausnahme abgefaßt worden, um aktuelle Fragen aufzunehmen und Probleme zu bedenken, die in frühchristlichen Gemeinden entstanden waren und vom Apostel einer klärenden Lösung zugeführt werden sollen.

Wurde ein Brief, wie es bei gewichtigen Schreiben oft geschah, diktiert, so nahm die Abfassung entsprechend lange Zeit in Anspruch. Umfangreiche Dokumente wie der Römerbrief oder die Korintherbriefe erforderten etliche Tage der Entstehung, in denen der Verfasser seine Gedanken sorgfältig zu überlegen und zu ordnen hatte. Neben dem wörtlichen Diktat kannte man in der Antike jedoch noch ein anderes Verfahren. Ein Schreiber notierte auf einer Wachstafel Stichworte, nach denen er dann den Brief aufsetzte. Der Schluß des Briefes aber wurde stets vom Absender eigenhändig niedergeschrieben, um dadurch den Inhalt zu bestätigen.

Wie hat Paulus seine Briefe abgefaßt? Aus Röm. 16,22 geht hervor, daß er in der Regel diktiert hat. Eine Pause, wie sie beim Diktat eingetreten war, nutzte der Schreiber des Briefes, der seinen Namen Tertius angibt, um die Gemeinde seinerseits zu grüßen. Dabei bezeichnete er seinen Dienst zu Recht als „in dem Herrn" getan. Zumindest die großen Gemeindebriefe sind also von Paulus diktiert worden, während er die letzten Zeilen selbst aufgezeichnet hat. So heißt es Gal. 6,11: „Seht, mit wie großen Buchstaben ich euch schreibe mit eigener Hand" – sicherlich kein Hinweis auf einen besonderen Charakter der dem Apostel eigenen Handschrift, sondern eine inhaltliche Betonung, die die Bedeutung der folgenden Sätze hervorheben soll. Die Gemeinden sollen aus der abschließenden Gegenüberstellung noch einmal ersehen, wie wichtig die Entscheidung ist, die sie gegen eine Lehre treffen müssen, die ihnen eine an das Gesetz gebundene Lebensweise nahebringen soll. Auch am Ende des 1. Korintherbriefes gibt der Apostel zu erkennen, daß er die letzten Sätze nicht mehr diktiert, sondern selbst geschrieben hat: „Hier mein, des Paulus, eigenhändiger Gruß." (16,21)

In den meisten Briefen nennt Paulus zu Beginn nicht nur seinen eigenen Namen, sondern auch den eines oder mehrerer Mitarbeiter, die sich bei ihm befinden und sich gemeinsam mit dem Apostel an die angesprochene Gemeinde wenden, so 1. Thess. 1,1: „Paulus und Silvanus und Timotheus" – oder Gal. 1,1: „Paulus [...] und alle Brüder, die bei mir sind." Sollten sie an der Abfassung der Briefe einen gewissen Anteil gehabt haben? Und wie hat Paulus diktiert – Wort für Wort oder in Stichworten, die dann ein Helfer in fortlaufenden Text hätte umsetzen sollen? Da des öfteren Timotheus als Mitarbeiter des Paulus erwähnt ist, hat man erwogen, ob er Paulus auch als Sekretär behilflich gewesen sein könnte, der auch an der inhaltlichen Gestaltung beteiligt war (Roller).

Doch Überlegungen dieser Art treffen sicherlich nicht zu. Den kurzen Philemonbrief wird Paulus mit eigener Hand niedergeschrieben haben, die anderen Schreiben sind wahrscheinlich Wort für Wort diktiert worden. Die sog. Mitabsender werden angeführt, um die Solidarität zu unterstreichen, in der sie mit dem Apostel verbunden sind. Im Text der Briefe aber spielen sie keine Rolle, so daß ihnen kein Anteil an dessen gedanklichen Ausführungen zuzuweisen ist. Und wo Timotheus im Text einer der Briefe genannt wird, ist eindeutig zu erkennen, daß er die entsprechenden Ausführungen nicht formuliert hat. So wird im Philipperbrief der bewährte Mitarbeiter des Apostels mit so starken Worten der Empfehlung vorgestellt, daß man ein entsprechendes Selbstlob dem Timotheus kaum zuschreiben dürfte (2,19–24). Für den Inhalt seiner Briefe trägt Paulus allein die Verantwortung. Daher sagt er an wichtigen Stellen der Gedankengänge, die er den Gemeinden vorträgt, ausdrücklich „ich", um sie dessen zu versichern, daß er und kein anderer mit apostolischer Vollmacht durch die ihnen zugesandten und öffentlich verlesenen Briefe das Wort nimmt und zu ihnen spricht.

2. Das Formular der paulinischen Briefe

Hinsichtlich der Form, in der ein Brief eingeleitet, ausgeführt und abgeschlossen wurde, hatte man in der Antike bestimmten Anforderungen zu genügen, die die Gestaltung des Schriftstücks betrafen. Man hatte Absender und Adressaten anzugeben und dabei vielleicht auch anzuzeigen, aus welcher Ursache man sich an den Empfänger wandte. Dann folgte ein Gruß, der kurz gehalten sein, aber auch ausführlicher ausgesprochen werden mochte. Ehe man zur Sache kam, pflegte man vielfach ein kurzes Gebet an die Gottheit oder die Götter zu richten und Dank dafür zu sagen, daß man Gefahren entronnen war, in Krankheit gnädig bewahrt wurde und die Verbindung mit den Empfängern aufrechterhalten konnte. Im Hauptteil des Briefes wurde dann dargelegt, was man an Fragen oder Vorschlägen mitzuteilen hatte. Und am Schluß wurde noch einmal ein Gruß oder ein Wunsch für glückliches Leben der Adressaten formuliert, der zugleich auf bleibende Gemeinschaft mit ihnen gerichtet war.

Der Eingang eines Briefes wurde in der hellenistischen Welt anders gefaßt als im Alten Orient. Das griechische Formular war knapp gehalten und ließ üblicherweise auf die Angabe von Absender und Empfänger nur einen kurzen Gruß folgen: „Zum Gruß" – „Freue dich" – „Laß es dir wohl gehen". Das Ende eines Briefes beschränkte sich meist auf ein kurzes, abschließendes Wort wie: „Bleib gesund" – „Lebe wohl" – „Bleib wohlauf". Mit diesem Wunsch versicherte man den oder die Leser des Briefes der wohlmeinenden Empfindungen, mit denen man sich an sie wandte.

Im Unterschied zum griechischen Brief ist das orientalische Formular in seinem Eingang durch eine Zweiteilung charakterisiert. Zunächst werden die Namen von Absender und Empfänger angegeben, wobei jeder von ihnen durch schmückende Prädikate oder nähere Beschreibung ausgezeichnet werden kann. Dann folgt der Gruß in Form einer Anrede: „Friede sei mit dir" – „Friede sei mit euch". Der alte Gruß „schalom" zielt auf die Ganzheit des Lebens und der ihm entsprechenden Beziehungen, deren Erhaltung und Stärkung die Übersendung des Briefes dienen soll. Dieser Wunsch wird mit dem Wort „Friede" ausgesagt, um die freundliche Gesinnung anzuzeigen, aus der heraus man sich an den Adressaten wendet. So wird ein Erlaß des Königs Nebukadnezar auf folgende Weise eingeleitet: „König Nebukadnezar allen Völkern, Stämmen und Zungen, die auf der ganzen Erde wohnen: Euer

Friede mehre sich!“ (Dan. 3,31) Oder ein Brief, den der Führer der jüdischen Aufständischen in der Zeit 132–135 n. Chr. an einen Untergebenen schrieb, beginnt mit den Worten: „Simon ben Koseba an Josua ben Gilgola und die Leute deiner Kompanie: Friede!“ Auch wenn der Eingang eines Briefes wortreicher gestaltet ist, indem zu den Namen schmückende Beiwörter oder erläuternde Bemerkungen hinzutreten und der Gruß vollere Töne anschlägt, wird doch die vorgegebene Grundstruktur des Formulars stets gewahrt.

Die paulinischen Briefe schließen sich an das orientalische Vorbild des Briefeingangs an, verwenden dieses aber in hellenisierter Gestalt und füllen es mit christlich bestimmtem Inhalt. Als Absender wird stets der Name des Paulus genannt, dessen sich der Apostel in der hellenistischen Welt zu bedienen pflegte (s. o. S. 19). Im ältesten erhaltenen Brief, dem an die Gemeinde von Thessalonich gerichteten Schreiben, wird außer der Erwähnung von zwei Mitabsendern keine nähere Kennzeichnung zum Namen des Verfassers hinzugefügt, obwohl der Inhalt des Briefes deutlich voraussetzt, daß Paulus sich „als Christi Apostel“ (2,7) an die Gemeinde wendet. Erst als sein apostolisches Amt durch gegnerische Kritik in Zweifel gezogen worden war, hebt Paulus von der Abfassung des Galaterbriefes an seine Autorität, die ihm durch den in Christus handelnden Gott verliehen wurde, im Eingang der Briefe betont hervor: „Paulus, Apostel nicht von Menschen, auch nicht durch einen Menschen, sondern durch Jesus Christus und Gott, den Vater, der ihn auferweckt hat von den Toten“ (Gal. 1,1) – oder: „Paulus, berufen zum Apostel Christi Jesu durch den Willen Gottes“ (1. Kor. 1,1). Statt als Apostel kann Paulus sich auch als Knecht seines Herrn vorstellen, ohne daß darin ein Unterschied der Bedeutung vorliegt. Denn Knecht Gottes ist, wen er zu seinem Dienst erwählt und bestimmt hat (Ps. 105,26). Im Alten Testament werden des öfteren Propheten Knechte Gottes genannt, denen er seinen Willen kundgetan und sein Geheimnis offenbart hat (z. B. Am. 3,7). Entsprechend heißt es im Eingang des Philipperbriefes: „Paulus und Timotheus, Knechte Christi Jesu“ (1,1).

Der Eingang des Römerbriefes nimmt größeren Umfang ein als alle vergleichbaren Stücke in den anderen Schreiben des Apostels. Die sieben Verse sind mit Inhalt schwer befrachtet. Dabei erstreckt sich die Selbstvorstellung des Verfassers über sechs volle Verse. Nicht nur die Titel „Knecht“ und „Apostel“ werden zusammen mit erläuternden Hinweisen genannt, sondern es wird auch der Inhalt des Evangeliums, mit dessen Ausrichtung Paulus durch göttliche Erwählung betraut worden ist, im Anschluß an urchristliche Bekenntnisaussagen genau beschrieben (1,3 f., s. o. S. 77). Die Nennung der Empfänger und der ihnen geltende Gruß hingegen sind in einen einzigen Vers zusammengefaßt worden (1,1–7). Schon an diesem Ungleichgewicht, wie es die einleitenden Sätze aufweisen, läßt sich erkennen, worauf der Apostel den Ton legt: der ihm persönlich noch unbekannten Gemeinde zu erklären, wer er als der Apostel der Völker ist und wie die Botschaft lautet, die er in aller Welt zu verkündigen hat.

Die Adressaten werden meist als „ekkleesia" angeredet, was sowohl Kirche als auch Gemeinde bedeutet. Das griechische Wort nimmt den alttestamentlichen Begriff des Volkes Gottes auf, das er sich erwählt und geheiligt hat, damit es ihm gehöre und seinem Willen folge (so Ex. 19,6). Indem die ersten Christen diesen Begriff verwendeten, sprachen sie aus, daß sie als Gottes Volk berufen und von der Gewißheit getragen waren, daß die Verheißungen der Schrift in Christus erfüllt sind. Wo immer Christen versammelt sind, um sich zu ihrem Herrn zu bekennen, ist Gottes heiliges Volk beieinander. Paulus kann daher im ersten Kapitel des Galaterbriefes den Begriff „ekkleesia" bald im Singular, bald aber auch im Plural verwenden, ohne daß dabei ein Unterschied der Bedeutung eintreten würde. So redet er zunächst die Empfänger als *die Gemeinden* in Galatien an (1,2), erwähnt sodann, daß er einst *die Gemeinde* Gottes verfolgt habe (1,13), und bemerkt schließlich, er sei auch nach seiner Bekehrung *den christlichen Gemeinden* in Judäa persönlich nicht bekannt gewesen (1,22). Aus diesem Wechsel von singularischem und pluralischem Gebrauch des Wortes „ekkleesia" geht hervor, daß keine begriffliche Unterscheidung zwischen Einzelgemeinde und Gesamtkirche gemacht wird. Die Gemeinde wird „ekkleesia" genannt, weil in ihr die Geheiligten in Christus Jesus, die berufenen Heiligen zusammenkommen (1. Kor. 1,2). Als Kirche Jesu Christi ist daher nicht eine Größe verstanden, die aus der Zusammenfügung aller einzelnen Gemeinden entsteht. Sondern in der jeweils versammelten Gemeinde ist das Volk Gottes repräsentiert, das den Namen des Herrn anruft und ihm die Ehre gibt. Die schmückenden Beiworte unterstreichen, wer die Empfänger der Briefe sind. Durch Gottes Barmherzigkeit berufen, sollen sie in ihrem Glauben bestärkt, zu tätigem Handeln der Liebe ermutigt und zu standfester Geduld in der Hoffnung angehalten werden (1. Thess. 1,3).

Im Gruß, wie er in jüdischen Briefen der Antike ausgesprochen ist, konnte gelegentlich neben den Begriff des Friedens der des Erbarmens gestellt werden, wie z. B.: „Erbarmen und Friede sei mit euch." (syr. Bar. 78,2) Doch niemals werden „Friede" und „Gnade" miteinander genannt. Diese Verbindung, wie sie im Gruß an christliche Adressaten erstmalig vorliegt, gibt dem Bewußtsein Ausdruck, daß der Friede in Gottes Gnadenerweis gründet, den er in Christus offenbar gemacht hat (vgl. Lk. 2,14). Möglicherweise ist bei der Prägung dieser Grußform auch ein Anklang an den griechischen Ausdruck „chairein" / „charis" von Einfluß gewesen. Die Begriffe Gnade und Friede interpretieren sich gegenseitig und heben die Wirklichkeit des Friedens hervor, der alles Begreifen übersteigt (Phil. 4,7). Meistens wird in den Grußformeln auch angezeigt, wodurch die neue Wirklichkeit von Gnade und Friede begründet ist: „von Gott, unserem Vater, und unserem Herrn Jesus Christus" (1. Kor. 1,3). Im Galaterbrief wird dieser Bezug ausführlicher erläutert, indem es in Aufnahme urchristlicher Bekenntnisformulierungen heißt, daß Christus „sich selbst für unsere Sünden dahingegeben hat, daß er uns errette von dieser gegenwärtigen bösen Welt nach dem Willen Gottes, unseres Vaters" (1,4). Das paulinische Briefformular stellt somit nicht ein starres Schema dar, das keine Abwandlungen gestattet. Die stets erkennbare Grundstruktur hat auf unterschiedliche Weise Erweiterungen, Änderungen oder Umgestaltungen erfahren, so daß kein Briefeingang mit dem eines anderen vollkommen übereinstimmt.

Der Wunsch von Gnade und Friede, wie er am Anfang ausgesprochen ist, wird am Schluß regelmäßig wiederaufgenommen, um den spezifisch christlichen Charakter des Gedankenaustauschs, dem das jeweilige Schreiben dient, noch einmal zu unterstreichen: „Die Gnade unseres Herrn Jesus Christus sei mit euch." (1. Thess. 5,28) oder: „Die Gnade unseres Herrn Jesus Christus sei mit eurem Geist, liebe Brüder! Amen." (Gal. 6,18) Verschiedentlich wird am Ende eines Briefes auch auf den Gottesdienst hingewiesen, wie er in den frühchristlichen Gemeinden gehalten wurde. Hierzu gehört die liturgische Handlung des heiligen Kusses, durch den man einander das Zeichen der Vergebung erwies (1. Thess. 5,26; 1. Kor. 16,20; 2. Kor. 13,12; Röm. 16,16). Am Ende des 1. Korintherbriefes werden weitere Hinweise liturgischen Charakters gegeben: „Wenn jemand den Herrn nicht lieb hat, der sei verflucht." (16,22) Mit dieser Wendung wurden anwesende Ungläubige aus der Versammlung ausgeschlossen, weil sie nicht an der nun folgenden sakramentalen Handlung teilnehmen durften. Auf den Beginn der Mahlfeier weist auch der Gebetsruf „Maranatha" (Unser Herr, komm) hin (ebda). Der an die Gemeinde gerichtete Brief war daher dazu bestimmt, ganz oder auch in Teilen in der gottesdienstlichen Versammlung verlesen zu werden, ehe man das Herrenmahl miteinander hielt (Bornkamm).

Gepflogenheiten antiken Briefstils folgt der Apostel Paulus auch darin, daß er in der Regel auf den Eingangsgruß ein Dankgebet folgen läßt. In der hellenistischen Welt bediente man sich vielfach einer festen Form, nach der man eine Danksagung an die Götter bzw. die Gottheit gestaltete. Man setzte ein mit „Dank sei den Göttern" – „Ich danke meinem Gott" oder ähnlich und versicherte, daß die Gottheit in beständiger Treue angerufen werde. Dann ließ man eine Begründung folgen, in der auf Wohltaten oder gnädiges Handeln der Gottheit hingewiesen wurde, und hob schließlich hervor, daß der Briefschreiber im Gedenken an die Empfänger von Dank erfüllt sei. Diese Art der Danksagung hatte auch in das hellenistische Judentum Eingang gefunden. So wird 2. Makk. 1,10ff. ein Brief der Juden Jerusalems an die Juden in Ägypten zitiert. Darin folgen auf den Eingangsgruß die Worte: „Aus großen Gefahren von Gott errettet, bezeigen wir ihm großen Dank." (1,11) Der Dank gilt dem Gott Israels und wird im folgenden durch einen Bericht über seine rettende Tat begründet. Mit einem Lobpreis wird die einleitende Danksagung abgeschlossen: „Für alles sei unser Gott gepriesen, der die Gottlosen so dahingegeben hat." (V. 17)

Der Apostel Paulus richtet zu Beginn seiner Briefe eine Danksagung an Gott, den Vater Jesu Christi, um ihn für alles zu preisen, was er der Gemeinde hat zuteil werden lassen. Diese einleitende Danksagung zeigt einen festen, allen paulinischen Briefen zugrundeliegenden Aufbau. In einer kürzeren Form wird Gott Dank gesagt und dabei betont, daß dieser allezeit ausgesprochen wird. In einem angeschlossenen Nebensatz wird dann der Gegenstand des Dankes angegeben: „Ich danke meinem Gott *allezeit* euretwegen für die Gnade Gottes, die euch gegeben ist in Christus Jesus, *daß* ihr durch ihn in allen Stücken reich gemacht seid, in aller Lehre und in aller Erkenntnis." (1. Kor. 1,4f.) Die andere, ausführlicher gehaltene Fassung beginnt gleichfalls mit dem Dank an Gott, der allezeit im Gebet vor ihn gebracht wird, und schließt eine Wendung an, die die Beständigkeit des dankenden Gebets erläutert. Dann tritt eine zweite Aussage hinzu, die den Anlaß zum Dank angibt. Und am Ende steht eine an die Empfänger gerichtete Aufforderung: „Ich danke meinem Gott *allezeit,* wenn ich deiner gedenke in meinen Gebeten – *denn* ich höre von der Liebe und dem Glauben, die du hast an den Herrn Jesus und gegenüber allen Heiligen –, *daß* der Glaube, den wir miteinander haben, in dir kräftig werde in Erkenntnis all des Guten, das wir haben in Christus." (Phm. 4–6)

Mit der Danksagung ist meistens eine ihr folgende Fürbitte verbunden. Darin versichert der Apostel die Gemeinde seines treuen Gebets, mit dem er beständig für sie vor Gott eintritt, und hebt hervor, worauf es ihm im Gedenken an die Adressaten vor allem ankommt: „Euch aber lasse der Herr wachsen und immer reicher werden in der Liebe untereinander und zu jedermann, wie auch wir sie zu euch haben, damit eure Herzen gestärkt werden und untadelig seien in Heiligkeit vor Gott, unserem Vater, wenn unser Herr Jesus kommt mit allen seinen Heiligen. Amen." (1. Thess. 3, 12 f.)

Nur im Galaterbrief folgt der Apostel der sonst üblichen Gestaltung des Eingangsteils nicht. An den zu Beginn ausgesprochenen Wunsch von Gnade und Frieden schließt er weder eine Danksagung noch eine Fürbitte an, sondern greift sofort die zur Debatte stehende Auseinandersetzung auf, die er mit den Gegnern seiner Lehre vornehmen muß. So setzt er mit der schroff wirkenden Feststellung ein: „Mich wundert, daß ihr euch so bald abwenden laßt von dem, der euch berufen hat in die Gnade Gottes, zu einem anderen Evangelium, obwohl es doch kein anderes gibt." (Gal. 1, 6 f.) Indem Paulus hier darauf verzichtet, von Dank und Fürbitte zu reden, tritt in aller Deutlichkeit hervor, wie ernst es um die strittige Problematik steht: „Wenn jemand euch ein Evangelium predigt, anders als ihr es empfangen habt, der sei verflucht." (V. 9)

3. Aufbau und Komposition der paulinischen Briefe

Innerhalb des Rahmens, wie er durch das Formular der paulinischen Briefe gesetzt war, wird die inhaltliche Gestaltung der Botschaft entfaltet, die der Apostel den Gemeinden auszurichten hat. Dabei läßt sich Paulus auf die jeweils gegebene Situation ein. Er bezieht sich auf Informationen, die ihm zugegangen waren, und nimmt zu ihnen Stellung. Oder es werden Fragen aufgegriffen, die aus der Gemeinde an ihn gerichtet worden waren, in grundsätzlicher Besinnung vertieft und dann vom Zentrum christlichen Glaubens her entschieden. Der Apostel kann aber auch – wie vor allem im Römerbrief – auf Grund eigenen Entscheids die Themen bestimmen, die er verhandeln und zur Darstellung bringen will. Immer geht es darum, das ihm aufgetragene Evangelium in seiner verbindlichen Kraft so auszulegen, daß die Bedeutung hervortritt, die ihm für alle Bereiche christlichen Lebens zukommt. Als durch Gottes Erwählung beauftragter Apostel hält er die Empfänger seiner Briefe zur Festigkeit des Glaubens und zu tätigem Handeln in der Liebe Christi an.

Auch der kürzeste der Paulusbriefe – das an Philemon gerichtete Schreiben, das seinem Umfang nach am ehesten mit einem hellenistischen Privatbrief verglichen werden kann - ist kraft apostolischer Autorität abgefaßt, in der Paulus sich nicht nur an ein einzelnes Gemeindeglied wendet, sondern zugleich an die ganze Gemeinde. Neben seinen Namen setzt er den des Timotheus und führt nicht nur Philemon, an den sich die Fürsprache für den entlaufenen Sklaven Onesimus richtet, sondern auch andere Glieder der Hausgemeinde als Empfänger an. Ihnen allen gelten die Grüße am Eingang (V. 3) und am Schluß des Briefes (V. 25). Obwohl Paulus darauf verzichtet, seine amtliche Titulatur anzugeben, rechnet er darauf, daß man sein Wort achten und gehorsam befolgen wird (V. 21).

Anders geartet ist der Aufbau des frühesten der Gemeindebriefe, der an die Thessalonicher gerichtet ist. Der gesamte erste Teil enthält eine breit ausgeführte Danksagung, in der zunächst auf die bisherige Wirksamkeit des Apostels zurückgeblickt wird (1,2–2,16) und dann die Ereignisse nach der Trennung von der Gemeinde erwähnt werden (2,17–3,13). In keinem anderen Brief findet sich eine derart ausführliche Danksagung, die sich über drei volle Kapitel erstreckt. Auf sie folgt sogleich die sittliche Ermahnung der Gemeinde (4,1–12; 5,12–24), in die die Beantwortung zweier Fragen eingeschlossen ist, derentwegen in der Gemeinde Beunruhigung entstanden war (4,13–5,11).

Weitaus komplizierter ist der Galaterbrief gestaltet, der schon gleich zu Beginn die Schärfe des auszutragenden Streits anzeigt (s. o. S. 125). Paulus muß sich gegen zwei Vorwürfe wehren (1,10–12). Der eine behauptet, sein Evangelium sei eine Predigt nach Menschenweise, weil er seinen Hörern die Botschaft in unzulässiger Weise habe erleichtern wollen. Der andere Gegenstand der Kritik betrifft sein apostolisches Amt: Er habe es von Menschen empfangen und sei daher gar kein rechter Apostel. Paulus greift zuerst den zweiten der erhobenen Vorwürfe auf und führt aus, daß er Apostel nicht von Menschen sei und daher tatsächlich sein Amt kraft göttlicher Berufung führe. Unabhängig von den Autoritäten in Jerusalem (1,10–24), später ausdrücklich von ihnen anerkannt (2,1–10), hat er auch Kephas gegenüber seine Auslegung des Evangeliums verteidigt (2,11–21). Mit einer Erinnerung an die Anfangszeit der Gemeinde (3,1–5) wird dann zur Entfaltung des von Paulus verkündigten Evangeliums übergegangen, die mit ausführlicher Begründung aus der Schrift durchgeführt wird (3,6–5,12). Daran wird demonstriert, daß jeder, der das Gesetz richtig liest, aus ihm das Zeugnis für die Glaubensgerechtigkeit vernehmen muß. Das Beispiel des glaubenden Abraham (3,6–9) und die Geschichte von den beiden Söhnen Abrahams (4,21–31) werden aufgeboten, um die zur Entscheidung stehende Alternative hervorzuheben: Knechtschaft unter dem Gesetz oder Freiheit des Evangeliums (5,1–12).

Mit dieser Gegenüberstellung aber wird die Ermahnung der Gemeinde eingeleitet. Die Konsequenzen, die aus der Botschaft von der durch Christus gewirkten Erlösung zu ziehen sind, werden durch das kleine Wörtchen „nun" hervorgehoben. Die These lautet: „Zur Freiheit hat uns Christus befreit." Als Folgerung aber ergibt sich hieraus: „So steht nun fest und laßt euch nicht wieder das Joch der Knechtschaft auflegen." (5,1) Wie ein Leben aussieht, das in der Freiheit Christi den ihm aufgetragenen Dienst vollzieht, wird dann in einer Reihe von sittlichen Belehrungen verdeutlicht. Ethische Unterweisung wird damit als integraler Teil christlicher Lehre entfaltet, wie sie in den vorangegangenen Abschnitten dargelegt worden war.

Die Fülle der Themen, die im 1. Korintherbrief verhandelt werden, und die lockere Abfolge der einzelnen Abschnitte des Briefes stehen unter dem Leitmotiv: „Alles geschehe so, daß es auferbaut." (14,26) Im Blick auf diese Orientierung nimmt der Apostel zu einzelnen Nachrichten und Anfragen Stellung, die er aus der Gemeinde erhalten hat. Zunächst greift er Mitteilungen auf, die ihm Glieder der Gemeinde – Leute, die zum Haus der Chloë gehören – überbracht haben (1,11). Streitigkeiten und Parteiungen darf es in der Gemeinde nicht geben (1,10–4,21). Denn Christus darf nicht zerteilt werden (1,12). Die Gemeinde aber lebt allein vom Evangelium, dessen Inhalt das Wort vom Kreuz ist (1,18–3,23). Darum darf sie sich nicht an der Niedrigkeit des Apostels stoßen (4). Sittliche Mißstände, wie sie hier und da in der Gemeinde eingerissen sind, müssen ein Ende haben (5–6).

Von Kap. 7 an beantwortet Paulus eine Reihe von Fragen, die die Korinther ihm vorgelegt haben (7,1.25; 8,1; 12,1; 16,1.12). In diese Abfolge sind grundsätzliche Ausführungen zur rechten Gestaltung der Gemeindeversammlung (11–14) einbezogen sowie die eingehende Auslegung, die der Apostel der christlichen Hoffnung auf die Auferstehung der Toten widmet (15). Indem dieses Thema als letztes mit besonderer Sorgfalt verhandelt wird, werden die vielerlei Einzelfragen, die in dem langen Brief erörtert wurden, gleichsam in einem allmählich ansteigenden Crescendo zum Höhepunkt geführt, von dem aus die Vielzahl der erörterten Probleme ihren Ort und ihren Rang erhält.

Mit besonderer Überlegung ist der Römerbrief abgefaßt; kommt es doch Paulus darauf an, der ihm persönlich nicht bekannten Gemeinde überzeugend darzutun, daß er sich in seinem apostolischen Dienst der gemeinchristlichen Bezeugung des einen Evangeliums verpflichtet weiß. Dieses Evangelium aber findet in der Theologie der Rechtfertigung seine sachgemäße Auslegung, wie die thematische Zusammenfassung zeigt: Das Evangelium ist Kraft Gottes, die alle rettet, die daran glauben, die Juden zuerst und ebenso die Griechen. „Denn darin wird offenbar die Gerechtigkeit Gottes, die kommt aus Glauben in Glauben, wie geschrieben steht: Der Gerechte wird aus Glauben leben." (1, 16 f.) In großen Gedankenschritten wird diese an den Anfang gestellte These entfaltet. Dabei wird auf der einen Seite erläutert, was die Offenbarung der Gerechtigkeit Gottes bedeutet (1, 18–4, 25); auf der anderen Seite aber wird die Wirklichkeit des neuen Lebens beschrieben, das sie eröffnet (5–8). Sodann wird dargelegt, wie Gottes Gerechtigkeit auch das Geschick Israels bestimmt (9–11). Und schließlich werden ethische Konsequenzen gezogen, die für den Wandel der Glaubenden gelten (12, 1–15, 13). Am Ende nennt der Apostel seine Pläne für die nächste Zeit und fügt eine lange Liste auszurichtender Grüße an (15, 14–16, 23).

Ist der Aufbau der bisher charakterisierten Briefe ohne Zweifel auf die Hand des Apostels selbst zurückzuführen, so stellt sich die Frage, ob die beiden noch nicht beschriebenen Dokumente – der 2. Korintherbrief und der Philipperbrief – in ihrer überkommenen Gestalt Briefkompositionen darstellen könnten. In ihnen könnten Stücke einer regen Korrespondenz zusammengefügt worden sein, wie sie zwischen Paulus und der Gemeinde geführt wurde. Auf diese Weise wären dann Vorlagen gewonnen worden, die für die Verlesung im Gottesdienst geeignet sein und entsprechende Verwendung finden sollten.

Im 2. Korintherbrief liegt ein schroffer Übergang zwischen dem 9. und dem 10. Kapitel vor. Waren die Ausführungen bis einschließlich Kap. 9 auf Verständigung und Versöhnung gerichtet, so setzt in Kap. 10 eine harte Zurückweisung gegnerischer Umtriebe ein. Aus 2. Kor. 2, 4; 7, 8 f. 12 geht hervor, daß der Apostel der Gemeinde mehrere Briefe geschrieben hat. Dann könnte eine Abfolge von Briefen etwa so verlaufen sein: Nachdem Paulus die Gemeinde verlassen hatte, hat er in einem ersten Schreiben eine ausführliche Apologie seines apostolischen Amtes vorgetragen (2, 14–7, 4). Danach aber hat sich das gegenseitige Verhältnis erheblich verschlechtert, ohne daß Paulus durch einen kurzen Besuch daran etwas hatte ändern können. Hieraus erklärt sich die scharfe Tonart, wie sie im nächsten Dokument – den Kapiteln 10–13 – angeschlagen wird. Die darin ausgesprochene Zurückweisung der gegen den Apostel laut gewordenen Kritik wird ein Einlenken der Gemeinde bewirkt haben. Ein Brief, der der Versöhnung das Wort reden soll, ist die Reaktion des Paulus: 1, 1–2, 13; 7, 5–16; 8; 13, 11–13. Da das Thema der Kollekte, die für Jerusalem eingesammelt werden soll, in den Kapiteln 8 und 9 zweimal verhandelt wird, könnte in Kap. 9 das Stück eines weiteren selbständigen Briefes vorliegen. Alle Teile dieser Briefkomposition sind authentische Äußerungen des Apostels gegenüber der Gemeinde von Korinth, die in relativ kurzer Zeit aufeinanderfolgten und jeweils auf die sich offenbar rasch verändernde Lage Bezug nehmen.

Gewiß wird man gründliche und vorsichtige Erwägungen anstellen müssen, ehe man sich entschließt, den überlieferten 2. Korintherbrief in verschiedene Teile zu zerlegen. Doch die harten Übergänge, die sich zwischen einzelnen Abschnitten finden, verlangen nach einer Erklärung. Und diese kann am ehesten mit der Annahme einer Briefkomposition gefunden werden (Bornkamm). Von der Redaktion wurden die Kapitel 10–13 nach hinten gerückt, weil es – wie auch der Abschluß des Galater- und Römerbriefes zeigt – einem festen Topos entsprach, am Ende eines Schreibens noch einmal eindrücklich vor Irrlehrern zu warnen. Für den übrigen Zusammenhang gab der auf Versöhnung zielende Brief den Rahmen ab. Kap. 9 wurde aus sachlichen Gründen – Thema Kollekte – an Kap. 8 angefugt. Die ausführliche Apologie des apostolischen Amtes aber erhielt ihren Platz im Anschluß an die Aussage von 2, 13: Der Apostel ist ständig unterwegs, weil Gott allezeit Sieg gibt in Christus – einem Triumphzug vergleichbar, in dem Gott seinen Boten durch die Welt führt. Auch am Ende ist eine gute Verknüpfung gewonnen, indem in Kap. 7, 5 das vorher genannte Thema der Bedrängnis aufgenommen und weitergeführt wird.

Hat diese Hypothese, nach der die im 2. Korintherbrief vorliegende Gedankenfolge als eine später vorgenommene Zusammenstellung erklärt wird, in der neuesten Forschung breite Zustimmung gefunden, so gilt das auch für eine entsprechende Analyse des wesentlich kürzeren Philipperbriefes. Auch hier liegt zu Beginn des 3. Kapitels ein gänzlich unerwartet einsetzender Umschwung in Ton und Inhalt der Ausführungen vor. Mit einer scharfen Mahnung wird vor Irrlehrern gewarnt, die das Evangelium zu verfälschen drohen: „Nehmt euch in acht vor den Hunden, nehmt euch in acht vor den böswilligen Arbeitern, nehmt euch in acht vor der Zerschneidung." (3, 2) Abgesehen von der harten Polemik, die das 3. Kapitel bestimmt, ist der übrige Brief von Freude erfüllt, zu der der Apostel ungeachtet seiner Gefangenschaft und des ihm möglicherweise bevorstehenden Endes aufruft. Der Abschnitt 3, 2–4, 3 könnte ursprünglich zu einem anderen Brief gehört haben, dessen Abschluß vielleicht in den Versen 4, 8 f. vorliegt. Darüber hinaus ließe sich der Abschnitt 4, 10–20 als ein Stück aus einem selbständig abgefaßten Dankesbrief begreifen, der am Anfang einer regen Korrespondenz gestanden haben könnte. Die Briefkomposition, wie sie im kanonischen Philipperbrief vorliegt, wäre dann so vorgenommen worden, daß in den auf den Ton der Freude gestimmten Brief (1, 1–3, 1; 4, 4–7.21–23) die Auseinandersetzung mit den Irrlehrern eingefügt wurde. Sie enthält einen Hinweis auf das Vorbild des Apostels (3, 17) und klingt mit einer entsprechenden Ermahnung aus (4, 8 f.). Die Redaktion hat die Polemik gegen die Gegner des Apostels nicht wie beim 2. Korintherbrief an das Ende gerückt, sondern so eingeordnet, daß im 4. Kapitel das gute Verhältnis, das Apostel und Gemeinde verband, noch einmal deutlich herausgestellt wird.

Mit Hilfe dieser Hypothesen kann sowohl für den 2. Korintherbrief wie auch den Philipperbrief eine Erklärung für die abrupt einsetzenden Brüche in der Gedankenfolge und den befremdlich wirkenden Wechsel der Tonart gefunden werden. Die begründete Annahme, daß in diesen beiden Briefen später vorgenommene Zusammenstellungen vorliegen, vermag auf das spannungsvolle Verhältnis des Apostels zu den beiden von ihm gegründeten Gemeinden einiges Licht zu werfen, ohne daß dabei die paulinische Herkunft aller Ausführungen in Zweifel gezogen wird.

In der Paulusschule, die die theologischen Gedanken des Apostels weiterführte, gewann der lehrhafte Charakter, wie er vornehmlich die Darlegungen des Galater- und des Römerbriefes kennzeichnet, prägende Bedeutung. Denn in ihnen wurde zunächst der Inhalt des Evangeliums in der Rechtfertigungslehre entfaltet und dann die sittliche Ermahnung als die sich hieraus ergebende Folgerung dargelegt. Dieser Aufbau hat sowohl dem Kolosser- wie auch dem Epheserbrief die ihre Gedankenführung bestimmende Struktur verliehen. Beide Dokumente gehen nicht auf den Apostel selbst zurück, sondern sind als Niederschlag paulinischer Schultradition zu beurteilen. In beiden Briefen ist jeweils die erste Hälfte lehrhaften Ausführungen gewidmet, die zweite jedoch den Konsequenzen, die sich aus ihnen für das Verständnis christlicher Ethik ergeben. Diese beiden Schriftstücke stellen die frühesten Dokumente theologischer Überlegungen dar, wie sie nach dem Tod des Apostels im Kreis seiner Schüler weitergeführt und im Blick auf die sich wandelnde Lage der Kirche neu formuliert wurden (s. u. S. 267–269). Dabei erwies sich nach dem Vorbild des Paulus die Form eines Briefes als bewährter Rahmen, um sich seiner zu Darlegung und Begründung verbindlicher Unterweisung der Christenheit zu bedienen.

IX. Das Leben der von Paulus gegründeten Gemeinden

1. Die soziale Zusammensetzung

Wie sah das Leben der Gemeinden aus, die der Apostel gegründet hatte und deren Entwicklung er aufmerksam, kritisch ratend und helfend begleitete? Die meisten Glieder der Gemeinden kamen aus den unteren Schichten der Bevölkerung. Auch Sklaven waren unter ihnen, wie Paulus im 1. Korintherbrief ausführt: „Nicht viele Weise nach dem Fleisch, nicht viele Mächtige, nicht viele Angesehene sind berufen. Sondern was töricht ist vor der Welt, das hat Gott erwählt, damit er die Weisen zuschanden mache; und was schwach ist vor der Welt, das hat Gott erwählt, damit er zuschanden mache, was stark ist; und das Geringe vor der Welt und das Verachtete hat Gott erwählt, das, was nichts ist, damit er zunichte mache, was etwas ist; damit sich kein Mensch vor Gott rühme." (1. Kor. 1,26–29) Der Apostel bewertet die soziale Zusammensetzung der Gemeinde geradezu als ein Zeichen für die Eigenart göttlicher Berufung, die sich nicht auf vorhandene Qualitäten oder Verdienste der Menschen stützt, sondern aus freier Gnadenwahl heraus erfolgt. Es ist niemandes Verdienst, zur Gemeinde zu gehören; aber Gottes Einladung wird am ehesten von denen verstanden, die sich ihrer Niedrigkeit bewußt sind und das Geschenk der göttlichen Berufung dankbaren Herzens annehmen.

In den Gemeinden gab es auch einige Leute, die besser gestellt waren und über bescheidenen Besitz verfügten – so das Ehepaar Aquila und Priscilla, die dem Apostel hatten Arbeit geben können (1. Kor. 16,19; Röm. 16,3; Apg. 18,2.18.26), eine Frau namens Chloë in Korinth, in deren Haus verschiedene Leute lebten (1. Kor. 1,11), der ehemalige Synagogenvorsteher Krispus (1. Kor. 1,15; Apg. 18,8) oder Stephanas und sein Haus (1. Kor. 1,16). Sie waren sich der besonderen Verpflichtung bewußt, die ihnen oblag, und öffneten ihre Häuser, damit die kleine Schar der Christen sich darin zusammenfinden konnte. Wie Synagogengemeinden sich in der Regel in einem gottesdienstlichen Raum versammelten, der in einem Haus eingerichtet oder angebaut worden war, so kamen auch die Christen im Haus eines Gemeindegliedes zusammen, das hinreichend Platz bot, um sie aufnehmen zu können. Solche Hauskirchen werden verschiedentlich in den paulinischen Briefen erwähnt, in der Grußliste des Römerbriefes gleich mehrere (Röm. 16,4f.16.23; 1. Kor. 16, 19 u. ö.). Man dachte noch nicht daran, besondere Gebäude für größere Gemeinden zu errichten, sondern machte von der Gastfreundschaft Gebrauch, die von denjenigen angeboten wurde, die über entsprechende Möglichkeiten verfügten. Waren in einer Großstadt wie Rom kleine jüdische Synagogen in verschiedenen Stadtteilen entstanden, die auch gewisse Unterschiede hinsichtlich der Herkunft ihrer Gemeindeglieder und ihrer Lebensformen aufweisen konnten, so hat es dort auch bald mehrere urchristliche Hauskirchen in den einzelnen Bereichen der Stadt gegeben.

Im Unterschied zur Synagoge war die Gemeinschaft der Christen nicht mehr auf ein bestimmtes Volk begrenzt, das seine Blicke nach Jerusalem richtete; sondern Juden und Heiden, Arme und Reiche, Hohe und Niedrige bildeten miteinander die eine Gemeinde, sie ließen keine trennenden Schranken mehr gelten, wie sie in der Welt überall bestanden. Es herrschte die aus dem Christusglauben erwachsene Überzeugung: „Hier ist nicht Jude noch Grieche, hier ist nicht Sklave noch Freier, hier ist nicht Mann noch Frau; denn ihr seid allesamt einer in Christus Jesus." (Gal. 3, 28) Jedes dieser Wortpaare, die wie zu einem Jubelruf zusammengefügt sind, ist von Bedeutung. Denn in dem Bewußtsein, in Christus untereinander verbunden und geeint zu sein, unterschieden sich die frühen christlichen Gemeinden grundsätzlich von ihrer Umwelt.

Im Judenchristentum hatte man zunächst mit einigem Zögern ehemalige Heiden in die Gemeinden aufgenommen und überlegt, unter welchen Bedingungen ihre Zulassung möglich wäre (s. o. S. 84). Paulus aber hatte die Erkenntnis gewonnen und in seiner Mission in die Praxis umgesetzt, daß außer dem Glauben an Christus und der Taufe auf seinen Namen keine andere Voraussetzung zu fordern war, um den Zugang zur Gliedschaft in der Gemeinde zu eröffnen. Das Evangelium gilt als frohe Botschaft für alle Welt, so daß die Glaubenden ohne Unterschied zum heiligen Volk Gottes miteinander verbunden sind. Mit dieser fundamentalen Entscheidung, wie sie in allen von Paulus gegründeten Gemeinden gültig und wirksam wurde, war die Grenze, die Israel und die Heiden voneinander trennte, niedergelegt und der Zugang für alle geöffnet, die sich zu Christus als ihrem Herrn bekennen.

In der antiken Gesellschaft besaßen Sklaven keinerlei Rechte, obwohl sie durch ihre Arbeit unerläßliche Voraussetzungen für das Zusammenleben in der Gesellschaft schufen. Zwar war man auch in Mysteriengemeinschaften bereit, sich für Sklaven zu öffnen, aber in der christlichen Gemeinde konnten sie ohne Einschränkung vollberechtigte Mitglieder werden. Die tiefe soziale Trennung, die sie von den Herren schied, hatte in Christus ihre Geltung verloren. Doch mußte auch die christliche Gemeinde anerkennen, daß die in der Umwelt gültige Ordnung fortbestand und entsprechend zu achten war.

Von diesen Voraussetzungen ist der kleine Brief bestimmt, den der Apostel Paulus an Philemon geschrieben hat, einen der wenigen „Herren", die es unter Christen gab. Ihm war sein Sklave Onesimus davongelaufen und hatte beim gefangenen Apostel – vermutlich in Ephesus (s. u. S. 180) – Zuflucht gesucht. Ein Sklave, der sich selbst die Freiheit genommen hatte, konnte in einem Heiligtum Asyl finden oder versuchen, in einer Großstadt unterzutauchen und dort durch Bettel oder Diebstahl sein Dasein zu fristen. Wurde er ergriffen, so mußte er zu seinem Herrn zurückgebracht werden. Dann konnte ihm Schlimmes widerfahren. Denn der Eigentümer durfte ihn nach Gutdünken strafen, er konnte ihn weiterverkaufen oder, wenn er wollte, sogar töten.

Vielleicht hatte Onesimus im Hause seines christlichen Herrn den Namen des Apostels gehört und war nun zu ihm geeilt, um bei ihm Hilfe zu erfahren. Paulus hatte sich seiner angenommen, ihn zum christlichen Glauben bekehrt (V. 10), ihn liebgewonnen und sich seines helfenden Dienstes erfreuen können (V. 13). Doch durfte er ihn nicht bei sich behalten. Darum sendet er ihn zu Philemon zurück und gibt ihm den Brief mit, durch den er sich bei seinem Herrn für ihn verwendet, damit er als ein geliebter Bruder empfangen (V. 16), ja wie der Apostel selbst aufgenommen wird (V. 17). Paulus verzichtet darauf, Philemon gegenüber eine bestimmte Forderung – etwa die, Onesimus die Freiheit zu schenken – geltend zu machen. Er stellt es Philemon anheim, wie er entscheiden wird; nur bindet er ihn an das Gebot der Liebe, in der er zu handeln hat. Da der Brief des Apostels erhalten geblieben ist, wird seine Bitte Gehör gefunden haben und sein Schreiben als beispielhaftes Zeugnis aufgehoben und wiederholt verlesen worden sein. Paulus hat darin keine Anordnungen von revolutionärem Charakter gegeben, die die Gesellschaft von Grund auf hätten verändern sollen. Hierzu wären die Christen ohnehin nicht imstande gewesen. In der Erwartung, daß diese Welt bald enden und der Herr erscheinen werde, setzten sie ihr Vertrauen auf das Wirken der Liebe, die das zwischenmenschliche Verhältnis tiefgreifend zu verwandeln und dadurch auch die sozialen Beziehungen neu zu gestalten vermag.

Diese Einstellung spricht auch aus den Sätzen, in denen der Apostel der Gemeinde in Korinth zu bedenken gibt, jeder Christ solle dort sein Leben führen, wo ihn der Ruf des Herrn getroffen hat, und nicht eine grundlegende Veränderung seines sozialen Standes anstreben. Das gilt für Juden und Heiden: „Ist jemand als Beschnittener berufen, der bleibe bei der Beschneidung. Ist jemand als Unbeschnittener berufen, der lasse sich nicht beschneiden. [...] Jeder bleibe in der Berufung, in der er berufen wurde." (1. Kor. 7, 17–19) Entsprechend wird auch im Blick auf die Sklaven argumentiert, die zusammen mit allen anderen Christen zur Gemeinde gehören: „Bist du als Sklave berufen, so sorge dich nicht; doch kannst du frei werden, so bleibe um so lieber dabei." (V. 21) Dieser Satz enthält eine Schwierigkeit des Verstehens, die sich nicht eindeutig auflösen läßt. Denn im griechischen Urtext folgt auf die Aufforderung „bleibe dabei", „mache Gebrauch" kein Objekt, das anzeigen würde, wovon Gebrauch gemacht werden soll. Manche Ausleger ergänzen, dann sollten die Sklaven die Möglichkeit ergreifen, frei zu kommen. Doch man wird zugestehen müssen, daß diese – uns heutigen Lesern sympathische – Lösung sich nicht glatt dem Gedankengang des Abschnitts einfügt.

Paulus möchte die Christen dazu anhalten, nicht an den äußeren Gegebenheiten, in denen sie sich befinden, sondern an dem Ruf des Evangeliums und der durch ihn eröffneten Freiheit in Christus ihr Leben zu orientieren. Daher spricht die größere Wahrscheinlichkeit dafür, daß Paulus einem christlichen Sklaven zumuten kann, in seinem Stand auszuharren und sich dessen bewußt zu sein, daß er ein Freigelassener des Herrn ist – auch wenn er Sklave bleiben muß.

Die ersten Christen lebten als Glieder ihrer Gesellschaft, in der sie aufgewachsen waren und zu der sie gehörten. Doch indem sie nach dem Ruf Christi zu handeln suchten und auf die in Christus begründete Freiheit ihr Vertrauen setzten, konnten Herren und Sklaven einander als Brüder in Christus erkennen, so daß ihr gegenseitiges Verhältnis einen vollkommen neuen Charakter gewann.

Die eine Taufe, die alle Christen empfangen haben, bestimmt auch das Verhältnis von Männern und Frauen in der christlichen Gemeinde. Sie wissen sich eins in Christus, so daß in der Gemeindeversammlung auch Frauen das Wort nehmen und prophetisch reden können (1. Kor. 11, 5). Allerdings legt der Apostel Wert darauf, daß dabei die

Regeln des Anstands eingehalten werden und die Frauen nicht mit unbedecktem Haupt auftreten. Bei dem Versuch, diese Weisung näher zu begründen, verfängt sich Paulus jedoch in spitzfindigen Überlegungen, die am Ende bei ihm selbst den Zweifel zu wecken scheinen, ob er wirklich bei dem Hinweis stehenbleiben kann, der Mann sei nicht geschaffen um der Frau willen, sondern die Frau um des Mannes willen (V. 9). Solche Erwägungen, die aus einer zeitgebundenen Auslegung der biblischen Schöpfungsgeschichte gewonnen sind, werden von Paulus selbst wieder beiseite geschoben, indem er die Wirklichkeit der neuen Schöpfung, die für das Zusammenleben der Christen maßgebend ist, beschreibt: „Doch in dem Herrn ist weder die Frau etwas ohne den Mann noch der Mann etwas ohne die Frau; denn wie die Frau von dem Mann, so kommt auch der Mann durch die Frau, aber alles von Gott." (V. 11 f.) Allein der Geist der Partnerschaft, in der Mann und Frau ihr Verhältnis zueinander in dem Herrn begreifen, kann daher ihre Gemeinschaft angemessen bestimmen.

Frauen sind als Mitarbeiter in den Gemeinden tätig – so Phoebe, die in Kenchreae christlichen Liebesdienst versieht und den Brief des Apostels an die Christen in Rom auf die Reise mitnimmt (Röm. 16,1 f.), wahrscheinlich auch eine in der Grußliste genannte Frau namens Junia (ebda. V. 7). Es ist freilich nicht sicher zu entscheiden, ob es sich bei diesem Namen um den eines Mannes oder den einer Frau handelt. Trifft das letztere zu, so könnten Andronikus und Junia ein Ehepaar gewesen sein, dem des Aquila und der Priscilla vergleichbar, die zusammen im Dienst missionarischen Wirkens standen und deshalb zu Aposteln gezählt werden – eine Bezeichnung, die hier im weiteren Sinn von urchristlichen Missionaren gebraucht ist.

Zu der Selbstverständlichkeit, mit der Paulus verantwortliche Mitwirkung von Frauen in der Gemeinde voraussetzt, bildet die Anweisung einen merkwürdigen Gegensatz, Frauen sollten in der Gemeindeversammlung nicht reden, sondern sich unterordnen. Wenn sie aber etwas lernen wollten, sollten sie daheim ihre Männer fragen (1. Kor. 14,34 f.). Diese Forderung, nach der die Frau in der Gemeinde still zu sein habe, steht im Widerspruch zu den sonst von Paulus geäußerten Ansichten und wird als ein redaktioneller Einschub zu beurteilen sein (Fitzer), der dem Denken späterer Entwicklung entspricht, wie es in den sog. Pastoralbriefen seinen Ausdruck gefunden hat (1. Tim. 2,11–15). Paulus kennt solche Einschränkungen nicht, betont aber, daß die alle Christen verbindende Gemeinschaft nicht mißdeutet oder mißbraucht werden darf, um es zu einer Verachtung jeglicher Ordnung kommen zu lassen. „Denn Gott ist nicht ein Gott der Unordnung, sondern des Friedens." (1. Kor. 14,33)

2. Gottesdienst, Taufe und Herrenmahl

Von der Synagoge übernahmen die urchristlichen Gemeinden den Brauch, sich an einem bestimmten Tag der Woche zusammenzufinden. An die Stelle des Sabbats setzten sie den Sonntag, den ersten Tag der Woche, an dem die Christen der Auferstehung ihres Herrn gedenken (1. Kor. 16,2). Sie konnten freilich nicht wie die Juden ein ihnen im Römischen Reich allgemein zuerkanntes Recht nutzen und ihren Feiertag von Arbeit und öffentlichen Pflichten freihalten. Daher werden sie im allgemeinen am Abend zu ihren Gottesdiensten zusammengekommen sein – ob auch an anderen Tagen der Woche, wird nirgendwo gesagt. Werden judenchristliche Gemeinden bei der Gestaltung der Gottesdienste das Vorbild der Synagogen aufgenommen und in christlichem Sinn fortentwickelt haben, so wird man in den paulinischen Gemeinden freier verfahren sein. Man wußte sich erfüllt von der Kraft des Geistes und stimmte in das Bekenntnis „Kyrios Jesus" (1. Kor. 12,3) ein, um ihn als den Herrn aller Herren zu preisen (1. Kor. 8,6).

Dem 1. Korintherbrief sind verschiedene Hinweise zu entnehmen, wie der Gottesdienst in den paulinischen Gemeinden ausgesehen haben mag. Es gab noch keine fest geformte Liturgie, sondern es konnte dem Walten des Geistes Raum gegeben werden. Der Apostel betont jedoch, es solle nicht durcheinander geredet werden, und ekstatische Äußerungen seien nicht über Gebühr in den Vordergrund zu rücken (1. Kor. 14). Auf klare Rede komme es an, deren Worte von jedermann verstanden werden, so daß er sie sich mit „Amen" zu eigen machen kann (1. Kor. 14,16). Psalmen – den Schriften entnommen, wahrscheinlich aber auch christliche Hymnen, von denen Phil. 2,6–11 ein Beispiel gibt – wurden angestimmt, um das Lob Gottes laut werden zu lassen. Ob die Zusammenkünfte wie in den Synagogen sich meist auf Wortgottesdienste beschränkten oder ob in ihnen auch die Feier des Herrenmahls bereits ihren festen Platz hatte, ist nicht sicher auszumachen. Die liturgisch bestimmten Verse am Ende des 1. Korintherbriefs (s. o. S. 123 f.) deuten darauf hin, daß auf die Unterweisung der Gemeinde in der Regel das sakramentale Mahl unmittelbar folgte.

Im Unterschied zu den wiederholten Waschungen, wie sie in der

Gemeinde von Qumran regelmäßig zur Wiederherstellung der kultischen Reinheit vorgenommen wurden, wurde die christliche Taufe nur einmal bei der Aufnahme in die Gemeinde vollzogen. Wer sie empfangen hatte, war damit in den Leib Christi eingefügt und hatte sein Leben entsprechend dem Bekenntnis zu Christus als dem Herrn aller Herren zu führen. Mit der Übung der Taufe folgte man in den paulinischen Gemeinden gemeinchristlichem Brauch, mit dem man an die Johannestaufe anknüpfte und sie nunmehr in christlichem Verständnis fortführte (Apg. 2, 38). Mit der ersten Christenheit weiß Paulus sich in der Überzeugung einig, daß das Christsein durch die Taufe begründet wird. „Wir alle, die wir auf Christus getauft sind", schreibt er an die Christen in Rom (Röm. 6, 3) und schließt mit diesen Worten die ganze Gemeinde und sich selbst zusammen als die, „die alle in einen Leib hineingetauft worden sind" (1. Kor. 12, 13). In diesen Sätzen gibt Paulus zu erkennen, daß er selbst getauft worden ist, als er Christ wurde (vgl. auch Apg. 9,18). Bei der Taufe, die auf den Namen des Herrn vollzogen wird, wird der Geist gespendet und damit das gegenwärtige Handeln Gottes in Abwaschung, Heiligung und Rechtfertigung erfahren (1. Kor. 6, 11). In der Taufe – so sagt Paulus 2. Kor. 1, 21 f. in Aufnahme einer bekenntnisartigen Wendung – hat Gott „uns" auf Christus gegründet, hat er „uns" gesalbt, versiegelt und das Unterpfand des Geistes in unsere Herzen gegeben. Alle, die auf ihn getauft sind, haben Christus angezogen (Gal. 3, 27). In diesen Aussagen schließt sich der Apostel an vorgegebene Praxis und Lehre an und unterstreicht dabei, daß durch die Taufe die Begründung des vom Geist geleiteten neuen Lebens geschehen ist.

Wenn Paulus zu den Korinthern in einer zugespitzten Formulierung sagt, Christus habe ihn nicht gesandt zu taufen, sondern das Evangelium zu predigen (1. Kor. 1, 17), so will er damit weder eine Geringschätzung der liturgischen Handlung ausdrücken, noch etwa die Taufe als solche abwerten. Aus dem Zusammenhang, in dem diese Äußerung steht, geht vielmehr hervor, daß Paulus sich gegen die in Korinth verbreitete Ansicht wendet, als sei beim Vollzug der Taufe die Person des Taufenden von besonderer Bedeutung. Solches Verständnis könnte Auffassungen entsprechen, die in den Mysterienreligionen verbreitet waren. Sie besagten, durch die Weihe werde zwischen dem Mysten und dem Mystagogen eine bleibende Zusammengehörigkeit gestiftet. Deshalb rühmten sich einzelne Leute in Korinth des Mannes, durch den sie die Taufe empfangen hatten. Wie unsinnig derartige Äußerungen sind, macht Paulus durch die Frage klar: „Ist etwa Paulus für euch gekreuzigt worden, oder seid ihr auf den Namen des Paulus getauft worden?“ (1. Kor. 1, 13) Die Person desjenigen, der die Taufe jeweils vollzieht, ist vollkommen gleichgültig. Es kommt ausschließlich darauf an, die Taufe als Gottes Handeln zu begreifen, das dem Täufling widerfährt und die neue Schöpfung in Christus begründet.

Alle Christen wissen, was das Taufgeschehen bedeutet. Auf diese Kenntnis spielt der Apostel mit der Frage an: „Wißt ihr nicht, daß alle, die wir auf Christus Jesus getauft sind, in seinen Tod getauft sind?“ (Röm. 6, 3) und erinnert daran, daß „wir“ mit ihm durch die Taufe in den Tod begraben wurden (Röm. 6, 4). Auf das Kreuz folgte das Begräbnis Christi; am dritten Tag aber wurde er auferweckt und erschien Kephas, dann den Zwölfen (1. Kor. 15, 3–5). Hinter den Formulierungen von Röm. 6,3 f., die das Taufverständnis wiedergeben, wie es in hellenistischen Gemeinden allgemein verbreitet war, wird der Bezug auf das Kerygma von Kreuz, Begräbnis, Auferstehung und Erscheinungen Jesu Christi erkennbar. In den hellenistischen Gemeinden ist aus diesem Bezug auf das urchristliche Bekenntnis offensichtlich eine genaue Entsprechung im Hinblick auf die Taufe abgeleitet worden: Wir sind mit Christus gestorben, mit ihm begraben, aber auch mit ihm auferstanden zum neuen Leben. Paulus bestreitet nicht, daß wir durch die Taufe tatsächlich mit Kreuz und Auferstehung Christi verbunden sind. Aber er spricht nicht von einer schon geschehenen Auferstehung, sondern fährt fort: „[...] damit, wie Christus auferweckt wurde von den Toten durch die Herrlichkeit des Vaters, so auch wir in einem neuen Leben wandeln“ (Röm. 6, 4). Im Gegensatz zu einer schwärmerischen Bewertung der Taufe, die sie als Unterpfand bereits geschehener Auferstehung und Gegenwart göttlicher Heilskräfte begreift, sagt Paulus, unsere Auferstehung liege noch vor uns und werde erst bei der zukünftigen Auferstehung der Toten verwirklicht werden (Röm. 6, 5). Der Getaufte, der mit Christus der Herrschaft der Sünde gestorben ist, steht daher zwischen der Auferstehung Jesu Christi und der kommenden Auferweckung der Toten. Sein Wandel ist bestimmt von dem in Christi Sterben und Auferstehen einmal und damit ein für allemal gewonnenen Sieg über die Gewalten dieses Äons und ist ausgerichtet auf die zukünftige Auferstehung der Toten.

Wer auf Christus getauft ist, hat nicht etwa unverlierbare Kräfte des Heils empfangen, so daß er sich ihres Besitzes sicher wähnen, im übrigen aber treiben könnte, was immer beliebt. Das warnende Beispiel vom Untergang der Israeliten in der Wüste rückt vor Augen (1. Kor. 10, 1–13), daß die Getauften der Herrschaft Christi unterstellt und ihm zum Gehorsam verbunden sind. Wer diesen versagt, kann das Heil verscherzen und endgültig verlieren. Die zu Christus Jesus gehören, haben dem alten, von Leidenschaften und Begierden bestimmten Leben den Abschied gegeben und sich unter das Zeichen des Kreuzes gestellt (Gal. 5, 24). Sie wissen, daß der alte Mensch mit Christus gestorben ist, und halten sich daher für tot gegenüber der Sünde, aber lebendig für Gott in Christus Jesus (Röm. 6, 11).

In einer kurzen Bemerkung erwähnt Paulus einen Brauch, wie man ihn in Korinth gelegentlich praktiziert zu haben scheint: daß Lebende sich stellvertretend für Tote taufen ließen, damit auch ihnen die Wirkung des Heils zukommen möge (1. Kor. 15, 29). Der Apostel spricht hiervon, um der Gemeinde klarzumachen: Wenn man so verfährt, kann man doch nicht zugleich bestreiten, daß die Toten auferstehen. Aber er kritisiert diese merkwürdige Praxis nicht. Ihm kommt es allein darauf an, die Korinther auf die Inkonsequenz ihres Redens und Handelns aufmerksam zu machen. Paulus hat damit ein nicht sonderlich überzeugendes Argument gewählt. Doch darf aus dieser Erwähnung nicht gefolgert werden, der Apostel habe als antiker Mensch ein magisches Verständnis der Taufe vertreten. Mit solcher Ansicht würde dem Nebengedanken, den Paulus in der Auseinandersetzung über das Verständnis christlicher Hoffnung heranzieht, in unzulässiger Weise zu große Bedeutung beigelegt.

Wie der Apostel das ihm vorgegebene Verständnis der urchristlichen Taufe weitergeführt hat, so hat er auch die urchristliche Feier des Herrenmahls übernommen und sie in und mit seinen Gemeinden gehalten. Die Kapitel 10 und 11 des 1. Korintherbriefes zeigen, wie der Apostel das Verständnis des Herrenmahls entfaltete. Um gegen Mißstände anzugehen, wie sie bei der Feier der Gemeinde eingerissen waren (s. u. S. 149f.), bezieht Paulus sich auf die gemeinchristliche Überlieferung der Abendmahlsworte Jesu. Mit dem von ihm zitierten Wortlaut geht die lukanische Fassung weitgehend parallel (Lk. 22, 19f.). Der Bericht, den die Evangelisten Markus und Matthäus geben, weicht jedoch in einigen Punkten ab (Mk. 14, 22–24, Mt. 26, 26–28). Die Feier des Herrenmahls wird demnach in der ersten Christenheit nicht auf eine unveränderbare liturgische Formel, sondern auf die Stiftung des Herrn gegründet, die im Licht des Bekenntnisses zu seinem Tod und seiner Auferstehung verstanden und ausgelegt wird. Die paulinische Fassung repräsentiert die liturgische Tradition, die in den hellenistischen Gemeinden gebräuchlich war. Während bei Markus und Matthäus in Brot- und Kelchwort der Leib Christi und das Blut des Bundes einander gegenübergestellt werden, wird bei Paulus und Lukas vom Leib Christi und dem neuen Bund in seinem Blut gesprochen. Bei Paulus verlautet kein Wort von einer Passafeier, wie sie in der Rahmenerzählung der synoptischen Evangelien angedeutet wird. Wohl aber wird die Situation eines Mahles erwähnt, indem sich zwischen den beiden Worten die knappe Bemerkung findet „nach dem Essen" (1. Kor. 11,25). Die zweimalige Aufforderung „Das tut zu meinem Gedächtnis" (V. 24 f.) fehlt bei Markus und Matthäus, bei Lukas steht sie nur nach dem über dem Brot gesprochenen Wort (Lk. 22, 19).

Die verschiedenen Textfassungen gehen nicht nur auf unterschiedliche urchristliche Traditionen zurück, sondern es ist auch jeweils die gestaltende Hand der Evangelisten und die des Paulus zu erkennen. Dabei wird freilich nicht mit Sicherheit auszumachen sein, ob es auf Paulus oder aber schon auf die vorpaulinische Gemeinde zurückzuführen ist, daß es auf der einen Seite heißt „Das ist mein Leib für euch", auf der anderen Seite aber „Dieser Kelch ist der neue Bund in meinem Blut". In dieser Fassung entsprechen einander nicht die Begriffe Leib und Blut, wie es sich von geläufiger Opferterminologie her nahelegte, sondern liegt die sonst nicht übliche Gegenüberstellung von Leib und Kelch vor. Diese Ausdrucksweise, die ältester Überlieferung entsprechen wird, schließt ein etwaiges Mißverständnis aus, als würde durch Brot und Wein eine substanzhaltige Heilsqualität übereignet. Die Glieder der feiernden Gemeinde sind vielmehr in den neuen Bund hineingestellt und leben damit unter der Herrschaft des gekreuzigten und auferstandenen Herrn. Mit der Betonung des Wortes „Leib" hebt die paulinische Fassung der Abendmahlsworte den Zusammenhang von Herrenmahl und Kirche besonders hervor (Bornkamm). Alle, die den für sie dahingegebenen Leib des Herrn empfangen, sind in der Gemeinde als Glieder am Leib Christi zusammengeschlossen und tragen darum Verantwortung füreinander.

Ein entsprechendes Verständnis des Begriffes „Leib" liegt auch 1. Kor. 10,16 f. vor. Paulus übernimmt hier einen urchristlichen Satz, der besagt, das Brot, das wir brechen, schenke Teilhabe am Leib Christi und der Kelch des Segens, den wir segnen, gewähre Teilhabe am Blut Christi. Die Reihenfolge dieser beiden parallel gebauten Sätze aber wird von Paulus umgekehrt, so daß die Worte „Teilhabe am Leib Christi" an den Schluß kommen und an den Begriff Leib eine Interpretation angehängt werden kann: „Weil es ein Brot ist, sind wir, die Vielen, ein Leib; denn wir alle haben Anteil an dem einen Brot." (V. 17) Auch hier zeigt sich, daß Paulus ihm vorgegebene Wendungen nicht als unantastbare Formeln wertet, sondern sie auslegt, indem er sie von der Theologie des Kreuzes her interpretiert (Käsemann). Darum kann die Feier des Herrenmahls niemals allein durch korrekten liturgischen Vollzug angemessen begangen werden. „Sondern sooft ihr dieses Brot eßt und den Kelch trinkt, verkündigt ihr den Tod des Herrn, bis daß er kommt." (1. Kor. 11,26) Mit diesem Hinweis, der unmittelbar auf die Einsetzungsworte folgt, erinnert Paulus daran, daß zur Feier des Herrenmahls stets die Proklamation des Gekreuzigten als des Kyrios gehört. Denn er lädt die Seinen zu Tisch und gibt ihnen unter Brot und Wein Anteil an der rettenden Kraft seines Todes und seiner Auferstehung, zu der sie sich glaubend bekennen. Das paulinische Verständnis von Taufe und Herrenmahl ist somit streng von der Christologie her bestimmt, von der das Wort vom Kreuz Zeugnis gibt.

3. Die Ordnung der Gemeinden

Während in judenchristlichen Gemeinden – dem Vorbild der Synagogen entsprechend – Ältesten die Leitung übertragen war (Apg. 11,30; 14,23; 15,2.4.22f.; 16,4 u. ö.; Jak. 5,14), wird deren Amt nirgendwo in den paulinischen Briefen erwähnt. Offenbar kam man in den vom Apostel gegründeten Gemeinden mit einem geringen Maß organisatorischer Regelungen aus. Wie die Urgemeinde in Jerusalem waren auch die Gemeinden, die durch die paulinische Mission entstanden, von der Erwartung erfüllt, daß die Zeit dieser Welt begrenzt sei (1. Kor. 7,29) und nicht mehr allzu lange Frist verstreichen werde, bis der Herr erscheinen werde (Phil. 4,5). Infolgedessen lag wenig daran, sich über die Struktur der Gemeinden viele Gedanken zu machen. Man erfuhr spürbar das gegenwärtige Walten des Geistes und begnügte sich damit, nur die Regelungen zu treffen, die für die Gestaltung der Gottesdienste und die Wahrnehmung der wichtigsten Aufgaben erforderlich waren. Allerdings hat die sog. Naherwartung nicht dazu geführt, daß man einem ungeordneten Enthusiasmus verfallen wäre, der die irdischen Gegebenheiten einfach mißachtet hätte. Wo solche Neigungen etwa aufzukommen drohten, hat der Apostel seine Gemeinden stets dazu angehalten, sich nicht schwärmerischer Begeisterung hinzugeben, sondern in nüchterner Einschätzung der im Alltag gestellten Aufgaben zu handeln.

Gelegentlich ist von Vorstehern die Rede, die von der Gemeinde geachtet und respektiert werden sollen (1. Thess. 5,12). Oder es werden „Aufseher" und „Diener" (griechisch: Bischöfe und Diakone) genannt, die in einer Gemeinde tätig sind (Phil. 1,1). Diese Bezeichnungen sind aus der hellenistischen Umwelt genommen und haben in dieser noch keine spezifische Prägung erfahren. Der Aufseher hat dafür zu sorgen, daß handwerkliche Arbeit am Bau sorgfältig und gewissenhaft ausgeübt wird. Und der Diener trägt Speise und Trank auf, damit Gäste sich wohl fühlen. In paulinischen Gemeinden haben vermutlich die Aufseher die Verantwortung für die noch höchst bescheidenen Finanzen wahrgenommen und haben die Diener bei der Mahlgemeinschaft geholfen. Beide Begriffe, die die Ausübung bestimmter Funktionen beschreiben, sind dann erst allmählich mit spezifisch christlichem Inhalt gefüllt und entsprechend verstanden worden.

Durch das Wirken des Geistes entfaltet sich in den Gemeinden eine Fülle von Gaben (griechisch: Charismen), die in ihrer Vielfalt auf den einen Geist als die Quelle ihrer Kraft zurückgeführt wurden: „Es sind verschiedene Gaben, aber es ist ein Geist. Und es sind verschiedene Dienste, aber es ist ein Herr. Und es sind verschiedene Kräfte, aber es ist ein Gott, der da wirkt alles in allen." (1. Kor. 12,4–6) Um zu veranschaulichen, was mit diesen Sätzen gemeint ist, zählt der Apostel eine Reihe von Beispielen auf, die solche vom Geist hervorgebrachten Wirkungen kennzeichnen: Weisheitsrede; Erkenntnis; Stärke des Glaubens; Heilungsgabe; Kraft, Wunder zu tun; prophetische Rede; die Gabe, Geister zu unterscheiden; verschiedene Arten ekstatischer Rede und schließlich die Fähigkeit, diese auslegen zu können (1. Kor. 12,8–10).

Diese Reihe ist weder auf Vollständigkeit bedacht, noch sind die verschiedenen Gaben des Geistes scharf gegeneinander abgehoben. Vergleicht man diese Liste mit einer parallelen Aufzählung im Römerbrief, so zeigt sich, daß diese Fassung weniger Beispiele aufführt und besonderen Nachdruck auf Verkündigung und Lehre legt, die in der Gemeinde keinesfalls fehlen dürfen (Röm. 12,6–8). Ob jede der Gaben, wie sie die Glieder der Gemeinde zur Entfaltung bringen, dem Willen des Herrn tatsächlich entspricht, wird daran gemessen, ob sie zum allgemeinen Nutzen und zum Aufbau der Gemeinde dienen (1. Kor. 12,7). Dieser Maßstab wehrt einer zu hohen Bewertung einzelner Fähigkeiten, die man weit höher als alle anderen einschätzen könnte.

Um zu beschreiben, wie jedes Glied an seinem Platz eine für das Gedeihen der ganzen Gemeinde notwendige Funktion auszuüben hat, benutzt Paulus das Bild vom Leib und den vielen Gliedern. Dieses Bild wurde auch in stoischer Lehre gern verwendet, um zu verdeutlichen, wie der komplizierte Organismus des Zusammenlebens in Gesellschaft und Staat darauf angewiesen ist, daß jedes Glied an seinem Platz die ihm übertragene Aufgabe gewissenhaft erfüllt. Die Hand kann nicht Fuß sein und das Auge nicht an die Stelle des Ohres treten wollen. Jedes Organ muß vielmehr die ihm zukommenden Funktionen wahrnehmen und dadurch zum Nutzen des Ganzen beitragen. Paulus wendet dieses Bild auf die Gemeinschaft der Christen an (1. Kor. 12, 12–27; Röm. 12, 4 f.): Was für den menschlichen Leib und seine Glieder gilt, trifft auch auf das Leben der christlichen Gemeinde zu. Der eine Geist wirkt die unterschiedlichen Gaben und teilt einem jeden zu, wie er will. Diese Vielfalt aber ist auf Einheit bezogen und kann sich nur dann legitim entfalten, wenn sie vom einen Geist geleitet wird.

Von der beispielhaften Aufzählung von Gaben des Geistes, die in reicher Fülle in der Gemeinde sichtbar werden, geht Paulus unmittelbar dazu über, einige Ämter zu nennen, deren Dienst grundlegende Bedeutung zukommt: „Und Gott hat in der Gemeinde eingesetzt erstens Apostel, zweitens Propheten, drittens Lehrer“ (1. Kor. 12, 28) – drei Funktionen, die alle der Verkündigung dienen. Als Zeugen des auferstandenen Herrn haben die Apostel das Evangelium der ganzen Christenheit auszurichten. Propheten reden aus der Vollmacht des Geistes und geben den Gemeinden entsprechende Weisungen. Und Lehrer haben sie zu unterrichten, indem sie das Bekenntnis des Glaubens auslegen, den Sinn der heiligen Schriften erklären und die Inhalte christlicher Lebensführung erläutern. Während die Apostel als Missionare unterwegs sind, üben Propheten und Lehrer ihre Tätigkeit vorwiegend am selben Ort aus. Ihrer aller Wirken wird auf den einen Geist zurückgeführt, der gleicherweise die verschiedenen Fähigkeiten hervorbringt, wie sie noch einmal an Hand einiger Beispiele genannt werden: „dann Wundertäter, dann Gaben, gesund zu machen, zu helfen, zu leiten und mancherlei Zungenrede“ (ebda.). Der Übergang von den zuerst genannten drei Ämtern zu den im folgenden aufgeführten Gaben des Geistes ist gleitend und läßt keinen prinzipiellen Unterschied zwischen Geistesgaben auf der einen und Ämtern auf der anderen Seite erkennen. Alle miteinander sind sie Früchte des Geistes, die zum Dienst an der und für die Gemeinde bestimmt sind und darin ihrer Aufgabe entsprechen.

Betrachtet man die Hinweise, die sich aus den paulinischen Briefen im Blick auf die Struktur der Gemeinden gewinnen lassen, so fällt auf, daß niemals von Priestern die Rede ist, die in den Gemeinden hätten wirken können. Zwar kann Paulus seinen apostolischen Dienst gelegentlich auch mit Ausdrücken charakterisieren, die aus priesterlicher Tradition genommen sind und in bildlichem Sinn verstanden werden: Als Diener Christi Jesu wirke er unter den Heiden, damit sie „ein Opfer werden, das Gott wohlgefällig ist, geheiligt durch den Heiligen Geist" (Röm. 15,16). Doch nirgendwo wird ein priesterliches Amt erwähnt. Hierin unterscheidet sich die Ordnung der frühchristlichen Gemeinden in wesentlicher Hinsicht von der jüdischen Gemeinschaft, die sich als dem Gesetz gehorsame Gruppe nach Qumran am Ufer des Toten Meeres zurückgezogen hatte. In ihr nahmen Priester den ersten Rang ein, weil sie Garanten und Repräsentanten der Reinheit zu sein hatten, die die Erwählten Gottes auszeichnen soll. Die frühchristlichen Gemeinden aber sind ihrem Selbstverständnis nach nicht auf bestimmte kultische Traditionen, sondern allein auf die sammelnde Mitte des Evangeliums bezogen. Ihre Ordnung muß deshalb so gestaltet sein, daß die frohe Botschaft zu Gehör kommt und im Zusammenleben der Christen Gestalt gewinnt.

4. Leben im Geist

Das Leben der paulinischen Gemeinden wurde durch die Erfahrung des Geistes Gottes erfüllt und geleitet. Dabei ist das Walten des Geistes als das gegenwärtige Wirken des Kyrios verstanden, wie es diejenigen erfahren, die auf den Namen Christi getauft sind (Röm. 8, 9–11). Gottes Geist wird von Paulus als die den Wandel der Christen bestimmende Norm verstanden, die dem vergangenen Leben als neue Wirklichkeit gegenübergestellt wird (Röm. 8, 5–8). In der Fülle der mancherlei Charismen, die er hervorruft, entfaltet der Geist Gottes seine kraftvolle Wirksamkeit. Diese kann daher als „Angeld" begriffen werden, das die künftige Vollendung verbürgt (2. Kor. 1, 22; 5, 5; Röm. 8, 24) und der Zuversicht der Glaubenden festen Grund und Halt verleiht.

X. Enthusiasmus in Korinth

Nachdem Paulus – wahrscheinlich Mitte 51 n. Chr. – die korinthische Gemeinde hatte verlassen müssen, haben sich dort alsbald Veränderungen vollzogen, deren Auswirkungen im 1. Korintherbrief widerklingen. Kurze Zeit nach dem Abschied des Paulus ist ein hellenistischer Judenchrist namens Apollos nach Korinth gekommen (1. Kor. 1,12; 3,4–6.22; 4,6; 16,12; Apg. 18,24; 19,1). Seine Tätigkeit wird von Paulus anerkannt, hat er doch fortgesetzt, was der Apostel begonnen hatte. Beide wissen sie sich als Gottes Mitarbeiter, die der Gemeinde als dem Ackerfeld und Bau Gottes gedient haben (1. Kor. 3,9). Doch in der Gemeinde, die sich gegen das bunte Treiben in der Hafenstadt weder abgrenzen konnte noch wollte, sind auch Einflüsse aus der Umwelt wirksam geworden, die sich mit einigen Gedanken und Ansichten verbanden, die als nur halb verstandene Schlagworte aus der Lehre des Apostels von den Korinthern aufgenommen und weiterentwickelt worden waren.

Von diesen Vorgängen hat Paulus Nachrichten erhalten, die ihn besorgt stimmten. Er hat brieflich reagiert und versucht, auf die Entwicklung Einfluß zu nehmen. Dabei sind zwischen dem Apostel und der Gemeinde mehr Schreiben hin und her gegangen, als uns erhalten geblieben sind (s. o. S. 127–129). Auf einen Brief, der am Anfang der Korrespondenz gestanden hat, wird 1. Kor. 5,9 angespielt. Er habe die Warnung enthalten, Christen sollten nichts mit den Unzüchtigen zu schaffen haben. Offenbar haben die Korinther schnippisch geantwortet, wie man das in ihrer Stadt wohl machen sollte, sei sie doch voll von Leuten, die es mit sittlicher Haltung keineswegs sonderlich ernst nehmen. Wollte man ihnen allen aus dem Weg gehen, so müßte man schon selbst seinen Platz in dieser Welt räumen (ebda. V. 10). Gegen solche Mißdeutung stellt der Apostel richtig: „Ihr sollt nichts mit einem zu schaffen haben, der sich Bruder nennen läßt und ist ein Unzüchtiger oder ein Geiziger oder ein Götzendiener oder ein Lästerer oder ein Trunkenbold oder ein Räuber; mit so einem sollt ihr auch nicht essen." (V. 11)

Da die verschiedenen Themen, die im 1. Korintherbrief erörtert werden, in lockerer Verknüpfung aufeinander folgen, ist immer wieder die Frage gestellt worden, ob möglicherweise Teile des in 5,9 erwähnten vorangegangenen Briefes später redaktionell in unseren ersten Brief eingefügt worden sein könnten, so daß man sie wieder herauslösen könnte. Doch die verschiedenen Versuche, mit Hilfe solcher Hypothesen jenen Vorbrief zu rekonstruieren, haben nicht überzeugt. Es muß daher bei der Feststellung bleiben, daß jenes allererste Schreiben sich nicht wiederherstellen läßt. Es mag sein, daß die Gemeinde wenig Neigung verspürt hat, die apostolische Kritik aufzuheben und sie sich immer wieder vorhalten zu müssen.

Der 1. Korintherbrief ist in Ephesus verfaßt worden, wo der Apostel sich längere Zeit aufgehalten hat (s. o. S. 55). Paulus kündigt an, daß er noch bis Pfingsten dort zu bleiben gedenke (16,8). Daher wird der lange Brief gegen Ende der in Ephesus verbrachten Zeit – vermutlich im Frühjahr 55 n. Chr. – entstanden sein, um auf mündliche Nachrichten, aber auch auf schriftlich gestellte Anfragen aus der Gemeinde zu antworten. Dabei werden viele Einblicke in die Verhältnisse einer paulinischen Gemeinde eröffnet, die in keiner Weise idealisiert, sondern in nüchternem Sinn für die Wirklichkeit beschrieben werden.

1. Begeisterung und christlicher Alltag

Die Korinther hatten aus der Predigt des Apostels herausgehört, daß der christlichen Freiheit grundlegende Bedeutung für das Leben der Christen zukommt. Daraus aber zogen sie die Folgerung: Wer durch Christus frei geworden ist von den Mächten und Bindungen, die in dieser Welt gelten, der könne nun diese Freiheit unbeschwert leben und brauche sich nicht mehr die Fesseln bestimmter Verhaltensregeln oder sittlicher Verpflichtungen aufzuerlegen. Die Freiheit der Christen werde von der mächtigen Kraft des Geistes getragen, in der die durch Christus gewonnene Erlösung gegenwärtig erfahren werde. Wer vom Geist erfüllt und geleitet sei, werde über die Mißlichkeiten des Alltags hinausgehoben und könne nun tun oder lassen, was immer gefällt (6,12; 10,23).

Diese Einstellung ist von dem Bewußtsein bestimmt, die Herrlichkeit der neuen Welt sei bereits angebrochen. Man könne daher das Mahl der Seligen miteinander feiern und sich an den Gaben der himmlischen Welt erfreuen. Dabei werde das Empfinden spürbar, die kommende Gottesherrschaft sei schon da, so daß die Schar der Erlösten an ihrer Herrlichkeit in froher Begeisterung teilzunehmen vermag (4, 8). Bei der Mahlfeier denkt jeder zuerst daran, wie er von der überirdischen Freude ergriffen wird. Man sieht aber nicht darauf, wie es um die anderen bestellt ist. Die reicheren Glieder der Gemeinde halten mit Speise und Trank, die sie zur Versammlung mitbringen, einen fröhlichen Festschmaus, würdigen jedoch die Armen, die nichts haben und hungrig bleiben, keines Blickes (11, 21). Man bekümmert sich dabei nicht darum, daß auf diese Weise die Einheit der in Christus gestifteten Gemeinschaft tatsächlich verloren zu gehen droht (11, 19).

Wie man alles Irdische geringschätzen zu können meint, so sieht man auch auf die kümmerliche Erscheinung des Apostels hinab, steht sie doch im Widerspruch zu dem Hochgefühl, das die Erlösten ergriffen hat (4, 9–13). Die Meinungen sind freilich geteilt, gibt es doch auch einige, die den Namen des Paulus mit besonderer Betonung nennen (1, 13). Sie sind stolz darauf, von ihm getauft und durch ihn Glieder der Gemeinde geworden zu sein. In ähnlicher Weise rühmen sich andere des Apollos oder auch des Kephas; und es hat den Anschein, daß einige alle anderen überbieten wollen, indem sie stolz dagegen setzen: „Ich gehöre zu Christus." (1, 12) Auch in dieser Parole könnte sich jenes überhöhte Selbstbewußtsein aussprechen, die allein wahren und rechten Christen zu sein, die sich hochmütig von den anderen unterscheiden. Doch wo solche Einstellung herrscht, entstehen Gruppierungen, die sich gegeneinander abheben und zu Parteiungen führen, die die Gemeinschaft der Christen auseinanderreißen.

In Korinth sah man darüber hinweg, daß einer aus der Gemeinde Blutschande beging (5, 1–13), andere sich vor heidnischen Gerichten untereinander stritten (6, 1–11) und einige sich mit Dirnen einließen (6, 12–20). Man meinte, dies ohne Schaden tun zu können, komme es doch allein auf den Besitz des Geistes an; gleichgültig sei hingegen, was man mit dem Leib tue. Man folgte dem enthusiastischen Schlagwort, alles sei erlaubt (6, 12), und fügte im Blick auf das sexuelle Verhalten eine – vermeintlich – einleuchtende Begründung hinzu: Wie die Speise in den Bauch geht und der Bauch für die Speise da ist, am Ende aber beide vergehen werden, so könne auch der Leib dem Umgang mit der Dirne unbedenklich preisgegeben werden. Denn sexueller Verkehr betreffe nur die Körperlichkeit des Menschen, die im Unterschied zum unvergänglichen Geist zugrundegehen werde (6, 13).

Aus der Geringschätzung des Leibes und der ihr entsprechenden Abwertung der im Alltag gestellten Aufgaben konnte aber auch eine gegenteilige Folgerung gezogen werden, indem man sich von der Welt abwandte, asketischer Lebensführung folgte und sich für Ehelosigkeit als den besseren Lebensweg entschied (7). Libertinistisches Verhalten auf der einen und asketische Entsagung auf der anderen Seite erwuchsen somit aus derselben Einstellung, die die leibliche Existenz mißachtete; sei doch allein wichtig, vom Geist ergriffen zu sein und sich von seiner Kraft getragen zu wissen.

Der Enthusiasmus, wie er aus einem überzogenen Freiheitsgefühl erwuchs, bestimmte auch in anderen Fragen täglichen Lebens die in Korinth als maßgeblich angesehene Auffassung. In hellenistischen Städten spielte sich ein großer Teil geselligen Lebens im Umkreis der Tempel ab. Gern sprach man Einladungen aus, sich zu gastlichem Mahl zu versammeln und dabei Fleisch zu verzehren, das von Tieren genommen war, die im Opferdienst geschlachtet worden waren. Juden hielten sich von solchen Zusammenkünften grundsätzlich fern. Für sie war es ausgeschlossen, Fleisch zu genießen, das nicht nach den Vorschriften des Gesetzes geschlachtet worden war, oder sich durch Teilnahme an Veranstaltungen im Bereich eines heidnischen Tempels zu verunreinigen. Wie sollten sich Christen in den paulinischen Gemeinden verhalten? Hatten sie dem Beispiel der Juden zu folgen? Oder konnten sie unbedenklich den Bereich eines heidnischen Tempels betreten und Fleisch genießen, das den Göttern geopfert worden war? In Korinth war die Mehrheit der Meinung, alles sei gestattet (10,23). Weil es in Wahrheit keine Götter, sondern nur den einen Gott gebe, könne man sehr wohl Opferfleisch genießen, ohne Schaden zu nehmen. Man brauche auch nicht die Vorbehalte derjenigen zu beachten, die sich dessen nicht so sicher waren, ob hinter den Göttern, denen man einst gedient hatte, nicht doch gefährliche Mächte stünden. Mit diesen aber wollten manche Gemeindeglieder, die erst kürzlich Christen geworden waren, lieber nicht wieder in Berührung kommen (8,9–13; 10,28f.). Wer vom Geist erfüllt sei – so dachte jedoch die Mehrheit –, der brauche sich keinerlei Einschränkungen zu unterwerfen. Er könne sich stark fühlen in der Erkenntnis, daß heidnische Tempel und ihr Opferdienst nichtig seien und darum von ihnen keine Gefährdung für die Christen ausgehen könne.

Dieses enthusiastische Bewußtsein kam auch bei den Zusammenkünften der ganzen Gemeinde zum Ausdruck. Die vom Geist ausgelösten Wirkungen, die man vor allem an ekstatischen Erfahrungen wahrnehmen zu können meinte, traten in den Vordergrund. Die Gemeindeglieder aber, die sich der Sprache der Engel nicht zu bedienen wußten, blieben ratlos, weil sie nichts verstehen konnten (14). Doch die anderen gaben sich der taumelnden Freude an der Begeisterung hin, die sich im Überschwang der Zungenrede starken Ausdruck verschaffte. Dabei hatte man das Empfinden, von Kräften der himmlischen Welt ergriffen zu sein und sich ihrem Wirken beseligt zuwenden zu dürfen.

Zu diesen Erscheinungen, wie sie sich in der vom Enthusiasmus erfaßten Gemeinde von Korinth auf mannigfache Weise zeigen, wird es nicht ohne Einflüsse aus der synkretistisch bestimmten Umgebung gekommen sein. Orientalische Kulte waren in der hellenistischen Welt weit verbreitet und hatten sich in unterschiedlicher Form mit Mysterienreligionen verbunden. Durch Einweihung in die göttlichen Geheimnisse suchte man Anteil an himmlischen Kräften zu gewinnen, die in der Kulthandlung erfahrbar werden. In den Tempeln wurden die alten Riten vollzogen und wurde der regelmäßige Opferdienst verrichtet, durch den man den Göttern die ihnen geschuldete Verehrung erwies. Fremde Leute brachten in die Hafenstadt mancherlei Bräuche und Lebensformen mit, von denen man sich leicht beeindrucken lassen konnte.

Im einzelnen ist kaum sicher auszumachen, welcher Herkunft Vorstellungen und Verhaltensweisen waren, mit denen manche Glieder der korinthischen Gemeinde in Berührung kamen. Sie mögen unterschiedlicher Art gewesen sein und können nicht auf eine einzige Wurzel zurückgeführt werden. In gelehrten Untersuchungen hat man freilich verschiedentlich die Ansicht vertreten, die synkretistischen Einflüsse seien in der sog. Gnosis gebündelt wirksam geworden (Schmithals). In dieser Bewegung verband sich Abkehr von der Welt mit einer Hinwendung zu den Kräften von Geist und Erkenntnis, die aus der himmlischen Sphäre in die irdische Niedrigkeit hineinwirken. Wer sich ihnen öffnete, dem wurde göttliche Lebenskraft verheißen. Ob jedoch diese Bewegung, die in verschiedenen Gruppen des frühen Christentums für das 2. Jahrh. faßbar wird, schon für die Zeit der paulinischen Mission angenommen werden kann, bleibt fraglich. Das Problem, welche religionsgeschichtlichen Voraussetzungen für die Entwicklung der korinthischen Gemeinde anzunehmen sind, wird daher behutsam anzugehen und vorsichtig zu beurteilen sein. Manche Christen mögen einen übersteigerten paulinischen Freiheitsbegriff mit unterschiedlichen Einflüssen der spätantiken Gesellschaft verbunden haben. Der daraus erwachsende Enthusiasmus konnte dann Meinungen und Verhaltensweisen hervorbringen, wie sie sich in der Gemeinde von Korinth zeigten. Die Anhänger solcher Auffassung wollten dabei nicht etwa ihren Glauben aufgeben, sondern ihn nach ihrem Verständnis besser zum Ausdruck bringen. Sie waren der Überzeugung, die Begeisterung, die sie miteinander zu erfassen begonnen hatte, sei durchaus angemessen, um christliche Gewißheit in allen Bereichen ihres Lebens zur Wirkung gelangen zu lassen.

2. Das Wort vom Kreuz

Ungeachtet der Besorgnisse, die der Apostel um die Gemeinde in Korinth trug, reagiert er auf die Nachrichten, die er von dort erhielt, nicht einfach mit schroffer Kritik oder scharfer Abweisung. Er bleibt dessen gewiß, daß in Korinth weiterhin eine Gemeinde Gottes versammelt ist (1,2), „Geheiligte in Christus Jesus“ und „berufene Heilige“ (ebda.), die „in allen Stücken reich gemacht“ sind, „in aller Lehre und in aller Erkenntnis“ (1,4). Darum besteht nach wie vor Anlaß, Gott Dank zu sagen (ebda.) und darauf zu vertrauen, daß in der Gemeinde kein Mangel herrscht und herrschen wird „an irgendeiner Gnadengabe“ (1,7). Doch mit den verschiedenen Problemen, die sich in der Zwischenzeit ergeben haben, und den Fragen, von denen die Korinther selbst geschrieben haben, muß Paulus sich auseinandersetzen und Antworten zu finden suchen, die die Korinther überzeugen und zu entsprechenden Korrekturen veranlassen sollen.

Die strittigen Punkte nimmt sich Paulus einen nach dem anderen vor und erörtert sie, indem er Gründe und Gegengründe umsichtig prüft und nach deren sorgfältiger Abwägung seine Entscheidungen trifft, die er stets vom Zentrum christlicher Verkündigung her begründet. Dessen Aussage stellt der Apostel darum an den Anfang seiner Ausführungen, indem er das Wort vom Kreuz als den Inhalt der Botschaft bezeichnet, die es zu glauben und zu bekennen gilt. Dieses Wort aber „ist eine Torheit denen, die verloren werden; uns aber, die wir gerettet werden, ist es eine Kraft Gottes“ (1,18). Damit ist der entscheidende Gegensatz scharf und deutlich bezeichnet. Die Christuspredigt fügt sich nicht den Erwartungen, die man im Blick auf menschliche Weisheit und einleuchtende Überzeugungskraft allgemein vertritt (1,22f.), sondern proklamiert die Herrschaft des Gekreuzigten, dem die Seinen gehören.

Haben Christen diese Botschaft in vertrauendem Glauben angenommen, dann müssen sie ihr auch in der Gestaltung ihres Lebens folgen. Ihr Verhalten darf sich daher nicht in überheblichem „sich

Aufblähen“ ausdrücken, in dem man hervorkehrt, was man ist und weiß (1,29; 3,21; 4,7). Sondern „wer sich rühmt, der rühme sich des Herrn“ (1,31; nach Jer. 9,22 f.). Der Herr aber, dessen man sich legitimerweise rühmen soll, ist der Gekreuzigte, der in Niedrigkeit und Elend sein Leben für uns dahingab. Daher ist hochmütiges Verhalten gegenüber anderen kein angemessener Ausdruck christlicher Existenz. Vielmehr kennzeichnen Verfolgungen, Leiden und Elend, wie der Apostel sie zu tragen hat, den Weg der Nachfolge Christi. Wer diesen Weg geht, weiß, daß er nichts hat, als was er empfangen hat (4,7). Mögen sich auch einige Leute in der Gemeinde überheblich aufblähen (4,18), so wird doch die vom Apostel bezeugte Predigt gültig bleiben. Wie das Wort vom Kreuz seine verborgene Kraft erweist, so wird es auch in Zukunft alles menschliche Rühmen in seiner Nichtigkeit aufdecken. Weder kann man es deshalb hinnehmen, daß ein Blutschänder sich über alle Regeln sittlichen Verhaltens hinwegsetzt und dazu noch Beifall erhält (5,1–5). Noch kann man es für unbedenklich halten, einen Streit, den man mit einem anderen Gemeindeglied hat, vor einem heidnischen Gericht auszufechten (6,1–11).

Bei der Erörterung dieser Vorfälle erinnert der Apostel die Gemeinde an ihr christliches Wissen, wie sie es aus der Unterweisung kennt, die sie erhalten hat. Er beruft sich auf gemeinchristliche Überzeugung, „daß die Ungerechten das Reich Gottes nicht ererben werden“ (6,9), und zitiert aus der Tradition einen Katalog, der beispielhaft aufführt, wer zu diesen Ungerechten zu zählen ist: „Weder Unzüchtige noch Götzendiener, Ehebrecher, Lustknaben, Knabenschänder, Diebe, Geizige, Trunkenbolde, Lästerer oder Räuber werden das Reich Gottes ererben.“ (6,9 f.) Mit dieser Aufzählung wird nicht etwa beschrieben, welche Fülle lasterhaften Verhaltens es in der korinthischen Gemeinde tatsächlich gegeben hat; sondern es wird eine überkommene Liste aufgenommen, um durch die gesammelte Wucht abschreckender Beispiele zu zeigen, daß es tatsächlich ernst ist. Denn immerhin: „Solche sind einige von euch gewesen.“ (6,11) Aber die Vergangenheit gilt jetzt nicht mehr und darf auch nicht zurückkehren. Was einst war, ist durch die Taufe durchgestrichen; denn „ihr seid reingewaschen, ihr seid geheiligt, ihr seid gerecht geworden durch den Namen des Herrn Jesus Christus und durch den Geist unseres Gottes“ (ebda.).

Wenn die Korinther sich auf die in Christus geschenkte Freiheit berufen, so kann der Apostel ihnen durchaus zustimmen. Christlicher Freiheit kommt umfassende Gültigkeit zu, so daß man in der Tat sagen kann: „Alles ist erlaubt." (6,12) Der Christ ist nicht daran gebunden, mit kleinlicher Skrupelhaftigkeit jeweils herausfinden zu sollen, was gestattet und was verboten ist. Paulus unternimmt darum bewußt nicht den Versuch, mit kasuistischen Erwägungen zu ermitteln, wo in jedem einzelnen Fall die Grenze zwischen zulässigem oder untersagtem Verhalten liegen könnte. Sondern er greift die Parole, die die Korinther zur Begründung ihrer Ansichten sowie ihres praktischen Verhaltens formuliert haben, in positivem Verständnis auf. Doch gibt er zu bedenken, daß die Freiheit der Christen nicht in falschem Sinn als Willkür mißverstanden und mißbraucht werden darf. Denn wenn auch alles erlaubt ist, so dient doch nicht alles zum Guten. Und obwohl mir alles freisteht, darf mich doch nichts gefangennehmen (6,12).

An dieser Stelle knüpft der Apostel an einen Gedanken an, den er in einem anderen Zusammenhang bereits entfaltet hat: „Alles ist euer" – so hatte er den Korinthern zugerufen und dabei auch an die Möglichkeit gedacht, sich einem bestimmten Lehrer zugehörig zu wissen. Doch dann führt er die Überlegung weiter und setzt hinzu: „Ihr aber seid Christi, Christus aber ist Gottes." (3,21–23) Damit ist klargestellt, daß die Freiheit der Christen nicht durch gesetzliche Vorschriften eingeengt wird. Wohl aber bleibt sie an den Herrn gebunden, durch den sie gegeben wurde. Nur in der Zugehörigkeit zu ihm kann daher rechte christliche Freiheit bewahrt und durchgehalten werden.

Hatte der Apostel ein libertinistisches Mißverständnis des Satzes, alles sei erlaubt, mit dem Hinweis zurechtgerückt, nicht alles diene zum Guten, so weist er dann auch die angefügte Begründung zurück, mit der die Korinther sexuelle Freizügigkeit hatten für zulässig erklären wollen. Kann man sagen, Speise und Bauch seien vergänglich, so läßt sich daraus doch keineswegs folgern, sexueller Verkehr werde gleichfalls nur mit vergänglichen Organen des Menschen vollzogen und gehe sein eigentliches Ich nichts an. Denn die Vereinigung mit der Dirne berührt nicht nur die äußere Hülle, sondern betrifft den Leib des Menschen und damit ihn selbst in der Ganzheit seiner Person. Deshalb kann man nicht behaupten, den Leib könne man ohne Schaden der Hurerei hingeben, sondern muß es heißen: Der Leib gehört dem Herrn (6,13).

Der Apostel ist in seiner Auseinandersetzung mit libertinistischen Tendenzen keineswegs von einer leibfeindlichen Einstellung geleitet, sondern von einer positiven Einschätzung, die aus seinem Christusglauben erwächst. Von derselben Überzeugung ist auch die Erörterung bestimmt, die die asketischen Tendenzen betrifft, wie sie von einigen Gemeindegliedern vertreten wurden. Sie verachteten gleichfalls den Leib, wenn auch auf andere Weise. Denn sie folgerten aus ihrer Einstellung, die Ehe sei gering einzuschätzen und man solle keine Frau berühren (7, 1). Auch hier kann der Apostel zunächst in gewisser Weise zustimmen und sich der Ansicht anschließen, es sei in der Tat empfehlenswert, sich nicht mit einer Frau zu verbinden. Doch seine Stellungnahme wird nicht mit einer Geringschätzung des Leibes begründet. Weder gesetzliche noch asketische Motive veranlassen Paulus zu seinem Urteil, sondern das Bewußtsein, in einer Zeit voller Bedrängnisse zu leben, deren Maß überdies kurz ist (7, 29). Die Ehe wird nicht abgewertet, sondern als leibliche Gemeinschaft von Mann und Frau beschrieben, die nach dem Willen des Schöpfers sich einander hingeben, um ein Fleisch zu sein (6, 16). Zwar wünscht Paulus, man möge ehelos bleiben wie er, um ganz für den Dienst im Herrn zur Verfügung zu stehen. Doch sieht der Apostel sehr wohl, daß die Fähigkeit, ehelos zu leben, nicht gefordert werden darf, sondern als ein Charisma anzusehen ist (7, 7).

Um angesichts der unterschiedlichen Ansichten, die es in Korinth über die Frage des sog. Götzenopferfleisches gab, zu einer Klärung zu gelangen, kann der Apostel zunächst wieder der Auffassung zustimmen, daß die in Christus geschenkte Freiheit von umfassender Gültigkeit ist und darum „alles erlaubt ist" (10, 23). Weil es außer dem einen Gott keine anderen Götter und Götzen gibt und die ganze Erde dem Herrn gehört, ist es nicht erforderlich, Nachforschungen über die Herkunft der Speisen anzustellen, wenn man zu Gast geladen ist. Im Glauben weiß der Christ sich frei vom Gesetz und kann er daher grundsätzlich anders entscheiden als ein Jude, der an die Einhaltung der Thora gebunden ist.

Doch damit ist nur die eine Seite der anstehenden Problematik betrachtet. An das Schlagwort, alles sei erlaubt, wird auch hier die Bemerkung angefügt, nicht alles diene zum Guten (10, 23; vgl. 6, 12). Denn der Christ hat nicht nur seine eigene Situation zu bedenken, sondern auch die seines Nächsten. Der aber sieht sich – wie manche Glieder der korinthischen Gemeinde – vielleicht nicht in der Lage, in gleicher Weise von christlicher Freiheit Gebrauch zu machen. Ist doch das Opferfleisch für manche durchaus noch, was es für sie einst gewesen war: den Göttern geopfertes Fleisch. Ihr Gewissen ist darum schwach zu nennen (10, 7.10.12). Diejenigen aber, die sich auf Grund ihrer Einsicht als „stark" bezeichnen, dürfen sich nicht durch herausforderndes Verhalten gegen den „schwachen“ Bruder versündigen. Denn durch ihr Verhalten könnten sie ihn an seinem Glauben irre werden lassen.

Mit dieser Stellungnahme hat Paulus eine Antwort gegeben, die von grundsätzlicher Bedeutung für das Verständnis christlicher Ethik ist. Zwar lebt der Christ in der Freiheit, die aus dem Glauben folgt. Diese Freiheit aber würde zur Rücksichtslosigkeit entarten, wenn das Handeln nicht durch die Liebe bestimmt wird. Denn die Erkenntnis bläht auf, weil sie das Gefühl der Überheblichkeit weckt; allein die Liebe aber, die auf den anderen sieht, baut auf (8, 1). Nicht von einer skrupulösen Unterscheidung der Gegenstände, mit denen ein Christ es in dieser Welt zu tun bekommt, wird seine sittliche Entscheidung abhängig gemacht. Sondern es gilt, sich von der Kraft der Liebe leiten zu lassen, die das gefährdete Gewissen des anderen achtet. Die These, alles sei erlaubt, bleibt im Blick auf das sog. Götzenopferfleisch gültig. Sie wird jedoch eingeschränkt durch die von der Liebe getragene Einsicht, die das Wohl des anderen zu bedenken weiß.

Auferbauung des anderen, ja der ganzen Gemeinde – wie ein roter Faden zieht sich dieses Leitmotiv durch die Antworten, die der Apostel auf die vielen Fragen gibt, wie sie in Korinth aufgebrochen sind. Jedes Glied der Gemeinde hat das Wohl aller im Blick zu halten, die mancherlei Gaben zu achten, die der Geist geschenkt hat, und die Einheit des Volkes Gottes zu wahren. Die Feier des Herrenmahls wird darum nur dann in rechter Weise begangen, wenn alle Teilnehmer sich dessen bewußt sind, daß sie als Glieder am einen Leib des Herrn mit allen anderen zusammengehören und darum auch für deren leibliches Ergehen Sorge zu tragen haben (11, 17–34). Nicht der Rausch der Begeisterung, wie er sich in der Zungenrede im Gottesdienst ausspricht, sondern allein klare, verständliche Rede, in der das Wort vom Kreuz ausgelegt wird, vermag allen Gliedern der Gemeinde zu dienen (14). Sie braucht sich darum irdischer Alltäglichkeit im Leben der Christen nicht zu schämen, sondern gewinnt aus dem Zuspruch des Evangeliums vom gekreuzigten und auferstandenen Christus die Orientierung für das Verhalten in der Verantwortung des Gewissens.

3. Die Auferstehung der Toten

Wie es um die christliche Hoffnung steht, führt der Apostel am Ende seines an die Korinther gerichteten Briefes in sorgfältig überlegter

Argumentation aus. Auch hier kann er von der Botschaft des Evangeliums ausgehen, doch muß er sie in Auseinandersetzung mit abweichenden Vorstellungen, wie sie in Korinth vertreten wurden, näher begründen. Es gab dort „einige", die keck behaupteten, eine Auferstehung der Toten gebe es nicht (1. Kor. 15, 12). Wie konnten sie zu dieser Auffassung gelangen und sie in einen derartig herausfordernd formulierten Satz fassen? In diesem Schlagwort wird ein Zitat vorliegen, das der Apostel aufgreift, um jene These sogleich entschieden zurückzuweisen. Doch leider erfahren wir nicht, wie man diesen Satz zu begründen suchte und von welchen Voraussetzungen die Meinung derer bestimmt war, die ihn ausgesprochen hatten. Nur mit Hilfe vorsichtiger Rückschlüsse können die Gründe ein wenig aufgehellt werden, die zu dieser Auffassung geführt haben mögen.

Gewiß wollten jene Leute Christen sein und auch bleiben. Sie werden daher nicht bestritten haben, daß Christus gestorben ist und auferweckt wurde, wie es im gemeinchristlichen Bekenntnis heißt. Aber sie scheinen der Ansicht gewesen zu sein, daß nun die Gegenwart des Heils für sie schlechthin bestimmend geworden sei. Wer durch den Enthusiasmus über die Niederungen dieser Welt hinausgehoben wurde, konnte darauf bauen, daß göttliche Kräfte in der Gemeinde der Seligen bereits hier und jetzt am Werk sind. Aber daß es über den Tod hinaus eine Hoffnung geben sollte, konnte man sich nicht denken. Wer den vergänglichen Leib eines Menschen ansieht, der müßte sich doch selbst sagen, daß aus ihm nach dem Tod nicht neues Leben werden kann.

Aus nachpaulinischer Zeit wird berichtet, es seien in Gemeinden Leute aufgetreten, die der Überzeugung waren, die Auferstehung sei schon geschehen (2. Tim. 2, 18). Sie werden gemeint haben, die Kräfte unvergänglichen Lebens seien bereits in den Erscheinungen des Geistes zu spüren. Die Träger des Geistes fühlten sich daher von einer Auferstehung zu göttlichem Leben erfaßt und betrachteten sich als vom Tod Erweckte. Ähnliche Ansichten werden auch bereits von jenen Leuten in Korinth geteilt worden sein, die entschieden erklärten: Eine Auferstehung der Toten gibt es nicht (Schniewind). Paulus beschränkt sich auf wenige Andeutungen, die jenes zugespitzte Schlagwort ergänzen können: Was sie Hoffnung nennen, bleibt ganz auf den Bereich dieses Lebens begrenzt (1. Kor. 15, 19). Dann mag man sagen: „Laßt uns essen und trinken; denn morgen sind wir tot." (V. 32) Doch kurze polemische Bemerkungen reichen nicht aus, um zur erforderlichen Klärung zu führen. Dem Apostel ist bewußt, daß tiefer und grundsätzlicher nachgedacht werden muß, um die Kontroverse auszutragen und die Wahrheit christlicher Hoffnung darzulegen.

Zunächst kann sich der Apostel – gleichsam hypothetisch – ein Stück weit auf die Position seiner Partner einlassen: Wenn es wirklich so sein sollte, daß die Toten nicht auferstehen, was würde daraus folgen? Es würde zunächst bedeuten, daß dann auch Christus im Tod geblieben ist und damit christliche Predigt letztlich vergeblich sein muß (V. 14). Denn sie würde ja etwas behaupten, was in Wirklichkeit nicht zutrifft. Zum anderen aber wäre die Folge, daß nicht nur die Auferstehung, sondern auch das Kreuz Christi rettende Kraft verlieren würde und man sagen müßte: „So seid ihr noch in euren Sünden." (V. 17) Wer daher von der These ausgehen wollte, eine Auferstehung der Toten gebe es nicht, der müßte konsequent sein und erklären, auch Christus sei im Tod geblieben. Dann aber würde nicht ihm, sondern dem Tod das letzte Wort gebühren. Diese Folgerung aber haben jene Leute in Korinth schwerlich ziehen wollen. Scheinen sie doch angenommen zu haben, daß aus Christi Auferstehung Kräfte unvergänglichen Lebens ausgelöst und im Walten des Geistes wirksam geworden seien.

Paulus macht seine Gesprächspartner nicht nur auf gewisse Inkonsequenzen aufmerksam, wie sie auf seiten der Leugner der Auferstehung vorliegen, sondern er nimmt für seine Gedankenführung einen neuen Ausgangspunkt. Weil jene Argumentation, die er ein Stück weit mitverfolgt hat, am Ende in eine Sackgasse führt, setzt er seinerseits mit der kraftvollen Aussage ein: „Nun aber ist Christus auferstanden von den Toten." (V. 20) Warum hat christliche Predigt an diesem Satz mit solcher Entschiedenheit festzuhalten? Der Apostel beruft sich gleich zu Anfang des Kapitels auf die zentralen Worte urchristlicher Verkündigung, wie sie allerorten ausgerichtet wird: die Botschaft von Christi Tod und Auferstehung, die als Erfüllung der in den Schriften des Alten Testaments ausgesprochenen Verheißungen verstanden wird und in der glaubenden Annahme die rechte Antwort erhält (V. 3b–5).

Zwar kann im Verlauf der Auseinandersetzung der Apostel sich hin und wieder einzelner Ausdrücke und Vorstellungen bedienen, wie sie sich in der zeitgenössischen Apokalyptik finden, um die große Wende vom untergehenden alten Äon zur heraufkommenden neuen Welt Gottes zu beschreiben: vom Erscheinen von Engeln, vom Blasen der letzten Posaune und dem Herauskommen der Toten aus den Gräbern (V. 52). Doch diese und andere ihnen verwandte Züge dienen nur zur Veranschaulichung und sind nicht tragende Grundlage der Argumentation. Denn Paulus versucht nicht, die Denkmöglichkeit einer Auferstehung der Toten aus allgemeinen Erwägungen oder als einleuchtend geltenden apokalyptischen Gedanken zu begründen. Sondern er bleibt streng dabei, zu Christen zu sprechen, die sich bereitfinden, mit ihm über die sachgerechte Auslegung des urchristlichen Kerygmas nachzudenken. Dessen Botschaft besagt: Christus ist am Kreuz gestorben. Diesen seinen Tod aber hat Gott angenommen und Ja zu seinem Kreuz gesprochen. Weil darum der Gekreuzigte als der Auferstandene den Tod besiegt hat, ist am Kreuz dessen Macht gebrochen und hat Christus den Sieg gewonnen.

In diese Denkbewegung möchte der Apostel seine Leser hineinnehmen. Er konzentriert sich darum ganz darauf auszulegen, was Tod und Auferstehung Jesu Christi für uns bedeuten. Weil Christus aus dem Tod erweckt wurde, werden auch die auferstehen, die zu ihm gehören. Jegliche Spekulation über kosmische Katastrophen, das Ende dieses Äons und den Anbruch der neuen Welt unterbleibt. Ja, nicht einmal davon wird geredet, welches Geschick den Toten beschieden sein mag, die nicht zu Christus gehören. Paulus spricht nur von Christus, der als erster aus dem Tod erstanden ist, und von denen, die mit ihm verbunden sind. Ihnen wird gezeigt, daß ihr Leben dem auferstandenen Herrn gehört, ihre Auferstehung aber noch vor ihnen liegt. Mit Christus hat jedoch gleichsam die Auferstehung der Toten schon begonnen. Denn wie die ersten Gaben der Ernte Gott dargebracht werden und die ganze Ernte, die noch folgen wird, als Gott gehörig repräsentieren (Dt. 26, 1–11), so ist Christus als der Erstling vorangegangen, die Seinen aber sollen ihm folgen (V. 20–28). Aus dem Glauben an die Auferstehung Jesu Christi erwächst daher die Gewißheit, daß die Toten auferweckt werden.

Nachdem Paulus auf diese Weise aufgezeigt hat, wie aus der Botschaft von Kreuz und Auferstehung Jesu Christi die Hoffnung der Christen folgt, wendet er sich dann der Frage zu, wie die Toten auferstehen (V. 35 ff.). In apokalyptischen Beschreibungen konnte es gelegentlich heißen, am Jüngsten Tag würden sich die Toten in der Gestalt aus den Gräbern erheben, in der sie einst auf Erden gelebt hatten. Mit Hilfe dieses Gedankens suchte man an der Identität des Menschen festzuhalten, der sich vor Gottes Gericht für die Taten wird verantworten müssen, die er zu seinen Lebzeiten begangen hat. Erst wenn der Spruch des Richters gefällt ist, wird sich die Verwandlung vollziehen und werden die Gerechten in himmlischem Glanz erstrahlen, die Gottlosen aber der Unterwelt verfallen. Derartigen apokalyptischen

Vorstellungen folgt Paulus nicht, wohl aber hält er am Gedanken fest, daß die Toten leiblich auferstehen werden. Denn wie der Mensch nicht nur seinen Leib hat – von dem er sich etwa distanzieren könnte –, sondern selbst Leib ist (Röm. 6,12 f.), so kann es nach Auffassung des Paulus menschliches Sein nur als leibliches geben. Was aber besagt dann die Erwartung einer leiblichen Auferstehung der Toten?

Leibliche Auferstehung wird nicht etwa so vorgestellt, als würde in diesem unserem sterblichen Leib eine verborgene Kraft liegen, die die Kontinuität zur Existenz in einer jenseitigen Welt gewährleistete. Paulus weist auf Gottes Schöpferhandeln hin, wie es überall in der Welt zu beobachten ist. Da gibt es himmlische Körper und irdische Körper, den Glanz der Sonne, des Mondes und der Sterne (1. Kor. 15,40 f.). Allein in Gottes Schöpfermacht liegt es daher begründet, daß er die Toten auferweckt und ihnen nicht wieder den natürlichen Leib, den sie einst getragen haben, sondern den „geistlichen Leib" gibt, wie er bei der Auferstehung der Toten ins Dasein gerufen wird (V. 42–44).

In der Auferstehung Jesu Christi hat Gott zu erkennen gegeben, wer er als Schöpfer und Herr aller Welt ist. Christliche Hoffnung wird deshalb – das hält der Apostel den Enthusiasten entgegen – erst in der Zukunft ihre Erfüllung finden. Diesseits des Todes kann es keine Auferstehung oder vom Geist gewirkte Vollendung geben (Becker). Denn der Tod bleibt der letzte Feind, dessen Macht durch Christi Auferstehung zwar schon gebrochen, aber noch nicht endgültig überwunden ist. Er soll am Ende vernichtet werden, wenn alles Christus unterworfen wird (1. Kor. 15,26.54 f.). Dann aber wird Gott alles in allem sein (ebda. V. 28).

Wenn die zukünftige Vollendung kommt, dann wird sie ganz und gar von der mächtigen Kraft der Liebe durchstrahlt sein (1. Kor. 13). Der Glaube wandelt sich dann in Schauen, und die Hoffnung erfährt die Erfüllung. Die Liebe aber bleibt. Sie wird bereits gegenwärtig von den Glaubenden als der köstliche Weg erfahren, der alles andere übersteigt und die Christen dazu befähigt, nicht das Ihre zu suchen, sondern auf das zu sehen, was des anderen ist. Darin werden hier und jetzt die Zeichen endzeitlicher Wirklichkeit sichtbar, die Glauben und Wandel der Christen bestimmen.

XI. Die Legitimität des apostolischen Amtes

1. Spannungen zwischen der Gemeinde in Korinth und dem Apostel Paulus

Der 1. Korintherbrief erweckt den Eindruck, daß zwar manche Schwierigkeiten, die in der Gemeinde von Korinth aufgetreten waren, zwischen ihr und dem Apostel geklärt werden mußten; doch es entsteht nicht der Anschein, als wären die gegenseitigen Beziehungen ernsthaft belastet. Um die Antworten, die er in seinem langen Brief formuliert hat, durch mündliche Aussprache näher zu erläutern, hat Paulus zunächst seinen Mitarbeiter Timotheus nach Korinth geschickt (1. Kor. 4, 17). Ein Wort ausdrücklicher Empfehlung, das der Apostel an das Ende seines Briefes stellt, soll dazu beitragen, daß er gut aufgenommen wird; „denn er treibt auch das Werk des Herrn wie ich" (16, 10f.). Wenn er seinen Auftrag erfüllt hat, mögen die Korinther ihn freundlich geleiten, damit er zu Paulus zurückkehrt und ihm vom Verlauf seines Besuches berichten kann (V. 11). Paulus will selbst nach Korinth reisen, sobald er durch Makedonien gezogen ist (16, 5). Vorerst aber will er noch bis Pfingsten in Ephesus bleiben, weil ihm dort eine Tür aufgetan ist zu reichem Wirken (16, 8f.).

Doch die Ereignisse sind dann anders verlaufen als erwartet. Es stellten sich nicht nur Mißverständnisse im Gedankenaustausch zwischen dem Apostel und der Gemeinde ein, sondern das gegenseitige Vertrauen wurde ernsthaft erschüttert. Was für Vorgänge sich zwischen der Abfassung des ersten und der des zweiten Korintherbriefes zugetragen haben, muß aus den Angaben, die dem zweiten großen Brief zu entnehmen sind, erschlossen werden. In der Apostelgeschichte sind keine Auskünfte zu finden, die näheren Aufschluß bieten könnten.

Was war geschehen? Gegen Ende des ersten Briefes hatte Paulus einen Besuch angekündigt, der auf seinen Aufenthalt bei Gründung der Gemeinde als zweiter folgen sollte (16, 5–9). Doch 2. Kor. 12, 14 und 13, 1 spricht der Apostel von einem bevorstehenden dritten Besuch. Wann hat dann ein zweiter stattgefunden? Paulus hatte sich von der Gemeinde dafür tadeln lassen müssen, daß er seine Reisepläne nicht eingehalten, sondern geändert hatte (2. Kor. 1, 15–22). Doch er versichert, er habe fest vorgehabt, von Korinth aus nach Makedonien zu reisen und dann wieder zur Gemeinde zurückzukommen, um sich von ihr nach Judäa geleiten zu lassen (1, 16): „Bin ich etwa leichtfertig gewesen, als ich dies wollte?" (V. 17) Hat man sich auf sein Ja und sein Nein nicht mehr verlassen können (ebda.)? Paulus möchte klarstellen, daß er nicht unbedacht verfahren ist. Es müssen zwingende Gründe dafür vorgelegen haben, daß er seine ursprünglich gefaßten Pläne hatte ändern müssen.

Nachdem der erste Brief die Gemeinde erreicht und Timotheus die Gemeinde besucht hatte, müssen sich die Beziehungen zwischen ihr und dem Apostel alsbald verschlechtert haben. Hierzu hat vor allem beigetragen, daß fremde Missionare in die Gemeinde gekommen waren, die mit hohem Anspruch auftraten und zugleich das Ansehen des Paulus herabzusetzen suchten. Sie wiesen Empfehlungsbriefe vor, die bei der Gemeinde Eindruck machten (2. Kor. 3, 1). Es war üblicher Brauch, daß man im Verkehr zwischen Synagogengemeinden vertrauenswürdigen Leuten, die von einem Ort zum anderen reisten, ein Schriftstück ausstellte, durch das sie sich ausweisen und bei der nächsten Gemeinde gastliche Aufnahme erbitten konnten. (s. o. S. 49) Woher die Empfehlungen kamen, mit denen jene fremden Missionare sich in Korinth Eingang verschafften, wird nicht erwähnt. Schwerlich trifft die gelegentlich geäußerte Vermutung zu, sie seien von der Urgemeinde in Jerusalem ausgestellt worden. Für diese Annahme bieten die Ausführungen des Paulus keinerlei Anhalt. Wahrscheinlich wird man sich auf das Zeugnis anderer Gemeinden berufen haben, von denen die Korinther wußten und auf deren Wort sie etwas gaben. Doch wird deren Einfluß nicht nur bewirkt haben, daß die Besucher mit Achtung und Respekt aufgenommen wurden, sondern auch dazu beigetragen haben, die Autorität des Paulus zu untergraben.

Gegen diese Einflüsse, von denen Paulus in Ephesus erfuhr, suchte er sich zur Wehr zu setzen. Wenn man – wie bereits dargelegt (s. o. S. 128f.) – von der Annahme ausgehen darf, daß unser 2. Korintherbrief eine Komposition darstellt, die aus verschiedenen Stücken der Korrespondenz zwischen dem Apostel und der Gemeinde zusammengefügt wurde, läßt sich etwa folgender Ablauf erschließen. Zunächst suchte Paulus durch eine Apologie seines apostolischen Amtes der Gemeinde vor Augen zu führen, welcher Auftrag ihm gestellt ist und welche Botschaft er auszurichten hat (2, 14–7, 4). In werbendem Ton gehalten, sollten diese Ausführungen bewirken, daß das gegenseitige Vertrauensverhältnis wiederhergestellt wird. Paulus bietet große Sorgfalt auf, um aus seiner apostolischen Predigt die Legitimation seines Amtes zu begründen und der Gemeinde zu verdeutlichen. Denn nicht ein Schriftstück von der Art wie jene, auf die sich die fremden Ankömmlinge berufen haben, sondern die Gemeinde selbst ist der Brief, den Paulus vorweisen kann, „in unser Herz geschrieben, erkannt und gelesen von allen Menschen“ (3, 2).

Doch alle Umsicht der Gedankenführung, wie Paulus sie in seiner Apologie aufwandte, konnte nicht bewirken, was der Apostel sich erhofft hatte. Die Situation blieb gespannt, und eine Klärung schien sich nicht abzuzeichnen. Daraufhin muß Paulus sich entschlossen haben, seine Pläne zu ändern und sich rasch nach Korinth zu begeben. Dabei wird er nicht den ursprünglich vorgesehenen umständlichen Landweg gewählt haben, sondern zu Schiff nach Korinth gereist sein. Doch auch dieser Versuch, entstandene Schwierigkeiten durch persönliche Aussprache auszuräumen, muß mißlungen sein. Als der Apostel mit der Gemeinde in Korinth reden wollte, muß es zu Auseinandersetzungen gekommen sein, die ihm vor versammelter Gemeinde schwere Kränkungen zugefügt haben. Die Schuld daran trug eine bestimmte Person, deren Namen Paulus nicht nennt, sondern die er nur als denjenigen bezeichnet, „der Betrübnis angerichtet hat“ (2, 5), der Unrecht getan bzw. beleidigt hat (7, 12). In dem Bemühen, wieder zu vertrauensvollen Beziehungen zurückzufinden, deutet Paulus im späteren Rückblick die Vorgänge nur an, ohne deren Anlaß noch einmal genauer zu beschreiben. Daher läßt sich nur in etwa erschließen, was sich zugetragen hat.

Es muß sich um eine öffentliche Auseinandersetzung gehandelt haben, die zum Nachteil des Paulus ausgegangen ist. Die ihm zugefügte Kränkung kann nicht lediglich in persönlicher Unfreundlichkeit bestanden haben, sondern muß sich auf die Anerkennung seines apostolischen Amtes bezogen haben. Denn dieses Thema beherrscht den weiteren Zusammenhang in der paulinischen Gedankenführung. Dann wird das ihm angetane Unrecht darin bestanden haben, daß man ihm die Legitimation seines apostolischen Amtes bestritten hat. War dieser unscheinbar wirkende Paulus wirklich beauftragter Gesandter des Kyrios? Stand seine armselig erscheinende Gestalt in erkennbarem Einklang mit der Größe des von ihm erhobenen Anspruchs? Oder müßte nicht ein Apostel Christi in beeindruckender Weise überzeugend wirken? Mit Fragen dieser Art muß ein anderer Anspruch verbunden worden sein, der gegen die Position des Paulus geltend gemacht wurde. Die Gemeinde hatte sich von dieser Kritik beeinflussen lassen und nicht für ihren Gründer Stellung bezogen. Diese schwere Kränkung, die man Paulus zugefügt hat, muß ihn so tief getroffen haben, daß er sich genötigt sah, Korinth zu verlassen und nach Ephesus zurückzukehren.

Von Ephesus aus wandte Paulus sich brieflich an die Gemeinde, um den Kritikern entgegenzutreten und das Vertrauen der Gemeinde wiederzugewinnen. An deutlicher Zurückweisung der von den Fremden erhobenen Ansprüche ließ er es dabei nicht fehlen. Paulus erwähnt später, er habe den Korinthern aus großer Trübsal geschrieben (2. Kor. 2,4), und fügt hinzu, dieses Schreiben habe bei den Empfängern ernstes Nachdenken und wahre Reue ausgelöst (7,8f.12). Was läßt sich über diesen sog. Tränenbrief ausmachen?

Zunächst liegt die Vermutung nahe, dieser Brief sei verlorengegangen. Da er Ausdruck dafür gewesen sein muß, wie schwierig die Beziehungen zwischen Apostel und Gemeinde geworden waren, könnte man sich denken, daß die Gemeinde dieses Schreiben nicht aufgehoben hat. Doch es gibt gute Gründe für die Annahme, zumindest ein großer Teil dieses „Tränenbriefes" sei in der Briefkomposition unseres 2. Korintherbriefes enthalten, nämlich in den Kapiteln 10–13. Sind diese durch die Redaktion an den Schluß des langen Zusammenhangs gerückt, um noch einmal eine ausdrückliche Warnung vor falscher Lehre hervorzuheben, so gehören sie doch mit hoher Wahrscheinlichkeit nicht an das Ende der Korrespondenz, die Paulus mit der Gemeinde geführt hat, sondern haben ursprünglich den Höhepunkt der Auseinandersetzung gebildet Hier wendet sich der Apostel in aller Schärfe gegen diejenigen, die Legitimation und Auftrag seines apostolischen Amtes bestritten haben. Es fehlt freilich jede Bezugnahme auf den Zwischenfall, der sich beim Besuch des Paulus in Korinth ereignet hat; und es wird kein näherer Hinweis auf denjenigen gegeben, der ihn schuldhaft verursacht hat. Die Kapitel 10–13 werden daher nur ein großes Fragment jenes „Tränenbriefes" darstellen (s. u. S. 169–173).

Der „Tränenbrief" ist durch Titus nach Korinth gebracht worden (2. Kor. 2,13; 7,6.13f.). Als Paulus ihn zu Schiff mit dem anvertrauten Schreiben auf den Weg geschickt hatte, hielt es den Apostel nicht mehr lange in Ephesus. Er machte sich auf die Reise, um auf dem Landweg Titus entgegenzuziehen (2,12f.). Obwohl ihm bei Troas günstige Möglichkeiten zu missionarischer Wirksamkeit offenstanden, reiste Paulus weiter nach Makedonien, um Titus zu sehen. Hatte der Apostel zunächst gehofft, er werde ihn schon in Troas treffen, so kamen sie dann in Makedonien zusammen. Hier erhielt Paulus die glückliche Nachricht, daß die Gemeinde in Korinth sich den Argumenten seines „Tränenbriefes" geöffnet hatte. Was kaum noch zu erhoffen schien, war eingetreten. Der Brief, den Paulus mit größtem persönlichen Einsatz geschrieben hatte, hatte seinen Eindruck nicht verfehlt, so daß sich die Lage zum Guten gewandelt hatte.

Aus Makedonien schrieb Paulus daraufhin einen letzten Brief, der von der Bereitschaft zur Versöhnung bestimmt ist (1, 1–2, 13; 7, 5–16; 8; 13, 11–13). Nun ist nicht mehr von Kummer und Betrübnis, sondern allein von Verzeihung und Erneuerung wiederhergestellter Gemeinschaft die Rede. Vergebung soll auch demjenigen zuteil werden, der Ursache dafür gewesen war, daß die Beziehungen zwischen der Gemeinde und dem Apostel auf das Äußerste belastet worden waren (2, 5–9). Paulus bittet die Gemeinde, sie möge diesem Verzeihung gewähren, „damit er nicht in allzu große Traurigkeit versinkt" (2, 7). „Darum" – so fährt Paulus fort – „ermahne ich euch, daß ihr ihm Liebe erweist." (V. 8) Daß er sich mit scharfen Worten an die Gemeinde hatte wenden müssen, bedauert der Apostel nicht. Denn die dadurch ausgelöste Traurigkeit hat zur Reue geführt (7, 9). Darin aber wird Gottes Wille erkennbar. „Darum" – so schließt Paulus diesen Gedankengang ab –, „wenn ich euch auch geschrieben habe, so ist's doch nicht geschehen um dessentwillen, der beleidigt hat, auch nicht um dessentwillen, der beleidigt worden ist, sondern damit euer Mühen für uns offenbar werde bei euch vor Gott. Dadurch sind wir getröstet worden." (7, 12 f.)

Nun aber bietet sich auch Gelegenheit, den Korinthern die Kollekte noch einmal ans Herz zu legen, die für die Gemeinde in Jerusalem gesammelt wird (8). Was Titus ihnen bereits nahegebracht hat, unterstreicht Paulus erneut mit der Bitte, durch tätige Hilfe den Erweis ihrer Liebe zu erbringen (8, 24). Im 9. Kapitel wird dieses Thema noch einmal – vielleicht in einem selbständigen Brieffragment – aufgenommen; „denn einen fröhlichen Geber hat Gott lieb" (V. 7).

Die Beziehungen zwischen der Gemeinde und dem Apostel, die für einige Zeit schweren Belastungen ausgesetzt waren, konnten somit am Ende wieder in ein gefestigtes Verhältnis des Vertrauens gebracht werden. Der letzte, auf Versöhnung gerichtete Brief aber gab den Rahmen dafür ab, um die verschiedenen Stücke der vorangegangenen Korrespondenz aufzunehmen. Darin waren zwei zentrale Fragenkreise von grundsätzlicher Bedeutung unter Schmerzen und Leid am Ende zur Klärung gebracht worden: die Verständigung über den Inhalt des apostolischen Auftrags (s. u. S. 165–169) und die Anerkennung von Paulus apostolischem Amt (s. u. S. 169–173).

2. Die apostolische Botschaft

Woran ist zu erkennen, daß der Inhalt der vom Apostel ausgerichteten Predigt mit dem ihm gestellten Auftrag übereinstimmt? Als Beauftragter des erhöhten Herrn wirkt er in der Freiheit, wie der Geist sie eröffnet – nicht im Dienst des Buchstabens, der tötet, nicht des alten, sondern des neuen Bundes (3,6). War schon der Dienst des Mose durch Herrlichkeit ausgezeichnet, so daß seines leuchtenden Glanzes wegen die Israeliten Mose nicht ins Antlitz blicken konnten, sondern er sich mit einer Decke verhüllen mußte (3,13), so wird um so mehr das Amt, das zur Gerechtigkeit führt, überschwengliche Herrlichkeit haben (3,9). In der Gegenüberstellung mit Mose, der Israel das Gesetz gebracht hat, wird die unvergleichliche Größe des neuen Bundes herausgestellt. Erst wenn das Zeugnis des alten Bundes im Licht der Erscheinung Christi gelesen wird, wird die Decke fortgetan, die Israel den direkten Zugang versperrte (3,14–16). „Wo aber der Geist des Herrn ist, da ist Freiheit." (3,17)

Der helle Schein, den Gott in seiner Barmherzigkeit hat aufleuchten lassen, kann freilich nicht darüber hinwegtäuschen, daß die Existenz des bevollmächtigten Boten sich in Niedrigkeit und Leiden, Bedrängnis und mancherlei Nöten vollzieht (4,8–10). Denn „wir haben diesen Schatz in irdenen Gefäßen" (4,7). In der zerbrechlichen Gestalt, in der der Apostel auftritt, wird jedoch die Herrlichkeit des anvertrauten Schatzes erkennbar. „Denn wir, die wir leben, werden immerdar in den Tod gegeben um Jesu willen, damit auch das Leben Jesu offenbar werde an unserem sterblichen Fleisch. So ist nun der Tod mächtig in uns, aber das Leben in euch." (4,11f.) Bildet sich im apostolischen Leiden das Kreuz Christi ab, das den Weg seines Boten bestimmt, so wird doch darin schon der Glanz göttlichen Lichtes sichtbar, „daß durch uns entstünde die Erleuchtung zur Erkenntnis der Herrlichkeit Gottes in dem Angesicht Jesu Christi" (4,6).

Werden auf diese Weise Apostelamt und Christologie in enger Zusammengehörigkeit gesehen, so kann die dem Apostel aufgetragene Verkündigung in nichts anderem bestehen als in der Weitergabe der Christusbotschaft. Sie aber hat Tod und Auferstehung Jesu Christi als die Wende vom alten zum neuen Äon zu proklamieren. Wenn einer für alle gestorben ist, „so sind sie alle gestorben" (5, 14). Christi Kreuzestod eignet universale Bedeutung. Denn er hat die äußerste Gottesferne durchmessen, um sie durch sein Sterben aufzuheben. Der Apostel nimmt in diesen Sätzen das urchristliche Bekenntnis auf, nach dem Christus „um unserer Sünden willen" gestorben ist (1. Kor. 15, 3), das aber heißt: daß das schuldhaft verursachte Elend der Menschen den Grund dafür abgab, daß Christus in den Tod ging – zugleich aber auch, daß er durch sein Sterben die Trennung aufhob, indem er die Last der Sünden auf sich lud und fortnahm, so daß sie nicht mehr von Gott scheiden können. Deshalb aber ist er für alle gestorben, „damit die, die da leben, hinfort nicht sich selbst leben, sondern dem, der für sie gestorben und auferstanden ist" (V. 15).

Um diese Bedeutung des Kreuzes Christi zu kennzeichnen, kann Paulus sich – in Anknüpfung an urchristliche Überlieferung – gelegentlich kultischer Ausdrucksweise bedienen und in der Rede vom Opfer die Wirkung seines Todes charakterisieren. Wie auf das Opfer menschliche Schuld abgeladen wird, um die Trennung von Gott durch dessen Darbringung zu überwinden, so ist auch im Sterben Christi Entsühnung erfolgt. Doch solche Beschreibung, wie sie vor allem in einigen Aussagen des Römerbriefes verwendet wird (3, 24–26; 5, 9; 8, 3), ist für den Gedankengang von 2. Kor. 5 schwerlich anzunehmen. In der Interpretation der einschlägigen Aussagen wird freilich von einigen Gelehrten die Auffassung vertreten, es sei überall von einem einheitlichen Verständnis von Sühne und Versöhnung auszugehen, dessen Voraussetzungen im alttestamentlichen Opferkult gegeben seien. Die mancherlei Bilder, deren sich der Apostel zur Deutung des Todes Christi bedienen kann, sollten jeweils die überall zugrundeliegende Sühnevorstellung verdeutlichen – so z. B. wenn das Sterben Christi dahin gedeutet wird, daß er uns vom Fluch des Gesetzes losgekauft habe (Gal. 3, 13). Wie im Alten Testament in den verschiedenen Beschreibungen des Opferkultes Sühne und Versöhnung stets zusammengehörten, so werde diese Verbindung auch im paulinischen Verständnis des Todes Christi festgehalten (Stuhlmacher).

Dieser Ansicht ist entgegenzuhalten, daß der Apostel sich ganz unterschiedlicher Vorstellungen bedienen kann, um die Heilsbedeutung des Kreuzes auszusagen. Vom Begriff der „Sühne", der auf Voraussetzungen des Opferkultes zurückweist, ist das Wort „Versöhnung" zu unterscheiden – ebenso wie das Bild vom Loskauf, das nicht an kultische Handlungen, sondern an die antike Praxis erinnert, die den Freikauf von Gefangenen oder Sklaven betraf. Was unter Versöhnung im allgemeinen Sprachgebrauch verstanden wurde, sagt Paulus, wenn er darauf hinweist, daß eine Frau, die sich von ihrem Mann geschieden hat, sich mit ihm wieder versöhnen möge (1. Kor. 7, 11). Versöhnung bedeutet demnach, daß Getrenntes wieder zusammengeführt wird. Von Versöhnung wurde auch im politischen Bereich gesprochen, wenn einander feindlich gegenüberstehende Parteien sich wieder zusammenfanden und untereinander verständigten. Selbst wenn zwei Seiten in streitbare Auseinandersetzung geraten waren und sich mit Waffen bekämpften, konnte es wieder zur Versöhnung kommen. Dabei wurde es als besonders anerkennenswert betrachtet, wenn es einem vertrauenswürdigen Vermittler gelingen konnte, hierzu den Weg zu ebnen. In den alttestamentlichen Kultgesetzen ist zwar häufig von Sühne, nicht aber von Versöhnung die Rede. Beide Begriffe sind daher gesondert zu betrachten – unbeschadet dessen, daß der Apostel den einen wie den anderen verwenden kann, um die Heilsbedeutung des Todes Christi zu kennzeichnen (Breytenbach).

In der spätantiken Welt war der Gedanke der Stellvertretung weit verbreitet, ohne daß er in spezifisch kultischem Sinn aufgefaßt wurde. Freunde konnten füreinander eintreten, Helden sich für das Wohl ihrer Stadt oder ihres Landes mit Hingabe ihres Lebens einsetzen. Doch der Gedanke, daß das Sterben von Gerechten dazu dienen könne, Sündenschuld zu tilgen und göttliche Vergebung zu ermöglichen, ist genuin jüdischen Ursprungs. Allen voran ist das alttestamentliche Lied vom unschuldigen Leiden und Tod des Gottesknechtes im 53. Kapitel des Jesajabuches zu nennen. Zwar fehlen genaue Belege darüber, wie dieser eindrucksvolle Text im frühen Judentum im Blick auf die Tilgung von Sündenschuld gedeutet und verstanden wurde; doch die Makkabäerbücher bezeugen, daß der Gedanke versöhnenden Handelns, das die Bereitschaft zur Hingabe des Lebens einschloß, im hellenistischen Judentum aufgenommen und weiterentwickelt worden ist. Mit seiner Hilfe suchte man das Sterben frommer Juden, die um des Gehorsams gegenüber dem Gesetz willen auch in harter Verfolgung standhaft geblieben waren, in seinem verborgenen Sinn zu deuten (2. Makk. 7, 37 f.; 4. Makk. 6, 28 f.; 17, 22).

An diese Voraussetzungen konnte urchristliche Verkündigung anknüpfen, um sie zur Interpretation des Kreuzestodes Christi zu verwenden. Doch während in der Geschichte Israels immer wieder Märtyrer ihr Leben hingeben mußten, um Sühne zu erwirken, wird vom Tod Christi mit aller Entschiedenheit gesagt, daß er ein für allemal erlitten wurde und es darum keiner Wiederholung bedarf (Röm. 6, 10).

Wie ist vor dem Hintergrund dieser gedanklichen Voraussetzungen die Rede von der Versöhnung zu verstehen, deren sich der Apostel bedient, um die zentrale Bedeutung seiner Christusverkündigung zu beschreiben (2. Kor. 5,18–21; vgl. auch Röm. 5,10f.)? Haben in der Religionsgeschichte Menschen sich immer wieder darum bemüht, durch Hingabe von Opfern die erzürnte Gottheit gnädig zu stimmen, so ist das urchristliche Verständnis von Versöhnung grundsätzlich anders orientiert. Zwar kann von Gottes Zorn wiederholt die Rede sein, um auf sein Handeln als Richter der Menschen hinzuweisen (so z. B. Röm. 1,18; 5,9; 1. Thess. 1,10); aber damit ist weder ein Affekt noch eine übelgestimmte Neigung Gottes gemeint, sondern es wird stets auf das verdiente Urteil verwiesen, das uns Menschen trifft. Das Gericht wird jedoch nicht durch menschliche Opfer abgewehrt, sondern unbegreiflicherweise durch Gottes Barmherzigkeit, die weit größer ist als seine Strafgerechtigkeit. Nicht Menschen sind daher Subjekt der Versöhnung, sondern allein Gott, der die Initiative ergriffen und seinen Sohn in diese Welt gesandt hat. Um zu erklären, was dieses Geschehen bedeutet, hebt Paulus mit Hilfe des Begriffes der Versöhnung die universale Wirkung des Christusgeschehens hervor: „Gott war in Christus, indem er die Welt mit sich selbst versöhnte, ihnen ihre Sünden nicht zurechnete und unter uns das Wort von der Versöhnung aufrichtete." (V. 19) In Christus hat Gott ein für allemal zu erkennen gegeben, wer er ist. Die in ihm begründete Versöhnung bedeutet, daß die Sündenschuld nicht zugerechnet wird, und hat zur Folge, daß die Botschaft von der Versöhnung allerorten ausgerufen wird. Hierzu hat Gott „das Amt gegeben, das die Versöhnung predigt" (V. 18). Paulus verwendet an dieser Stelle das griechische Wort „diakonia" = „Dienst", damit der dienende Charakter des ihm erteilten Auftrags deutlich wird.

Diesem Inhalt der Verkündigung entspricht die Art und Weise, in der sie vorgebracht wird. Keinerlei Mittel des Drucks oder des Zwangs sind dem Apostel in die Hand gegeben. Sondern er hat das große Angebot des versöhnenden Gottes zu machen, indem er die Bitte vorträgt, es anzunehmen und im Glauben auf dessen Gültigkeit zu vertrauen. Dieses Angebot aber spricht er als bevollmächtigter Repräsentant des Kyrios aus: „So sind wir nun Botschafter an Christi Statt, denn Gott ermahnt durch uns; so bitten wir nun an Christi Statt: Laßt euch versöhnen mit Gott." (V. 20)

Durch die Predigt, die Paulus aufgetragen ist, will Gott selbst das Wort nehmen und durch Christus zu den Menschen reden. Deren

Bedeutung unterstreicht Paulus noch einmal, indem er in Anlehnung an bekenntnisartige urchristliche Formulierungen sagt, Gott habe den, der von keiner Sünde wußte, für uns zur Sünde gemacht, damit „wir" in ihm Gottes Gerechtigkeit würden (V. 21). Von der Last der Sünde, die Christus auf sich genommen hatte, war er so vollständig bedeckt, daß an ihm nichts anderes mehr sichtbar war als Sünde. Dadurch aber hat Gott ihre Macht gerichtet und ihr das endgültige Urteil gesprochen, damit „wir" um seinetwillen Gott recht sein sollen. Er wurde Knecht um unseretwillen, wir aber sollten frei sein. Wer die Zusage von diesem wunderbaren Tausch annimmt, der hat Gottes Versöhnung empfangen und ist damit neue Schöpfung Gottes in Christus (V. 17). Wo Versöhnung in dieser Weise das Leben der Glaubenden erfüllt, ist auch ihr Handeln darauf gerichtet, Mißverstehen und Streit entgegenzutreten und durch gegenseitige Vergebung die Gemeinschaft untereinander zu erneuern und zu festigen.

3. Verteidigung und Begründung des apostolischen Amtes

Was werfen die Gegner, mit denen Paulus sich in den Kapiteln 10–13 des 2. Korintherbriefes auseinandersetzt, ihm vor? In seiner scharfen Polemik zitiert der Apostel immer wieder einzelne Schlagworte, deren sie sich bedient haben. Allzu menschlich – so sagen sie – mute sein Verhalten an. Ist er da, so tritt er unterwürfig auf; aber ist er abwesend, dann wird er mutig in den Worten seiner Briefe (10, 1.9 f.). Die schriftlichen Äußerungen scheinen schwer zu wiegen und stark zu sein (10, 10). Seine mündliche Rede aber macht nur einen kümmerlichen Eindruck (11, 6). Daß er seiner Autorität offenkundig selbst nicht genügend zutraut, meint man daran erkennen zu können, daß er es nicht zu wagen scheint, das einem Apostel zustehende Recht in Anspruch zu nehmen, sich durch die Gemeinde versorgen zu lassen (11, 8 f.). Und wo bleiben die Zeichen, durch deren Erweis ein Apostel seine zweifelsfreie Legitimation zu erbringen hat (12, 12)?

Die Schlagworte weisen alle in dieselbe Richtung. Sie wenden sich gegen Erscheinung und Auftreten des Paulus, suchen seine Predigt zu diskreditieren und das Recht seines apostolischen Dienstes in Zweifel zu ziehen. Indem vordergründig gegen die Person des Paulus angegangen wird, wird in Wahrheit gegen den Inhalt seiner Verkündigung Front gemacht. Diesen entscheidenden Punkt der Kontroverse hebt der Apostel hervor, indem er von einem anderen Evangelium spricht, das von jenen Predigern verkündigt wird (11,4). Zwar wollen sie daran festhalten, christliche Botschaft zu bringen, aber sie haben deren Inhalt an entscheidender Stelle verändert. Indem sie auf Machttaten und Geisterweis, Ruhm und einprägsame Rede, überzeugendes äußeres Auftreten und das Verlangen respektvoller Aufnahme den Ton legen, haben sie das Kreuz aus dem Zentrum christlichen Redens und Handelns verdrängt und den unmittelbar wirksam werdenden Geistbesitz in die Mitte ihrer Worte wie auch ihres Tuns gerückt. Damit ist nicht lediglich eine Akzentverschiebung vorgenommen, die man ertragen könnte, wenn nur Christus verkündigt wird auf mancherlei Weise (Phil. 1,18). Sondern man hat eine entschiedene Gegenposition gegen das paulinische Evangelium vom gekreuzigten Christus bezogen.

Jene Leute, deren Verständnis des Evangeliums Paulus mit scharfer Kritik beleuchtet, sind von außen gekommen. Voller Stolz machen sie auf ihre Herkunft aus Israel aufmerksam (11,22). Doch nicht Juden, sondern Christen, Diener Christi – wie sie ausdrücklich betonen – wollen sie sein (11,23). Nicht in demütiger Selbstbescheidung nennen sie sich so, sondern mit dieser Selbstbezeichnung verbinden sie apostolischen Anspruch (11,5.13; 12,11), dem sie dadurch Nachdruck verleihen, daß sie sich nicht scheuen, von der Gemeinde Geld zu nehmen und sich von ihr versorgen zu lassen (12,13.16). Doch weder ist angedeutet, daß sie – da jüdischer Herkunft – als Lehrer des Gesetzes aufgetreten seien, noch wird irgendwo ein eindeutiger Hinweis darauf gegeben, welche Autorität hinter ihnen steht und ihrem Auftreten so großen Nachdruck zu verschaffen vermochte.

Die polemischen Formulierungen, die von „Überaposteln" (11,5; 12,11) bzw. falschen Aposteln (11,13) sprechen, lassen das hohe Selbstbewußtsein jener Leute noch in der Verkehrung spottender Herabsetzung erkennen. Man könnte sich daher fragen, ob diese titularen Wendungen darauf hindeuten, daß hinter jenen Predigern letztlich die Urapostel in Jerusalem sichtbar würden, deren unbestrittene Stellung jene für sich geltend machen wollten. Denn allein die Autorität der Urgemeinde könnte letztlich stark genug gewesen sein, das Ansehen des Paulus sogar in seiner eigenen Gemeinde zu erschüttern (Käsemann). Doch wenn Paulus sonst von Petrus oder den Uraposteln redet, läßt er es niemals bei dunklen Andeutungen bewenden oder zieht gar das Recht ihres apostolischen Dienstes in Zweifel. Daher wird der von jenen Predigern in Korinth geltend gemachte Anspruch nicht auf eine aus Jerusalem hergeleitete Autorität zurückzuführen sein. Sie werden vielmehr aus dem Bereich des hellenistischen Judenchristentums gekommen sein. Behaupten sie, Mangel an Überzeugungskraft sei ein Zeichen dafür, daß die paulinische Predigt es an Wirkung des Geistes fehlen lasse, so suchen sie ihr eigenes Selbstbewußtsein so weit in die Höhe zu steigern, daß es keiner denkbaren kritischen Einrede mehr unterworfen werden kann.

Der Apostel nennt in seiner Zurückweisung ihres Anspruchs nirgendwo einen Namen, an keiner Stelle redet er sie direkt an. Nur mit vagen Andeutungen, die zugleich auf Distanz halten, wird wiederholt auf sie hingewiesen: „einige" (10, 2), „jemand" (10, 7.20f.), „etliche" (10, 20) u. ä. Indem auf „diese" oder „jene" hingewiesen wird, werden ihre Gestalten alsbald wieder in den Hintergrund zurückgeschoben, aus dem sie plötzlich hervorgetreten waren. So sehr jene Leute sich ihrer sog. Vorzüge meinen rühmen zu können, so unbedeutend erweist sich doch tatsächlich das Gewicht ihrer Personen, die deshalb in einer namenlosen Unbestimmtheit bleiben, um sie möglichst bald abtun und der Vergessenheit überlassen zu können.

In seinen Ausführungen, die der Legitimation seines Amtes dienen, bestreitet der Apostel nicht, daß seine äußere Erscheinung weit davon entfernt ist, überzeugenden Eindruck zu erwecken (10, 1.10), und nimmt er keineswegs für sich in Anspruch, hinsichtlich der Handhabung rhetorischer Künste es mit anderen aufnehmen zu wollen (11, 6). Wenn die Gegner so großen Wert darauf legen, durch beeindruckende Taten den Gehalt ihrer Rede zu unterstützen, so kann Paulus – fast wie mit einer Handbewegung – seinerseits daran erinnern, die Zeichen eines Apostels seien doch unter den Korinthern durchaus geschehen mit aller Geduld, mit Zeichen, Wundern und Taten (12, 12). Doch teilt er dabei offensichtlich die vorsichtige Zurückhaltung des Urteils, mit dem man unter jüdischen Schriftgelehrten Wundertaten gegenüber kritisch blieb und es nicht zuließ, die Überzeugungskraft des Wortes durch die Erscheinung von Zeichen einschränken oder gar ersetzen zu wollen.

In auffallender Häufung ist davon die Rede, daß man sich rühmen möchte, voller Stolz auf diesen oder jenen Vorzug aufmerksam macht und ihn als Beweis des Geistes und der Kraft versteht (10, 8.13.15–17; 11, 10.12.16.18.30; 12, 1.5f.9). Doch wenn es denn sein soll, daß man auf diese Art und Weise argumentieren wollte, dann kann – freilich bei bleibendem Vorbehalt – Paulus durchaus mithalten. Denn auch er kann eine ansehnliche Reihe von Vorzügen geltend machen, angefangen von seiner Herkunft aus Israel über eine lange Kette von Leiden und Erfahrungen bis hin zu einer ekstatischen Entrückung, die vor vierzehn Jahren stattgefunden hat (11, 16–12, 10). Durch die Herausforderung von seiten der Gegner sieht Paulus sich dazu gedrängt, jene „Narrenrede" vorzutragen (11, 21–12, 10); doch verschweigt er zugleich nicht eine innere Distanz gegenüber solchen ihm abgenötigten Ausführungen, indem er in der dritten Person von jenem Menschen spricht, der bis in den dritten Himmel entrückt worden war (12, 2).

Obwohl sich also der Apostel darauf einläßt, den Gegnern gegenüber scheinbare Konzessionen zu machen und auf der Ebene zu argumentieren, die sie für die Auseinandersetzung gewählt haben, weist er gerade damit auf den tiefen Graben hin, der sie voneinander trennt. Dort imponierendes Gehabe – hier Demut und Niedrigkeit; dort überzeugendes Auftreten – hier Armseligkeit des apostolischen Boten; dort sich rühmende Überheblichkeit – hier das Bewußtsein, daß – wenn man denn schon von einem Sich-Rühmen reden will – man sich allein im Herrn rühmen darf (10, 17). Indem der Apostel diese Gegensätze nicht ohne rhetorisches Geschick beschreibt, hebt er die scharfe Unterscheidung heraus, auf die es ihm ankommt.

An einer Stelle läßt sich jedoch Paulus nicht darauf ein, auch nur über scheinbare Konzessionen Erwägungen anzustellen. Hat man ihm vorgehalten, er habe das einem Apostel zustehende Recht, sich durch die Gemeinde versorgen zu lassen, nicht in Anspruch zu nehmen gewagt, so bleibt er dabei, auf jeden Unterhalt von seiten der Gemeinde zu verzichten. Niemand soll ihm vorwerfen können, er habe seinen Dienst um irdischen Gewinns willen versehen. In bitterem Scherz fragt er daher die Korinther, ob sie sich dadurch als zu kurz gekommen betrachten, daß er ihnen gerade nicht zur Last gefallen sei (12, 13). „Vergebt mir dieses Unrecht" – so läßt Paulus auf die eben gestellte Frage eine gleichfalls ironisch formulierte Bitte folgen.

Sich des Herrn rühmen kann nur heißen, sich der Schwachheit zu rühmen (11, 30). Ist doch auch Christus aus Schwachheit gekreuzigt worden, doch er lebt aus der Kraft Gottes (13, 4). Wer an der Schwachheit des Kreuzes achtlos vorübergeht, der vertritt daher in der Tat ein anderes Evangelium (11, 4), wo es doch in Wahrheit nur ein Evangelium gibt und kein anderes neben diesem einen geben kann. Die häufige Betonung der Schwachheit (10, 10; 11, 21.29 f.; 12, 5.9 f.; 13, 3 f.9) stellt die tiefgreifende Differenz heraus, die in der Auseinandersetzung sichtbar wird. Denn das Wort des Kyrios gilt: „Laß dir an meiner Gnade genügen; denn meine Kraft ist in den Schwachen mächtig." (12, 9) Der paulinischen Predigt, das Heil könne allein im Glauben als Gottes Gnadenerweis empfangen werden, entspricht die Schwachheit, die nicht auf eigene Wirkungsmächtigkeit baut, sondern dem ohnmächtig erscheinenden Wort des Herrn zutraut, daß es die Herzen bewegt und die Menschen zu erneuern imstande ist. Der Pfahl im Fleisch, der den Apostel ständig die Niedrigkeit seiner irdischen Existenz erfahren läßt (s. o. S. 81–83), wehrt jede Versuchung ab, sich etwa überheben und auf die eigene Kraft vertrauen zu wollen (12,7). Die Schwachheit des Boten korrespondiert dem vor den Augen der Welt als töricht erscheinenden Wort vom Kreuz. Nur auf diese Weise kommt die Kraft des auferstandenen Christus zu der ihr gemäßen Wirkung: „Wenn wir auch schwach sind in ihm, so werden wir uns doch mit ihm lebendig erweisen an euch in der Kraft Gottes." (13,4) Damit erhält das Apostelamt von der Christologie her seine entscheidende Begründung. Allein als beauftragter Bote des gekreuzigten Christus vermag der Apostel seinen Dienst an der Gemeinde kraft der ihm verliehenen Vollmacht zu versehen. Um sie bleibt er bemüht, möchte er sie doch als Braut Christi ihrem Bräutigam zuführen (11,2). Denn aller Einsatz, den er für sie leistet, geschieht zum Wohl der Gemeinde (12,19), hat doch der Herr dem Apostel Vollmacht gegeben zu erbauen, nicht zu zerstören (13,10).

Mit diesen Ausführungen vermochte Paulus die Gemeinde in Korinth davon zu überzeugen, daß er ihr als rechtmäßiger Apostel das Evangelium gebracht hatte, ohne dessen gültige Kraft christliches Leben keinen Bestand hat. Damit aber waren die schweren Spannungen, die das Verhältnis zwischen Paulus und den Korinthern belastet hatten, endlich überwunden und konnte diese Gemeinde dazu beitragen, die Mission unter den Völkern voranzubringen.

XII. Paulus in Ephesus

1. Die Gemeinde in Ephesus

Nächst Rom, Alexandria und Antiochia war Ephesus die viertgrößte Stadt im Imperium Romanum. Nicht nur Handel und Wandel liefen in der Hafenstadt zusammen, sondern auch Kultur und Kultus hatten sich hier reich entfaltet. Der stattliche Tempel, den man für die große Muttergöttin errichtet hatte, galt als eines der sieben Weltwunder, in dem sich ein – wie man sagte – vom Himmel gefallenes Bild der Göttin Artemis befand (Apg. 19,35). Ephesus war Hauptstadt der römischen Provinz Kleinasien, von der gut ausgebaute Verkehrswege ins Land führten. Hier residierte der römische Proconsul, der die Geschicke von Stadt und Land zu lenken hatte. Schon sehr früh muß es in Ephesus einzelne Judenchristen gegeben haben, die wahrscheinlich zunächst noch innerhalb des Synagogenverbandes blieben, aber nach einiger Zeit eine eigene Gemeinde gebildet haben. Wann das geschehen ist, läßt sich nicht genau ermitteln, da der Darstellung der Apostelgeschichte, der einzigen Quelle über die christlichen Anfänge in Ephesus, nur sehr wenige historische Anhaltspunkte zu entnehmen sind.

Die Apostelgeschichte berichtet, der aus Alexandria stammende Apollos sei nach Ephesus gekommen und dort von Aquila und Priscilla im christlichen Glauben unterwiesen worden (18,24–26). Wenn auch der historische Zusammenhang im einzelnen nicht ganz deutlich wird, so ist doch so viel sicher zu erkennen, daß die Namen sowohl des Apollos wie auch des Paulus befreundeten Ehepaars mit Ephesus eng verbunden sind. Sie müssen zu den Christen gehört haben, die sich schon vor Ankunft des Paulus in Ephesus befanden. Apollos wurde von den „Brüdern" – d. h. doch wohl der bereits bestehenden christlichen Gemeinde – ein Empfehlungsschreiben an die Jünger in Achaja – d. h. die Gemeinde in Korinth – mitgegeben, damit sie ihn gut aufnehmen möchten (18,27). Doch ehe er sich auf die Reise begab, habe er sich – so heißt es weiter – erfolgreich mit den Juden auseinandergesetzt und aus der Schrift dargelegt, daß Jesus der Christus sei (18,28).

Die Apostelgeschichte sagt, nicht nur Apollos, sondern auch andere Jünger seien nach Ephesus gekommen, die nur von der Johannestaufe, nicht aber von der christlichen Geisttaufe gewußt hatten (18, 24–19, 7). Doch als ihnen der vom christlichen Glauben gegebene Zusammenhang dargelegt worden sei, ließen sie sich taufen und wurden so in die christliche Gemeinde integriert. Es ist durchaus möglich, daß einzelne Anhänger Johannes des Täufers, die ihn als Rettergestalt verehrten, auch in Kleinasien aufgetreten sind und dann zur christlichen Gemeinde gefunden hatten. Der Erzähler der Apostelgeschichte möchte zeigen, wie die frühe Christenheit von der Täuferbewegung zu unterscheiden ist, deren Anhänger aber das christliche Verständnis der Taufe annehmen und damit zur Kirche finden sollten.

Wie gebotene Abgrenzung gegen Praktiken und Vorstellungen zu vollziehen ist, die in der synkretistisch bestimmten Umwelt verbreitet waren, wird in den beiden folgenden Geschichten anschaulich dargestellt. Zunächst wird erzählt, in wie hohem Ansehen Heilungstätigkeiten und Zauberbücher in Ephesus standen – eine gewiß zutreffende Beschreibung des lokalen Hintergrunds. Von Paulus gewirkte Wundertaten erregten so großes Aufsehen, daß man sich der Schweißtücher und anderer Tücher, die er auf seiner Haut getragen hatte, zu bemächtigen suchte, um sie über Kranke zu halten und ihnen dadurch wundertätige Kraft zu vermitteln (19, 12). Auch wollte man sich des Jesusnamens zu Zauberzwecken bedienen, um Dämonen auszutreiben (19, 13). Doch als derartige Versuche fehlschlugen und böse Geister sich auf diejenigen stürzten, die sie hatten bannen wollen, wurden alle von Furcht gepackt, „und der Name des Herrn Jesus wurde hoch gelobt" (19, 17). Denn diejenigen, die den Namen Jesu zu Zauberzwecken hatten mißbrauchen wollen, hatten sich verdiente Strafe zugezogen. Die Wirkung dieser Ereignisse sei so groß gewesen, daß viele Leute ihre Zauberbücher zusammentrugen und öffentlich verbrannten. Für deren Wert wird – in übertreibender Steigerung – die hohe Summe von 50 000 Silberstücken angegeben (V. 19) – ein Silberstück war der Tagesverdienst eines Arbeiters (Mt. 20, 2). Auf Papyri sind manche antike Texte erhalten, die eine Vorstellung davon vermitteln, mit Hilfe welcher Formeln und Litaneien man starke Kräfte herbeizurufen und zur Wirkung zu bringen suchte. Die Apostelgeschichte will betonen, daß mit derlei Praktiken christliche Verkündigung und auch heilendes Helfen nichts gemein haben. Im Gegenteil, sie machen die Nichtigkeit ihrer Bemühungen offenkundig, so daß „das Wort sich durch die Kraft des Herrn ausbreitete und mächtig wurde" (V. 20).

Die Abwehr synkretistischer Umtriebe wird am Ende in einer dramatischen Szene beschrieben (19,23–40). Die kultische Verehrung der Göttin Artemis war von einem blühenden Devotionalienhandel begleitet, wie das an Heiligtümern allgemein Brauch ist. Man schien zu befürchten, christliche Predigt könne bewirken, daß man sich von dieser Praxis abwenden würde. Dann aber würden auch die Silberschmiede, die kleine Nachbildungen des in aller Welt berühmten Tempels herstellten und vertrieben, ihre Arbeit verlieren und brotlos werden. Ein gewisser Demetrius habe sich daher in einer flammenden Rede an das Volk gewandt und zur Verteidigung des beliebten Kultes aufgerufen. Die Menge habe daraufhin in den Ruf eingestimmt: „Groß ist die Artemis der Epheser." (19,28.34). Als die Versammlung unruhig wurde und zu toben begann, habe der Stadtsekretär eingegriffen und die Protestwelle zum Stehen bringen können. Er habe ausgeführt, weder Juden noch Christen seien Tempelräuber oder Lästerer. Wenn es jedoch berechtigten Grund zur Klage geben sollte, so möge man sich an die ordentliche Gerichtsbarkeit wenden, die ein gerechtes Urteil sprechen werde (V. 37f.). Mit diesen Hinweisen habe er die Menge beruhigen können, so daß die Versammlung friedlich auseinandergegangen sei (V. 40).

Die Erzählung der Apostelgeschichte möchte somit auf der einen Seite klarmachen, daß die christliche Verkündigung sich auf das deutlichste von synkretistischem Kult unterscheidet. Auf der anderen Seite aber sucht sie zu beweisen, daß die Christen ehrbare Leute sind, die sich an Recht und Gesetz halten und darum nicht zu illegalen Handlungen oder einem Sturm auf die Tempel auffordern. Wollte man wirklich meinen, ihnen etwas vorwerfen zu sollen, so möge man vor Gericht gehen. Dort werden sich dann die Unschuld und das gesetzeskonforme Verhalten der Christen eindeutig herausstellen.

In dieser Folge, wie die Apostelgeschichte sie erzählt, wird zwar eine anschauliche Schilderung sozialer und religiöser Verhältnisse in einer antiken Großstadt gegeben. Doch historische Anhaltspunkte, die Aufschluß über die Anfänge der christlichen Gemeinde in Ephesus und die Wirksamkeit des Paulus bieten könnten, sind darin kaum auszumachen. Nur einige wenige Einzelheiten lassen sich entdecken, die auf vorlukanische Tradition zurückgehen dürften. Hierzu gehört sicherlich die Zeitangabe, daß Paulus sich $2^1/_4$ Jahre lang in Ephesus aufgehalten und dort gewirkt hat (Apg. 19,8.10). Um so verwunderlicher bleibt es freilich, daß die Apostelgeschichte von dieser Tätigkeit keinen Bericht bietet. Erst im Rückblick, den Paulus später beim Abschied von den Ältesten der Gemeinde in Ephesus vorträgt, werden sowohl Leidenserfahrungen, die er dort machen mußte, wie auch seine Verkündigung und die von ihm eingerichtete Ordnung der Gemeinde erwähnt (20,17–35). Der Verfasser der Apostelgeschichte hat diese Abschiedsrede zu einer grundsätzlichen Erklärung stilisiert, die das Wirken des Paulus überhaupt in den Blick nimmt, aber keinen näheren Aufschluß über seinen Aufenthalt in Ephesus gewährt.

Fast beiläufig ist in die Darstellung der Apostelgeschichte noch eine kleine, aber wichtige Bemerkung eingeflochten. Als Paulus und die ersten Christen, die er um sich sammelte, bei den Gliedern der Synagoge kein Gehör fanden, trennten sie sich von ihr und zogen in einen Hörsaal, der einem Mann namens Tyrannos gehörte und als Schule diente (19,9). Man richtete sich demnach in einem Raum ein, der bis dahin zum Unterricht – vermutlich in der Rhetorik – genutzt worden war. Schulen solcher Art hatten sich an vielen Stellen aufgetan. Der neue Raum bot den Vorzug, daß man sich dort an jedem Tag der Woche zusammenfinden konnte, so daß – wie mit einiger Übertreibung festgestellt wird – „alle, die in der Provinz Asia wohnten, das Wort des Herrn hörten, Juden und Griechen" (V. 11). Spätere Abschreiber haben versucht, die Frage zu beantworten, wie sich Rhetorikschule und Unterricht des Paulus miteinander vertragen haben mögen. Einige Handschriften fügen daher auf Grund solcher Erwägungen hinzu, Paulus habe jeweils von der fünften bis zur zehnten Stunde unterrichtet (V. 9), d. h. von 11 Uhr am Vormittag bis 4 Uhr am Nachmittag, wenn vermutlich der Raum nicht für den sonstigen Unterricht benötigt wurde – angesichts der Hitze, wie sie zu dieser Tageszeit zu herrschen pflegt, gewiß keine günstige Lösung, wenn man möglichst große Aufmerksamkeit der Hörer für die Lehrvorträge des Paulus erhoffen wollte. Die vermeintliche Erklärung, die man nachträglich zu geben suchte, zeigt nur, daß man mehr wissen wollte, als sich ausmachen ließ. Wichtig bleibt jedoch die Angabe, daß Paulus an einem bestimmten Ort zwei Jahre hindurch kontinuierlich gelehrt hat. Welcher Art diese Lehre gewesen ist, verrät die Apostelgeschichte nicht. Näherer Aufschluß über die Tätigkeit des Paulus in Ephesus muß daher aus seinen Briefen erhoben werden.

2. Die Wirksamkeit des Apostels in Ephesus

In der Zeit seiner weit ausgreifenden Mission hat Paulus sich an keinem anderen Ort so lange aufgehalten wie in Ephesus. Die 2¼ Jahre – wahrscheinlich im Frühjahr 53 n. Chr. bis Sommer 55 n. Chr. – übertreffen auch die achtzehn Monate, die er nach Gründung der Gemeinde in Korinth geblieben war. Mit dieser zeitlichen Disposition ist eine inhaltliche Gewichtung verbunden. In Ephesus hat der Apostel eine rege Korrespondenz entfaltet. Von hier aus hat er den Briefwechsel mit der Gemeinde in Korinth geführt (s. o. Kap. XI). Darüber hinaus werden drei weitere Dokumente in die ephesinischen Jahre zu datieren sein: der Galater-, der Philemon- und der Philipperbrief.

Die Gemeinden in Galatien, im Zentrum Kleinasiens gelegen, hatte Paulus gegründet und danach ein zweites Mal besucht (Gal. 4, 13). Dabei hatte er sich davon überzeugen können, daß sie „gut liefen" (5, 7). Doch haben den Apostel schlechte Nachrichten erreicht. Fremde Lehrer waren nach Galatien gekommen, die die Gemeinde zu beeinflussen und Paulus abzujagen versuchten: Nicht nur seine Lehre sei unzureichend, sondern er sei in Wahrheit kein rechter Apostel (s. u. S. 189–193). Paulus muß sich darum energisch zur Wehr setzen, Mißverständnisse zurechtrücken und seine Auslegung des Evangeliums noch einmal mit aller Sorgfalt begründen.

Der Brief hat seine Wirkung nicht verfehlt, sondern die Galater zu festem Vertrauen auf das von Paulus bezeugte Evangelium zurückrufen können. 1. Kor. 16, 1 wird erwähnt, Paulus habe auch in den Gemeinden Galatiens angeordnet, die Kollekte für die Urgemeinde in Jerusalem zu sammeln (s. o. S. 89). Damit ist ein ungefährer Anhaltspunkt zur Datierung gegeben. Diese Mitteilung könnte man dahin deuten, daß Paulus die galatischen Gemeinden schon um ihre Mitwirkung gebeten hatte, ehe es zu einer kritischen Auseinandersetzung kam. Dann müßte der Galaterbrief erst gegen Ende des Aufenthalts in Ephesus oder auf der Reise nach Makedonien abgefaßt worden sein. Wahrscheinlich aber wird der Brief an die galatischen Gemeinden, der die Verpflichtung zur Sammlung der Kollekte ausdrücklich erwähnt (2, 10), die Empfänger so wirksam zur Besinnung gerufen haben, daß sie auch zur Beteiligung an der Kollekte gewonnen werden konnten. Dann wird in der Notiz von 1. Kor. 16, 1 eine Bestätigung für den glücklichen Ausgang der Kontroverse in Galatien zu sehen sein. Der Galaterbrief wird daher vor dem 1. Korintherbrief entstanden sein, so daß seine Abfassung etwa auf das Jahr 54 n. Chr. anzusetzen ist.

Von Ephesus aus konnte der Apostel nicht nur Verbindung mit Gemeinden pflegen, die er bereits gegründet hatte, sondern auch neue Möglichkeiten nutzen, die sich ihm boten, um das Evangelium weiter auszubreiten. Eine große Tür sei ihm aufgetan – so berichtet er nach Korinth – zu reichem Wirken (1. Kor. 16,9). Doch dabei entstanden auch neue Schwierigkeiten. Es seien auch viele Widersacher da – so fügt Paulus in seinem kurzen Bericht an die Korinther hinzu (ebda.). Deren Machenschaften müssen nicht nur den Handlungsraum des Apostels eingeengt, sondern auch zu ernster Gefährdung seines Lebens geführt haben. Nur aus Andeutungen läßt sich erschließen, was geschehen ist.

Im „Tränenbrief" spricht Paulus nicht nur davon, daß er es mit falschen Aposteln und betrügerischen Arbeitern zu tun bekam, sondern führt er auch eine lange Kette von Leiden und Bedrängnissen auf, die er zu erdulden hatte. Einige dieser Erfahrungen werden in die Jahre hineingehören, in denen Paulus sich in Ephesus aufhielt. Allein fünfmal habe er – so sagt der Apostel – von Juden 39 Geißelhiebe empfangen (2. Kor. 11,24). Dreimal sei er mit Stöcken geschlagen, einmal gesteinigt worden (V. 25). Des öfteren sei er auch gefangen gewesen, hebt Paulus hervor (V. 23). Von manchen Leiden des Paulus wird in der Apostelgeschichte berichtet – so von einer Gefangenschaft in Philippi (16,23–40), nicht aber von einem entsprechenden Geschehen in Ephesus. Doch dort muß es zu einer schweren Leidenszeit gekommen sein, auf die verschiedene Hinweise deuten.

An die Korinther schreibt Paulus, er habe in Ephesus mit wilden Tieren kämpfen müssen (1. Kor. 15,32). An diese Bemerkung knüpft er die Frage, ob man solche Belastungen wohl hätte auf sich nehmen mögen, wenn man jener These hätte folgen wollen, eine Auferstehung der Toten gebe es nicht. Sicherlich bedient der Apostel sich hier bildlicher Redeweise und denkt nicht an einen wirklichen Tierkampf, dem man schwerlich hätte lebend entkommen können. Aber es muß sich schon um ein Ereignis gehandelt haben, bei dem es um Leben und Tod ging.

Von lebensgefährlicher Bedrohung spricht auch die Bemerkung des Apostels, er sei in der Provinz Asia in äußerste Bedrängnis geraten, die über die Kräfte zu gehen schien und dazu führte, „daß wir auch im Leben verzagten und es bei uns selbst für beschlossen hielten, wir müßten sterben" (2. Kor. 1,8f.). Vielleicht läßt die legendäre Geschichte vom Aufstand, den der Silberschmied Demetrius angezettelt hatte (Apg. 19,23–40), noch in vager Andeutung etwas von der schweren Bedrängnis ahnen, in die Paulus geraten ist. Jedenfalls aber ist er in Ephesus auf einige Zeit ins Gefängnis gebracht worden. Diese Lage muß der Apostel zeitweise als so ernst angesehen haben, daß es ihm ungewiß erschien, ob er mit dem Leben davonkommen werde.

Als ein „Gefangener Christi Jesu" (Phm. 9) schreibt Paulus an Philemon, um für seinen entlaufenen Sklaven Onesimus Fürsprache einzulegen, der beim Apostel Schutz gesucht hatte (s. o. S. 134). Paulus ist nicht allein, sondern mit ihm grüßt Timotheus (V. 1), und bei ihm befindet sich auch Epaphras als sein Mitgefangener in Christus Jesus (V. 23). Da mehrere der im Philemonbrief genannten Namen im – freilich nachpaulinischen – Kolosserbrief wiederkehren, wird der Adressat des Briefes im kleinasiatischen Kolossae zu suchen sein. Über den Ort, von dem aus Paulus schreibt, macht der kurze Brief keine Angaben. Doch kann die Entfernung, die der entlaufene Sklave hatte unbehelligt zurücklegen können, nicht allzu weit gewesen sein. Auch hofft der Apostel, nach Entlassung aus der Haft zu persönlichem Besuch erscheinen zu können (V. 22). Alle Beobachtungen sprechen daher für die Annahme, daß dieses kleine Schreiben während der Zeit der Haft in Ephesus entstanden ist – wahrscheinlich im Jahr 55 n. Chr. Zugleich beweist dieses Dokument, daß die paulinische Mission auch in das umliegende Land Ausstrahlung gehabt und zur Entstehung weiterer Gemeinden geführt hat.

Mit hoher Wahrscheinlichkeit wird in diese Situation auch die Abfassung des Philipperbriefs – bzw. des größten Teils dieser kleinen Briefsammlung (s. o. S. 130) – hineingehören. Paulus befindet sich im Gefängnis (Phil. 1,7.13 u. ö.) und bedankt sich bei der Gemeinde für die Gabe, die sie ihm geschickt hat. Die Philipper hatten davon gehört, daß der Apostel gefangen liegt, und Epaphroditus als ihren Abgesandten zu ihm geschickt (2,25). Während er bei Paulus war, erkrankte er schwer; davon vernahmen die Philipper (2,26 f.). Von der Sorge, die sie um Epaphroditus trugen, erfuhr wiederum Paulus und sucht sie nun seinetwegen zu beruhigen (2,27 f.). Es sind also mehrfach Nachrichten hin und her gegangen. Wo der Apostel im Gefängnis festgehalten wurde, wird nicht gesagt. Erwähnt wird lediglich, im ganzen „Prätorium" sei bekannt geworden, daß er als Zeuge des Evangeliums und nicht als Verbrecher gefangengehalten wurde (1,13). Der Prozeß des Paulus kann mit einem Todesurteil enden (1,28; 2,17); doch hofft er, wieder frei zu kommen und dann die Gemeinde besuchen zu können (1,26;

2, 24). Unter den Grüßenden, die am Schluß genannt werden, sind auch „die aus dem Haus des Kaisers" aufgeführt (4, 22). Es könnte naheliegen, diese Angaben auf Rom zu deuten, wo Paulus längere Zeit gefangengehalten wurde. Wenn der Philipperbrief dort abgefaßt wäre, dann wäre er vermutlich das letzte Zeugnis von seiner Hand.

Dieser Annahme steht jedoch entgegen, daß Paulus nach Röm. 15, 24.28 plante, von Rom nach Spanien zu reisen, im Philipperbrief aber einen Besuch bei der Gemeinde in Aussicht nimmt. Der enge Kontakt, den Paulus mit der Gemeinde hat pflegen können, macht es wahrscheinlich, daß der Ort seiner Gefangenschaft nicht zu weit von Philippi entfernt war und daher in Ephesus zu suchen ist. In Ephesus war eine Prätorianerabteilung stationiert, und auf Grabinschriften sind Namen von Angehörigen aus dem Haus des Caesar bezeugt, d. h. von Freigelassenen des kaiserlichen Hauses. Nach Phil. 4, 22 hatte die Mission des Paulus auch in diesen Kreisen Erfolg. Dann aber wird auch dieses Schreiben während der Gefangenschaft in Ephesus im Jahr 55 n. Chr. abgefaßt sein. Da in dem Abschnitt 3, 2–4, 3.8 f. nicht auf eine Gefangenschaft angespielt wird, könnte dieses Stück etwas später niedergeschrieben worden sein.

Ungeachtet der höchst mißlichen Lage, in der sich der gefangene Apostel befindet, ist der Philipperbrief von fester Zuversicht erfüllt und durchgehend auf den Ton der Freude gestimmt. Selbst wenn er sein Leben verlieren sollte, bleibt Paulus doch dabei, sich mit der Gemeinde zu freuen. Er lädt sie dazu ein, an dieser Freude festzuhalten (2, 17 f.): „Freuet euch in dem Herrn allezeit, und abermals sage ich: Freuet euch." (4, 4) Wenn Paulus auch innerlich zur Hingabe seines Lebens bereit ist (1, 23), so weiß er sich doch weiterhin dem Dienst an den Gemeinden verpflichtet (1, 24). Als er dann aus der schweren Gefährdung, in die er geraten war, befreit wurde, hielt es den Apostel nicht mehr lange in Ephesus, sondern begab er sich auf die Reise nach Troas und weiter nach Makedonien (2. Kor. 2, 12 f.).

3. Paulus und seine Mitarbeiter

Die Erfüllung der vielen Aufgaben, die dem Apostel gestellt waren, konnte nur gelingen, weil er nicht allein dastand, sondern sich der Unterstützung durch Freunde und der tatkräftigen Hilfe von Mitarbeitern erfreuen konnte. Einige von ihnen waren mit der Gemeinde in Ephesus besonders verbunden: so der Judenchrist Apollos (s. o.

S. 102. 146) und das Ehepaar Aquila und Priscilla (s. o. S. 102). Von diesen sagt Paulus später, daß sie für sein Leben ihren Hals hingehalten haben (Röm. 16,4) – wohl ein Hinweis, daß sie ihm bei der schweren Gefährdung, die ihn in Ephesus ereilt hatte, unter Einsatz ihres Lebens beigestanden haben.

Die Personen, die mit dem Apostel zusammenwirkten, waren nicht nur Gehilfen, sondern ihnen wurden auch wichtige Aufgaben übertragen, die sie in eigener Verantwortung selbständig wahrzunehmen hatten. So hat Timotheus den Apostel lange Zeit begleitet. Stellt Paulus ihn den Korinthern als seinen lieben und getreuen Sohn in dem Herrn vor (1. Kor. 4, 17), so deutet er damit an, daß er selbst ihn für den christlichen Glauben gewonnen hat. Timotheus übernimmt verschiedentlich Aufträge, die er im Namen des Apostels den Gemeinden zu überbringen und zu erläutern hat (ebda.; 1. Thess. 3, 2). Paulus weiß, daß er sich auf ihn jederzeit verlassen kann, und empfiehlt ihn darum als Boten, der ihn vollgültig vertritt (1. Kor. 16,10 f.). „Denn ich habe keinen, der so ganz meines Sinnes ist.“ (Phil. 2,20) Mögen andere gelegentlich auch den eigenen Vorteil im Blick haben, von Timotheus kann Paulus sagen, daß er wie ein Kind dem Vater mit ihm zusammen dem Evangelium gedient hat (Phil. 2,22).

Im Eingang einiger Briefe führt Paulus Timotheus als Mitabsender auf (1. Thess. 1, 1; 2. Kor. 1, 1; Phm. 1; Phil. 1, 1). Sein Name wird genannt, um die feste Gemeinschaft hervorzuheben, in der Paulus und sein nächster Mitarbeiter zusammenstehen. Manche Gedanken, die der Apostel niederschreibt, werden zuvor im Gespräch mit Timotheus oder den Brüdern, die bei ihm waren (Gal. 1, 2), erörtert worden sein. Sie waren mit den Überlegungen des Paulus so vertraut, daß sie diese auch anderen gegenüber vertreten und selbständig weiterführen konnten.

Nächst Timotheus ist Titus der engste Mitarbeiter des Paulus gewesen. Er hat den Apostel auf der Reise nach Jerusalem begleitet und als Heidenchrist, der er war, dazu beitragen können, daß die gesetzesfreie Mission unter den Völkern anerkannt wurde (s. o. S. 87). Vor allem in der Zeit, als die Beziehungen zur Gemeinde in Korinth auf das äußerste angespannt waren, hat er es verstanden, weiter Verbindung zu halten, und konnte am Ende bewirken, daß die Belastungen überwunden wurden (2. Kor. 2, 13; 7,6.13 f. u. ö.). Von Timotheus und Titus überliefert die spätere Tradition, daß sie in der Nachfolge des Apostels kirchenleitende Aufgaben übernommen und erfüllt haben – ein Bild, das sich auf die aktive Zusammenarbeit zu Lebzeiten des Paulus gründen kann (Briefe an Timotheus und an Titus).

Neben Timotheus und Titus werden sowohl in den Briefeingängen (1. Thess. 1, 1) wie auch innerhalb der an die Gemeinden gerichteten Ausführungen (Phil. 2, 25–30) zuverlässige Mitarbeiter erwähnt, die mit dem Apostel das gemeinsame Werk voranbrachten. Sie müssen hinlängliches Verständnis der Schrift wie auch in der Auslegung urchristlicher Bekenntnissätze und sittlicher Unterweisung besessen haben, um die ihnen anvertrauten Aufgaben erfüllen zu können. Dann aber muß Paulus mit ihnen sorgfältige theologische Arbeit getrieben haben, die dazu führte, daß eine feste Basis gegenseitiger Verständigung und gegründeter Übereinstimmung in den Inhalten christlicher Lehre gelegt war.

In diesem Zusammenhang gewinnt jene kleine Notiz in der Apostelgeschichte an Bedeutung, daß Paulus und ein Kreis von Schülern sich von der Synagoge in Ephesus trennten und einen Saal in der Schule des Tyrannos bezogen (Apg. 19, 9f.). An diesem Ort, an dem Paulus regelmäßig unterrichtet hat, konnte er mit seinen Mitarbeitern grundsätzliche Fragen christlicher Verkündigung erörtern. Unterricht und Studium solcher Art würden vollauf üblicher Praxis unter jüdischen Schriftgelehrten entsprechen, wie sie Paulus von seiner eigenen Lehrzeit her vertraut war. Man wird daher von einer Schule des Apostels Paulus in Ephesus sprechen dürfen, die über die Zeit seines Aufenthalts hinaus fortbestanden haben wird und auch in nachpaulinischer Zeit als Ort, an dem das deuteropaulinische Schrifttum entstanden sein wird, von Bedeutung gewesen sein muß (Conzelmann).

Manche Abschnitte in den paulinischen Briefen erwecken den Eindruck, daß ihr Gedankengang nicht erst bei der Niederschrift konzipiert, sondern schon vorher des öfteren durchgesprochen und in festere Lehrgestalt gebracht worden ist. So war das poetisch gehaltene Hohelied von der Liebe sicherlich schon in mündlicher Unterweisung formuliert worden, ehe es vom Apostel verwendet wurde, um gegenüber der Hochschätzung verschiedener Geistesgaben die über alles andere hinausreichende Bedeutung der christlichen Liebe zu preisen (1. Kor. 13). Und die Schilderung von Gottes Zorngericht, das auf die sittenlose Welt der Spätantike hereinbricht, ist so konzentriert gestaltet, daß Paulus und seine Schüler ihren Inhalt im Schulgespräch eingehend bedacht haben werden, ehe der Stoff dann im Römerbrief seine schriftliche Fassung erhielt (Röm. 1, 18–32).

Über Verlorenheit und Rettung des Menschen nachzusinnen, macht stets ein zentrales Thema theologischer Überlegung aus. Röm. 7, 7–25 wird aus der Sicht der in Christus empfangenen Rettung die

Versklavung des Menschen unter die Herrschaft von Sünde, Gesetz und Tod beschrieben. Dieser Abschnitt ist wie ein Exkurs in den Gedankengang des Römerbriefes eingefügt und könnte daher auch zu jenen Stücken gehört haben, die in der paulinischen Schule immer wieder abgehandelt wurden. Ähnlich werden die Ausführungen von Röm. 9–11 auf gründlich bedachte Überlegungen zurückgehen, die von Paulus bei der Niederschrift des Römerbriefes aufgegriffen wurden.

Themen, die besonderer Aufmerksamkeit bedurften, betrafen einerseits die Auslegung und Anwendung urchristlicher Bekenntnissätze, andererseits die Interpretation der heiligen Schriften, die auf Christus hin und von Christus her zu deuten waren. Paulus bezieht sich immer wieder auf urchristliche Formulierungen, in denen in knappen Wendungen der zentrale Inhalt des christlichen Glaubens ausgesagt war (s. o. S. 76–80). Deren Bedeutung war im paulinischen Schulbetrieb zu erläutern, um dann jeweils die entsprechende Anwendung auf konkrete Fragestellungen vorzunehmen. Dabei mußte die Berufung auf die Autorität von Gesetz und Propheten an biblischen Texten geprüft und des näheren ausgeführt werden. Diese und andere Fragen wurden im Schulunterricht in ihrer grundsätzlichen Bedeutung diskutiert. Die dabei gewonnenen Einsichten konnten dann aktualisiert werden, wenn auf bestimmte Herausforderungen zu reagieren war oder falsche Behauptungen mit treffenden Argumenten zurückgewiesen werden mußten. So konnte der Apostel mit seinen Mitarbeitern theologische Probleme klären und seine Schüler an seinen Überlegungen teilnehmen lassen. In der Schule des Apostels wurden sie zu selbständig denkenden Theologen herangebildet und wurde ihnen das Rüstzeug vermittelt, um den ihnen gestellten Aufgaben in eigener Verantwortung zu genügen.

Beim Aufbau seiner Gemeinden ist der Apostel mit einem Minimum an organisatorischen Regelungen ausgekommen, um die äußeren Voraussetzungen für das Zusammenleben und den Gottesdienst der Gemeinden zu schaffen (s. o. S. 142–145). Doch alle Sorgfalt verwendete er darauf, die zentralen Inhalte christlicher Theologie von Grund auf zu durchdenken, so daß von klaren Voraussetzungen aus das missionarische Werk vorangebracht werden konnte. Dabei muß der Schule in Ephesus entscheidende Bedeutung für den weiteren Fortgang der paulinischen Mission zugekommen sein.

XIII. Gegner der paulinischen Mission

1. Verschiedene Widersacher

Mußte Paulus immer wieder Anfeindungen aus Kreisen der Synagogen erleiden, so meldeten sich auch innerhalb der Gemeinden „viele Widersacher" zu Wort (1. Kor. 16,9). Paulus wurde verdächtigt, er sei ein abtrünniger Jude, der das Gesetz aufhebe und den Heiden zu erleichterten Bedingungen den Zugang zu den christlichen Gemeinden eröffne. Damit verfolge er einen Weg christlicher Mission, den man nicht billigen könne.

Von derartiger Kritik, die die innere Berechtigung seiner Predigt in Frage stellte, spricht der Apostel zum ersten Mal in seinem Bericht über den Apostelkonvent in Jerusalem (s. o. S. 87f.). Falsche Brüder, d. h. Christen, die zu Unrecht den Brudernamen beanspruchten, nennt er die Gegner seiner Mission. Denn sie spürten seinem Wirken mit der Absicht nach, „unsere Freiheit auszukundschaften, die wir in Christus Jesus haben, und uns zu knechten" (Gal. 2,4). Ihrem Drängen hat Paulus bei der Zusammenkunft in Jerusalem mit aller Entschiedenheit widerstanden. Mit dieser Haltung konnte sich der Apostel behaupten, da die leitenden Autoritäten der Urgemeinde seine Mission unter den Völkern anerkannten. Gleichwohl wird die gegen Paulus gerichtete Kritik damit noch nicht zum Verstummen gebracht worden sein. Denn jene Gegner, die die Wirksamkeit des Paulus mit Argwohn verfolgten, blieben Glieder der judenchristlichen Urgemeinde und vertraten auch weiterhin ihre Position, die sich in eindeutiger Ablehnung der paulinischen Mission ausdrückte.

An verschiedenen Orten mußte Paulus in der Folgezeit Argumenten entgegentreten, die von Leuten in seine Gemeinden getragen wurden, die eine ähnliche Haltung einnahmen wie jene „falschen Brüder" in Jerusalem. Man könnte daher erwägen, ob die zu wiederholten Malen und an mehreren Stellen gegen Paulus vorgebrachte Polemik überall auf diese Quelle zurückzuführen ist. Dann würde sich nach dem Apostelkonvent eine wachsende Entfremdung zwischen der Urgemeinde und der paulinischen Mission entwickelt haben. Diese historische Einordnung der gegen den Apostel gerichteten Kritik wird seit langem in der gelehrten Forschung vertreten. Dabei wurde zunächst die Ansicht entwickelt, unter Führung des Petrus sei von Jerusalem eine Art Gegenmission gegen Verkündigung und Handeln des Paulus ausgegangen (F. C. Baur). Das würde bedeuten, daß von Kreisen der Urgemeinde im Bereich der paulinischen Gemeinden Aktivitäten in Gang gesetzt worden wären, um in ihnen die Übernahme und Anerkennung des Gesetzes zu erreichen. Der Gegensatz zwischen dieser an das Gesetz gebundenen Mission und der gesetzesfreien paulinischen Predigt hätte dann scharfe Auseinandersetzungen hervorgerufen, weil der Apostel Paulus die gegen ihn gerichtete Kritik entschieden zurückwies. Erst später, als sich die frühkatholische Kirche herauszubilden begann, sei es allmählich gelungen, diesen Gegensatz zu überwinden und die auseinanderstrebenden Flügel der frühen Christenheit zusammenzuführen. Zunächst hätten das Judenchristentum der Urapostel und das gesetzesfreie Heidenchristentum paulinischer Prägung einander wie Thesis und Antithesis gegenübergestanden. Erst in einer vermittelnden Bewegung, wie sie die Evangelien und die Apostelgeschichte widerspiegeln, sei die Entwicklung auf eine Synthesis zugelaufen und ein krönender Abschluß schließlich im Johannesevangelium erreicht worden.

Dieses Geschichtsbild, nach dem man jede urchristliche Schrift in gegeneinanderstehende unterschiedliche Bewegungen im frühen Christentum einzuordnen suchte, erwies sich als zu starr; denn es ist nicht möglich, alle urchristlichen Schriften vom Gegensatz zwischen Juden- und Heidenchristentum her zu verstehen und sie aus dieser Konfrontation heraus zu erklären. Auch läßt sich bei genauer Prüfung der Texte nicht erweisen, es seien Petrus und der Kreis der Urapostel gewesen, die sich der paulinischen Mission entgegengestellt hätten. Paulus erwähnt lediglich im Galaterbrief, daß einmal eine Delegation des Jakobus von Jerusalem nach Antiochia gekommen sei, die die dortige Situation und das Verhalten des Kephas kritisch beurteilt habe. Daraufhin sei Kephas schwankend geworden, so daß es zu einer scharfen Auseinandersetzung zwischen Paulus und Petrus kam (Gal. 2,11–14; s. o. S. 92–96). Sonst aber tauchen die Namen des Petrus und der Urapostel nirgendwo im Zusammenhang negativer Beurteilung der paulinischen Mission auf. Daher mußte eine zu schematisch entworfene Betrachtung der urchristlichen Geschichte einer differenzierteren Sicht weichen.

Die Annahme, es habe sich eine einheitliche Bewegung gegen die paulinische Mission gewandt, die in unterschiedlicher Weise ihre

Tätigkeit entfaltet habe, wird auch heute von manchen Gelehrten vertreten. Auf der einen Seite gibt es die Ansicht, die antipaulinische Mission, die sich in vom Apostel gegründeten Gemeinden entfaltete, stehe in Beziehung zu den Auseinandersetzungen auf der Konferenz in Jerusalem und sei vom Herrenbruder Jakobus geleitet worden, der das Einheitsband mit den paulinischen Gemeinden zerschnitten habe (Lüdemann). Auf der anderen Seite wurde die These aufgestellt, die Gegner der paulinischen Mission seien nicht von einer Gesetzeslehre, sondern von gnostischem Bewußtsein bestimmt worden, das den unterschiedlichen Erscheinungsformen der gegen die paulinische Mission gerichteten Kritik zugrundeliege (Schmithals). Aus der Überzeugung, im vollen Besitz der geistlichen Heilsgüter zu sein, seien sowohl eine libertinistische als auch eine rigoristische Ethik abgeleitet worden, die der paulinischen Verkündigung entgegengestellt worden seien. Wenn Paulus jene Gegner als Lehrer des Gesetzes angreife, so sei diese Bestimmung auf Mißverständnisse seinerseits zurückzuführen. In Wahrheit habe es sich um Gnostiker judenchristlicher Herkunft gehandelt. Es bleibt jedoch in hohem Maß zweifelhaft, ob die Gegner des Paulus an allen Orten der gleichen Bewegung angehört haben – mögen sie nun als judaistische Gesetzeslehrer oder aber als judenchristliche Gnostiker bezeichnet werden.

Das Verhältnis des Paulus zur Urgemeinde in Jerusalem ist von Belastungen nicht frei geblieben. Im Römerbrief, seinem wahrscheinlich letzten Schreiben, bittet er die Leser um ihr Gebet, daß er errettet werden möge „von den Ungläubigen in Judäa und mein Dienst, den ich für Jerusalem tue, den Heiligen willkommen sei" (Röm. 15,31). Paulus rechnet demnach mit der Möglichkeit, gesetzesstrenge Kreise in Jerusalem könnten versuchen, die Übergabe der in der Heidenchristenheit gesammelten Kollekte zu verhindern. Denn mit deren Annahme würde auch eine Anerkennung der paulinischen Gemeinden verbunden sein. In der Urgemeinde muß es demnach die ganzen Jahre über einen Kreis gegeben haben, der der paulinischen Mission ablehnend gegenüberstand. Doch bleibt fraglich, ob diese Gruppe wirklich in allen paulinischen Gemeinden eine aktive Gegenmission organisiert hat; denn in den paulinischen Briefen, die die einzigen authentischen Quellen darstellen, fehlen eindeutige Hinweise, die auf einen einzigen Ursprung antipaulinischer Aktivitäten deuten.

Um zu einem möglichst klaren Bild zu gelangen, muß jeder Brief des Apostels gesondert daraufhin untersucht und geprüft werden, welcher Art die darin ausgesprochene Polemik ist und gegen welche

Front sie gerichtet ist. Schon das Studium der beiden Korintherbriefe führte zu dem Ergebnis, daß der Apostel sich gegen verschiedene Fronten zu wenden hatte. Im 1. Korintherbrief mußte er sich mit einem Enthusiasmus auseinandersetzen, der das paulinische Verständnis christlicher Freiheit übersteigerte und daraus folgerte, alles sei erlaubt (s. o. S. 147–159). Verachtung des Leibes, die sich sowohl in libertinistischem Überschwang wie auch in asketischer Abkehr von der Welt aussprechen kann, war die Folge. Hatte sich auf diese Weise aus der Gemeinde selbst eine Position aufgebaut, gegen die Paulus Stellung nehmen mußte, so hatte er es im 2. Korintherbrief mit Leuten zu tun, die von außen gekommen waren und mit ihrem überhöhten Anspruch, als Boten Christi anerkannt zu werden, die vom Apostel ausgerichtete Predigt des Evangeliums herabsetzten und sein persönliches Ansehen zu schmähen suchten (s. o. S. 160–173). Somit hat Paulus in diesen beiden großen Briefen Gegnern unterschiedlicher Herkunft und Art gegenübergestanden. Daher wird grundsätzlich anzunehmen sein, daß sowohl Kritiker aus den Gemeinden gegen Paulus Front gemacht haben wie auch Gegner von außen in die Gemeinden eingedrungen sind und dort Fuß zu fassen suchten. Es sind keine Dokumente erhalten, die unmittelbar belegen, was jene Kritiker der paulinischen Mission jeweils gesagt haben und wie sie vorgegangen sind. Ausschließlich aus den paulinischen Briefen muß erschlossen werden, wie sie gedacht, geredet und gehandelt haben. Es ist, wie wenn ein aufmerksamer Hörer ein Gespräch zu verfolgen sucht, bei dem er nur die Äußerungen und Reaktionen eines der beiden Partner wahrnehmen kann. Manches, was von der anderen Seite geäußert wird, läßt sich in etwa erschließen, anderes hingegen nur aus Zitaten und Wortfetzen erraten, die nur einseitig wahrgenommen werden konnten. Auch bleibt die Möglichkeit nicht ausgeschlossen, daß sich in einem streitbaren Wortgefecht Mißverständnisse einschleichen können oder die barsche Zurückweisung auf Grund nicht voll zureichender Informationen erfolgt sein kann. Stellt man diese Bedingungen in Rechnung, so läßt sich bei behutsamer Auswertung der in den paulinischen Briefen enthaltenen Angaben ein hinlängliches Bild von den Auseinandersetzungen gewinnen, die der Apostel vorzunehmen hatte.

Kritische Äußerungen gegen die paulinische Mission auf unterschiedliche Motivation zurückzuführen, legt sich auch aus einer Betrachtung des zeitgenössischen Judentums sowie der synkretistisch bestimmten Umwelt nahe. Das damalige Judentum war überaus vielgestaltig und bei weitem nicht so einheitlich geprägt, wie sich nach der Zerstörung des Tempels im Jahr 70 n. Chr. die von den Schriftgelehrten pharisäischer Herkunft geleiteten jüdischen Gemeinden darstellten. Neben Gruppen, die sich streng nach der Lehre des Gesetzes richteten, standen andere, die sich den Einflüssen griechischer Kultur geöffnet hatten und eine Verschmelzung philosophischer Gedanken mit biblischer Tradition zu vollziehen suchten. Und in der hellenistisch-römischen Gesellschaft der Spätantike gab es neben einer Lebenshaltung, die sich von philosophischer Überlieferung leiten ließ, eine bunte Vielfalt unterschiedlicher Kulte, abergläubischer Vorstellungen und eigentümlicher Praktiken, die auf Wirkungen magischer Handlungen und astrologischer Beobachtungen gerichtet waren. Diese mannigfachen Strömungen geistiger und religiöser Art waren überall in den Städten anzutreffen, in denen die vom Apostel gegründeten Gemeinden sich sammelten und ihr Leben entfalteten. Sie waren daher von einer Fülle von Meinungen und Lebensformen umgeben, die auf unterschiedliche Weise christliches Denken beeinflussen konnten und es damit dringlich machten, daß man sich in den Gemeinden um Klärung bemühte und rechtes Verständnis des Evangeliums zu formulieren suchte. Hierzu bedurfte es vor allem anderen überlegten theologischen Urteils, wie der Apostel es in Abwehr gegnerischer Positionen in seinen Briefen entwickelte.

2. Lehrer des Gesetzes

Im Galaterbrief muß sich der Apostel gegen scharfe Angriffe wehren, die man sowohl gegen seine Person und sein Amt wie auch gegen seine Verkündigung geführt hat. Fremde Lehrer waren in die von ihm gegründeten Gemeinden eingedrungen und hatten „ein anderes Evangelium" verkündigt, als er ihnen gebracht hatte (1,6f.). Ihre Ansichten müssen denen der sog. falschen Brüder, die sich schon in Jerusalem gegen Paulus gewandt hatten, ähnlich gewesen sein (Gal. 2,4). Denn sie vertraten den Standpunkt, die von Paulus ausgerichtete Botschaft bedürfe einer grundlegenden Ergänzung, da zum Glauben bekehrte Heiden das Gesetz Israels übernehmen müßten (5,2; 6,12). Woher diese Leute gekommen sind, sagt Paulus nicht. Er beläßt seine Gegner in distanzierter Anonymität, indem er nur von „einigen" (1,7.9) bzw. von „jemandem" (5,10) spricht, von denen Verwirrung in die Gemeinden gebracht wurde. Sowohl von Petrus (1,18; 2,7–9.11.14) wie auch von Jakobus (1, 19; 2, 9.12) spricht Paulus deutlich mit Namen. Ungeachtet des Respektes, mit dem er von ihnen redet, verschweigt er nicht, wo ihnen gegenüber Kritik erforderlich war (2, 11–14). Wenn im Zusammenhang mit den Gegnern, die sich in Galatien gegen Paulus gewandt haben, ihrer beider Namen nicht genannt werden, so wird daraus zu schließen sein, daß sie weder die antipaulinische Mission in Galatien veranlaßt noch mit ihr in Verbindung gestanden haben.

Nirgendwo redet Paulus seine Gegner direkt an, sondern stets wendet er sich an die Gemeinden, um sie vor Verfälschung des Evangeliums zu warnen. Obgleich der Apostel sich dabei oft einer scharfen Tonart bedient und mit Kritik an den Gemeinden nicht spart, spricht er doch seine Leser als Christen an, die vom Geist Gottes geleitet sind und daher als die, die „geistlich" sind, imstande sein müssen, einem Glied der Gemeinde, das sich verfehlt hat, wieder zurechtzuhelfen (6, 1). Diese Ausdrücke sind nicht dahin zu deuten, daß ein Enthusiasmus in Galatien Platz gegriffen hat. Sondern sie kennzeichnen das genuin christliche Urteilsvermögen, das es zu aktivieren und in der erforderlichen Stellungnahme der Gemeinden einzusetzen gilt.

Indem jene fremden Lehrer behaupten, Paulus sei kein wirklich legitimierter Apostel (1, 10–12), suchten sie die Gemeinden von seiner Autorität zu lösen und der eigenen zu unterwerfen. Denn erst sie – so müssen sie behauptet haben – brächten das wahre und volle Evangelium, an dem Paulus es habe fehlen lassen (1, 6–9). Es muß sich demnach um Missionare gehandelt haben, denen es auf ihre Weise darum ging, christliche Botschaft zu bezeugen und Gestalt werden zu lassen. Zu dessen Verwirklichung sei es jedoch erforderlich, „Werke des Gesetzes" (3, 2.5) zu tun und sich also der Thora zu unterstellen (4, 21). Allein durch das Gesetz könne man gerecht werden (5, 4), um so zu leben, wie es Gott gefällt, und vor seinem Urteil bestehen zu können.

Aus dieser Einstellung ergaben sich konkrete Forderungen, mit denen man sich an die Gemeinden wandte, um die vermeintlich schädlichen Auswirkungen der paulinischen Mission zu korrigieren. Mehrfach wird das Ansinnen erwähnt, man müsse sich beschneiden lassen, um durch Übernahme des Bundeszeichens Glied des von Gott erwählten Volkes zu werden (5, 2; 6, 12 f.). Doch nicht nur der Zugang zur christlichen Gemeinde, sondern auch das Leben in ihr müsse vom Gehorsam gegen das Gesetz geleitet sein. Besonders genannt wird der jüdische Festkalender, der bestimmte heilige Zeiten und herausgehobene Tage aufführt, die es zu beachten gilt (4,10). Jene Lehrer, die den Gehorsam gegenüber dem Gesetz als Inhalt christlicher Verkündigung und christlichen Lebens bewerteten, forderten nicht weniger als die Integration der werdenden Christenheit in den größeren Verband des Judentums. Man pflegt sie daher als Judaisten zu bezeichnen, weil sie sich durch Strenge ihrer judenchristlichen Lehre in besonderer Weise hervorzutun suchten.

Paulus ist jedoch in keiner Weise bereit, irgendwelche Kompromisse zu erwägen, sondern stellt mit Entschiedenheit fest, dieses „andere Evangelium" sei in Wahrheit gar keines, weil es nur ein Evangelium gibt, neben dem kein anderes sein kann (1,6f.). Wer daher den Gemeinden eine Botschaft in anderer Weise predigt, als sie sie empfangen haben, der sei verflucht, d. h. aus der Gemeinde ausgeschlossen (1,9). Nicht eine Addition von Evangelium und Gesetz kann zur Diskussion gestellt werden, sondern es muß eine klare Entscheidung im Sinn eines Entweder-Oder getroffen werden. Wer sich beschneiden lassen will, dem kann Christus nichts nützen (5,2). Denn wer sich dieser Forderung beugt, der ist damit verpflichtet, das ganze Gesetz zu tun und nichts auszulassen (5,3f.). In bitterer Ironie fügt Paulus die Bemerkung hinzu, es sollten sich doch diejenigen gleich kastrieren lassen, die in den Gemeinden Unruhe stiften (5,12).

In seiner Polemik hält Paulus den Galatern vor, wenn sie wirklich das Gesetz zu übernehmen gedächten, so würden sie damit einen Schritt vollziehen, der in Wahrheit einem Rückfall in das Heidentum gleichzuachten wäre, aus dem sie gekommen waren. Denn indem sie sich bereit finden würden, bestimmte Tage, Monate, Zeiten und Jahre einzuhalten, würden sie sich wieder unter die Herrschaft der Weltelemente – Erde, Wasser, Feuer und Luft – begeben, die als schwache und armselige Mächte das Dasein der ihnen untertänigen Heiden bestimmten (4,9). Übernahme des Gesetzes mit Rückkehr in die heidnische Vergangenheit zu vergleichen – schärfer ließ sich der Gegensatz nicht markieren, als Paulus ihn ausspricht. Denn hier wie dort würde die in Christus begründete Freiheit durch eine Sklaverei verdrängt werden, die die genaue Befolgung von Forderungen und Vorschriften zum Inhalt hat.

Indem der Apostel die Alternative „Gesetz oder Christus" so entschieden vor Augen rückt, sucht er seinen Lesern klar zu machen, daß es in der Tat ums Ganze geht. Denn nach Vollzug der Beschneidung ist man genötigt, das ganze Gesetz ohne Einschränkung zu befolgen.

Um aber die aufgegebene Entscheidung richtig treffen zu können, ist es erforderlich, sich über Rolle und Bedeutung des Gesetzes klar zu werden. Diese Klärung sucht der Apostel in seinen Ausführungen vorzunehmen, wobei er auch hier mit zugespitzter Polemik nicht zurückhält.

Lange Zeit, ehe das Gesetz gegeben wurde, hat Abraham die Verheißung empfangen, die ihm und seiner Nachkommenschaft gilt (3, 16). Erst 430 Jahre später – Paulus greift hier zeitgenössische jüdische Gedanken auf – kam das Gesetz (3, 17). Es kann daher die bleibende Gültigkeit der Verheißung nicht aufheben. Doch warum hat Gott das Gesetz gegeben (3, 19)? Paulus antwortet, es sei gleichsam dazwischengetreten, bis der Nachkomme da sei, dem die Verheißung gilt. Es ist mithin auf begrenzte Zeit hinzugekommen „um der Sünden willen". Das aber bedeutet, daß es Sünden geradezu hervorrufen sollte, damit deutlich würde, daß nach Gottes Willen alles eingeschlossen sei „unter die Sünde, damit die Verheißung durch den Glauben an Jesus Christus denen gegeben würde, die glauben" (3, 22). Spricht Paulus betont von der Sünde im Singular, so versteht er darunter eine kosmische Macht, die durch Adams Ungehorsam in die Welt gekommen ist (Röm. 5, 12), sich auch das Gesetz dienstbar gemacht hat und so alle Menschen versklavt hält. Doch in diese Gefangenschaft fallen die Menschen ständig schuldhaft immer wieder hinein, weil alle sündigen und darum in ihrem Unglauben Gott fern sind.

Während Gott die Verheißung unmittelbar zu Abraham gesprochen hat, ist das Gesetz „durch Engel erlassen und durch einen Mittler bekanntgegeben worden" (3, 19). Nach geläufiger jüdischer Auffassung bedeutete es eine besondere Auszeichnung des Gesetzes, daß bei seiner Übergabe ungezählte Scharen von Engeln zugegen waren. Paulus aber wendet diesen Gedanken ins Negative und betont, daß im Unterschied zur Verheißung, die unmittelbar zugesprochen wurde, das Gesetz nicht direkt von Gott, sondern unter Zuhilfenahme von Engeln und eines Mittlers – nämlich des Mose – gegeben wurde. Steht es daher an Rang der Verheißung eindeutig nach, so hat es nur so lange als „Zuchtmeister" (3, 24) wirken können, bis Christus kam und das Tor zur Freiheit aufstieß. Damit aber ist die Herrschaft des Gesetzes nunmehr an ihr Ende gelangt.

Während durch das Gesetz erwiesen wurde, daß alle Menschen ohne Ausnahme unter die Sünde versklavt waren, hat nun die Zeit des Glaubens begonnen, der sich auf Gottes Verheißung richtet, wie sie einst Abraham zugesagt worden war. Christus hat das Gefängnis, in das alle Menschen eingesperrt waren, aufgebrochen, die Zwangsherrschaft der Sünde zerstört und damit das Gesetz als Weg zum Heil abgetan. Indem er den Fluch des Gesetzes auf sich nahm und forttrug (3,13), hat er das Ende des Gesetzes heraufgeführt und geoffenbart, wodurch der Mensch Gott recht wird: nicht durch das Tun der Werke, die das Gesetz fordert, sondern allein durch den Glauben, mit dem er annimmt, was Gott für ihn getan hat (3,6–29).

Ungeachtet der scharfen Polemik, mit der Paulus sich gegen eine judaistische Lehre des Gesetzes wendet, macht er deutlich, daß gleichwohl christliche Freiheit unter der Weisung des göttlichen Willens steht. „Denn das ganze Gesetz ist in einem Wort erfüllt, in dem: ‚Liebe deinen Nächsten wie dich selbst' (Lev. 19,18)." (5,14) Der Vollzug christlicher Freiheit, die aus der Kraft der in Christus eingelösten Verheißung Gottes erwächst, ist von dem „Gesetz Christi" (6,2) geleitet, das gebietet, einer habe die Lasten des anderen zu tragen. Mit dem Kommen Christi ist unübersehbar deutlich geworden, daß das Gesetz nicht den Weg zum Heil weisen kann. Dennoch bleibt Gottes Wille, wie er in seinen Geboten enthalten ist, gültig und fordert Gehorsam, durch dessen Vollzug die Glaubenden sich nicht ihrer selbst, sondern ihres Herrn rühmen.

Die Herausforderung, die von jenen fremden Lehrern des Gesetzes ausgegangen war, hatte Paulus dazu veranlaßt, die zentralen Inhalte der von ihm ausgerichteten Botschaft darzulegen. Nicht als Gruppe innerhalb des Judentums, das in seiner Vielschichtigkeit durch das einigende Band des Gesetzes zusammengehalten wurde, sondern als Gemeinschaft derer, die auf Gottes in Christus erfüllte Verheißung vertrauen, hat die Kirche aus Juden und Heiden das Evangelium in alle Welt hinauszutragen.

3. Feinde des Kreuzes Christi

Wie in den Briefen an die Korinther und an die Galater muß Paulus auch im Philipper- und im Römerbrief auf das Verhalten von Predigern und Lehrern eingehen, die eine andere Auslegung der frohen Botschaft vertreten als er. Gelegentlich sind dabei auch Differenzen im Spiel gewesen, die allein der Person des Paulus, nicht aber dem Inhalt der Verkündigung galten. In solchen Situationen konnte er mit erstaunlicher Gelassenheit reagieren und aus der Haft an die Philipper schreiben, es gebe unterschiedliche Motive, aus denen heraus die einen und die anderen predigten: „Einige zwar predigen Christus aus Neid und Streitsucht, einige aber auch in guter Absicht: diese aus Liebe, denn sie wissen, daß ich zur Verteidigung des Evangeliums hier liege; jene aber verkündigen Christus aus Eigennutz und nicht lauter, denn sie möchten mir Trübsal bereiten in meiner Gefangenschaft." (1, 15–17) Wahrscheinlich gab es unterschiedliche Auffassungen darüber, wie man sich gegenüber dem in Bedrängnis geratenen Apostel verhalten sollte: entweder sich zu ihm bekennen oder aber so tun, als habe man nichts mit ihm zu schaffen. Obwohl Paulus Anlaß hat anzunehmen, daß dabei auch unlautere Absichten im Spiel sein könnten, mißt er solchen Motiven nur geringe Bedeutung zu: „Was tut's aber? Wenn nur Christus verkündigt wird auf mancherlei Weise, es geschehe zum Vorwand oder in Wahrheit, so freue ich mich darüber." (1, 18)

Wo aber grundsätzliche Unterschiede im Verständnis der Christuspredigt vorliegen, dringt Paulus darauf, die Geister voneinander zu unterscheiden. So spricht er gegen Ende der langen Grußliste, wie sie im letzten Kapitel des Römerbriefes aufgeführt wird, eine scharfe Kritik an Irrlehrern aus, die Zwietracht und Ärgernis anrichten, nicht dem Herrn Christus, sondern ihrem Bauch dienen und durch süße Worte und prächtige Reden die Herzen der Arglosen verführen (16, 17–20). Diese warnenden Sätze lassen es nicht zu, die falsche Lehre, von der mit recht allgemeinen Worten die Rede ist, genauer zu bestimmen. Der Vorwurf, den Bauch zum Gott gemacht zu haben, kehrt in vergleichbarer Weise Phil. 3, 19 wieder. Und die Feststellung, durch verführerische Reden Verwirrung zu stiften, erinnert an die streitigen Auseinandersetzungen im Abschnitt 2. Kor. 10–13 sowie im Galaterbrief. Es könnte daher eine gewisse Nähe zu den dort zurückgewiesenen Positionen vorliegen. Die Beschreibung der Häretiker am Ende des Römerbriefes ist aber so allgemein formuliert, daß sie auf unterschiedliche Situationen passen könnte. Es entsprach auch sonst geübter Gepflogenheit, am Ende eines Briefes dessen Empfänger noch einmal eindringlich dazu anzuhalten, nicht falschen oder verführerisch klingenden Stimmen ihr Ohr zu leihen (vgl. z. B. Gal. 6, 12 f.).

Eine besonders eindringliche Warnung vor falschen Lehrern wird im 3. Kapitel des Philipperbriefes ausgesprochen und begründet: „Nehmt euch in acht vor den Hunden, nehmt euch in acht vor den böswilligen Arbeitern, nehmt euch in acht vor der Zerschneidung." (3, 2) Mit dieser dreifachen Aufforderung leitet der Apostel die entschiedene Abgrenzung von jenen Missionaren ein, die in die Gemeinden einzudringen und deren Zustimmung zu gewinnen suchen. „Hund" wurde und wird im Orient allgemein als Schimpfwort verwendet. Aus den beiden folgenden Begriffen aber ist zu erschließen, daß es sich um Leute judenchristlicher Herkunft handeln muß. Denn werden sie als „Werkleute" gescholten, so bedeutet das, daß sie darauf pochten, vom Gesetz geforderte Taten müßten erbracht werden. Und ist in polemischer Zuspitzung von der Zerschneidung die Rede, so geht daraus hervor, daß sie die Forderung erhoben haben, man müsse sich beschneiden lassen, um am Heil teilzuhaben. Wie im Galaterbrief lehnt Paulus solches Ansinnen mit aller Entschiedenheit ab. Wollte man sich auf Vorzüge berufen, die sich auf jüdische Herkunft gründen, so könnte Paulus in jeder Hinsicht mithalten und den Anspruch erheben: „Wir sind die Beschneidung, die wir im Geist Gottes dienen und uns Christi Jesu rühmen und uns nicht verlassen auf das Fleisch." (3,3) Irdische Auszeichnung könnte Paulus auch seinerseits in reichem Maß geltend machen. Doch Stolz und Ruhm dieser vermeintlichen Vorzüge hatten einst nur dazu geführt, daß er ein eifriger Verfolger der Gemeinde wurde (3,5 f.). Das alles aber ist nun durchgestrichen, weil durch die Erkenntnis Christi Jesu eine totale Umwertung aller Werte sich ereignet hat und nun allein die Einsicht bestimmend ist, daß die von Gott offenbarte Gerechtigkeit nur dem Glauben zugerechnet wird (3,9).

Aus der Gedankenführung, wie sie der Apostel in Zurückweisung der gegnerischen Position entwickelt, läßt sich heraushören, daß diese sich nicht nur darauf richtete, vom Gesetz geforderte Werke und Übernahme der Beschneidung zu verlangen. Sondern sie war auch von der Überzeugung geleitet, auf Grund der unter dem Gesetz gewonnenen Gerechtigkeit bereits „vollkommen" (3,15) zu sein, so daß es nicht mehr der zukünftigen Auferstehung bedürfe, um der Fülle des Heils teilhaftig zu werden. Darf man die Ausführungen des Paulus in diesem Sinn verstehen, dann müssen diejenigen Gegner, die sich um die Gemeinde in Philippi bemühten, nicht nur eine Gesetzeslehre vorgebracht haben wie jene Leute, die in die galatischen Gemeinden eingedrungen waren. Sie werden vielmehr mit ihrem Stolz auf das Gesetz das Bewußtsein verbunden haben, bereits hier und jetzt an das Ziel der Vollkommenheit gelangt zu sein. Wie Paulus ihrer Auffassung, Gerechtigkeit durch das Gesetz zu empfangen, sein Verständnis der Rechtfertigung aus Glauben entgegensetzt, so hält er ihrem Bewußtsein gegenwärtiger Vollkommenheit die Gewißheit christlicher Hoffnung entgegen: „Nicht daß ich's schon ergriffen habe oder schon vollkommen sei; ich jage ihm aber nach, ob ich's wohl ergreifen könnte, weil ich von Christus Jesus ergriffen bin." (3, 12)

Ist die vom Apostel entwickelte Argumentation somit von einigen Hinweisen auf Behauptungen und Begriffe der Gegner durchzogen, die für die damaligen Hörer auf Grund ihrer bereits gewonnenen Erfahrungen verständlich gewesen sein müssen, so wird dann noch einmal mit direkter Polemik neu angesetzt: „Sie sind Feinde des Kreuzes Christi. Ihr Ende ist die Verdammnis, ihr Gott ist der Bauch, und ihre Ehre ist in ihrer Schande; sie sind irdisch gesinnt." (3, 18 f.) Man kann sich fragen, ob Paulus sich mit diesen harten Vorwürfen gegen dieselben Leute wendet, die er eingangs böswillige Arbeiter und Leute der Zerschneidung genannt hatte, oder ob er hier gegen Bestrebungen angeht, die ein libertinistisches Verhalten propagiert haben. Die Kürze des Ausdrucks, die der Apostel gewählt hat, macht es schwer, ein sicheres Urteil zu fällen. Doch empfiehlt es sich, auch diese Vorwürfe im Zusammenhang des bisher entfalteten Gedankengangs zu betrachten.

Haben die Gegner eine Auffassung vertreten, die in eigenartiger Weise eine auf das Gesetz gerichtete Lehre mit einem begeisterten Enthusiasmus verknüpft hat, so läßt sich auch die Reihe scharfer Zurückweisungen, wie sie hier ausgesprochen werden, auf sie beziehen (Köster). Ihre irdische Gesinnung ist auf das Diesseits gerichtet, weil sie nicht von der zukünftigen Auferstehung die Vollendung der Gemeinschaft mit Christus erhoffen, sondern bereits die Gegenwart als Zeit der Vollkommenheit bewerten. Die Wendung, ihr Gott sei ihr Bauch, gehört zu den häufig wiederkehrenden Vorhaltungen, Häretiker seien arge Menschen und verfolgten einen schlechten Lebenswandel. Doch muß diese Anschuldigung nicht notwendig in ethischem Sinn verstanden werden. Sie könnte auch bedeuten, daß jene Leute sich an im Gesetz enthaltene Speisevorschriften gebunden wußten und darauf drangen, man müsse sie befolgen. Dann ließe sich der Satz, sie machten den Bauch zu ihrem Gott, als karikierende Verdrehung ihrer durch das Gesetz bestimmten Lebensweise begreifen, die in Wahrheit auf irdische Dinge gerichtet ist und darum am Ende der Verdammnis verfällt.

Auch die Vorhaltung, ihre Ehre sei in ihrer Schande, könnte in ähnlicher Weise eine Erklärung finden und als eine Anspielung auf die Forderung gedeutet werden, die sie erhoben. Denn – so mochten sie denken – wer sich beschneiden lasse, werde damit gefeit gegen den Verlust des Heils, dessen er sich sicher wähnt. Nicht auszuschließen ist freilich, daß in diesen äußerst knapp formulierten Schlagworten auch der Vorwurf mitschwingen könnte, es bei ihrer gesetzlichen Einstellung mit der Verpflichtung zu glaubwürdigem Verhalten nicht allzu genau zu nehmen. Aber die eigentliche Stoßrichtung der paulinischen Argumentation zielt auf jene Verbindung von gesetzlicher Lehre und enthusiastischem Bewußtsein. Man wird daher jene Irrlehrer am ehesten als eine judenchristlich-gnostische Gruppe zu bestimmen haben, die verwandte Züge zu denen aufweist, gegen die der Apostel sich 2. Kor. 10–13 wenden muß. Ihren Stolz auf die Zugehörigkeit zu Israel verbanden sie mit selbstgewisser Überheblichkeit, als die Vollkommenen schon ans Ziel gelangt zu sein.

Paulus weist dagegen darauf hin, daß das Ziel noch vor uns liegt, dem Lauf der Christen aber eindeutige Richtung gewiesen ist. Ihr Weg steht unter dem Zeichen des Kreuzes Christi und führt daher notwendig auch durch Leiden (3, 10), die die falschen Lehrer entweder nicht sehen oder aber vermeiden wollen. Indem sie ihre vermeintliche Vollkommenheit auf ihre eigenen Taten und Erfahrungen gründen, mißachten sie das Kreuz Christi als die einzige Quelle der Rettung, die den Glaubenden widerfährt. Nicht irdische Gesinnung, mag sie auch von guten Absichten geleitet sein, sondern nur der Glaube, der sich der himmlischen Berufung Gottes in Christus Jesus gewiß ist, kann das gesteckte Ziel richtig erkennen und den Weg der Nachfolge Christi unter dem Kreuz gehen.

Gegner der paulinischen Mission meldeten sich an verschiedenen Stellen mit Kritik an seiner Verkündigung zu Wort – vornehmlich unter Berufung auf das Gesetz Israels, dessen Autorität der Apostel zu schmälern schien, aber auch auf Grund enthusiastischer Einstellung, die den Begriff christlicher Freiheit zu letzter Konsequenz zu bringen behauptete. Die von Gegnern vorgebrachten Thesen nötigten den Apostel, vor dem Forum seiner Gemeinden sein Verständnis des Evangeliums jenen gegnerischen Thesen entgegenzustellen. Dadurch gelang es, die Aktivitäten falscher Brüder zurückzuweisen. Die von ihnen ausgegangene Herausforderung aber führte dazu, daß die vom Apostel vertretene Lehre von Gottes Gerechtigkeit um so deutlicher zum Ausdruck gelangte.

In den verschiedenen Auseinandersetzungen erwies Paulus sich gewiß nicht als ein Mann von sanftem Gemüt, mit dem auszukommen für seine Partner immer einfach war. Für die von ihm erkannte Wahrheit wußte er konsequent einzustehen und standhaft bei ihr zu beharren. Doch niemals hatte er Freude am Streiten, sondern sein mühevolles Wirken in der werdenden Christenheit galt allein der Aufgabe, den ihm aufgetragenen Dienst treu zu versehen und im Ringen um die rechte Erkenntnis die Einigkeit im Geist zu suchen und festzuhalten.

XIV. Die Gerechtigkeit Gottes

1. Alttestamentlich-jüdische Voraussetzungen

Hebt Paulus mit starkem Nachdruck den Begriff der Gerechtigkeit hervor, so bedient er sich eines Wortes, das in den Büchern des Alten Testaments, aber auch in der Frömmigkeit des zeitgenössischen Judentums immer wieder bedacht wurde. Wahrhaft gerecht ist Gott allein, und vor seinem Forum muß der Mensch sich verantworten. Gott spricht sein Urteil und wird den Erdkreis richten mit Gerechtigkeit (Ps. 9,9; 96,13; 98,9 u. ö.). Doch vor ihm kann kein Mensch bestehen, so daß die Frommen darum bitten: „Geh nicht ins Gericht mit deinem Knecht; denn vor dir ist kein Lebendiger gerecht." (Ps. 143,2) Erweist Gott sich seinem Volk als gerecht, so bedeutet das, daß er Treue hält gegenüber dem Bund, den er mit Israel geschlossen hat. Wer auf ihn vertraut, tritt damit in das rechte Verhältnis zu ihm nach dem Vorbild Abrahams, der sich auf die Zusage Gottes verließ und sich dadurch in der einzig rechten Beziehung zu Gott befand, die als Gerechtigkeit bestimmt wird, als die von Gott gnädig anerkannte Gemeinschaft mit dem Menschen, der ihm gehorsam ist (Gen. 15,6).

Der Begriff der Gerechtigkeit beschreibt ein Verhältnis, dessen Wesen vor dem Forum eines Richters offenbar wird und sich nach seinem Urteil als recht erweist. Besonders häufig ist in den Psalmen Salomos – einer um die Mitte des 1. Jahrh. v. Chr. entstandenen Schrift – davon die Rede, daß Gott gerechtes Gericht hält (2,32; 4,24; 8,8.27–32 u. ö.). Seine Urteile treffen genau, und als Richter ist er treu. Er nimmt weder auf Vorzüge noch auf Nachteile eines Menschen Rücksicht, sondern spricht unbestechlich sein Wort. Darum „sei der Herr gelobt, der die ganze Erde richtet in seiner Gerechtigkeit" (8,24). Israel preist ihn daher: „Du bist ja unser Gott von Anfang an, und auf dich steht unsere Hoffnung, Herr. Und wir lassen nicht von dir, denn deine Satzungen über uns sind gültig." (8,31 f.)

Zu ihrem Gott, der ein gerechtes Urteil fällt und den Seinen mit Barmherzigkeit begegnet, bekennen sich auch die Frommen der Gemeinde von Qumran. Auf der einen Seite wird in der Lehre dieser Gemeinde ein Gesetzesradikalismus vertreten, der von den Söhnen des Lichtes fordert, alle Gebote und Satzungen der Thora zu halten. Durch diesen totalen Gehorsam, der keine Erleichterung und keine Ausnahme zuläßt, wird die Umkehr zum Gesetz des Mose verwirklicht. Auf der anderen Seite aber bekennen die Beter, daß sie als Sünder vor Gott stehen, und sind sich ihrer Verfehlungen und ihrer Verlorenheit zutiefst bewußt: „Sein Urteil will ich gerecht heißen entsprechend meiner Verkehrtheit, und meine Sünde sei mir vor Augen wie ein eingegrabenes Gesetz. Aber zu Gott will ich sprechen: Gründer meines Gutes, Quelle meines Wissens und Quelle der Heiligkeit, Höhe der Majestät und Allmacht zu ewiger Verherrlichung." (1 QS X, 11 f.) „Was mich betrifft, so steht das Urteil über mich bei Gott, und in seiner Hand liegt die Vollkommenheit meines Wandels mitsamt der Geradheit meines Herzens, und durch seine Gerechtigkeit wird meine Sünde getilgt." (1 QS XI, 2 f.)

In diesen Gebeten wird ausgesprochen, daß Gottes Gerechtigkeit sich als seine Barmherzigkeit dem verlorenen Menschen zugewandt hat. Durch diese gnädige Zuwendung wird er gerettet, so daß dadurch seine Gerechtigkeit begründet wird, in der er fortan lebt. Das aber bedeutet, daß er nunmehr nach dem Willen Gottes handeln soll und kann. Darum wissen die Frommen, „daß beim Menschen keine Gerechtigkeit ist und nicht beim Menschenkind vollkommener Wandel. Beim höchsten Gott sind alle Werke der Gerechtigkeit, aber der Wandel des Menschen steht nicht fest, es sei denn durch den Geist, den Gott ihm schuf, um den Wandel der Menschenkinder vollkommen zu machen" (1 QH IV, 30–32). Auf die Frage: „Und wer ist gerecht vor dir, wenn er gerichtet wird?" (1 QH VII, 28) lautet die Antwort: „Dir, ja dir gehört die Gerechtigkeit und deinem Namen gebührt ewiger Lobpreis." (1 QH XVII, 20)

Mit dem Begriff der Gerechtigkeit Gottes wird sowohl auf Gottes Urteil, vor dem nichts verborgen bleiben kann, wie auch auf seine Zuwendung hingewiesen, in der er dem Bund treu bleibt und seine Barmherzigkeit erweist, so daß der begnadete Sünder aus dieser ihm beigelegten Gerechtigkeit künftig handelt. „Denn dadurch" – so heißt es 4. Esra 8, 36 – „wird deine Gerechtigkeit und Güte, Herr, offenbar, daß du dich derer erbarmst, die keinen Schatz von guten Werken haben." Der Erweis der Gerechtigkeit Gottes besteht in seinem gnädigen Handeln, in dem er den Sünder annimmt und ihn in die rechte Beziehung zu sich setzt, so daß er nunmehr Gott seine Gerechtigkeit nennt und sich zu ihm als dem Grund seines Heils bekennt. Durch diese Gabe aber wird nach dem Verständnis der Gemeinde von Qumran der Mensch erst in die Lage gebracht, Gottes Gesetz zu erkennen und der Auslegung der Thora zu folgen, wie sie in der Gemeinde gelehrt und gelebt wird. Die Rechtfertigung aus Gnaden aber verpflichtet dazu, nun das ganze Gesetz zu halten, so daß dem „allein aus Gnade" ein „allein durch das Gesetz" entspricht. Die Frage nach dem Glauben, der die Gerechtigkeit Gottes empfängt, kommt daher in den Texten von Qumran nicht in den Blick. Wohl aber belegen diese Dokumente auf das deutlichste, wie intensiv im zeitgenössischen Judentum die Frage nach der Gerechtigkeit Gottes gestellt und erörtert wurde.

2. Der Begriff der Gerechtigkeit Gottes bei Paulus

Diese Frage nach der Gerechtigkeit Gottes wird ebenso wie seine jüdischen Zeitgenossen auch den Juden Paulus gründlich beschäftigt haben. Dabei war er der guten Zuversicht, „nach der Gerechtigkeit, die das Gesetz fordert, untadelig" zu sein (Phil. 3,6). Doch als er dem erhöhten Christus begegnet war, änderte sich sein Verständnis der Gerechtigkeit von Grund auf, und er erkannte, daß die Gerechtigkeit Gottes als seine Barmherzigkeit zu begreifen ist, die allein im Glauben empfangen werden kann, so daß dem „allein aus Gnade" nur das „allein aus Glauben" entsprechen kann. Dieses neue Verständnis der Gerechtigkeit ist vom Christusbekenntnis her begründet, wie es schon die vorpaulinischen Gemeinden formuliert hatten.

In Wendungen, die aus der ältesten Christenheit überliefert sind, ist wiederholt von Gottes Gerechtigkeit und der Rechtfertigung des Sünders die Rede (s. o. S. 76–80). So heißt es in dem bekenntnisartigen Satz, der am Ende von Röm. 4 angeführt wird, daß Christus „dahingegeben wurde um unserer Übertretungen willen und auferweckt wurde um unserer Rechtfertigung willen" (4,25). Die passive Formulierung macht deutlich, daß von Gottes Handeln die Rede ist. Und die streng parallel gehaltene Struktur der Aussage zeigt an, daß Sündenvergebung als gleichbedeutend mit Rechtfertigung begriffen wird. Durch Kreuz und Auferstehung Christi ist der Freispruch der Rechtfertigung bewirkt. Darin aber ist Gottes Gerechtigkeit offenbar geworden.

Die korinthische Gemeinde wird vom Apostel daran erinnert, daß über den Getauften der Name des Kyrios Jesus Christus genannt und ihnen der Geist Gottes zuteil geworden ist. Diese schlechthin entscheidende Wende beschreibt Paulus im Anschluß an gemeinchristliche Aussagen mit den Worten: „Ihr habt euch abgewaschen, ihr seid geheiligt, ihr seid gerechtfertigt worden." (1. Kor. 6,11; s. o. S. 138) Das heißt: Durch die Abwaschung sind die Sünden fortgenommen worden; durch die Heiligung hat Gott die Seinen für sich zum Eigentum beschlagnahmt; und in der Rechtfertigung hat er die Glaubenden in das rechte Verhältnis zu sich gesetzt. Auch in diesem Satz urchristlicher Überlieferung ist somit Rechtfertigung gleichbedeutend mit Sündenvergebung verstanden und in ihrem christlichen Sinn eindeutig bestimmt.

Ein urchristliches Bekenntnisfragment, das Paulus Röm. 3,24–26 aufnimmt und kommentierend erweitert (s. o. S. 166), handelt davon, daß Gott seine Gerechtigkeit erwies, indem er Christus als Sühnopfer öffentlich aufstellte und die Sünden des Bundesvolkes vergab, die er in seiner Geduld nicht strafend geahndet hatte. Die Gerechtigkeit Gottes wird dabei als Bundestreue verstanden. Während jedoch in jüdischen Texten der Erweis göttlicher Gerechtigkeit niemals mit der Messiasvorstellung verknüpft wurde, betont die urchristliche Aussage, daß Gottes Gerechtigkeit im Sterben und Auferstehen Christi offenbar geworden ist.

An diese ihm vorgegebene Verkündigung, die von der Offenbarung der göttlichen Gerechtigkeit in Verbindung mit dem Christusbekenntnis handelt, knüpft Paulus an und führt sie weiter, indem er sie als zentralen Inhalt der Predigt des Evangeliums bestimmt. Dabei kann er die Begriffsverbindung „Gerechtigkeit Gottes" je nach dem gedanklichen Zusammenhang mit unterschiedlicher Betonung versehen. Gelegentlich bedeutet sie die Bezeichnung einer Eigenschaft, die Gott als unbestechlichen Richter charakterisiert (Genitivus subjectivus: Röm. 3,5.25). Doch vor allem hebt Paulus hervor, daß Gott seine Gerechtigkeit nicht für sich behält, sondern als der gerechte Gott so handelt, daß er eine neue Beziehung zwischen sich und den Menschen begründet (Kertelge). Um diesen Charakter der Gerechtigkeit Gottes deutlich zu machen, versieht der Apostel die in Röm. 3,24–26 übernommene urchristliche Vorlage mit einer angefügten Interpretation: Seine Gerechtigkeit erweist Gott hier und jetzt darin, „daß er selbst gerecht ist und gerecht macht den, der da ist aus dem Glauben an Jesus" (V. 26b).

Mit dieser Auslegung der vorgegebenen Formulierung betont Paulus, daß er den Erweis der göttlichen Gerechtigkeit nicht mehr allein auf das Bundesvolk gerichtet sieht, sondern dessen Rahmen gesprengt ist, indem nunmehr einerseits alle Welt betroffen ist – Juden und Griechen –, andererseits aber jeder einzelne Mensch angeredet wird. Denn die glaubende Annahme kann nur im verantwortlich gesprochenen Ja vollzogen werden. Gottes Gerechtigkeit wird darum nicht nur als eine göttliche Eigenschaft begriffen, die auf seine Bundestreue hinweist, sondern zugleich als sein Geschenk, das den Glaubenden – den Juden wie auch den Heiden – zuteil wird (Genitivus auctoris). Diesen Charakter der Gabe, die von ihrem Geber nicht gelöst werden kann, sondern immer mit ihm verbunden bleibt, beschreibt Paulus besonders nachdrücklich, indem er im Philipperbrief der Gerechtigkeit, die aus dem Gesetz kommt, die Gerechtigkeit gegenüberstellt, die aus Gott kommt und allein durch den Glauben empfangen werden kann (3,9). Weil der Mensch ganz und gar von Gott beschenkt ist, kann er der Barmherzigkeit Gottes nicht mit Werken entsprechen, die er im Gehorsam gegen das Gesetz erbracht hat. Sondern er kann die überwältigende Gabe nur in vertrauender Dankbarkeit entgegennehmen, die fortan sein ganzes Leben bestimmt.

Das dem Apostel eigene Verständnis der Gerechtigkeit Gottes, mit dem er über ihm vorgegebene urchristliche Wendungen hinausgeht, muß somit aus dem Gesamtzusammenhang seiner Theologie erhoben werden und umfaßt ebenso das Adjektiv „gerecht" wie das Verbum „gerecht sprechen/gerecht machen". Denn Paulus hat sich zwar an den Sprachgebrauch angeschlossen, wie er im Alten Testament, im zeitgenössischen Judentum und in der ältesten Christenheit ausgebildet worden war. Aber er hat nicht eine fest geprägte Formel übernommen, die vom in der Endzeit offenbarten Machterweis des Schöpfergottes gesprochen hätte (so nach Käsemann und Stuhlmacher). Nicht als ein zwingend wirkendes Geschehen, dem er sich nur ohnmächtig beugen könnte, sondern als Erweis der Barmherzigkeit Gottes begreift Paulus seine Gerechtigkeit, die dem Glaubenden Rettung und Heil zuteil werden läßt (Röm. 1,16f.). Weil Gott durch sein freisprechendes Wort den Menschen an den Ort stellt, an dem allein er vor ihm bestehen kann, hat das Gesetz mit dem Erweis der Gerechtigkeit Gottes nichts zu schaffen. Vielmehr kann nur der Glaube die Weise sein, durch die der Mensch Gottes Handeln empfängt, um nun aus dieser und in dieser Beziehung zu Gott zu leben (Röm. 3,21). Ohne Gottes Zuwendung wäre er unrettbar verloren, nun aber kann und darf er neue Schöpfung in Christus sein (2. Kor. 5,17). Denn wen Gott gerecht gesprochen hat, der gilt nicht nur als solcher, sondern der ist gerecht; wirkt doch Gottes Wort, was es sagt (Ps. 33,9).

Jedem Streben nach der eigenen Gerechtigkeit ist damit ein Ende bereitet Eigene Gerechtigkeit suchte man unter dem Gesetz aufzurichten, indem man sie aus Werken des Gesetzes aufbauen wollte. Gottes Barmherzigkeit aber hat an die Stelle solcher Gerechtigkeit diejenige gesetzt, die als Geschenk allein im Glauben angenommen werden kann. Dieses Vertrauen, das sich ganz auf Gott richtet, erkennt Christus als denjenigen, der uns von Gott zur Gerechtigkeit gemacht ist (1. Kor. 1,30), so daß wir in ihm Gottes Gerechtigkeit werden (2. Kor. 5,21; s. o. S. 169). In dem zusammenfassenden Vers von Röm. 3,28 wird daher ein exklusiver Gegensatz beschrieben: „So halten wir nun dafür, daß der Mensch gerecht wird ohne des Gesetzes Werke, allein durch den Glauben." Um jene „particula exclusiva" des „allein", die Luthers Übersetzung dieses Verses auszeichnet, hat es lange Zeit erbitterten Streit zwischen den Konfessionen gegeben. Denn dieses Wort steht nicht im griechischen Urtext. Doch Luther hat zur Begründung seiner Wiedergabe geltend gemacht, daß es sich hier um eine Alternative handelt, deren beide Seiten einander ausschließen. Da es zwischen ihnen keine Möglichkeit eines vermittelnden Kompromisses geben kann, muß diese Gegenüberstellung in der ihr innewohnenden Schärfe zum Ausdruck gebracht werden. Die volle sachliche Berechtigung dieser Wiedergabe wird heute zwischen evangelischen und katholischen Theologen nicht mehr unterschiedlich beurteilt, sondern ist allgemein anerkannt. Damit konnte ein altes kontroverstheologisches Problem gelöst und ein gemeinsames Verständnis der paulinischen Rechtfertigungslehre gefunden werden: sola gratia – sola fide (s. u. S. 283–287).

Die Rechtfertigung, die dem Glaubenden widerfährt, wird von Paulus so verstanden, daß sie Zukunft eröffnet. „Denn wir warten im Geist durch den Glauben auf die Gerechtigkeit, auf die man hoffen muß." (Gal. 5,5) Auf diesem Weg aber, der auf die zukünftige Vollendung ausgerichtet ist, legt der Glaube nicht etwa die Hände in den Schoß, sondern ist er in der Liebe tätig, durch die er Gott die Ehre gibt (Gal. 5,6).

3. Die Begründung aus der Schrift

Für das von ihm vorgetragene Verständnis der Gerechtigkeit Gottes muß der Apostel eine Begründung aus der Schrift vorlegen. Paulus betont daher, die Offenbarung der Gerechtigkeit Gottes werde von Gesetz und Propheten bezeugt (Röm. 3,21), und bezieht sich wiederholt auf zentrale Aussagen des Alten Testaments, die er für die Wahrheit der von ihm ausgerichteten Botschaft aufbietet.

Aus allen Teilen der Schrift nimmt der Apostel seine Belege und unterstreicht damit, daß Psalmen, Propheten und Gesetz die eine Wahrheit des Evangeliums verkündigen. Mit dem 143. Psalm trifft Paulus die Feststellung, daß vor Gott kein Mensch durch Werke des Gesetzes gerecht wird (Gal. 2, 16; Röm. 3, 20). Dabei verschärft der Apostel die Aussage des Psalms, indem er den Begriff „Werke des Gesetzes" einfügt und den Menschen als Fleisch bezeichnet, um auf seine Hinfälligkeit und Gottesferne hinzuweisen. Aus den Propheten wird vornehmlich der Satz aus dem Buch Habakuk herangezogen, daß der aus Glauben Gerechte leben werde (2, 4; Gal. 3, 11; Röm. 1, 17). Auch hier betrachtet der Apostel den alttestamentlichen Satz aus der Perspektive seines Verständnisses des Evangeliums. Denn der hebräische Begriff ʼᵉmuna ist nach dem Urtext des Prophetenwortes eher in dem Sinn von „Treue" als in dem des „Glaubens" zu verstehen. In diesem Sinn hat ihn auch die jüdische Auslegung, wie sie in der Gemeinde von Qumran vertreten wurde, gedeutet „auf alle Täter des Gesetzes im Hause Juda, die Gott erretten wird aus dem Hause des Gerichtes um ihrer Mühsal und ihrer Treue willen zum Lehrer der Gerechtigkeit" (1 QpHab VIII, 1–3). Gehorsam gegenüber der Interpretation des Gesetzes, wie sie in der Gemeinde als normativ gilt, zeichnet die Frommen aus. Paulus aber faßt den Begriff der „pistis" im Text seiner griechischen Bibel als Glauben, der im vertrauenden Gehorsam sich auf Gottes Verheißung verläßt und daraus lebt.

Den wichtigsten Text, der als Schriftbegründung für die von ihm entfaltete Lehre von der Rechtfertigung spricht, findet Paulus in den Büchern der Thora, in der Erzählung vom Glauben Abrahams. Mit dieser Geschichte kann der Apostel einen überaus gewichtigen Beleg anführen, der ein von Grund auf neues Verständnis der Thora erschließt. Paulus kann daher den gegen ihn erhobenen Vorwurf, er hebe das Gesetz auf, mit dem Hinweis abwehren, er richte es im Gegenteil auf (Röm 3, 31). Denn indem er die Bücher der Thora zum Zeugnis für die Glaubensgerechtigkeit aufbietet, bringt er deren eigentlichen Sinn zur Entfaltung. Abraham galt allen Juden als das Vorbild des Frommen schlechthin. Obwohl er längst vor der Zeit des Mose gelebt hatte und folglich in seinen Tagen das Gesetz, das Israel am Sinai übergeben wurde, noch gar nicht vorhanden war, hatte er doch nach der jüdischen Überlieferung bereits um den vollständigen Willen Gottes gewußt und ihn in allen Stücken eingehalten. Wodurch aber hat Abraham sich so verhalten, wie Gott es von ihm wollte? Durch die Werke, mit denen er vollzog, was das Gesetz gebietet, oder durch den Glauben, mit dem er sein Vertrauen auf Gott setzte?

Im zeitgenössischen Judentum wurde immer wieder darüber nachgedacht, worin denn die Gerechtigkeit bestand, die Gott Abraham zurechnete. Er war in der Stunde der schwersten Anfechtung, als ihm das Opfer seines Sohnes abgefordert wurde, gehorsam geblieben. Er wurde – so heißt es im 1. Makkabäerbuch, das bald nach 100 v. Chr. abgefaßt wurde – „in der Versuchung treu erfunden, und das wurde ihm als Gerechtigkeit zugerechnet" (2, 52). Abrahams Ruhm wird in den Sprüchen des Jesus Sirach gepriesen: „Abraham, der Vater einer Menge von Völkern – nicht ist seinem Ruhm gegenüber Tadel gestattet. Denn er beobachtete die Gebote des Höchsten und trat in den Bund mit ihm ein. An seinem Fleische machte er mit ihm eine Abmachung und in der Versuchung ward er treu erfunden." (Jes. Sir. 44, 19 f.)

Abrahams Lebensführung wurde nach jüdischem Verständnis als Erweis seiner Gesetzestreue beurteilt, in der er die Werke tat, die einem Menschen wohl anstehen, der auf Gottes Gebot achtet und danach lebt. Wird ihm sein Handeln als Gerechtigkeit angerechnet, so ist damit gemeint, daß aus der Summe seiner Taten das rechte Verhalten aufgebaut wird, das nach dem Gesetz gefordert und ermöglicht ist. Sein Glaube stellt ein Verdienst neben anderen dar, die er vor Gott geltend machen kann. Sie werden zu seinen Gunsten gebucht und von Gott anerkannt, so daß die Rechnung von Schuld und Verdienst eine positive Bilanz aufweist. Dem jüdischen Religionsphilosophen Philo von Alexandria (1. Jahrh. n. Chr.) erschien der Glaube Abrahams als die Krönung seines frommen Lebens, in dem er zu der vollkommenen Erkenntnis gelangte, daß Gott allein die bleibende Wirklichkeit ist. Denn Abraham war, „wie man sagt, der erste, der an Gott geglaubt hat, daher auch als erster eine unerschütterliche und feste Überzeugung hatte, daß es eine oberste Ursache gibt und daß sie für die Welt, und was in ihr ist, sorgt" (Virt. 216). Abraham gewann diese Einsicht aus der Betrachtung der Welt, deren sinnvolle Einheit er als Gottes Schöpfung begriff. Denn er hatte seinen Blick so lange über den Himmel und die Sterne erhoben, bis er eine klare Vorstellung von Gottes Dasein und Vorsehung gewonnen hatte.

Der Apostel Paulus schiebt die Ausgestaltung, die die Abrahamserzählung in der jüdischen Tradition erhalten hatte, und die hellenistische Umdeutung, wie sie von Philo von Alexandria vertreten wurde, beiseite und greift im Galater- (Gal. 3–4) und im Römerbrief (Röm. 4) unmittelbar auf das Wort der Schrift zurück. Seine Argumentation kreist um den entscheidenden Satz: „Abraham glaubte Gott, und das ist ihm zur Gerechtigkeit gerechnet worden." (Gen. 15,6 = Gal. 3,6; Röm. 4,3) Im Anschluß an dieses Schriftwort legt Paulus dar, was der Glaube Abrahams bedeutet. Im Glauben verließ sich Abraham auf die Zusage Gottes und gab damit seinem Walten Raum. Mit dieser Aussage widerspricht Paulus der herkömmlichen Erklärung, nach der der Glaube des Erzvaters als Verdienst gewertet wurde, das neben anderen Taten des Gehorsams als gerechtes Werk gebucht wurde. Während für die Rabbinen kein Zweifel darüber bestand, daß Abraham aus Werken gerechtfertigt wurde (vgl. auch Jak. 2,21–24), sagt Paulus unter Berufung auf die Aussage der Schrift, Abraham sei allein durch den Glauben Gott recht geworden.

Die polemische Abgrenzung, die hier vorgenommen wird, ist in besonderer Schärfe im Galaterbrief ausgeführt und wird im Rückgriff auf das Alte Testament entfaltet. Es steht geschrieben, daß Gottes Verheißung Abraham den Segen zugewandt und diesen Segen durch ihn den Völkern zugesprochen hat (Gal. 3,8). Das Gesetz aber fordert Taten und spricht den Fluch über alle aus, die seinen Vorschriften nicht folgen (Gal. 3,10). Weil deshalb durch das Tun, das der Mensch aus seiner Kraft verrichtet, niemals der Segen Gottes erreicht werden kann, kann nur derjenige das Leben empfangen, der sich im Glauben auf Gott verläßt (Gal. 3,11). Durch Christi Kreuz aber ist der Weg freigemacht worden, so daß nicht mehr der Fluch des Gesetzes auf der Menschheit liegt, sondern die Verheißungen, die Abraham und durch ihn seinen Nachkommen gegeben wurden, nun denen zukommen können, die sie empfangen sollen: „Gehört ihr aber zu Christus, so seid ihr ja Abrahams Kinder und damit Erben nach der Verheißung." (Gal. 3,29)

Paulus versteht den Glauben Abrahams nicht einfach als ein vergangenes Geschehen, das sich in weit zurückliegender Zeit zugetragen hat. Sondern Abraham erscheint als das Urbild des Glaubens, wie er jetzt in der christlichen Gemeinde lebendig ist, die auf das Evangelium vom gekreuzigten und auferstandenen Christus ihr Vertrauen setzt. Zwar könnte man zu bedenken geben, daß doch Abraham nur die Verheißung kennen konnte, während die Christen die Erfüllung erfahren haben. Doch so deutlich Paulus sich des zeitlichen Abstands zwischen den Christen und ihrem Vater Abraham bewußt ist, so unmißverständlich stellt er fest, daß der Glaube Abrahams sich qualitativ nicht von dem der Christen unterscheidet. Denn die Verheißung, an die Abraham sich klammerte, ist geradezu identisch mit dem Evangelium; verläßt sich doch der Glaube Abrahams nicht anders als der der Christen allein auf das Wort Gottes, das ihm zugesprochen ist. Nicht aus dem Schauen und erst recht nicht aus einem sich zwingend darbietenden Beweis, sondern ausschließlich aus der Kraft des Wortes erwächst der Glaube. Deshalb stellt Paulus ausdrücklich fest, der Satz von der Glaubensgerechtigkeit Abrahams sei nicht allein um seinetwillen geschrieben, „sondern auch um unseretwillen, denen er angerechnet werden soll, die wir an den glauben, der unsern Herrn Jesus von den Toten auferweckt hat“ (Röm. 4, 23 f.).

Dieser Glaube täuscht sich nicht über die Wirklichkeit, in der er sich befindet, und ist weit entfernt davon, sich Illusionen vorzugaukeln. Im Gegenteil, Abraham übersah mitnichten, was der Zusage Gottes, der ihm den Sohn verhieß, entgegenstand. Er blickte auf seinen gealterten Leib und wußte, daß für Sara längst die Zeit verstrichen war, in der sie hätte Mutter werden können (Röm. 4, 19). Gleichwohl wurde er nicht schwach im Glauben, sondern verließ sich auf die Verheißung, er solle der Vater vieler Völker werden (Röm. 4, 18). Abraham vertraute auf Gott, „der die Toten lebendig macht und, was nicht ist, ins Dasein ruft“ (Röm. 4, 17). Auch jüdische Aussagen sprechen davon, daß Gott die Toten lebendig macht, denken dann freilich an das Ende der Zeiten. Paulus aber bezieht diese Aussage des Bekenntnisses darauf, daß Gott durch die Auferstehung Jesu Christi von den Toten offenbart hat, wer er ist – derselbe, der am Anfang zu dem Nichtseienden sprach, daß es sei. Aus dieser Zuversicht gewinnt der Glaube die Kraft, auch da zu hoffen, wo anscheinend nichts zu hoffen ist.

Als Abraham glaubend der Zusage Gottes vertraute, war das Gesetz noch gar nicht vorhanden. Überdies hatte Abraham damals noch nicht das Bundeszeichen der Beschneidung empfangen (Röm. 4, 10 f.). Daraus folgert Paulus, daß die Beschneidung erst nachträglich wie ein Siegel auf die Glaubensgerechtigkeit gedrückt wurde, sie aber nicht zustande gebracht hat. Darum bleibt Abraham Vater der Glaubenden, denen wie ihm der Glaube als Gerechtigkeit zugerechnet wird. Als seine Söhne aber treten sie in seine Fußstapfen (Röm. 4, 12).

4. Die Bedeutung der Rechtfertigungslehre für die Theologie des Paulus

Bis heute ist die Paulusinterpretation in starkem Maß von Martin Luthers Auslegung der paulinischen Theologie bestimmt. Im Rückblick, in dem Luther 1545 im Vorwort zum ersten Band der Gesamtausgabe seiner Opera Latina den Ausgangspunkt seiner Theologie beschreibt (WA 54, 185 f.), berichtet er, wie ihn einst der Begriff der Gerechtigkeit Gottes gequält habe. Die Rede von der „iustitia Dei" habe er geradezu gehaßt, weil er sie nach philosophischem Verständnis als „iustitia formalis seu activa" begriffen habe, „qua Deus est iustus et peccatores iniustosque punit". Gottes Gerechtigkeit wurde demnach als sein strafendes Urteil begriffen, das er über Sünder und Ungerechte spricht. Da aber der Mensch immer nur als Sünder vor Gott stehen kann, müsse er seiner Verurteilung gewärtig sein. Erst durch Gottes Barmherzigkeit – so sagt Luther – sei ihm die „connexio verborum" erschlossen worden. Denn wenn es bei Paulus heiße, im Evangelium werde die „iustitia Dei" offenbar, so sei die Gerechtigkeit Gottes als diejenige zu begreifen, durch die der Gerechte aus Gottes Geschenk lebt, also als passive Gerechtigkeit, durch die der barmherzige Gott die Glaubenden rechtfertigt. Damit wird Gottes Gerechtigkeit als sein Heilshandeln verstanden, durch das er den Glaubenden gerecht spricht.

Mit dem Aufkommen religionsgeschichtlicher Studien und deren Anwendung auf die neutestamentliche Wissenschaft wurden zu Beginn unseres Jahrhunderts kritische Fragen laut, die die herkömmliche Beurteilung der Rechtfertigungslehre in Zweifel zogen. Im Mittelpunkt des paulinischen Denkens stehe – so hieß es nun – nicht das Thema der Gerechtigkeit Gottes, sondern die Religion der Erlösung, die geradezu eine naturhafte Veränderung des Menschen bewirke. Erst als er die Bedeutung erkannt habe, die dieser Erlösungsreligion zukomme, sei es Paulus möglich geworden, die Trennung vom Judentum zu vollziehen. Die Lehre von der Rechtfertigung aber sei in diesem Zusammenhang allein als eine Kampfeslehre von Belang, mit deren Hilfe die Abgrenzung vom Judentum vorgenommen werden konnte. Dadurch aber habe sie sich im Grunde selbst überflüssig gemacht (Wrede). Sie sei – so wurde zugespitzt formuliert – nur ein „Nebenkrater", der sich im Hauptkrater der Erlösungslehre gebildet habe, während im Zentrum der paulinischen Theologie die Mystik und die sakramentalen Aussagen stünden (Schweitzer).

Diese Gedanken sind neuerdings von angelsächsischen Gelehrten aufgenommen und weitergeführt worden. Die von juristischen Begriffen bestimmte Lehre von der Rechtfertigung mache nur ein Teilelement der Theologie des Apostels aus. Das paulinische Denken habe vor allem zum Inhalt, daß der Mensch mit Christus stirbt und dadurch ein neues Leben empfängt. Diese erste Verwandlung aber solle zur Auferstehung als der letzten Verwandlung führen. Wer Glied des Leibes Christi werde, sei mit ihm eines Geistes, es sei denn, daß er die partizipatorische Gemeinschaft seinerseits zerbricht. Die Verwandlung, die mit der erfahrenen Teilhabe am Heil eingesetzt hat, sei noch nicht vollendet, sondern gelange erst an ihr Ziel, wenn der Herr wiederkommt. In der Zwischenzeit sei jedoch derjenige, der in Christus lebt, von der Macht der Sünde und der Verunreinigung durch Gesetzesübertretungen befreit, so daß sein Verhalten durch diese neue Situation bestimmt zu sein habe (Sanders). Der Rechtfertigungslehre komme keine zentrale Bedeutung für die Theologie des Paulus zu, weil der Apostel sich ihrer nur zu dem Zweck bedient habe, einem jüdischen Partikularismus entgegenzutreten. Mit ihrer Hilfe habe er eine allein auf Israel bezogene Gültigkeit des Bundes aufbrechen wollen, damit auch die Heiden am Heil Anteil bekommen sollten. Der Apostel habe deshalb von der Gerechtigkeit Gottes vornehmlich in der Auseinandersetzung mit einer verengten Vorstellung des Bundes gesprochen. Dessen Gültigkeit habe er nicht grundsätzlich in Frage gestellt, aber mit Berufung auf die Offenbarung der Gerechtigkeit Gottes auch den Heiden Teilhabe am Bund eröffnen wollen (Dunn).

Da die Begrifflichkeit von Gottes Gerechtigkeit und Rechtfertigung nicht im 1. Thessalonicherbrief und kaum in den Korintherbriefen, sondern erst im Galater-, Philipper- und Römerbrief verwendet wird, ist die Ansicht vertreten worden, Paulus habe nicht von Anfang an seine Theologie der Rechtfertigung gelehrt. Vielmehr sei der Apostel durch die Angriffe von seiten der Judaisten dazu genötigt worden, sein Verständnis von der Offenbarung der Gerechtigkeit Gottes darzulegen. Folgt man dieser Annahme, so muß sich die Konsequenz ergeben, daß sich eine schrittweise Entwicklung der paulinischen Theologie vollzogen hat (s. u. S. 241–246). Zunächst habe der Apostel noch keine Rechtfertigungslehre gepredigt, sondern Christus als Messias und Gottessohn verkündigt. Doch in den ihm aufgenötigten streitigen Auseinandersetzungen habe er dann die Erkenntnis gewonnen und ausgebildet, daß das Evangelium als Verkündigung vom rechtfertigenden Christusereignis zu verstehen sei (Strecker).

Es trifft zu, daß nicht in allen Briefen die spezifische Terminologie der Rechtfertigung zu finden ist. Doch auch in der Erörterung anderer theologischer Themen werden einzelne Begriffe in manchen Briefen häufig und mit betonter Hervorhebung verwendet, während sie in anderen Texten fehlen. So ist im 1. Thessalonicherbrief weder vom Gesetz noch vom Kreuz Christi die Rede. Und das in zugespitzter Polemik verwendete Wort „Fluch" ist nur dem Galaterbrief eigen, nicht aber den Ausführungen, die einige Zeit danach im Römerbrief über das Gesetz gemacht werden. Allein aus der Statistik des jeweiligen Wortgebrauchs dürfen keine zu weitreichenden Schlüsse gezogen werden. Die Beobachtungen, die die Verwendung und Gewichtung einzelner Wörter und Begriffsgruppen betreffen, zeigen vielmehr, daß der Apostel nicht auf eine feste Formelsprache fixiert war, sondern auf unterschiedliche Weise die eine Botschaft des Evangeliums auszurichten verstand. Daher ist darauf zu achten, wie Paulus in den jeweiligen Zusammenhängen die ihm aufgetragene Verkündigung des Evangeliums vollzieht – mit wechselnden Begriffen, aber in der Sache gleichwohl von einem einheitlichen Verständnis geleitet.

Das Christusbekenntnis legt der Apostel von Anfang an in dem Sinne aus, daß Jesus gestorben und auferstanden ist „um unseretwillen" – „für uns" (1. Thess. 4, 14). Das befreiende Handeln des Herrn wird offenbar werden am Tage des Gerichts, wenn Jesus die Seinen von dem zukünftigen Zorn erretten wird (1. Thess. 1, 10). Ist in diesen Worten der forensische Charakter des in Christus begründeten Heils deutlich ausgesprochen, so zieht sich dieses Verständnis gleichbleibend durch alle paulinischen Briefe. Wie die spezifisch paulinische Wendung „in Christus" in allen Schreiben des Apostels wiederkehrt, so kann Gottes rettendes Handeln sowohl im Blick auf die erneuernde Wirkung der Taufe wie auch in der Begrifflichkeit der Rechtfertigung beschrieben werden, ohne daß ein Unterschied im grundsätzlichen Verständnis vorliegt. Die Rede von einem mystischen Verständnis sollte vermieden werden. Denn Paulus ist kein Mystiker und behält gegenüber enthusiastischen Erfahrungen begründete Vorbehalte. Christus ist für ihn stets der Kyrios, der den Glaubenden gegenübersteht und als ihr Herr deutlich von ihnen unterschieden bleibt, so daß es nicht zu einer mystischen Einung von Ich und Du kommen kann. Wird erst am Jüngsten Tag die den Glaubenden geschenkte Gerechtigkeit vor aller Augen sichtbar (Gal. 5, 5), so kann doch nicht von einem stufenweise sich vollziehenden Prozeß gesprochen werden. Denn das endzeitliche Urteil Gottes ist mit der Offenbarung seiner

Gerechtigkeit und seinem freisprechenden Wort bereits ergangen, so daß der aus Glauben Gerechte hier und jetzt im neuen Leben wandelt.

Wie hinsichtlich des urchristlichen Bekenntnisses so gilt auch für die Rechtfertigungslehre, daß Paulus nicht der Schöpfer einer urchristlichen Theologie war, sondern eine ihm bereits vorgegebene Theologie aufgenommen und weiter ausgebildet hat, indem er deren Konsequenzen eingehend durchdachte (s. o. S. 79). Die Begrifflichkeit, die Paulus aus urchristlicher Tradition übernahm, belegt auf das deutlichste, daß das Thema der Gerechtigkeit bereits in der ältesten christlichen Verkündigung formuliert worden war und dann von Paulus weitergeführt und in seiner grundsätzlichen Bedeutung erläutert worden ist (1. Kor. 1,30; 6,11; Röm. 3,24–26; 4,25 u. ö.). Es waren nicht taktische Überlegungen, die die Strategie seiner missionarischen Wirksamkeit angingen, die Paulus etwa dazu veranlaßt hätten, sein Verständnis von der Gerechtigkeit Gottes zu entwickeln, um eine schlüssige Begründung dafür zu finden, daß die frohe Botschaft auch zu den Völkern hinauszutragen sei. Sondern die Erkenntnis, daß der Gott, der seine Gerechtigkeit in Christus offenbart hat, der eine Gott der Juden wie der Heiden ist (Röm. 3,29f.), mußte zu der Folgerung führen, daß es eben dieser eine Gott ist, „der gerecht macht die Juden aus dem Glauben und die Heiden durch den Glauben" (V. 30).

Will man den Versuch unternehmen, eine Theologie des Paulus zu entwerfen, so bietet es sich an, bei dem Dokument einzusetzen, in dem der Apostel Rückblick auf sein bis dahin vollbrachtes Werk hält und sich wie auch den Gemeinden Rechenschaft von der Auslegung des Evangeliums ablegt, wie er sie vollzogen hat (s. u. S. 250–256). Das aber bedeutet, daß vom Römerbrief die Maßstäbe zu gewinnen sind, die für eine Darstellung der paulinischen Theologie bestimmend zu sein haben. An diesem Dokument, in dem Paulus eine systematisch durchdachte Entfaltung seiner Verkündigung vornimmt, ist abzulesen, wie Paulus selbst die Ordnung und den Rang der Themen seiner Theologie verstanden hat. Den Ausführungen des Römerbriefes aber hat der Apostel die thematische Formulierung vorangestellt, im Evangelium werde Gottes Gerechtigkeit offenbart, die kommt aus Glauben in Glauben (1,17). Faßt der Apostel den Inhalt des ihm gestellten Auftrags mit diesen Worten zusammen, so beweist er damit, daß die Rechtfertigungslehre die von ihm vollzogene sachgerechte Auslegung der Christologie darstellt.

Mit deren Verkündigung weiß Paulus sich durch seine Berufung zum Apostel betraut (s. o. S. 59). Im Philipperbrief wird die grundlegende Einsicht, die er damals gewann, in dem Satz beschrieben, daß der Mensch niemals vor Gott bestehen kann durch die von ihm erbrachten Werke, die das Gesetz fordert. Vielmehr gibt es nur einen einzigen Weg, um Gott recht zu sein: die überwältigende Gabe zu empfangen, nämlich die Gerechtigkeit, die nicht auf das Gesetz gegründet ist, sondern von Gott geschenkt und im Glauben angenommen wird (Phil. 3,9). Im Galaterbrief blickt Paulus ebenfalls auf seine Berufung zum Apostel zurück und sagt, er sei durch Gottes Gnade damit beauftragt worden, seinen Sohn unter den Völkern zu verkündigen (Gal. 1,16f.). Diese Botschaft aber schließt die Verheißung ein, daß alle, die im Glauben auf sie antworten, gerettet werden, Heiden wie Juden. Während Paulus im Galaterbrief seine Einsetzung als Apostel dahingehend erläutert, daß er von der Predigt des Evangeliums unter den Völkern spricht, charakterisiert er dessen Inhalt im Philipperbrief durch den Hinweis auf die Lehre von der Rechtfertigung. Vergleicht man beide Aussagen miteinander, so treffen sie in der zentralen Formulierung zusammen, wie sie im Römerbrief gegeben wird: der Christusbotschaft des Evangeliums, die als Offenbarung der Gerechtigkeit Gottes ausgelegt wird (1,16f.).

Es besteht keine Veranlassung dazu, Paulus zu mißtrauen, wenn er ausdrücklich feststellt, dieses Verständnis der Gerechtigkeit Gottes sei ihm erschlossen worden, als er sich zum Glauben an Christus bekehrte und er zum Apostel berufen wurde (Phil. 3,7–11). Fehlt im frühesten erhaltenen paulinischen Dokument, dem 1. Thessalonicherbrief, die Begrifflichkeit von Gesetz und Gerechtigkeit, so darf daraus nicht gefolgert werden, damals habe Paulus diese Themen überhaupt noch nicht im Blick gehabt. Sie standen im Dialog mit der Gemeinde in Thessalonich nicht zur Diskussion. Das kann aber nicht besagen, der frühere Pharisäer, der streng nach dem Gesetz gelebt hatte, hätte noch nicht über Gesetz und Gerechtigkeit nachgedacht.

In der Kreuzestheologie, wie er sie der Gemeinde in Korinth gegenüber entfaltet, trägt Paulus – wenn auch mit anderen Worten – dieselbe Botschaft vor, wie er sie in seiner Lehre von der Rechtfertigung aus Glauben entfaltet hat: Allein das in den Augen der Welt als töricht erscheinende Wort vom Kreuz schenkt rettende Kraft (1. Kor. 1,18). Sie wird all denen zuteil, die auf den gekreuzigten Christus vertrauen, der den Juden als Ärgernis und den Griechen als Torheit erscheint (ebda. V. 23). Damit aber wird deutlich, daß alle Linien der paulinischen Theologie in seiner Verkündigung der Gerechtigkeit

Gottes zusammenlaufen. Darum steht die Rechtfertigungslehre im Zentrum seines Denkens und seiner Predigt, ist sie doch gewonnen aus seinem Verständnis der Verkündigung des gekreuzigten Christus (Käsemann).

Im kritischen Dialog mit Lehrern des Gesetzes mußte Paulus dieses sein Verständnis des Evangeliums im Rückgriff auf das Zeugnis der Schrift näher begründen und erläutern. Daher ergab es sich von der Sache her, daß vor allem dort, wo dieses Gespräch zu führen war, die Terminologie der Rechtfertigungslehre in starker Konzentration begegnet. So faßt Paulus gegenüber Kephas, dem er in Antiochia hatte entgegentreten müssen, die Erkenntnis, die ihnen als Juden von Herkunft zuteil geworden ist, in dem gedrängt formulierten Satz zusammen, „daß der Mensch nicht durch Werke des Gesetzes gerecht wird, sondern durch den Glauben an Jesus Christus" (Gal. 2, 16). Hier handelt es sich um eine Alternative, bei der es keine vermittelnde Zwischenlösung geben kann. Ist aber durch das Bekenntnis zum gekreuzigten und auferstandenen Christus die Einsicht begründet, daß es im Gehorsam gegenüber dem Gesetz keinen Weg zum Heil gibt, dann stellt sich die Frage, wie Juden, die aus dieser Frömmigkeit leben, auf diese Botschaft antworten werden. Wie verhält sich die Kirche aus Juden und Heiden zum Volk des Bundes? Und wie treten Christen und Juden einander gegenüber?

XV. Israel und die Kirche

1. Paulus und sein Volk

Zeit seines Lebens hat Paulus sich zu seiner jüdischen Herkunft und seiner Zugehörigkeit zu Israel bekannt. Wenngleich er sich darüber im klaren war, daß in Christus alle Vorzüge, deren man sich rühmen könnte, ihre Gültigkeit verloren haben, so kann er gleichwohl darauf hinweisen, daß er als gesetzestreuer Jude aufgewachsen ist und als der Thora gehorsamer Pharisäer ein untadeliges Leben geführt hat (Phil. 3,5f.). Auch als Apostel Christi Jesu weiß er sich seinen „Brüdern nach dem Fleisch" verbunden. Er bescheinigt ihnen ausdrücklich, daß sie Eifer für Gott haben – leider jedoch ohne rechte Einsicht, da sie ihre eigene Gerechtigkeit unter dem Gesetz zu gewinnen suchen (Röm. 10,2f.). In seiner Liebe zu seinem Volk mußte es Paulus tief schmerzen, daß das Evangelium so wenig Glauben unter den Israeliten fand, wo man doch angesichts der göttlichen Gnadenerweise das Gegenteil hätte erwarten sollen (Röm. 9,1–5). Denn ihnen gehören „die Kindschaft, die Herrlichkeit, die Bundesschlüsse, das Gesetz, der Gottesdienst und die Verheißungen. Ihnen gehören die Väter, und dem Fleisch nach ist Christus aus ihnen gekommen" (V. 4f.). Doch das alles vermag den Schaden nicht aufzuwiegen, wenn sie sich im Unglauben verschließen. Paulus aber wäre bereit, von Christus getrennt zu sein um seiner Brüder willen – d. h. sein eigenes Heil hinzugeben –, wenn dadurch ihnen der Weg zu Christus aufgetan werden könnte (V. 3).

Weil Paulus sich als Hebräer, Israelit und Sohn Abrahams (2. Kor. 11,22) weiterhin zu denen gehörig weiß, die der Abstammung nach mit ihm verbunden sind (Röm. 9,3), hat er auch die Gemeinschaft mit der Synagoge nicht preisgegeben, sondern mancherlei Leiden, die von ihrer Seite über ihn verhängt wurden, willig auf sich genommen (2. Kor. 11,24f.). In seinem missionarischen Wirken blieb er bestrebt, „den Juden wie ein Jude zu begegnen, um Juden zu gewinnen" (1. Kor. 9,20). Doch immer wieder mußte er die bittere Erfahrung machen, als Bote seines Herrn abgewiesen zu werden.

Einmal gibt Paulus in scharfer Kritik der großen Enttäuschung

Ausdruck, die ihn auf Grund mancher Anfeindungen von jüdischer Seite befallen hat. Der Gemeinde in Thessalonich schreibt er, es gehöre nun einmal zum Leben der Christen, Verfolgung ausgesetzt zu sein. Durch diese Erfahrung aber seien sie geradezu „Nachfolger der Gemeinden Gottes in Judäa geworden, die in Christus Jesus sind; denn ihr habt dasselbe von euren Landsleuten erfahren, was jene von den Juden erlitten haben" (1. Thess. 2, 14). Die judenchristlichen Gemeinden in Judäa werden mit dem Ehrenprädikat ausgezeichnet, Gemeinden Gottes, von ihm erwähltes Volk zu sein. Durch die Wendung „in Christus Jesus" werden sie als diejenigen charakterisiert, die sich zum gekreuzigten und auferstandenen Herrn bekennen. Doch dieses ihr Bekenntnis wurde offensichtlich von den Synagogen als Abfall vom Judentum bewertet und mit Feindschaft beantwortet. Das Leidensgeschick, das ihnen deshalb von ihren eigenen Stammesgenossen zugefügt wurde, wiederholt sich nun in vergleichbarer Weise auch bei den Heidenchristen in Thessalonich, indem gerade die Menschen, denen man sich weiterhin verbunden weiß, den Gemeinden mit Unverständnis und Aggression begegnen.

Lassen sich derartige Bedrängnisse, wie sie Christen unter Juden wie unter Griechen zustoßen, geradezu als eine gewisse Auszeichnung begreifen, die ihnen um ihrer Zugehörigkeit zu ihrem Herrn willen widerfährt, so verfolgt Paulus an dieser Stelle diesen nur eben angedeuteten Gedanken nicht weiter, sondern richtet eine harte Polemik gegen die Juden, die Judenchristen Leiden zufügen: „Sie haben den Herrn Jesus getötet und die Propheten und haben uns verfolgt und gefallen Gott nicht und sind allen Menschen feind. Sie hindern uns daran, den Heiden das Evangelium zu verkündigen, damit sie gerettet werden. Dadurch machen sie das Maß ihrer Sünden unablässig voll. Aber der Zorn Gottes ist schon in vollem Maß über sie gekommen." (ebda. V. 15 f.)

Der Schroffheit, mit der der Apostel in diesen Worten über judäische Juden spricht, läßt sich nicht durch die gelegentlich geäußerte Vermutung ausweichen, es handle sich um eine spätere Einfügung in den Brief des Paulus. Für solche Annahme, mit der man den Apostel von diesen Worten über die Juden freisprechen möchte, gibt es keinerlei Anhaltspunkte in der handschriftlichen Überlieferung des Textes. Wohl aber zeigt sich bei dessen genauerer Betrachtung, daß die einzelnen Formulierungen nicht nur durch eigene Erlebnisse, sondern insbesondere dadurch bedingt sind, daß Paulus verschiedene kritische Wendungen aufnimmt, wie sie in seiner Zeit geläufig waren. Hierzu gehört zunächst innerjüdische Kritik, in der der Vorwurf laut wird, die Propheten getötet zu haben. Da es nach verbreiteter Ansicht geradezu unausweichlich einem rechten Propheten widerfuhr, verfolgt und möglicherweise getötet zu werden (Mt. 23,37; Lk. 13,34; Röm. 11,3 u. ö.), wurde dieser Hinweis verschiedentlich in Bußpredigten verwendet, um zu Umkehr und Besinnung aufzurufen. Paulus verbindet nun aber diese Aussage mit dem Vorwurf, daß Mord an den Propheten, wie er in der Geschichte immer wieder vorgekommen ist, seinen Höhepunkt in der Tötung des Herrn Jesus gefunden hat und in der Verfolgung von Christen weiter fortgesetzt wird. Dabei wird nicht differenziert, wie es bei genauerer Beurteilung der Ereignisse geschehen müßte, sondern in verallgemeinernder Weise von „den Juden" gesprochen, denen die Schuld am Tode Jesu angelastet wird. Darüber hinaus werden auch Anschuldigungen ausgesprochen, wie sie in vergleichbarer Weise in antijüdischen Äußerungen in der hellenistisch-römischen Umwelt erhoben wurden.

In der Spätantike wurden einige Vorwürfe, die man gegen das Judentum richtete, häufig wiederholt. Als fremdartig wurden die Einhaltung des Sabbats und der Reinheits- und Speisevorschriften sowie der Brauch der Beschneidung empfunden, so daß man das Wesen der Juden vielfach als Verhaltensweise von Leuten beurteilte, die sich von allen anderen Menschen absonderten. Weil die Juden an der Verehrung des einen Gottes entschieden festhielten und sich nicht an kultischen Veranstaltungen beteiligten, wie sie sich an heidnischen Tempeln abspielten, galten sie geradezu als „gottlos" – Leute, die sich um die Götter nicht kümmerten. Ihre Religion wurde als ein Aberglaube beurteilt, den sie aus dem Osten mitgebracht hatten. Aus der Reihe derartiger Schlagworte wird in dem Katalog, den Paulus aufführt, die Wendung aufgegriffen, sie seien „allen Menschen feind". Im übrigen aber verläuft die Argumentation des Apostels in anderer Richtung. Denn wie die Juden den Herrn der Christen getötet haben, so setzen sie diese Feindschaft auch gegen seine Gemeinden fort und suchen die Boten des Evangeliums daran zu hindern, den Heiden zu predigen, damit auch sie gerettet werden. Hier wird der tiefste Grund für die wachsende Entfremdung sichtbar, die sich zwischen Synagoge und Gemeinde zu vollziehen begann. Denn wo der Glaube an Christus – ob von Juden oder von Heiden – angenommen wurde, da konnte das Gesetz nicht mehr als der von Gott bestimmte Weg zum Heil gelten. Gegen diese Entwicklung aber suchte man von seiten der Synagogen einzuschreiten und sich ihrer weiteren Ausbreitung entgegenzustellen.

Als Jude, der er war und blieb, fällt Paulus über dieses Verhalten seiner Landsleute ein scharfes Urteil. Denn er sieht darin ein Anzeichen dafür, daß die Juden das – von Gott gesetzte und begrenzte – Maß ihrer Sünden voll machen. Da an dieser Stelle von Sünden im Plural die Rede ist, wird hier nicht spezifisch paulinischer Sprachgebrauch – denn er redete nur im Singular von der Sünde als einer schlechthin herrschenden Gewalt (s. o. S. 192), sondern gemeinchristliche Redeweise vorliegen, die sich auch in der abschließenden Wendung ausspricht: „Aber der Zorn Gottes ist schon in vollem Maß über sie gekommen." Gottes Zorn meint sein richterliches Handeln, das nicht nach aufwallenden Regungen des Gefühls, sondern nach gerechtem Urteil vollzogen wird. Nach jüdischer Erwartung ergeht solches Gericht über gottlose Heiden, die den wahren Gott verachten und unsittlich leben. Paulus aber ist von der tiefen Sorge erfüllt, daß dieses Gericht nun zuerst über diejenigen kommen wird, die um seinen Willen wissen, aber doch den Lauf des Evangeliums zu behindern suchen.

Die bedrängende Fülle der Vorwürfe, die gegen jüdische Verfolger der ersten Christenheit gerichtet werden, ist nicht von einer grundsätzlichen Abneigung gegen Juden verursacht. Solche Gegnerschaft gab es hier und da in der spätantiken Gesellschaft. Die Kritik des Apostels richtet sich jedoch nicht im allgemeinen gegen das Judentum, sondern gegen diejenigen, die sich gegenüber der frohen Botschaft verschlossen haben und die „Gemeinden Gottes" (V. 14) verfolgen (Holtz). Solche Kritik trifft die Leute, die sich in der hellenistischen Umgebung der Christen in Thessalonich diesen gegenüber feindlich verhalten, in entsprechender Weise. Es wäre daher nicht richtig, wollte man im Blick auf die Polemik, mit der sich Paulus gegen jüdische Verfolger christlicher Gemeinden wendet, von einer antijudaistischen Einstellung sprechen. Die Liebe zu seinem Volk, die Paulus immer wieder betont, bleibt zu stark, um solcher Neigung zu erliegen. Wohl aber zeigen diese Sätze an, von welchem Gewicht die Entscheidung ist, vor die Juden als Hörer des Evangeliums gestellt sind.

2. Gottes Gnadenwahl und Israels Unglaube

Die Frage nach dem Geschick Israels hat Paulus auf seinen Wegen ständig begleitet und ihm keine Ruhe gelassen. Das Evangelium spricht alle Welt an – die Juden zuerst und auch die Griechen – und nötigt darum seine Hörer, Israel nicht aus dem Blick zu verlieren.

Gründet sich doch die frohe Botschaft auf die in den heiligen Schriften verbürgten Verheißungen, und kommt der Christus seiner leiblichen Herkunft nach von den Juden. Wie also steht es um das Verhältnis von Kirche und Israel?

Von dem bedrängenden Problem, wie es um Israel als Volk der Erwählung Gottes bestellt ist, kann der Apostel nur in tiefer eigener Betroffenheit sprechen, weiß er sich doch selbst als Israelit, vom Geschlecht Abrahams und aus dem Stamm Benjamins (Röm. 11, 1). Die Frage wird von ihm im großen Rechenschaftsbericht des Römerbriefes zunächst nur kurz aufgeworfen: „Was für einen Vorzug haben denn die Juden, oder was nützt die Beschneidung?" (Röm. 3, 1) Es mag die Leser des Apostels ein wenig überrascht haben, daß er darauf die knappe Antwort gibt: „Viel in jeder Weise." (V. 2) Die Geschichte Israels kann der Christenheit unter keinen Umständen gleichgültig sein. Denn – so fährt der Apostel fort – ihnen sind die Worte Gottes anvertraut. Wenn jedoch „einige" – so wird in behutsamer Zurückhaltung formuliert – nicht treu waren und sich im Unglauben gegen Gottes Anrede verschlossen haben, was kann daran schon liegen? „Sollte ihre Untreue Gottes Treue aufheben?" (V. 3) Diese Frage läßt sich nur entschieden verneinen: „Das sei ferne!" (V. 4) Was Gott zugesagt hat, bleibt gültig, mögen Menschen auch ungehorsam sein und sein Wort überhören. Gilt diese Überzeugung schlechthin, so muß sie sich um so mehr im Blick auf Israel bewähren. Wie diese Gewißheit jedoch zu begründen ist, wird nach der kurzen Ankündigung im dritten Kapitel des Römerbriefes dann in den Kapiteln 9–11 des näheren ausgeführt.

Diese drei Kapitel bilden einen geschlossenen Zusammenhang, in dem in mehreren Ansätzen darüber nachgedacht wird, warum die Juden zu großen Teilen das Evangelium abgewiesen haben und wie im Licht des Evangeliums der Weg Israels zu begreifen ist. Die Überlegungen, die der Apostel entfaltet, sind so konzentriert und intensiv auf Worte der Schrift bezogen, die in ihrer aktuellen Bedeutung ausgelegt werden, daß sie sicherlich nicht erst in dem Augenblick, als der Römerbrief diktiert und niedergeschrieben wurde, erwogen und formuliert worden sind. Vielmehr wendet sich der Apostel hier einem Thema zu, das er immer wieder in seiner apostolischen Wirksamkeit zu überlegen, mit seinen Mitarbeitern zu erörtern und für sich selbst einer Klärung zuzuführen hatte. Die vorangeschickte, persönlich gehaltene Einleitung und der am Ende wie ein Jubelruf erklingende Lobpreis Gottes rahmen den langen Gedankengang ein, der schließlich zu einer von fester Zuversicht getragenen Antwort geführt wird.

Wie mit einem hellen Trompetenstoß stellt Paulus an den Anfang den Satz, es sei nicht möglich, daß Gottes Wort hinfällig geworden sei (9,6). Was er gesprochen hat, nimmt er nicht zurück; und was er zugesagt hat, das hält er. Anders freilich steht es auf seiten der Menschen, auch beim Gottesvolk. Denn hier muß differenziert werden: „Nicht alle, die aus Israel stammen, sind Israel." (9,6b) Sowenig sich irgend jemand dessen rühmen kann und darf, Israelit zu sein, so wissen auch die Glaubenden, daß ihr Glaube niemals ihr Verdienst ausmacht, sondern immer nur als Gottes gnädiges Geschenk begriffen werden kann. Damit wird jedoch die Verantwortung des Menschen nicht aufgehoben; denn Gottes Erwählung ist von einem zwingenden Determinismus, der blind walten würde, deutlich zu unterscheiden. Diese – wie es den Anschein hat – widersprüchlichen Gedanken sucht der Apostel zu ordnen, indem er verschiedene Beispiele aus der Schrift heranzieht und sich mit dem Buch Exodus darauf beruft, es bleibe Gottes Weise: „Wem ich gnädig bin, dem bin ich gnädig; und wessen ich mich erbarme, dessen erbarme ich mich." (V. 15: Ex. 33,19)

Mag der Mensch auch hiergegen Einspruch erheben wollen, so wird ein Kritiker, der Gott Vorhaltungen machen wollte, an die ihm gesetzten Grenzen erinnert. Denn kann etwa ein aus Ton gefertigtes Gefäß dem Töpfer deswegen Vorwürfe machen, daß er es so geformt hat, wie er es geschaffen hat? Es ist der Reichtum göttlichen Erbarmens, daß er sich sein Volk berufen hat – „nicht allein aus den Juden, sondern auch aus den Heiden" (V. 24). Dieser Erweis göttlicher Barmherzigkeit aber ist wiederum nur auf Grund des der Schrift zu entnehmenden Zeugnisses zu begreifen, in dem es im Wort des Propheten heißt: „Ich will mein Volk nennen, das nicht mein Volk heißt" – und umgekehrt über Israel ausgerufen ist: „Wenn die Zahl der Israeliten wäre wie der Sand am Meer, so wird doch nur ein Rest gerettet werden." (V. 25–27: Hos. 2,25; Jes. 10,22)

Der Apostel hebt mit diesen Ausführungen über Gottes Gnadenwahl die Frage nach dem Geschick Israels auf eine Ebene, auf der menschliche Argumentation verstummen muß angesichts der Erkenntnis, daß hinter den rätselhaften Erscheinungen, wie sie sich in Annahme oder Verweigerung des Glaubens zeigen, Gottes Handeln umrißhaft erkennbar wird. Darüber läßt sich weder streiten noch rechten. Für Israel wird jedoch an der Verheißung festgehalten, ein Rest werde gerettet werden, und die Überzeugung als Leitmotiv bewahrt, Gottes Wort könne niemals zunichte werden – komme, was da mag. Paulus folgt mit diesen Gedanken urchristlicher Überlieferung, nach der die rätselhafte Gegenüberstellung von Glaube auf der einen und sich verhärtendem Unglauben auf der anderen Seite sich nicht durch noch so tiefschürfendes Grübeln aufhellen läßt. Denn letztlich sind die unterschiedlichen Reaktionen auf Gottes Gnadenwahl zurückzuführen, der als dunkler Hintergrund seine Verstockung und Verwerfung gegenüberzustellen sind (Mk. 4,12 Par.; Apg. 28,11: Jes. 6,9f.; Joh. 12,38; Röm. 10,16: Jes. 53,1 u. a.). Indem Paulus darauf hinweist, niemals gehe es dabei „aus Verdienst der Werke" zu, sondern immer nur „durch Gnade des Berufenden" (9,12), rückt er die Frage nach dem Geschick Israels in den Horizont der Theologie der Rechtfertigung, wie sie im Zeichen der Offenbarung der Gerechtigkeit Gottes verstanden werden muß (Käsemann, Müller). Sind überraschenderweise aus den Völkern viele gläubig geworden und ist aus Israel nur ein Rest in der Christenheit zu finden, so werden doch die einen wie die anderen beispielhaft als Zeugen für Gottes Gnadenwahl genannt, die allein nach seinem freien Entscheid getroffen wird.

Diese bestimmenden Einsichten werden festgehalten, wenn Paulus nun noch einmal von neuem einsetzt, den Zusammenhang mit der Theologie der Rechtfertigung deutlicher herausarbeitet und dabei das Augenmerk vornehmlich auf die Verantwortung Israels richtet. Eine eigentümliche Umkehrung hat sich vollzogen: Heiden, die von Gott nicht wußten und deshalb auch „nicht nach der Gerechtigkeit trachteten, haben die Gerechtigkeit erlangt" (9,30). Um nicht mißverstanden zu werden, fährt Paulus fort, er rede dabei „von der Gerechtigkeit aus Glauben" – im Unterschied zu einer Gerechtigkeit, die man aus dem und unter dem Gesetz suchen wollte. Diesen Weg ist Israel gegangen, das nach dem Gesetz der Gerechtigkeit trachtete und es doch verfehlt hat (V. 31). Paulus formuliert hier in gedrängter Ausdrucksweise, deren Sinn jedoch vollauf deutlich wird. Denn im Blick auf das Verhältnis von Juden und Heiden wird erneut die Gerechtigkeit aus dem Gesetz der Gerechtigkeit aus Glauben gegenübergestellt. Die eine hat es mit Werken zu tun, wie sie vom Gesetz gefordert sind, die andere aber mit dem Glauben, der voller Vertrauen die Gabe der Gerechtigkeit Gottes ergreift und aus ihrer Kraft lebt. Das im Unglauben verharrende und um die Werke des Gesetzes bemühte Israel aber ist gegen den Fels des Ärgernisses gestoßen, von dem der Prophet gesprochen hat (V. 33: Jes. 8,14). Doch bleibt die prophetische Verheißung gültig: „Wer an ihn glaubt, wird nicht zuschanden werden." (V. 33b: Jes. 28,16)

Paulus unterstreicht an dieser Stelle, wie er von ganzem Herzen wünscht und für die Israeliten zu Gott fleht, „daß sie gerettet werden" (10,1). Der Weg zur Rettung aber steht nicht mehr über das Gesetz offen, ist doch die Gerechtigkeit Gottes darin nicht offenbar. „Denn Christus ist des Gesetzes Ende; wer an ihn glaubt, der ist gerecht." (10,4) In lapidarer Kürze wird die Wende der Zeiten bezeichnet, die mit Christi Kommen eingetreten ist. Die Zeit des Gesetzes als Weg zum Heil ist beendet. Paulus will mit diesem Satz freilich nicht etwa zur Gesetzlosigkeit auffordern oder die Meinung vertreten, Israel hätte Gottes Gebote nicht zu halten brauchen. Es geht vielmehr darum zu klären, worauf Juden und Heiden wahrhaft vertrauen dürfen. Diese Frage aber ist in Christus gültig beantwortet, so daß fortan nur durch den Glauben die von Gott geschenkte Rettung angenommen werden kann. Das gilt gleicherweise für Israel wie für die Völker; doch bleibt Israel nach wie vor der erste Adressat dieser Botschaft (Röm. 1,16). Aber „es ist hier kein Unterschied zwischen Juden und Griechen; es ist über alle derselbe Herr, reich für alle, die ihn anrufen" (10,12).

Israel kann sich nicht darauf herausreden, das Wort sei ihm nicht hinreichend nahegebracht worden. Denn schon die Schrift bezeugt, daß das Wort nahe ist (V. 8: Dt. 30,14). Und der Prophet hat Gottes Zuspruch ausgerichtet, der besagt: „Den ganzen Tag habe ich meine Hände ausgestreckt nach dem Volk, das sich nichts sagen läßt und widerspricht." (V. 21: Jes. 65,2) Da aber diese Einladung ausgeschlagen wurde, erhebt sich erneut die bedrängende Sorge, ob Gott etwa sein Volk verstoßen haben könnte (11,1). „Das sei ferne" – so weist der Apostel diesen Gedanken entschieden zurück und fügt hinzu, er sei doch selbst ein Israelit, der zu dem heiligen Rest gehört, den Gott in der Zeit der Krisis übriggelassen hat. Die Juden, die zum Glauben an Christus gefunden haben, verkörpern diejenigen, die treu geblieben sind, im Unterschied zur Mehrheit, die das Evangelium nicht annehmen will. Das aber bedeutet: „Was Israel sucht, das hat es nicht erlangt; die Auserwählten aber haben es erlangt. Die anderen sind verstockt, wie geschrieben steht: Gott hat ihnen einen Geist der Betäubung gegeben, Augen, daß sie nicht sehen, und Ohren, daß sie nicht hören, bis auf den heutigen Tag." (11,7f.: Jes. 29,10)

Wiederum sucht Paulus die rätselhaft erscheinenden Fragen im Licht der Schrift zu begreifen und zu deuten. Dabei führt er die beiden Gedankenlinien, mit denen er auf der einen Seite auf Gottes Gnadenwahl (Kap. 9), auf der anderen aber auf Verantwortung und Schuld Israels (Kap. 10) hingewiesen hat, zusammen und wendet sich nun an die Heidenchristen, um ihr Verhältnis zu Israel zu bedenken. Bedeutet

Israels Straucheln seinen endgültigen Fall? – mit dieser Frage setzt Paulus neu ein (11,11). Das kann nicht sein. Denn Gott hat sein zu Israel gesprochenes Wort nicht preisgegeben. Zu seiner Verwirklichung hat er jedoch einen wunderbaren Umweg eingeschlagen, indem er die von seiten Israels ausgesprochene Ablehnung zum Anlaß nahm, das Evangelium zu den Völkern hinaustragen zu lassen. Paulus preist sein Amt als Apostel der Völker, weil er bei seinem Dienst an den Heiden am dringenden Wunsch festhält, „ob ich nicht meine Stammverwandten eifersüchtig machen und einige von ihnen retten könnte" (V. 14). Gehörte es zur Erwartung jüdischer Hoffnung, daß am Ende der Zeiten die Völker herbeikommen und zum Zion wallfahren würden (Jes. 2,2–4; Mi. 4,1–3), so vollzieht sich nun eine umgekehrte Bewegung: Viele aus den Völkern sind gläubig geworden, Israel aber verharrt im Unglauben. Doch das Herzukommen der Heiden – das ist der Gedanke des Apostels – soll bewirken, daß auch Israel aufmerkt und sich dem Glauben öffnet.

Die Heidenchristen warnt der Apostel, nur ja nicht hochmütig zu werden und auf ungläubige Juden herabzusehen (11,17–24). Um seine Gedanken zu veranschaulichen, bedient Paulus sich des Bildes vom Ölbaum, das im Alten Testament verschiedentlich auf Israel angewendet wird (Jer. 11,16; Hos. 14,7 u. ö.), um daran das Verhältnis der Zweige zur Wurzel zu erläutern. Entgegen üblicher Praxis, wie man sie mit dem Aufpfropfen von ausgesuchten Zweigen zum Zweck der Veredelung eines Baumes übt, spricht er davon, daß Zweige aus dem Baum ausgebrochen wurden, so daß für andere Platz geschaffen wurde. Die dann eingesetzten Zweige aber sollen mit der Kraft der Wurzel verbunden und dadurch gleichsam veredelt werden. Obwohl ein Gärtner nicht auf diese Weise verfährt, ist doch deutlich, was gezeigt werden soll: Ungläubige Israeliten sind ausgebrochen, Heiden aber in den Ölbaum eingepflanzt worden, so daß sie an dem Segen teilbekommen, der den Erzvätern zugesprochen wurde. Doch sollen sie sich gesagt sein lassen: Es ist allein Gottes Güte zuzuschreiben, daß sie in den Ölbaum eingesetzt wurden. Gott kann aber auch Zweige, die eingepfropft wurden, wieder herausnehmen, wenn sie sich als untauglich erweisen. Und vor allem: Jene, die ausgebrochen wurden, kann er auch wieder an den alten Platz zurückbringen. Denn wenn Heiden „wider die Natur" in den Ölbaum eingepfropft worden sind, „wieviel mehr werden die natürlichen Zweige wieder eingepfropft werden in ihren eigenen Ölbaum" (V. 24). Denn Gott bleibt sich treu und gibt das Werk, das er angefangen hat, nicht preis.

3. Die Rettung Israels

Seine langen, gedankenreichen Ausführungen bringt der Apostel zu einem zusammenfassenden Abschluß, indem er von einem Geheimnis spricht, dessen Inhalt nun mitgeteilt werden kann. Damit wird jeder Form stolzer Überheblichkeit entgegengetreten, die sich auf eigene Einsicht und Gedanken verlassen könnte (11, 25–32). Weist Paulus auf ein Geheimnis hin, das ihm als Boten Gottes kundgetan wurde, so nimmt er einen Begriff auf, mit dem in der jüdischen Apokalyptik davon gesprochen wurde, wie Gott seinen Propheten enthüllt hat, was in Kürze geschehen muß (Dan. 2, 19.28 u. ö.; Apk. 1, 1). Der Apostel gibt sich also nicht frei schwebender Phantasie hin, sondern bindet auch hier seine Sätze streng an das Zeugnis der Schrift, das er auf seine aktuelle Bedeutung hin abzuhören sucht.

Die Botschaft, die den Inhalt des Geheimnisses enthüllt, wird in drei kurze Sätze gefaßt, die so ineinander greifen, daß Gottes Wege und Umwege mit Israel deutlich werden: „Verstockung ist einem Teil Israels widerfahren – bis die Fülle der Heiden zum Heil gelangt ist – und so wird ganz Israel gerettet werden.“ (11, 25 f.) Das gegenwärtige Verhalten der meisten Juden ist vom Unglauben gezeichnet; darum wird auf die Rede von der Verstockung zurückgegriffen, wie sie Kap. 9 erläutert worden war (9, 14–23). Hinter dem rätselhaften Verhalten von Menschen, die sich auf keine Weise dazu bewegen lassen, auf das Evangelium zu hören, wird Gottes verborgene Gnadenwahl sichtbar, deren Kehrseite die Verstockung ist. Doch Gott weiß auch solches Verhalten auf wunderbare Weise zum Segen zu wenden. Denn weil die ersten Adressaten der frohen Botschaft zu großen Teilen nicht auf sie gehört haben, hat sie ihren Weg zu den Völkern genommen. Sie sollen in ihrer Fülle zum Heil gelangen – gedacht ist dabei nicht an die Summe vieler Individuen, sondern an die Repräsentation der Völker insgesamt, die Gottes Rettung erfahren sollen. Der Vorgang aber, daß Heiden sich für Gottes Wort öffnen, kann von Israel nicht unbemerkt bleiben, sondern dient dazu, am Ende auch Gottes ungehorsames Volk einzubeziehen und ihm seine Rettung widerfahren zu lassen.

Der passive Ausdruck „Israel soll gerettet werden“ weist auf Gottes Handeln hin, das auf nichts anderes als Rettung zielt, wie sie durch das Evangelium eröffnet worden ist. Zuerst wurden die Juden, dann auch die Griechen zum Glauben eingeladen (1, 16). Wider Erwarten aber hat sich die ursprünglich bestimmte Reihenfolge umgekehrt. Waren die Juden zuerst angeredet worden und danach die Völker, so haben sich diese als gehorsam erwiesen, Israel aber blieb verstockt. Doch Gott hat die Geschichte der vielen Völker und die des einen Volkes nach seinem unerforschlichen Ratschluß so miteinander verknüpft, daß am Ende auch Israel zum Heil gelangen soll. Ganz Israel soll Anteil bekommen an der zukünftigen Welt – so heißt es nach der auf die Auferstehung der Toten gerichteten Hoffnung, wie sie die Rabbinen lehren (Mischna Sanh. 10, 1). Dabei ist an die Gesamtheit Israels gedacht, von der nur wenige Fälle ausgenommen werden, die ausdrücklich aufgeführt werden: Leute, die sich schwerster Verbrechen schuldig gemacht oder Sünden begangen haben, die nicht vergeben werden können. Ähnlich wie in diesem Satz jüdischer Lehre ist auch bei Paulus der Ausdruck „ganz Israel" verstanden, indem das ganze, von Gottes erlösendem Handeln betroffene Volk mit seinen vielen Gliedern gemeint ist.

Bietet das Eingehen der Heiden in ihrer vollen Zahl gleichsam das auslösende Geschehen dafür, daß nun auch Israel der Zugang zur Rettung eröffnet werden soll, so bleibt der Apostel doch äußerst sparsam mit seinen Aussagen. Weder zeichnet er einen Plan, nach dem die endzeitlichen Ereignisse im einzelnen ablaufen werden, noch sagt er des näheren, wie diese Rettung Israels vor sich gehen soll. Einzig das Wort der Schrift bleibt für ihn maßgebend und wird in einem Zitat geltend gemacht, das aus zwei verschiedenen Versen des Jesajabuches zusammengefügt ist: „Der Retter wird vom Zion kommen, abwenden wird er alle Gottlosigkeit von Jakob. Und dies ist mein Bund mit ihnen, wenn ich ihre Sünden wegnehmen werde." (V. 26f.: Jes. 59, 20; 27, 9) Für Paulus ist von entscheidender Bedeutung, daß Christus der endzeitliche Retter ist und das von ihm geschenkte Heil in der Vergebung der Sünden besteht, die Israel gewährt werden soll. Was aber bedeutet diese Aussage in Sicht auf das Ziel, zu dem die Geschichte Israels finden soll?

Noch einmal hebt der Apostel am Ende hervor, wie auf eigenartige Weise das Geschick Israels und das der Völker miteinander verflochten sind. Sind die Israeliten im Blick auf das Evangelium geradezu als Feinde zu bezeichnen, so geschieht das doch um der Völker willen, zu denen nach der Abweisung durch Israel das Evangelium gelangt ist. Hinsichtlich der Erwählung aber bleibt gültig, daß die Israeliten um der Väter willen Geliebte sind (V. 28). Gott hat sein Wort, das er zu den Vätern gesprochen hat, nicht zurückgenommen; seine „Gaben und Berufung können ihn nicht gereuen“ (V. 29). Der Ungehorsam der Israeliten hat zur Folge gehabt, daß Gottes Barmherzigkeit den Völkern zugewandt wurde. Doch auch sie sollen Barmherzigkeit erfahren; „denn Gott hat alle eingeschlossen in den Ungehorsam, damit er sich aller erbarme“ (V. 32). Das letzte Wort, mit dem Paulus seine langen Ausführungen beendet, spricht vom Erbarmen Gottes. Hieß es am Anfang, Gottes Wort sei nicht hinfällig geworden (9, 6), so wird dieser Gedanke zuletzt noch einmal herausgestellt: Was Gott zugesagt hat, nimmt er nicht wieder zurück (11, 29), mag auch noch so lange Unglaube statt des erwarteten Gehorsams die Antwort sein. Gottes gnadenvolle Rettung soll daher das letzte Wort über dem Geschick Israels bleiben.

Nicht apokalyptische Spekulationen, sondern die Aufgabe, die Christusbotschaft für Juden und Heiden auszulegen, bestimmt den Gedankengang. Dabei zeigt sich freilich, daß der Apostel nicht mit einem langen Ablauf von Jahrhunderten oder gar Jahrtausenden rechnet, sondern von der Erwartung ausgeht, der Herr werde bald erscheinen, diesem Äon ein Ende setzen und Gottes neue Welt heraufführen. Doch unabhängig von der Frage, wie weit sich der Lauf der Geschichte erstrecken mag, gilt die feste Überzeugung, daß Israels Wege am Ende durch die Erscheinung des rettenden Christus an ihr Ziel gelangen sollen. Sagt Paulus mit dem Prophetenwort, als endzeitlicher Erlöser werde Christus erscheinen, so ist dem großen Zusammenhang der Kapitel Röm. 9–11 zu entnehmen, daß die von ihm bewirkte Rettung durch Rechtfertigung aus Gottes Barmherzigkeit geschehen soll – und auf keine andere Weise. Paulus deutet nicht etwa an, daß es für Israel eine andere Möglichkeit der Rettung geben könnte als für die Völker. Mag es naheliegen, aus Rücksicht auf das christlich-jüdische Gespräch derartige Erwägungen anzustellen (so Mußner und Klappert), so können sich solche Überlegungen doch nicht auf Paulus berufen. Denn das Gesetz kann nach dem Kommen Christi nicht mehr zum Heil führen – das gilt auch für Israel, dem kein „Sonderweg“ zum Heil eröffnet wird. Wie Gott alle in den Ungehorsam eingeschlossen hat, so wird er sich auch aller erbarmen (V. 32; Gal. 3, 22).

Die Kapitel Röm. 9–11 folgen auf Röm. 1–8 und sind daher im Zusammenhang mit ihnen zu verstehen und auszulegen. Macht Gott seine Gerechtigkeit im Evangelium vom gekreuzigten und auferstandenen Christus offenbar, so gilt diese Offenbarung gleicherweise für Juden und Heiden, denen er der eine Gott ist und bleibt. Daß Israel am Ende gerettet werden soll, ist die feste Hoffnung des Paulus, weil er dessen gewiß ist, daß Gott zu seinem Wort steht. Darum verwendet der Apostel im Zusammenhang der Kapitel Röm. 9–11 fast durchgehend nur den Begriff Israel, um dieses als Gottes erwähltes Volk zu bezeichnen. Nur zweimal ist in der Gegenüberstellung zu den Heiden die geläufige Bezeichnung als Juden gebraucht, denen ebenso wie den Völkern die Einladung zum Glauben gilt (9, 24; 10, 12).

Eine Christenheit, die die Frage nach dem Geschick Israels nicht mit allem Ernst bedenken wollte, würde – das hat ihr der Apostel eingeprägt, so daß es nicht in Vergessenheit geraten darf – ihrer Berufung untreu werden. Geht es doch nicht zuletzt um ihren eigenen Ursprung und die Verheißungen, die den Vätern des Glaubens gegeben wurden. Wenn auch in Gottes Ratschluß verborgen bleibt, wie er die Wege Israels und die der Völker zum Ziel bringen wird, so kann doch die christliche Gemeinde am Ende nur mit einem demütigen Hymnus seinen Willen und sein Handeln anbetend preisen: „Denn von ihm und durch ihn und zu ihm sind alle Dinge. Ihm sei Ehre in Ewigkeit. Amen." (11, 36)

XVI. Urchristliche Ethik in der paulinischen Theologie

1. Wege in Christus

Die sittliche Unterweisung, wie Paulus sie in den Gemeinden erteilt hat, nennt er seine Wege, wie er sie allerorten lehrt. Über diese Wege werden die Gemeinden auch durch die Mitarbeiter des Apostels unterrichtet, die er zu ihnen schickt. Daher kann es heißen, Timotheus werde die Korinther an die Wege des Paulus erinnern (1. Kor. 4, 17). Damit ist nicht auf die persönliche Lebensführung des Apostels verwiesen, obwohl er sich durchaus gelegentlich auch als Vorbild für die Gemeinden bezeichnen konnte (1. Kor. 11, 1 u. ö.). Sondern der Nachsatz „wie ich sie überall in allen Gemeinden lehre" zeigt, daß die ethische Unterweisung der Christen gemeint ist.

Spricht Paulus in diesem Sinne von den Wegen, die Gegenstand urchristlicher Lehre sind, so bedient er sich einer Begrifflichkeit, die durch ihre Vorgeschichte im Alten Testament und im Judentum inhaltlich bestimmt ist. Denn alttestamentlich-jüdischem Verständnis entsprechend werden Leben und Handeln des Menschen vielfach als Weg bezeichnet. Gott lenkt die Schritte des Menschen. Wo auf seinen Willen achtgegeben wird, da wird alles recht verlaufen. „Befiehl dem Herrn deine Wege" – so lautet erfahrener Rat – „und hoffe auf ihn, er wird's wohl machen." (Ps. 37, 5) Menschliches Leben kann darum nur gelingen, wenn es sich auf seiner Bahn an Gottes Weisungen orientiert und dadurch dem ihm von Gott gesetzten Ziel entgegenstrebt.

Als kleine Gruppen, die die ersten Gemeinden in der spätantiken Welt darstellten, mußten sie darüber unterrichtet sein, was der Wille Gottes gebietet und vor welchem Verhalten er sie warnt. Wie Paulus gelegentlich von seinem Evangelium spricht (Röm. 2, 16) und damit die Verkündigung der frohen Botschaft meint, die er unter Aufnahme bekenntnisartiger Formulierungen überall ausrichtet, so ist mit dem Hinweis auf seine Wege in Christus auf seine sittliche Unterweisung in den Gemeinden Bezug genommen. Die Inhalte dieser Belehrung sind weitgehend durch vorgegebene Überlieferungen bestimmt, so daß die sog. Tugend- und Lasterkataloge, wie sie allgemein verbreitet waren, des öfteren im urchristlichen Schrifttum und in den paulinischen Briefen angeführt werden. So wird Röm. 1,29–31 in einer langen Kette von Begriffen aufgezählt, was eindeutig abzulehnen ist: Ungerechtigkeit, Schlechtigkeit, Habgier, Bosheit, Neid, Mord, Hader, List, Niedertracht, Zuträger, Verleumder, Gottesverächter, Frevler, hochmütig, prahlerisch, erfinderisch im Bösen, den Eltern ungehorsam, unvernünftig, treulos, lieblos, unbarmherzig. Vergleichbare Aufstellungen finden sich wiederholt in den Schreiben des Apostels (Röm. 13,13; 1. Kor. 5,10f.; 6,9f.; 2. Kor. 12,20f.; Gal. 5,19–21). Indem lasterhaftes Verhalten durch eine Reihe negativ bestimmter Begriffe gebrandmarkt wird, sollen nicht etwa konkrete Zustände der einen oder anderen Gemeinde beschrieben werden. Obwohl an den Gemeinden mancherlei zu tadeln ist, hat es doch eine derartige Häufung unerfreulicher Vorkommnisse nirgendwo gegeben. Die Aufzählung gehört vielmehr zu überkommener katechetischer Tradition.

Ähnlich verhält es sich mit den positiven Begriffen, die in den sog. Tugendkatalogen zusammengestellt sind, wie z. B. Gal. 5,22f.: „Die Frucht aber des Geistes ist Liebe, Freude, Friede, Geduld, Freundlichkeit, Güte, Treue, Sanftmut, Keuschheit." In dieser Aufzählung wie auch in anderen vergleichbaren Reihen (2. Kor. 6,6; Phil. 4,8) wird ebenfalls traditionelle Lehre angeführt, die durch eine Kette von Aussagen beschreibt, wie der rechte Weg christlichen Verhaltens aussehen soll. Dabei kann an der einen oder anderen Stelle durch die Reihenfolge der Begriffe eine bestimmte Akzentuierung vorgenommen werden. Als Frucht des Geistes gilt zuerst die Liebe (Gal. 5,22). Bisweilen wird am Ende oder am Anfang ein Wort hervorgehoben, das für den weiteren Zusammenhang der Gedankenführung von besonderer Bedeutung ist so im Kontext von Röm. 1 die Betonung von Ungerechtigkeit und Gerechtigkeit (s. o. Röm. 1,29). Indem auf bewährte Überlieferungen zurückgegriffen wird, erfährt die konkrete Ermahnung eine entsprechende Verstärkung, um durch Wiederholung bereits bekannter Zusammenhänge die Verpflichtung zu rechtem christlichen Wandel fest einzuprägen.

Die Christen werden ermahnt, „Gottes würdig zu wandeln", der sie berufen hat zu seinem Reich und zu seiner Herrlichkeit (1. Thess. 2,12), bzw. würdig des Evangeliums ihren Lebensweg zu gehen (Phil. 1,27). Diese Forderung kann jedoch nicht bedeuten, einer neuen Gesetzlichkeit folgen zu sollen. Denn alle, die zum erhöhten Herrn gehören, sind in die Freiheit Christi hineingestellt (Gal. 5,1.13), in der sie vom Zwang der Mächte und Gewalten erlöst sind und ihnen in keiner Weise mehr zu dienen haben. Freiheit Christi aber kann allein in der Bindung an den Kyrios bewährt werden. Ethische Regeln, die in katechismusartiger Aufreihung zusammengestellt werden (Röm. 12–13), sind darum nirgendwo kasuistisch gefaßt, sondern bieten gleichsam Beispielsammlungen, die lehrreiches und förderliches Material enthalten, das für die konkrete Verwirklichung in Liebe gestalteter Freiheit in Christus sich als gut und nützlich erweisen mag.

Das Leben der Christen wird von Paulus auch als Wandel im Geist beschrieben. „In Christus sein" bedeutet „im Geist sein" (Röm. 8,9). Der Apostel kann daher Röm. 8,9–11 ohne Bedeutungsunterschied die Wendungen aufeinander folgen lassen: Geist Gottes (V. 9), Geist Christi (V. 9), Christus in euch (V. 10), der Geist dessen, der Jesus von den Toten auferweckt hat (V. 11). „Im Geist sein" meint nicht einen ekstatischen Zustand (so Apk. 1,10), in dem man über die irdischen Gegebenheiten hinausgehoben wäre. Sondern durch den Geist, der sich ebenso im verkündigten und zugesprochenen Wort wie im vielfältigen Wirken aller Glieder der Gemeinde als lebendig erweist, handelt der erhöhte Herr an den Seinen. Wo aber der Geist des Herrn wirkt, da ist Freiheit (2. Kor. 3,17), die jeder Willkür ein Ende setzt und allein in der Verbundenheit mit dem Herrn bestehen kann. Aus dieser Überzeugung folgt: „Wenn wir im Geist leben, so laßt uns auch im Geist wandeln." (Gal. 5,25)

Wie würdiger Wandel im Herrn konkret zu gestalten ist, wird durch kritische Prüfung überkommener Überlieferungen genauer bestimmt. Lassen sich die Glaubenden dabei vom Geist Gottes leiten, der entsprechende Frucht hervorbringt, so werden sie sich von den „Werken des Fleisches" fernhalten (Gal. 5,19–21). Unter „Fleisch" versteht der Apostel nicht nur – alttestamentlichem Sprachgebrauch folgend – den Menschen in seiner Hinfälligkeit. Sondern Fleisch ist der Mensch, der sich selbst verwirklichen und seine eigene Gerechtigkeit aufrichten will. Wer auf das Gesetz und die Beschneidung sein Vertrauen setzt, der baut auf das Fleisch (Phil. 3,3 f.). Und „wer auf sein Fleisch sät, der wird von dem Fleisch das Verderben ernten; wer aber auf den Geist sät, der wird von dem Geist das ewige Leben ernten" (Gal. 6,7 f.). Diese Einsicht wird erst gewonnen, wenn begriffen wird, daß sich der Mensch nicht selbst aus der Gefangenschaft unter Sünde und Gesetz zu befreien vermag, sondern allein aus Gottes Barmherzigkeit das neue Leben empfängt (Phil. 3,4–11). Von dieser Wirklichkeit hat daher sein sittliches Handeln geleitet zu sein. Christen haben – wie Paulus den Gemeinden zu bedenken gibt – sorgsam darauf zu achten, daß sie auch gegenüber den Außenstehenden einen guten Ruf wahren. Als „die, die draußen sind" werden diejenigen bezeichnet, die nicht zur Gemeinde gehören, ohne daß damit ein wertendes Urteil verbunden wäre (1. Thess. 4, 12; 1. Kor. 5, 12 f.). Viele von ihnen beobachten aufmerksam, ob die Worte derer, die sich zu Christus bekennen, mit ihren Taten übereinstimmen und sie sich glaubwürdig verhalten. Ihr Urteil werden sie nach den Kriterien bilden, die allgemein für sittliches Verhalten gültig sind. Die Glieder der Gemeinde dürfen sich deshalb nicht dem Verdacht aussetzen, als würden sie die ihnen verliehene Freiheit mißbrauchen und in Willkür verkehren. Sie sollen vielmehr „schicklich" (Röm. 13, 13) handeln und ein ordentliches Leben führen (1. Kor. 14, 40). Sie dürfen keinen Anstoß erregen, sondern sollen so leben, daß auch die Außenstehenden, ob Juden oder Griechen, einen guten Eindruck gewinnen. Paulus ermahnt deshalb: „Erregt keinen Anstoß, weder bei den Juden noch bei den Griechen noch bei der Gemeinde Gottes" (1. Kor. 10, 32) und verweist dann auf sein eigenes Beispiel: „wie auch ich jedermann zu Gefallen lebe und suche nicht, was mir, sondern was vielen dient, damit sie gerettet werden" (V. 33). Unachtsamkeit oder Rücksichtslosigkeit könnten zur Folge haben, daß die Glaubwürdigkeit des Evangeliums bei den Außenstehenden in Zweifel gezogen würde. Dessen aber darf niemand sich schuldig machen. Darum muß das Verhalten den allgemein gültigen Anforderungen entsprechen und vor dem kritischen Urteil der Nichtchristen Anerkennung finden.

2. Verantwortung im Alltag

Wie Christen die ihnen aufgegebene Verantwortung im Vollzug ihrer Lebensführung wahrzunehmen haben, führt Paulus in grundsätzlichen Überlegungen aus, die er dem umfangreichen Abschnitt des Römerbriefs voranstellt, in dem sittliche Belehrung ausgeführt wird (Röm. 12, 1 f.). Dabei wird die Ermahnung, die zugleich tröstende Ermutigung in sich schließt, aus dem Zuspruch der Barmherzigkeit Gottes begründet. Denn in der apostolischen Unterweisung kommt Gottes Erbarmen zu Wort, dessen gnädige Zuwendung dem Leben der Glaubenden die Richtung weist: Sie sollen ihre Leiber – d. h. sich selbst mit allem, was sie sind und tun – als lebendiges, heiliges und Gott wohlgefälliges Opfer darbringen.

Das gesamte Leben wird damit als Gottesdienst beschrieben. Was heilig genannt wird, ist menschlichem Gebrauch entzogen und Gott als Eigentum übergeben. Im Tempelbezirk, der aus dem profanen Bereich ausgegrenzt ist, werden Gott Opfer dargebracht. Doch Paulus verwendet diese kultischen Begriffe, wie sie in der alten Welt allgemein geläufig waren, in einem Sinn, der jede kultische Bedeutung weit hinter sich läßt. Denn die Unterscheidung zwischen heilig und profan, die man überall zu vollziehen wußte, ist nun zerbrochen. Nicht vom Tempel und geweihten Ort ist die Rede, sondern von der ganzen Fülle und Weite des menschlichen Lebens, in dem es den Einsatz leiblichen Handelns zu leisten gilt. Es gibt keinen heiligen Bezirk mehr, der als solcher mit besonderer Würde einer Weihe- und Opferstätte ausgezeichnet wäre. Sondern die ganze Welt ist der Ort, an dem der Gottesdienst im Alltag des Tuns zu verrichten ist.

Paulus bezeichnet diesen Gottesdienst als vernünftig und verwendet damit einen stoischen Begriff, mit dem auf die Übereinstimmung mit dem Logos verwiesen wird, der das All durchwaltet. Vermutlich ist ihm wie mancher andere Ausdruck auch diese Wendung durch die hellenistische Synagoge zugekommen, die ihrerseits nach rechter Erkenntnis und Verehrung Gottes fragte. Vernünftige Überlegung, die Gottes Willen zu begreifen sucht, ist somit ausdrücklich geboten. Wie aber können Christen ein begründetes Urteil finden und ihm entsprechend handeln? Paulus beantwortet diese Frage zunächst mit einer negativen Abgrenzung und läßt ihr dann eine positive Bestimmung folgen. Wer sich in der Freiheit des Glaubens überall mit prüfendem Blick umzusehen und von brauchbar scheinenden Erkenntnissen der Umwelt zu lernen weiß, darf sich nicht dem formenden Einfluß dieser Welt unterwerfen und hat sich diesem Äon nicht gleichzustellen. Man soll sich vielmehr von der Erneuerung des Urteilens leiten lassen, die aus der Kraft des Glaubens erfahren wird. Diese Erneuerung bezieht die Vernunft des Menschen und seine Fähigkeit ein, überlegte Entscheidungen zu treffen. Während Paulus an anderer Stelle von den Heiden sagt, ihr vernehmender und urteilender Sinn sei eitel und nichtig geworden (Röm. 1,28), wird hier von dem verwandelnden Wirken Gottes am Menschen gesprochen, das sich gerade auf sein besonnenes Denken bezieht.

Durch die nüchterne Sicht der Welt, wie sie sich dem christlichen Glauben erschließt, wird die Fähigkeit zu kritischem Prüfen geweckt und geschärft. Die Auswahl, die bei der Musterung vorgegebener ethischer Ansichten getroffen wird, ist allein von der Frage geleitet, was Gottes Wille sei, nämlich das Gute, Wohlgefällige und Vollkommene. Zusammenfassend kann Paulus daher sagen, was wahr, was ehrwürdig, was gerecht, was rein, was lieblich, was wohllautend, was eine Tugend, was ein Lob ist, das sei jeweils zu bedenken (Phil. 4, 8). Denn die Forderung des Augenblicks muß immer wieder neu gefunden werden. Dabei ist kritisch zu mustern, was die Überlieferung an Einsicht und Rat zu bieten hat. Wo Christus als der Herr bekannt wird und sich die gottgewirkte Erneuerung ereignet, die den ganzen Menschen erfaßt, da sind Freiheit und Ermächtigung zu weltlichem Handeln gegeben, das von wahrhaft vernünftigem Urteil und der erfinderischen Kraft der Liebe geleitet ist.

In den sittlichen Ermahnungen, die er den Gemeinden gibt, bezieht sich der Apostel wiederholt auf den Begriff des Gewissens. Damit nimmt er einen Ausdruck auf, der in der Alten Welt keiner besonderen Erläuterung bedurfte. Das Verständnis vom Gewissen, wie es sich vor allem in der von der Stoa bestimmten Popularphilosophie findet, knüpft an den verbalen Ausdruck an, der besagt, daß ich mir meiner selbst bewußt bin. Das Gewissen prüft, ob ich recht entscheide und verantwortlich handle. Es urteilt nach sittlichen Normen und zeigt mir, wo ich gegen sie verstoßen habe – sei es als Richter, der begangene Handlungen verurteilt, sei es als Warner, der mögliche Entscheidungen zu verhindern trachtet und bedenkenswerten Einspruch geltend macht. Seine Stimme wiederholt nicht einfach, was sich in meinem Sinnen und Trachten vollzieht; sondern das Gewissen steht ihm unabhängig gegenüber, um aus dieser Distanz heraus sich mahnend zu Wort zu melden. Verantwortlich denkende Menschen werden diese Stimme nicht überhören, sondern sie aufmerksam beachten und ihren Weisungen folgen.

Diese Urteilsfähigkeit, durch die das Ich des Menschen sich selbst kritisch gegenübertreten kann, setzt Paulus als allen Menschen eigen voraus, bei Juden wie bei Heiden. Denn auch den Heiden ist „in ihr Herz geschrieben, was das Gesetz fordert, zumal ihr Gewissen es ihnen bezeugt, dazu auch die Gedanken, die einander anklagen oder auch entschuldigen" (Röm. 2, 15). Auch den Heiden ist demnach unüberhörbar gesagt, daß sie unter der Forderung stehen, recht zu handeln und der ihnen auferlegten sittlichen Verantwortung zu entsprechen. Niemand kann sich daher herausreden, als hätte er nicht wissen können, wie er sein Leben zu führen hat. Und alle sind ohne Ausnahme schuldig, weil sie dieser ihnen gestellten Aufgabe nicht genügt haben, so daß Juden und Heiden in gleicher Weise unter dem Strafgericht des Zornes Gottes stehen.

Indem der Apostel von den Gedanken spricht, die einander widerstreiten, weist er darauf hin, wie die Mahnung des Gewissens wirkt. Ohne daß der Mensch es zu steuern oder zum Schweigen zu bringen imstande wäre, meldet es sich zu Wort, indem es vor allem zu kritischer Überlegung anhält und schuldhaftes Verhalten anklagend benennt. Von dieser jedem Menschen eigenen Urteilsfähigkeit ist bei Paulus wiederholt die Rede, indem er sowohl von seinem eigenen Gewissen, das für die Redlichkeit seines Wortes einsteht, spricht wie auch von dem Gewissen seiner Leser, die die Wahrhaftigkeit seiner Rede zu werten vermögen. Auf sein eigenes Gewissen verweist er zu Beginn seiner Ausführungen über das Geschick Israels, indem er versichert, er sage die Wahrheit in Christus und lüge nicht, „wie mir mein Gewissen bezeugt im heiligen Geist" (Röm. 9, 1). Mit starker Betonung hebt er damit hervor, daß er so glaubhaft, wie es nur möglich ist, zu bezeugen hat, welche Traurigkeit und Schmerzen er um seiner Brüder nach dem Fleisch willen trägt.

Gegen den Vorwurf der Unwahrhaftigkeit, wie er in der korinthischen Gemeinde gegen ihn erhoben worden war, macht der Apostel das Zeugnis seines Gewissens geltend (1. Kor. 4, 4; 2. Kor. 1, 12). Umgekehrt aber kann Paulus auch an das Gewissen der Korinther appellieren, das sie doch ihrerseits befragen sollen. Tun sie das, so werden sie ihm recht geben müssen (2. Kor. 4, 2). Doch wenn Paulus sich auch bei sorgfältiger Selbstprüfung keine Vorwürfe zu machen hat und sein Gewissen ihm nichts vorhält, dessen er sich schämen müßte, so ist doch auch diese menschliche Instanz nicht zu einem abschließenden Urteil in der Lage (1. Kor. 4,3 f.). Weder vermag sie einen letztgültigen Schuldspruch zu fällen noch kann sie so freisprechen, daß dieser Entscheid unanfechtbar wäre. Zwar kann mich hinsichtlich meines Handelns das Gewissen kontrollieren und mir die Normen meines Tuns zu kritischer Besinnung vorhalten. Aber der richtende und freisprechende Entscheid steht allein dem Kyrios zu. Obgleich der Apostel vor seinem Gewissen bestehen kann, dürfen weder die Korinther noch er selbst die Relativität allen menschlichen Urteils übersehen. Der Kyrios wird den Richterspruch fällen und dabei ans Licht bringen, was vor jedem menschlichen Auge verborgen ist (V. 5). Darum soll man sich hüten, vor der Zeit zu richten.

In den Sätzen, die von der Achtung handeln, die jedermann den staatlichen Behörden schuldig ist, weist der Apostel darauf hin, dieser Respekt sei um des Gewissens willen zu bezeigen (Röm. 13, 5). Gemeint ist damit die angemessene Unterscheidung zwischen gut und böse, die jeder Mensch bei vernünftiger Prüfung zu machen imstande ist. Wird diese Ermahnung an Christen gerichtet, so steht doch – wie die Aufnahme traditioneller Redeweise erkennen läßt (s. u. S. 237) – für Paulus fest, daß jeder Mensch solche vernünftigen Überlegungen anzustellen und sich nach ihnen zu richten in der Lage ist.

Spezifisch christlichen Charakter gewinnen die ethischen Ausführungen, indem der Apostel die Glieder der Gemeinde dazu anhält, nicht nur auf das eigene Gewissen zu hören, sondern auch das des anderen zu bedenken und darauf Rücksicht zu nehmen. Mag man sich auch nach eigener Überzeugung frei fühlen, sich in heidnischer Umgebung unbefangen zu bewegen und auch an geselligen Zusammenkünften im Bereich eines Tempels teilzunehmen (s. o. S. 149), so darf man doch nicht leichtfertig darüber hinweggehen, wenn andere Christen sich daran gehindert sehen, sich ebenso zu verhalten. Wissen sich darum Glieder der Gemeinde nach sorgfältiger Prüfung dazu verpflichtet, dies oder jenes zu tun oder zu unterlassen, so verdient diese Haltung gebotene Achtung von seiten aller Glieder der Gemeinde.

So wichtig dem Apostel der wiederholte Hinweis auf das Gewissen ist, um die Verantwortung jedes Menschen und darum auch der Christen anzusprechen, so deutlich sieht er auch die Grenzen, die unserer Erkenntnis und unseren Fähigkeiten gesetzt sind. Er spricht daher nirgendwo von einem guten Gewissen, das einem schlechten gegenübergestellt würde. Diese Redeweise gewinnt erst in nachpaulinischer Zeit Eingang in die urchristliche Ethik (1. Tim. 1, 5.19 u. ö.). Wenngleich das Gewissen – auch das der Christen – irren oder sich täuschen kann, so verdient doch in jedem Fall sein Urteil Gehör, um alles zu prüfen und das Beste zu behalten (1. Thess. 5, 21).

3. Die Christen und die staatliche Ordnung

Im 13. Kapitel des Römerbriefes handelt Paulus vom Verhalten der Christen gegenüber den staatlichen Behörden (Röm. 13, 1–7). Dabei knüpfen die Ausführungen des Apostels an Regeln an, wie sie in der hellenistischen Synagoge über die Achtung ausgebildet worden waren, die man den staatlichen Behörden zu bezeigen hat. Diese Lehre hatte überkommene biblische Tradition mit geläufigen stoischen Ansichten verbunden und die Auffassung entwickelt, ein von Gerechtigkeit geleitetes Gemeinwesen stelle die dem Logos entsprechende gute Ordnung dar. Wo im Maß des Möglichen jedem Bürger das Seine zuteil wird und jeder an seinem Platz als Glied am großen Leib der menschlichen Gemeinschaft seine Aufgaben zur Mehrung des Wohls aller zu erfüllen bemüht ist, da wird vernünftiger Einsicht gefolgt. Ihrerseits aber werden die staatlichen Behörden rechtschaffenes Verhalten der Bürger anerkennen, besondere Verdienste durch öffentliches Lob auszeichnen und mit Hilfe der ihnen zukommenden Steuern und Abgaben dafür Sorge tragen, daß die für die Allgemeinheit erforderlichen Einrichtungen geschaffen und erhalten werden. Wer sich jedoch gegen die Gesetze vergeht und sich eigenmächtig gegen ihre Weisungen erhebt, der muß die strafende Hand der staatlichen Ordnung fürchten. Es ist Gottes Wille, daß die Inhaber politischer Macht durch Lob wie durch Tadel, durch Strafe, aber auch durch unterstützende Förderung auf Befolgung der für alle Bürger gültigen Gesetze dringen und so das Recht wahren, durch das allein menschliche Gemeinschaft auf Dauer bestehen kann.

Der Apostel erklärt, daß von den Christen nicht mehr, aber auch nicht weniger verlangt wird als von jedem verantwortungsbewußten Bürger. Denn jeder hat sich der staatlichen Ordnung zu fügen, weil diese von Gott gesetzt ist. Die Forderung der Unterordnung wird an den Anfang der Ausführungen gestellt (Röm. 13,1) und später noch einmal aufgenommen, um ihre allgemeine Gültigkeit zu unterstreichen (V. 5). An die einleitende These werden zunächst Folgerungen angeschlossen, die sich aus ihr ergeben: Wer sich der staatlichen Ordnung widersetzt, der widerstrebt dem Willen Gottes und zieht sich damit selbst das Urteil zu (V. 2). Wer hingegen die von ihm erwartete Pflicht erfüllt, der braucht sich nicht zu fürchten. Denn verhält er sich recht, so wird er nicht Strafe, sondern Lob empfangen (V. 3). Als Gottes Dienerin trägt die staatliche Gewalt das Schwert, das sie zur Durchsetzung der Gerechtigkeit zu führen hat. Es wird verdientermaßen den Bösen treffen. Darum sollen alle Bürger um des Gewissens willen die staatliche Ordnung achten (V. 5).

An die wiederholte Mahnung, sich der staatlichen Gewalt unterzuordnen, wird die Feststellung geknüpft, daß die geschuldete Achtung tatsächlich ja erwiesen wird. Denn jeder Bürger und auch jeder Christ zahlt die ihm auferlegten Steuern und entrichtet die von ihm verlangten Abgaben. Damit befolgt er die Vorschriften des Rechts und erfüllt er seine Pflicht: „Steuer, dem die Steuer gebührt; Zoll, dem der Zoll gebührt; Furcht, dem die Furcht gebührt; Ehre, dem die Ehre gebührt." (V. 7)

Diese Anweisungen stellen keinen Traktat dar, der philosophische Überlegungen über Wesen und Aufgaben des Staates vorträgt, wie sie in der Antike immer wieder erörtert wurden. Paulus entfaltet urchristliche Ermahnung und sagt der Gemeinde, wie sie sich in der Welt verhalten soll. Im Abschnitt Röm. 13,1–7 werden traditionelle Ermahnungen aufgenommen, in denen sich – wie sich bei genauer Durchsicht der Verse zeigt – nicht ein einziges Wort findet, das als spezifisch christlich zu bezeichnen ist. Zwar ist von Gott, dem Gott geschuldeten Dienst und der verpflichtenden Kraft des Gewissens gesprochen, aber weder der Name Christi noch die christliche Liebe werden erwähnt. Es wird vielmehr in überkommener Redeweise gesprochen, die synagogaler Tradition entstammt. Der eine Gott und Herr ist es, der die Herrscher der Reiche einsetzt und ihrem Wirken die von ihm gebotenen Grenzen zieht. Jüdische Weisheitslehrer hatten über Könige, Herrscher und Richter dieser Welt gesagt: „Vom Herrn ist euch die Macht gegeben und die Gewalt vom Höchsten, der fragen wird, wie ihr handelt, und erforschen, was ihr plant." (Weish. 6,3 f.) Und Rabbi Chananja (um 70 n. Chr.) lehrte: „Bete für das Heil der Regierung; denn wenn es keine Furcht vor ihr gäbe, hätten wir einander lebendig verschlungen." (Abot III, 2) Gott hat die staatliche Ordnung gestiftet – so wurde in jüdischer Überlieferung ausgeführt –, damit die Menschen zusammenleben können, ohne daß die Gewalt des Bösen die Oberhand gewinnt. Sein Wille wird geehrt, wenn die staatliche Macht als von Gott gesetzt anerkannt und Fürbitte dafür gehalten wird, daß ihre Träger ihre Aufgabe, die Gerechtigkeit zu wahren, auch tatsächlich erfüllen.

Paulus übernimmt somit geprägte ethische Unterweisung, wie sie in den Synagogen der hellenistischen Welt ausgebildet worden war, und fügt sie als geschlossenes Stück in seine an die Gemeinde gerichteten Ermahnungen ein. Der Apostel will keine theoretischen Ausführungen über das Weltgefüge und in ihm gesetzte Obrigkeiten machen, sondern darlegen, wie die Christen sich in ihrem unmittelbaren Lebensbereich zu verhalten haben. In den Provinzen des Römischen Reiches hatten die örtlichen Behörden als Repräsentanten der staatlichen Gewalt darauf zu achten, daß das Zusammenleben der Menschen sich friedlich entfalten konnte. Sie hatten darauf zu dringen, daß unter den Bürgern das Recht gewahrt wurde. Ihren Anweisungen, die dem Gemeinwohl dienen sollen, haben auch die Christen Folge zu leisten. Dabei ist nicht daran gedacht, daß ein Gewissenskonflikt entstehen könnte, in dem der Christ sich genötigt sehen würde, Gott mehr zu gehorchen als den Menschen. Paulus hat normal geordnete Verhältnisse vor Augen, wie sie im Römischen Reich nach schrecklichen

Kämpfen und Bürgerkriegen endlich eingekehrt waren und von den Menschen als Wohltat des Friedens empfunden wurden.

Warum aber schließt sich der Apostel in dieser Weise an herkömmliche Wendungen an, um die bürgerlichen Pflichten der Christen zu beschreiben? Wie die gesamte sittliche Belehrung, die der Apostel den Gemeinden gibt, stehen auch die Sätze, die dem Verhalten der Christen gegenüber der staatlichen Ordnung gelten, unter der Überschrift vom weltlichen Gottesdienst, die der Apostel dem letzten Teil des Römerbriefes vorangeschickt hat. Die Vielzahl der Ermahnungen und durch Erfahrungen erprobten Regeln wird unter das Leitmotiv gerückt, daß die Glaubenden sich selbst in allen Bereichen ihres Handelns und Tuns darbringen sollen als lebendiges, heiliges, Gott wohlgefälliges Opfer (Röm. 12,1; s. o. S. 231 f.). Das Bekenntnis zu Christus als dem Kyrios schärft die sachbezogene Urteilsfähigkeit, um angesichts einer Fülle von Traditionen, hergebrachten Weisungen und Forderungen des Tages prüfen und entscheiden zu können, was als Gottes Wille zu erkennen und zu tun ist, um sich gerade auch im weltlichen Handeln von wahrhaft vernünftigem Urteil und der erfinderischen Kraft der Liebe leiten zu lassen.

Die frühe Christenheit weiß freilich auch darum, daß nicht immer normale Verhältnisse herrschen und gefährliche Bedrohung dazu führen kann, daß um des Gott geschuldeten Gehorsams willen einem totalitären Anspruch menschlicher Instanzen widerstanden werden muß. Daher dürfen die Ausführungen, die Röm. 13 über das Verhalten der Christen gegenüber den staatlichen Behörden gemacht werden, nicht als gesetzliche Anweisungen beurteilt werden, die in jedem Fall und zu jeder Zeit unveränderlich gültig wären. Weder wird ein Freibrief für die Regierung ausgestellt, der ihr gestatten würde, willkürlich mit den Bürgern des Landes umzugehen, noch wird von diesen schrankenloser Gehorsam gefordert. Christen haben vielmehr um des Gewissens willen auch zu bedenken und zu prüfen, wo die Gott geschuldete Ehre menschlichem Gehorsam Grenzen setzen muß.

4. Rechtfertigung und Endgericht

Mit der ersten Christenheit teilt Paulus die Erwartung des kommenden Gerichts und die Hoffnung, daß Christus als Retter der Seinen erscheinen wird (1. Thess. 1,9 f.). In der urchristlichen Verkündigung wird die Ansage des zukünftigen Gerichts weithin mit überkommenen Begriffen vorgenommen, die jüdische Unterweisung und Missionspredigt bereithielten. Alle Völker und jeder Mensch werden sich vor Gott verantworten müssen. Gott bzw. sein Gesalbter werden auf dem Thron Platz nehmen und von Engelscharen umgeben sein. Bücher werden herbeigebracht, aus denen abzulesen ist, was ein jeder in seinem Leben getan oder unterlassen hat. Danach wird das Urteil gesprochen – entweder Freispruch, der dem Gerechten den Zugang zum ewigen Leben eröffnet, oder Verurteilung, die den Bösen der ewigen Verdammnis übergibt.

Zwar wird wiederholt daran erinnert, daß Gott danach fragt, wie sich die Menschen zu ihren Lebzeiten verhalten haben. Das letzte Wort aber ist nicht mehr davon abhängig, ob sie einen hinreichenden Schatz an guten Werken und Verdiensten zu ihren Gunsten aufzuführen haben; sondern die Glaubenden dürfen darauf vertrauen, daß Jesus als der Retter sie vor dem Zorngericht bewahren wird. Damit ist jedoch die sittliche Aufgabe, die den Christen gestellt ist, um nichts vermindert; im Gegenteil, das Wissen um Gottes heiligen Willen verpflichtet dazu, ihn zu befolgen. Aber dieser Gehorsam wird nicht mehr als Verdienst gewogen und geprüft, sondern folgt aus der zuversichtlichen Hoffnung, vom Kyrios, der die Seinen schon befreit hat, auch am Ende der Tage errettet zu werden.

Weil Gottes Gericht über alle Welt ergeht, führt Paulus aus, daß sein Zorn über Juden und Heiden die allgemeine Schuldverfallenheit aller Menschen offenbar macht (Röm. 1, 18–3, 20). Den ihm vorgegebenen Gerichtsgedanken radikalisiert der Apostel zu der Feststellung, daß aus Werken, wie das Gesetz sie fordert, kein Mensch vor Gott gerecht wird (Röm. 3, 20). Daß Paulus in dieser Deutlichkeit den Gerichtsgedanken vertritt, hat manche Interpreten verwundert und zu der Vermutung geführt, eigentlich dürfte in der Theologie des Apostels, die von Gottes Liebe und Erbarmen handelt, für diese Lehre vom Gericht kein Platz mehr sein. Sie sei als jüdisches Erbe anzusehen, das Paulus – wie es eigentlich hätte geschehen müssen – abzulegen versäumt habe. Doch der Apostel hat den Gedanken an das göttliche Gericht sicherlich nicht lediglich auf Grund eines gedanklichen Versehens beibehalten. Denn er verweist des öfteren mit betontem Ernst auf das kommende Ende. Wie aber verhalten sich dann beide Motive zueinander – das Gericht Gottes, vor dem jeder Mensch sich wird verantworten müssen, und die Rechtfertigung aus Glauben?

Zunächst hat es tatsächlich den Anschein, als ob beide Gedanken eigentümlich unverbunden nebeneinander stünden. In Lasterkatalogen, wie er sie aus der Überlieferung übernimmt, warnt Paulus verschiedentlich vor Gottes verdammendem Urteil. Die Ungerechten werden das Reich Gottes nicht erben (1. Kor. 6,9 f.) bzw.: „Die solches tun, werden das Reich Gottes nicht erben." (Gal. 5,21) Die Wendung vom Erben des Reiches Gottes wird von Paulus nur in Formulierungen gebraucht, die er aus der urchristlichen Tradition übernommen hat. Sie war dem Apostel vorgegeben und dient ihm dazu, um die Mahnung zu unterstreichen, die er mit der Aufzählung der Laster ausgesprochen hat. Wer Gottes Geboten ungehorsam ist, kann die Seligkeit vertun. Darum wird der christlichen Gemeinde das warnende Beispiel des alten Gottesvolkes vor Augen gehalten. Weil die Israeliten auf ihrem Zug durch die Wüste ungehorsam waren, sind die meisten von ihnen erschlagen worden und nicht in das verheißene Land gekommen. „Dies aber widerfuhr ihnen als ein Vorbild. [...] Darum, wer meint, er stehe, mag zusehen, daß er nicht falle." (1. Kor. 10,11 f.)

Die alte Regel, der Mensch werde am Ende ernten, was er einst gesät hat, bleibt wahr (Gal. 6,8). Niemand kann durch noch so korrektes Tun sich Gottes Anerkennung erwerben; aber gefährlich wäre es, seine Langmut auf die Probe stellen zu wollen. Denn durch leichtfertigen Lebenswandel, der sich bedenkenlos über Gottes Gebot hinwegsetzt und der trügerischen Meinung anhängt, als sei die empfangene Rettung als unverlierbare Gabe zu betrachten, kann durchaus das Heil verspielt werden und das Strafgericht Gottes die Folge sein (1. Kor. 10,1–13).

Am Ende der Tage wird offenbar werden, was jetzt bereits gültig zugesprochen ist. Denn Rettung widerfährt allein um Christi willen, sie aber ist gewiß: „Wer will die Auserwählten Gottes beschuldigen?" – so wird fragend in den Gerichtssaal hineingerufen. Jede Anklage muß verstummen. Denn „Gott ist hier, der gerecht spricht. Wer will verurteilen? Christus Jesus ist hier, der zur Rechten Gottes erhöht ist und für uns eintritt" (Röm. 8,33 f.). Gilt diese zuversichtliche Hoffnung, dann kann die Erwartung, durch Aufweis von Verdiensten und Gebotserfüllungen vor Gottes Gericht dereinst bestehen zu sollen, nicht mehr Motiv christlicher Ethik sein. Vielmehr erwächst aus der erfahrenen Rechtfertigung der Anspruch, der das ganze Leben der Glaubenden bestimmt und sie dazu anhält, Gutes zu tun und nicht müde zu werden (Gal. 6,9).

XVII. Summe des Evangeliums

1. Wandlungen im Denken des Paulus?

In den meisten Darstellungen der paulinischen Theologie wird diese als eine gedankliche Einheit betrachtet. Aber besteht diese Auffassung zu Recht? Könnte vom 1. Thessalonicherbrief als dem frühesten Dokument bis zum Römerbrief als dem letzten uns erhaltenen Schreiben des Apostels eine gewisse Entwicklung seiner Ansichten erfolgt sein? Ist die Lehre des Paulus von Beginn seiner missionarischen Wirksamkeit an in mehr oder weniger fertiger Gestalt vorhanden gewesen? Oder läßt sich noch beobachten, wie ihre bestimmenden Grundzüge Schritt für Schritt deutlicher ausgebildet wurden? Diese Fragen werden in der gegenwärtigen wissenschaftlichen Diskussion lebhaft erörtert und unterschiedlich beantwortet. Einige neuere Studien unterscheiden zwischen einer Frühphase, wie sie der 1. Thessalonicherbrief ausdrücke, und einem späten Stadium, das der Römerbrief repräsentiere. Dazwischen liege eine breitere mittlere Episode, in der die Urteilsbildung des Apostels bestimmte Veränderungen erfahren habe.

Daß es innerhalb des Corpus Paulinum gedankliche Spannungen und Unterschiede gibt, steht im Blick auf das Verhältnis zwischen Proto- und Deuteropaulinen außer Frage. Die Schüler des Apostels haben nicht mehr eine auf nahe Zukunft gerichtete Enderwartung vertreten und deshalb eine Kirchenordnung ausgebildet, die viel genauer ausgeprägt ist als in den authentischen Briefen des Paulus. Die Lehre von der Rechtfertigung tritt in den Hintergrund, und von guten Werken, die ein Christ verrichten soll, wird unbefangen gesprochen. Man mußte Irrlehren zurückweisen, wie sie zu Lebzeiten des Paulus noch nicht vorgebracht worden waren, und suchte ihnen die Kirche als Hort der Wahrheit entgegenzustellen. Wo man freilich in der älteren Forschung sowohl die Briefe an die Kolosser und die Epheser wie auch die Pastoralbriefe trotz erkennbarer Unterschiede in ihren Gedanken und Aussagen gleichwohl dem Apostel zuschreiben wollte, war man gezwungen, von einer Fortentwicklung wichtiger theologischer Themen zu sprechen, die vom alten Paulus in anderer Weise beurteilt worden seien als in früherer Zeit. Seit sich jedoch ein kritischer Konsens weithin durchgesetzt hat, nach dem nur sieben der insgesamt dreizehn im Corpus Paulinum überkommenen Briefe als zweifelsfrei authentisch angesehen werden (s. o. S. 15 f.), sind diese Bemühungen, wie man sie früher verschiedentlich angestellt hatte, hinfällig geworden.

Ist daher die Problematik auf die Beurteilung dieser sieben Schreiben zu konzentrieren, so müssen die Fragenbereiche, für die man Wandlungen im Denken des Paulus in Betracht gezogen hat, daraufhin untersucht werden, ob entsprechende Unterschiede der in den einzelnen Briefen entwickelten Positionen zu erkennen sind. Diese Prüfung hat sich vornehmlich auf folgende Themen zu konzentrieren: die Vorstellungen des Paulus über das kommende Ende und die Ankunft des Herrn, seine theologische Begründung der Ethik, sein Verständnis des Gesetzes, seine Lehre von der Rechtfertigung sowie die Auffassungen, die er über das Geschick Israels vorgetragen hat.

Schon seit langem hat man beobachtet, daß die endzeitliche Erwartung des Paulus, die zunächst auf die baldige Ankunft des Herrn gerichtet war (1. Thess. 4, 13–5, 11), sich im Lauf der Jahre dahin verändert hat, daß er mit der Möglichkeit zu rechnen begann, er selbst werde diesen Tag nicht mehr erleben, sondern vorher sterben (Schnelle). Erfahrungen schweren Leidens, wie er sie insbesondere in der Zeit der Gefangenschaft, aus der der Philipperbrief geschrieben wurde, machen mußte, führten den Apostel zu der Einsicht, an seinen Tod denken zu müssen (Phil. 1, 20–24). Doch diese nüchterne Erkenntnis ändert nichts daran, daß Paulus an der Überzeugung festhält, der Herr sei nahe (Phil. 4, 5). Die Frage nach dem Termin des Endes spielte für den Apostel keine wesentliche Rolle. Denn er war kein Apokalyptiker, der Fristen und Ablauf der Zeiten zu berechnen suchte, um die Abfolge des endzeitlichen Geschehens so genau wie möglich beschreiben zu können. Sondern seine Eschatologie ist ganz und gar von der Christologie bestimmt, die ihn davon überzeugt sein läßt, daß das Wesen dieser Welt vergeht, der Herr aber nahe ist (1. Kor. 7, 29). Die Naherwartung vertritt Paulus bis an sein Ende, so daß er auch im Römerbrief sagen kann, die Nacht sei vorgerückt, der Tag aber nahe herbeigekommen (13, 12). Unbeschadet der Veränderung, die durch die Einschätzung seines persönlichen Geschicks bedingt ist, bleibt die Überzeugung fest bestehen, daß Gegenwart und Zukunft unter der Herrschaft des Kyrios stehen.

Hinsichtlich der paulinischen Ethik hat man auf der einen Seite von einer anfangs vertretenen Lehre gesprochen, wie sie im 1. Thessalonicherbrief vorgetragen werde. Nach ihr begegne der Wille Gottes im zugespitzten Moralgesetz, und die beständige Gabe des Geistes sei die Kraft, diesen Willen Gottes zu erfüllen. Auf der anderen Seite aber habe Paulus später weitaus kritischer über das Gesetz gedacht und die christliche Freiheit zur Basis seiner ethischen Ausführungen gemacht (Schulz). Doch in dem kurzen Schreiben, das der Apostel an die Gemeinde in Thessalonich gerichtet hat, kommt der Begriff des Gesetzes überhaupt nicht vor, so daß die Frage seiner Einschätzung gar nicht zur Diskussion steht. Wie in allen anderen Briefen aber wird durch Überlieferung vorgegebene sittliche Unterweisung in die Belehrung der Gemeinde aufgenommen und für konkrete Gestaltung christlicher Lebensführung ausgewertet. Daß die gedankliche Begründung der Ethik in der Folge der paulinischen Briefe eine Entwicklung oder wesentliche Veränderungen erfahren haben sollte, läßt sich daher nicht erkennen.

Wie aber verhält es sich mit der Einschätzung des Gesetzes in den anderen Briefen? Von der Thora handelt der Apostel vornehmlich im Galater- und im Römerbrief. Zwischen den Ausführungen in diesen beiden Briefen lassen sich in der Tat gewisse Unterschiede im Urteil des Apostels beobachten. Wo er sich gegen die Gesetzeslehrer wendet, die in den galatischen Gemeinden aufgetreten sind, formuliert er in äußerster Schärfe: Wer sich unter das Gesetz beugt, dem kann Christus nichts nützen (s. o. S. 189–193). Im Römerbrief hingegen werden nicht nur manche kritischen Feststellungen getroffen, sondern auch positive Aussagen gemacht. Denn seinem Ursprung nach sei das Gesetz heilig, „und das Gebot ist heilig, gerecht und gut" (Röm. 7, 12). Hat sich also ein Wandel vollzogen, der von einer zunächst scharfen Ablehnung, wie sie den Christen in Galatien gegenüber vertreten wurde, zu einer differenzierteren Sicht des Gesetzes führte, die im Römerbrief entfaltet wird? (Hübner)

Im Galaterbrief, der es an Schärfe des Ausdrucks nicht fehlen läßt, kann Paulus gleichwohl daran erinnern, daß das in der Thora enthaltene Liebesgebot auch für die Christen gilt (5, 14), und von einem Gesetz Christi sprechen, das gebietet, die Lasten der anderen zu tragen (6, 2). Im Römerbrief aber wird keine streitige Diskussion wie im Galaterbrief geführt, so daß die Aussagen über das Gesetz nicht polemischen, sondern grundsätzlichen Charakter tragen. Gewiß muß Paulus seine Gedanken je nach der gegebenen Situation formulieren und gelegentlich nachdrücklich akzentuieren. Doch diese unterschiedliche Weise des Ausdrucks besagt nicht, daß er jeweils entsprechend den ihm hier oder dort gestellten Fragen seine Gedanken verändert und Wandlungen seines Urteils vorgenommen hätte. Paulus war nicht ein missionarischer Praktiker, der lediglich auf die Forderungen des Tages geachtet hätte. Sondern er war ein Theologe, der sein Denken in eine überlegte begriffliche Gestalt zu fassen wußte und mit Hilfe seines geschärften Urteils die Fragen anzugehen verstand, die es zu beantworten galt.

Im Leben des Paulus hat es eine tiefgreifende Veränderung von schlechthin entscheidender Bedeutung gegeben, durch die auch sein theologisches Denken von Grund auf neu bestimmt wurde. Diese Wende aber stand am Anfang seines Weges, den er als Christ ging. Denn vor Damaskus hatte er erkannt, daß der gekreuzigte und auferstandene Christus der Herr ist. Diese Einsicht ergriff sein gesamtes Leben, so daß alles, was er bis dahin als Gewinn eingeschätzt hatte, ihm nun als Verlust erschien – und umgekehrt (Phil. 3,7; s. o. S. 59f.). Paulus hatte von nun an den Auftrag zu erfüllen, das Evangelium unter den Völkern zu verkündigen. Dessen Inhalt aber legte er in seiner Lehre von der Rechtfertigung aus. Man wird daher in der Beurteilung dieser grundlegenden theologischen Einsicht des Apostels nicht von einer Entwicklung seiner Theologie sprechen können, die sich in voneinander zu unterscheidenden Phasen vollzogen haben sollte (Hahn).

Eine unterschiedliche Akzentuierung liegt schließlich in der Wertung des Geschicks Israels vor, wie sie der Apostel im frühesten und im letzten seiner Briefe ausspricht. Auf der einen Seite hat er in scharfer Polemik, die sich gegen die Verfolger judenchristlicher Gemeinden in Palästina richtet, gesagt, daß Gottes Zorn über die Schuldigen kommt (1. Thess. 2,14–16). Auf der anderen Seite aber zweifelt er nicht an der bleibenden Erwählung Israels, die in seiner endzeitlichen Rettung zum Ziel kommen wird (Röm. 9–11). Doch in die harsche Kritik, wie sie im 1. Thessalonicherbrief ausgesprochen wird, hat Paulus traditionelle Elemente aufgenommen, ohne diesen eine prinzipiell antijudaistische Spitze zu geben (s. o. S. 217f.). Im Römerbrief dagegen entfaltet Paulus das Thema in einem weit ausholenden Gedankengang, der seine grundsätzliche Stellungnahme zum Ausdruck bringt (s. o. S. 218–227). Wenn auch nicht zu verkennen ist, daß es zwischen der früheren und der späteren Äußerung eine gewisse Spannung gibt, so darf diese doch nicht dahin übertrieben werden, als bestünde ein tiefgreifender Gegensatz zwischen beiden, der erst durch die Annahme einer Entwicklung des theologischen Urteils erklärt werden könnte.

Die Wirksamkeit des Apostels, in der er uns überkommene Briefe an seine Gemeinden schrieb, erstreckt sich nur über einen Zeitraum von etwa sechs oder höchstens sieben Jahren. Daher wird es kaum als wahrscheinlich gelten können, daß in einer so kurzen Frist sich wesentliche Veränderungen seines Denkens vollzogen hätten. Auch wird man nicht erwarten, daß in jedem seiner Schreiben alle Themen seiner Theologie angesprochen werden, und daher keine weitreichenden Schlüsse daraus ziehen dürfen, wenn die eine oder die andere Frage in einem Brief nicht erörtert wird. Alle uns überlieferten Dokumente sind Gelegenheitsschriften, die nur bei entsprechender Berücksichtigung ihrer jeweiligen Veranlassung zutreffend beurteilt werden können.

Über die langen Jahre, die vor der Abfassung der an die Gemeinden gerichteten Briefe des Paulus liegen, sind nur wenige Nachrichten erhalten, die sich aus einigen Bemerkungen erschließen lassen, die der Apostel hier und da macht (s. o. S. 72–76). In der Zeit, in der er in der Gemeinde von Antiochia und in ihrem Auftrag wirkte, wird er mit der ihm vorgegebenen urchristlichen Überlieferung näher vertraut geworden sein, sie aufgenommen und so interpretiert haben, daß dabei die Grundzüge seines theologischen Denkens deutlicher ausgebildet wurden. Doch weder auf eine Beauftragung durch Menschen noch auf die urchristliche Tradition, sondern allein auf den in Christus handelnden Gott führt Paulus seine Legitimation als Apostel Christi Jesu zurück. Seit sich Paulus dann von der Gemeinde in Antiochia gelöst und sein selbständiges apostolisches Werk begonnen hatte, trat er als geprägter Theologe in die Geschichte des frühen Christentums ein und formte nach seinem Verständnis des Evangeliums, das gleicherweise Juden wie Heiden gilt, als Apostel der Völker Gestalt und Leben seiner Gemeinden. Als Paulus den 1. Thessalonicherbrief schrieb, war auf Grund reicher Erfahrungen sein theologisches Denken klar ausgebildet, so daß er gegenüber allen Herausforderungen, die an ihn herangebracht wurden, Rede und Antwort zu stehen wußte.

Auf Grund seiner fundamentalen Einsichten, die der Apostel im Verständnis der Christusbotschaft gewonnen hatte, war er fähig, auf die unterschiedlichen Gegenbenheiten, wie sie sich in den Gemeinden zeigten, zu reagieren und ihnen in seinen Stellungnahmen gerecht zu werden. Hält sich mithin in allen Briefen des Apostels – ungeachtet einer breiten Vielgestaltigkeit des jeweils gewählten Ausdrucks – ein einheitliches Grundverständnis der christlichen Verkündigung durch, so will die den unterschiedlichen Situationen entsprechende Argumentation zu dem Leitmotiv der Predigt des Evangeliums in Beziehung gesetzt werden. Einer stets bewahrten Kohärenz in der Auslegung der frohen Botschaft ist die Kontingenz gegenüberzustellen, wie sie durch die jeweiligen Verhältnisse in den Gemeinden und deren Anfragen, aber auch ihre Kritik am Apostel bedingt war (Beker). Die fundamentale Einsicht in die Wahrheit des Evangeliums wird in der unmittelbaren Anrede an die einzelnen Gemeinden konkretisiert. Der Theologie des Apostels liegt daher ein einheitliches Verständnis des Evangeliums zugrunde, das in allen Briefen ausgesprochen ist.

2. Die Wahrheit des Evangeliums

Mit dem urchristlichen Bekenntnis, in das Paulus als zur Verkündigung des Evangeliums berufener Apostel einstimmt, bedient er sich eines Begriffs, der in der alten Welt bekannt war und in verschiedenen Zusammenhängen verwendet wurde. Im Alten Testament wird in der prophetischen Rede von den Boten gesprochen, die frohe Kunde bringen, Frieden verkündigen, Gutes predigen, Heil verkündigen und zu Zion sagen: „Dein Gott ist König." (Jes. 52,7) Und in der hellenistischen Umwelt des Urchristentums begegnet der Begriff Evangelium vornehmlich im Zusammenhang mit dem Herrscherkult. Seit der Zeit Alexanders d. Gr. wurde der Herrscher vielfach als Epiphanie der Gottheit verehrt. Solche Verehrung wurde dann in den orientalischen Provinzen des Römischen Reiches dem Kaiser entgegengebracht. So heißt es in einer Inschrift aus Priene in Kleinasien aus dem Jahr 9 v. Chr., der Geburtstag des Gottes sei für die Welt der Anfang der Freudensbotschaften, die seinetwegen ergangen sind. Dem Geburtstag folgen weitere freudige Ereignisse wie Mündigkeitserklärung, Thronbesteigung und Erfolge des Herrschers, die im ganzen Reich gepriesen werden.

Im Unterschied zu diesem Sprachgebrauch, in dem in der Mehrzahl von mancherlei frohen Botschaften die Rede sein konnte, kennt die urchristliche Verkündigung nur die Verwendung des Begriffs Evangelium im Singular. Denn von Anfang an hat die christliche Gemeinde verkündigt, daß es nur ein Evangelium gibt, neben dem an kein zweites oder anderes zu denken ist (Gal. 1,6–9): die Botschaft vom gekreuzigten und auferstandenen Christus (1. Kor. 15, 3–5), der als Gottessohn und Kyrios proklamiert wird (Röm. 1,3 f.). Als Evangelium wird dabei sowohl der Inhalt als auch der Vollzug der Verkündigung bezeichnet. Denn sie gibt nicht nur Bericht von vergangenem Geschehen, das als besonders bedeutungsvoll herausgestellt werden soll. Vielmehr ruft sie die Gegenwart des Heils aus und ist damit selbst Heilsgeschehen, geht es doch um eine Nachricht, durch deren Annahme allen denen Rettung zuteil wird, die ihr glauben (1. Kor. 1,18; 15,2 u. ö.).

Der Inhalt des Evangeliums kann in unterschiedlichen Formulierungen ausgesagt werden, deren sich bereits die vorpaulinische urchristliche Verkündigung bedient hat (s. o. S. 76–80). Doch stets wird der feste Bezug auf das Christusgeschehen herausgestellt. Vom frühesten bis zum letzten seiner Briefe vertritt der Apostel diese schlechthin bestimmende Bedeutung des Evangeliums. Das Wort fehlt in keinem seiner Schreiben, auch nicht im kurzen Philemonbrief. An der Häufigkeit und Stetigkeit, mit der Paulus vom Evangelium spricht, läßt sich daher ablesen, welch hohen Rang er ihm in seinem Denken und Reden gab.

In der Festigkeit seines Urteils verstand Paulus folgerichtig zu denken und wußte die Gemeinden in lebendiger Sprache unmittelbar anzurufen. Dabei interpretierte er das Evangelium konsequent in dem Sinn, wie es schon im urchristlichen Kerygma ausgesagt wurde: daß Christus „um unserer Sünden willen", „für uns", „uns zugute" gestorben und auferstanden ist. Wo immer die rettende Kraft dieses Zuspruchs angenommen wird, da ist das Bekenntnis der Christenheit in seiner umfassenden Gültigkeit verstanden, indem der Glaubende in seiner Betroffenheit erkennt, wer er selbst unter der Bestimmung des Heilsgeschehens ist (s. o. S. 105). Diese Einsicht hält sich als Cantus firmus durch alle Briefe des Apostels durch. Wer diesem Zeugnis vertraut und auf Christus als seinen Herrn getauft wird, der lebt fortan „in Christus". Mit dieser kurzen, von ihm geprägten Wendung bezeichnet Paulus in allen seinen Schreiben das neue Leben, das in der Christuszugehörigkeit Wirklichkeit geworden ist und im Gehorsam gegen den Kyrios gestaltet wird.

Im Rückblick auf sein Wirken, durch das er die Gemeinde in Thessalonich gründete, sagt Paulus, seine Predigt sei zu den jungen Christen „nicht allein im Wort, sondern auch in der Kraft und im heiligen Geist und in großer Gewißheit" gekommen (1. Thess. 1,5). Spricht Paulus im Galaterbrief mit besonderer Betonung von der „Wahrheit des Evangeliums" (Gal. 2,5.14), so geht aus dem Zusammenhang hervor, daß er die zwingend gebotene Folgerung meint, die aus dem Evangelium zu ziehen ist. Um dieser Wahrheit willen hat sich der Apostel in Jerusalem mit aller Entschiedenheit dem Ansinnen widersetzt, der ihn begleitende Heidenchrist Titus müsse beschnitten werden (Gal. 2, 5). Dieser Wahrheit wegen mußte Paulus auch Kephas zur Rede stellen, als er die Gemeinschaft mit den Heidenchristen aufgab, um nur mit Juden und Judenchristen zu Tisch zu sitzen, die die Vorschriften der Thora befolgen (Gal. 2, 14; s. o. S. 93 f.). Wo man aber sein Ohr einer Predigt des Gesetzes meint zuneigen zu sollen, da fällt man vom Evangelium ab und verfälscht seine Wahrheit in ihr Gegenteil (Gal. 1, 6).

Im 1. Korintherbrief wird die Evangeliumspredigt als Verkündigung des Kreuzes Christi vollzogen. Dabei betont Paulus, er stehe geradezu unter einem Zwang, diese Botschaft bezeugen zu müssen: „Denn daß ich das Evangelium predige, dessen darf ich mich nicht rühmen; denn ich muß es tun. Und wehe mir, wenn ich das Evangelium nicht predige.“ (1. Kor. 9, 16) Wo aber der Bote des gekreuzigten Herrn verachtet und seine Predigt zurückgewiesen wird, da wendet man sich einem anderen Evangelium zu, durch das die Wahrheit der Verkündigung untergraben wird (2. Kor. 11, 4). Wer sich jedoch ihrem Wort öffnet, der tritt in die Gemeinschaft mit den Leiden Christi ein und muß bereit sein, um seinetwillen auch Verfolgung und Gefangenschaft zu erdulden. Paulus erinnert daher die Gemeinde in Philippi daran, daß sie von der Gründung an „Gemeinschaft am Evangelium“ empfangen und bewahrt hat (Phil. 1, 5), und gibt auch seinem Leiden einen positiven Sinn, weil es dazu dient, das Evangelium zu verkündigen und zu verteidigen (Phil. 1, 7).

Seinen Hörern und Lesern stellt sich Paulus im Eingang des Römerbriefs als Knecht Christi Jesu vor, „ausgesondert, zu predigen das Evangelium Gottes“ (1, 1). Damit nennt er den Auftrag, wie er ihm bei seiner Berufung erteilt wurde: das gemeinchristliche Bekenntnis in der Predigt von der Rechtfertigung der Glaubenden auszusagen (1, 16 f.). In dieser „propositio principalis“ (Aletti) wird die Thematik formuliert, deren umfassende Gültigkeit dann in den folgenden von rhetorischer Kraft getragenen Ausführungen dargelegt wird. Dabei ist der ständige Rückgriff auf die Verheißungen der Schrift von grundlegender Bedeutung, ist doch Christus in den Schriften angekündigt worden (1, 2) und wird das Evangelium als Zuspruch der Rechtfertigung von den Propheten (1, 17: Hab. 2, 4), aber auch vom Gesetz und den Psalmen ausgesagt (4, 3: Gen. 15,6; 4,6–8: Ps. 32,1 f.).

Das mit dem Begriff Evangelium angeschlagene Leitmotiv wird wieder aufgenommen, indem der Offenbarung des göttlichen Zorngerichts die Offenbarung der Gerechtigkeit Gottes gegenübergestellt wird, „die bezeugt ist durch das Gesetz und die Propheten" und „kommt durch den Glauben an Jesus Christus zu allen, die glauben" (3,21 f.). Auch hier bezieht sich der Apostel auf das ihm vorgegebene Bekenntnis der ganzen Christenheit, indem er in den folgenden Sätzen eine geprägte Wendung in seine Argumentation einflicht (V. 24 f.) und diese mit der nochmaligen Versicherung versieht, Gott mache gerecht „den, der da ist aus dem Glauben an Jesus" (V. 26). Das urchristliche Kerygma, in dem auf die Gerechtigkeit, die Gott uns um Christi willen schenkt, bereits hingewiesen wurde (Röm. 3,24 f.; 4,25; 1. Kor. 6,11), wird somit von Paulus durchgehend im Sinn der Rechtfertigung der Glaubenden verstanden.

Weil Paulus dessen gewiß ist, daß Gottes Gaben und Berufung ihn nicht gereuen können (11,29), spricht er in seinen Ausführungen über das Geschick Israels in betonter Weise vom Evangelium, das allen gilt, aber nicht von allen angenommen wird (10,15 f.; 11,28). Ist vom Unglauben schon in der prophetischen Predigt mit der Frage: „Herr, wer glaubt unserm Predigen?" (Jes. 53,1) die Rede (10,16), so bleiben doch die Israeliten „von ihrer Erwählung her gesehen von Gott geliebt, und das um der Väter willen" (11,28).

Auch im letzten Teil seines langen Briefes handelt der Apostel vom Evangelium. Hat er doch als Diener Christi Jesu unter den Völkern „das Evangelium priesterlich auszurichten, damit die Völker ein Opfer werden, das Gott wohlgefällig ist, geheiligt durch den heiligen Geist" (15,16). Kultische Begriffe werden hier in übertragenem Sinn auf den apostolischen Auftrag angewendet, dessen weiter Bogen sich von Jerusalem ringsumher bis nach Illyricum spannt (V. 19). Jerusalem nennt Paulus als den Ort, an dem die christliche Verkündigung ihren Ursprung hatte. Obwohl er selbst dort gar nicht gewirkt hat, hält er auch bei seiner Predigt an die Heiden daran fest, daß das Evangelium den Juden zuerst gilt und dieser ihr geschichtlicher Vorsprung weiterhin bestehen bleibt. Illyricum auf dem Balkan aber ist als der entgegengesetzte Punkt genannt, um mit dem Hinweis auf die äußersten Grenzen des Römischen Reiches die auf alle Welt ausgerichtete Weite des Evangeliums zu kennzeichnen.

Paulus handelt somit in allen Briefen, die er an christliche Gemeinden schrieb, von der ihm aufgetragenen Verkündigung des Evangeliums. Dessen Gehalt liegt vom Anfang bis zum Ende allen Ausführungen zugrunde, mit denen der Apostel auf die unterschiedlichen Situationen eingeht, in denen seine Adressaten sich befinden.

3. Rechenschaft über die apostolische Verkündigung

Aus der Reihe der übrigen Apostelschreiben hebt sich der Römerbrief durch seinen außergewöhnlichen Umfang heraus. Im Unterschied zu allen anderen Briefen des Paulus ist er nicht an eine von ihm gegründete Gemeinde gerichtet, sondern nach Rom, das er bis dahin noch nicht hat besuchen können. Die ersten Christen in Rom werden jüdischer Herkunft gewesen sein. Unbekannte Judenchristen werden schon in sehr früher Zeit das Evangelium dorthin gebracht haben. Doch als Kaiser Claudius die Juden aus der Stadt vertrieb, waren von seinem Edikt auch die Judenchristen betroffen (s. o. S. 55). Von da an wird es eine heidenchristliche Mehrheit in der Gemeinde gegeben haben. Welches waren die Gründe, die Paulus dazu bewogen haben, mit den Christen in der Hauptstadt des Reiches Verbindung zu suchen?

Paulus befindet sich in Korinth, dessen Vorhafen Kenchreae ist (Röm. 16,1). In der Apostelgeschichte wird berichtet, daß er sich dort drei Monate aufgehalten hat (20,3). Und am Ende des Römerbriefes wird erwähnt, Paulus habe im Haus eines Gemeindeglieds namens Gajus Unterkunft gefunden (16,23). Auf Grund des chronologischen Rahmens, wie er sich mit hoher Wahrscheinlichkeit für die öffentliche Wirksamkeit des Apostels gewinnen läßt (s. o. S. 53–57), ist das Jahr 56 n. Chr. als Zeit anzunehmen, in der Paulus den Römerbrief verfaßt – genauer: einem Mitchristen namens Tertius (16,22) diktiert – hat.

Der Apostel sucht sich zur Anknüpfung des von ihm angestrebten Kontakts aller Möglichkeiten zu bedienen, die er seinerseits nutzen kann. Darum führt er im letzten Kapitel seines Briefes eine stattliche Kette von Namen auf, denen durch die Gemeinde Grüße ausgerichtet werden sollen. Sie reicht von Prisca und Aquila, die einst aus Rom in den Osten des Reiches gekommen waren, über Epainetos, den ersten Christen aus der Provinz Asia, bis zu Philologos und Julia, Nereus und seiner Schwester sowie Olympas und allen Heiligen bei ihnen (16,3–15). In keinem anderen Paulusbrief findet sich eine Grußliste, die eine annähernd vergleichbare Länge und Ausführlichkeit aufwiese. Paulus möchte den ihm unbekannten Christen in Rom zeigen, er kenne immerhin nicht wenige ihrer Mitchristen aus Begegnungen, die er mit ihnen in Städten und Gemeinden im östlichen Teil des Reiches gehabt habe. Doch diese Erklärung der Grußliste ist nicht unbestritten geblieben.

Verschiedentlich ist überlegt worden, ob die Grußliste ursprünglich ein nach Ephesus gerichteter Brief gewesen sein könnte. Denn dort hat sich nicht nur das Ehepaar Prisca und Aquila längere Zeit aufgehalten (Apg. 18, 18 f. 26). Sondern auch der Name des Epainetos könnte auf Ephesus deuten, heißt es doch von ihm, er sei der Erstling in Asia gewesen (16, 5). Könnte es sein, daß der Apostel der Phoebe, die den Brief überbringen soll (16,1 f.), eine Zweitschrift der Kapitel 1–15 sowie eine Reihe von Grüßen mit auf den Weg gegeben hätte, um unterwegs in Ephesus Station zu machen und dort sowohl die Kapitel 1–15 als auch die Grußliste von Kap. 16 abzugeben? Die Erstschrift aber, die nur 15 Kapitel umfaßt haben könnte, hätte sie dann nach Rom bringen sollen (Manson). Diese anregende Hypothese, die nach einer genaueren Erklärung für die vielen Namen in Röm. 16 sucht, stützt sich auf unsichere Vermutungen – wie z. B. darauf, daß in einigen späteren Handschriften die im Briefeingang enthaltene Ortsangabe „Rom" (1, 7) fehlt. Diese ist jedoch sicherlich nicht erst nachträglich eingesetzt, sondern umgekehrt später von einigen Abschreibern fortgelassen worden, weil man das Apostelschreiben vornehmlich für die Verlesung in Gottesdiensten verwendete, die keineswegs nur in Rom gehalten wurden.

Die Zahl der Namen, die zu einem erheblichen Teil auch sonst für das antike Rom bezeugt sind (Lampe), ist angesichts der hohen Mobilität, wie sie damals innerhalb des Römischen Reiches herrschte, keineswegs als sonderlich überraschend anzusehen. Damals wie auch in späterer Zeit kamen nicht wenige Christen aus dem Osten in die Hauptstadt. Da man in ihren Kreisen sich der griechischen Sprache bediente und sie noch auf lange Zeit beibehielt, war es Leuten, die aus dem Osten kamen, nicht schwergemacht, sich rasch zurechtzufinden. Die Nachrichten, die über das Ehepaar Prisca und Aquila überliefert sind, schildern sie als aktive und flexible Menschen. Daher läßt sich unschwer denken, daß sie alsbald nach dem Tod des Kaisers Claudius, der die Juden aus Rom verbannt hatte, dorthin zurückgekehrt sind. Ebenso läßt sich gut vorstellen, daß der nach ihnen erwähnte Epainetos aus dem Osten in die Hauptstadt des Reiches gelangt ist. Röm. 16 ist daher ohne Schwierigkeiten mit den Gegebenheiten in Einklang zu bringen, wie sie für die Anfänge der Christenheit in Rom erschlossen werden können.

Paulus erwähnt in seiner Grußliste mehrfach kleine Hausgemeinden, wie sie hier und da sich versammelten (16,4 f., 16.23). Doch im Eingangsgruß spricht er die Christen in Rom nicht als Kirche bzw. Gemeinde, sondern als „Geliebte Gottes und berufene Heilige in

Rom" an (1,7). In ähnlicher Weise wurden auch die Christen in Philippi als „Heilige in Christus Jesus" bezeichnet (Phil. 1,1). Die Wahl dieser Anrede könnte ihre Ursache darin haben, daß es in Rom damals keinen Ort gab, an dem alle Christen zusammenkommen konnten, sondern man zu verschiedenen Hausgemeinden gehörte. Der Apostel aber will sich an alle Christen in der Stadt wenden und wählt darum einen umfassenden Ausdruck, damit sein Schreiben weitergegeben und von allen zur Kenntnis genommen werden kann.

Was sollten die Empfänger des Briefes über Situation und Pläne erfahren, wie Paulus sie vor sich sah? Am Ende des 15. Kapitels setzt sie der Apostel davon in Kenntnis, was er sich für die nächste Zeit vorgenommen hat. Zunächst bekräftigt er die Versicherung, wie er sie schon im Eingang des Briefes ausgesprochen hat (1,9–13): Er habe seit langem den dringenden Wunsch, nach Rom zu kommen und persönliche Verbindung mit den dort lebenden Christen zu gewinnen. Weiß er sich doch als Apostel der Völker auch ihnen gegenüber verpflichtet, mit ihnen feste Gemeinschaft zu pflegen. Dabei ist Paulus darauf bedacht, sich mit überlegter Vorsicht auszudrücken, um nur ja nicht den falschen Eindruck zu erwecken, als würde er sich den Anschein unangemessener Überheblichkeit geben. Daß man überall von ihrem Glauben spreche und daher auch er sich danach sehne, zusammen mit ihnen im Glauben getröstet zu werden, hat der Apostel bereits gleich zu Beginn seines Schreibens hervorgehoben. Diese positive Einschätzung setzt er voraus, wenn er am Ende erneut sein Verhältnis zu den Adressaten in Rom anspricht.

In seinem apostolischen Handeln hat Paulus sich an die Regel gehalten, nicht an Orten zu missionieren, wo der Name Christi schon ausgerufen wurde, um nicht auf fremdem Grund zu bauen (15,20). Der Apostel möchte in Rom keine eigene missionarische Tätigkeit entfalten, sondern Gehör und Unterstützung für seine weiteren Vorhaben gewinnen. Die Aufgaben, die er im Osten des Reiches zu erfüllen hatte, sieht er als getan an. An wichtigen Plätzen sind Gemeinden entstanden, die fortan in eigener Zuständigkeit für die Ausbreitung des Evangeliums Sorge tragen können. Paulus plant, über Rom nach Spanien zu reisen, um dort künftig seine missionarische Tätigkeit weiterzuführen. Von den Römern erbittet er hierzu förderliches Geleit (15,24), um von ihnen auf den Weg gebracht zu werden zum Aufbau seiner neu zu beginnenden Wirksamkeit im Westen des Reiches, nicht ohne „sich zuvor ein wenig bei ihnen zu erquicken" (ebda.). Solche Erquickung aber wird vor allem durch den Austausch tröstender Ermutigung zuteil, die aus der Kraft des Evangeliums erwächst, das es einander zu bezeugen gilt (1,12).

Obgleich der Apostel mit wohlgesetzten Worten seinen dringend gewünschten Besuch in Rom anzukündigen sucht, muß er diese Ansage doch mit einer Einschränkung versehen. Ehe er sein Vorhaben ausführen kann, muß er sich einer unaufschiebbaren Verpflichtung entledigen und die Kollekte, die er unter den heidenchristlichen Gemeinden für die notleidenden Christen in Jerusalem eingesammelt hat, persönlich überbringen (15,26f.). Erst wenn Paulus diese Pflicht erfüllt hat, kann er nach Rom reisen und von dort nach Spanien weiterziehen (15,28). Nicht ohne Sorge blickt der Apostel nach Jerusalem. Denn er muß fürchten, auf Widerstand von seiten streng judenchristlicher Kreise zu stoßen. Würde man in Jerusalem bereit sein, gegenüber der jüdischen Umwelt sich dazu zu bekennen, daß man mit den paulinischen Gemeinden, die sich nicht mehr einer von der Thora geleiteten Lebensweise verpflichtet wußten, in fester Gemeinschaft verbunden ist? Paulus hofft zwar zuversichtlich, daß er bei der Urgemeinde solche Bereitschaft antreffen werde, doch sicher ist er sich keineswegs. Daher bittet er die Christen in Rom, sie möchten seiner in ihrer Fürbitte gedenken, damit er errettet werde von den Ungläubigen in Judäa und sein Dienst, den er für Jerusalem tut, den Heiligen willkommen sei (15,31).

Somit hat der Apostel den Christen in Rom zwar seinen beabsichtigten Besuch angekündigt, sich zugleich jedoch dafür entschuldigt, daß er erst kommen kann, wenn er in Jerusalem die ihm bevorstehende Bewährungsprobe bestanden hat. Weil es darum geht, das eine Evangelium unter Juden und Heiden zu bezeugen, kann Paulus sich nicht damit begnügen, nur eine kurze Mitteilung über seine nächsten Pläne nach Rom zu geben, sondern er muß inhaltlich begründen, wie er in Jerusalem, Rom und Spanien die aller Welt geltende frohe Botschaft auszurichten gedenkt. Was das heißt, läßt sich nicht mit wenigen Sätzen ausführen, sondern bedarf genauerer Erläuterung und zugleich grundsätzlicher Rechenschaft über die apostolische Wirksamkeit überhaupt.

In den Ausführungen des Römerbriefs finden sich an vielen Stellen Gedanken und Motive, die bereits in den anderen Briefen des Apostels verwendet worden sind (Bornkamm). Dabei handelt es sich freilich nicht um einfache Wiederholungen oder Selbstzitate, die der Apostel vornehmen würde, sondern um Aufnahme und Weiterführung dessen, was bei früherer Gelegenheit bereits gesagt worden war.

So gewinnen sowohl die Rede vom Evangelium als auch die Ausführungen über die Rechtfertigung, die Gedanken aus den vorangegangenen Briefen aufnehmen, den Charakter grundsätzlicher Feststellungen. Dasselbe gilt von Themen, die hiermit zusammenhängen. Denn von der verhängnisvollen Verbindung, die die Sünde mit dem Gesetz eingegangen ist, hatte Paulus schon in kurzen Andeutungen 1. Kor. 15,56 und Gal. 3,10–22 gehandelt. Diesem Zusammenhang widmet er nun im Römerbrief eine eingehende Erörterung (7,7–25), und zur Gemeinde in Korinth hatte er bereits von der Gegenüberstellung von Adam und Christus gesprochen (1. Kor. 15,22; Röm. 5,12–21). Das Stichwort der Versöhnung, das Röm. 5,10f. mit der Lehre von der Rechtfertigung in Verbindung gebracht wird, hatte der Apostel auch 2. Kor. 5,15–21 verwendet, um den Inhalt seines apostolischen Auftrags zu beschreiben (s. o. S. 166–169). Und die Verknüpfung von Rechtfertigung und Taufe, wie sie Röm. 6 vorgenommen wird, findet ihr Gegenstück in den Sätzen von Gal. 3,27f., die die Wirklichkeit des neuen Lebens in Christus kennzeichnen.

Daß Paulus die Frage nach dem Geschick Israels im Römerbrief so ausführlich verhandelt (s. o. S. 219–227), erklärt sich aus den grundsätzlichen Erwägungen, die er im Rückblick auf seine apostolische Wirksamkeit anstellt. Dabei erörtert er zugleich die Frage des Zusammenlebens von Juden- und Heidenchristen, wie sie sich in allen Gemeinden im Bereich des Imperium Romanum und insbesondere auch in Rom stellen mußte. Deshalb richtet er eine ausdrückliche Warnung an Heidenchristen, die etwa die Neigung verspüren sollten, überheblich über noch im Unglauben befangene Juden denken zu wollen.

Der einzige Abschnitt, der innerhalb des ganzen Römerbriefs Anlaß zu der Überlegung bieten könnte, ob Paulus konkrete Fragen aufnimmt, die sich innerhalb der römischen Gemeinde gestellt haben, betrifft die Beziehungen zwischen sog. Starken und sog. Schwachen. Während diese sich an gesetzliche Vorschriften gebunden wissen, die den Genuß bestimmter Speisen und Getränke verbieten sowie die Einhaltung ausgesonderter Tage fordern, wissen die anderen sich von solchen Regeln frei. Beide Seiten hält Paulus dazu an, gegeneinander Rücksicht zu üben und einander anzunehmen, wie Christus alle angenommen hat zu Gottes Ehre (15,7). Vergleicht man diesen Abschnitt mit früheren Ausführungen des Apostels, wie sie 1. Kor. 8–10 vorliegen, so zeigen sich sowohl Parallelen wie auch Unterschiede, ist doch nirgendwo im Römerbrief das Problem des Essens von sog. Götzenopferfleisch erwähnt (s. o. S. 149). Auf Grund von Erfahrungen, wie er sie in seiner Wirksamkeit an verschiedenen Orten – insbesondere in Korinth, von wo aus er den Römerbrief schreibt – gemacht hat, spricht der Apostel ein Problem an, das sich grundsätzlich überall im Zusammenleben von Christen unterschiedlicher Herkunft stellen muß. Nachdem die beiden Positionen der Starken und der Schwachen nur mit wenigen Strichen angedeutet worden sind, lenkt Paulus zu Beginn des 15. Kapitels seine Ausführungen auf die ihn stets bewegende Frage, wie Heiden- und Judenchristen miteinander auszukommen haben. Den Heidenchristen wird zu bedenken gegeben, daß Christus ein Diener der Beschneidung geworden ist (15,8). Und die Judenchristen werden darauf hingewiesen, daß Gottes Barmherzigkeit unter den Völkern, d. h. den Heiden, gelobt wird (15,9). Darum soll man einander gelten lassen und nicht auf völlige Vereinheitlichung unterschiedlich geprägter Lebensweise dringen, sondern Gott, den Vater des Herrn Jesus Christus, einmütig mit einem Munde loben (15,6).

Nicht Anfragen, die die Gemeinde an Paulus gerichtet hätte, haben daher zur Abfassung des Römerbriefs geführt, sondern die Situation, in der Paulus sich an einer Wende seines apostolischen Wirkens befindet, hat ihn dazu veranlaßt, an die Christen in Rom zu schreiben. Was der Apostel im Römerbrief ausführt, ist somit eine gründlich überlegte Rechenschaft über die Bezeugung des Evangeliums. Da Paulus noch weit ausgreifende Pläne vor sich sieht, wird man den Römerbrief aber nicht als ein Testament (Bornkamm) bezeichnen können, zumal dieser auch seiner formalen Gestalt nach keineswegs die Züge eines Testaments trägt. Doch ist er in besonderer Weise dadurch charakterisiert, daß er die wichtigsten Gedanken und Themen paulinischer Theologie bündelt und zusammenfassend vorträgt – gleichsam in einer Summe des Evangeliums. Weit stärker als in allen anderen Paulusbriefen werden daher die Wörter „alle“, „jeder“ oder als deren Gegenteil „keiner“ mit der Entfaltung dieser Botschaft verbunden. Denn Adressat der apostolischen Predigt ist die ganze Welt.

Da sich, wie an einem durchlaufenden roten Faden aufgereiht, immer wieder überlieferte formelhafte Aussagen über den Inhalt des christlichen Bekenntnisses finden (1,3 f; 3,24–26; 4,25; 8,3; 10,9 u. ö.), kann man den Römerbrief in weiten Teilen geradezu als einen Kommentar zu überkommenen Glaubensformeln bezeichnen (Conzelmann). Zeigt sich doch, daß Themen und Stoffe, die Paulus abhandelt, nicht erst bei der Abfassung dieses Schreibens vom Apostel aufgegriffen und durchdacht wurden. Vielmehr sind sie – wie sich auch aus den inhaltlichen Beziehungen zu Abschnitten in früheren Briefen ersehen läßt – von Paulus seit langem überlegt, in der Unterweisung der Gemeinden erläutert und im Dialog mit seinen Mitarbeitern immer wieder begründet und vertieft worden.

Den Plan, nach Spanien zu reisen, hat der Apostel nicht mehr verwirklichen können. Nur als Gefangener gelangte er schließlich nach Rom und hat dort sein Ende gefunden. Die wohlüberlegten Ausführungen jedoch, die er den Christen in Rom über die aller Welt auszurichtende Verkündigung des Evangeliums zugesandt hatte, sind von ihnen aufmerksam gehört worden. Denn sein Schreiben hat man aufgehoben – als bleibend gültige Summe des Evangeliums.

XVIII. Jerusalem und Rom

1. Der Weg des Paulus bis zur Verhaftung in Jerusalem

Nachdem Paulus den Christen in Rom angekündigt hatte, er wolle zunächst nach Jerusalem ziehen, um die in den heidenchristlichen Gemeinden gesammelte Kollekte zu übergeben, hat er sich alsbald auf die Reise gemacht. Wie diese verlaufen ist, kann jedoch nicht einem vom Apostel selbst erstatteten Bericht, sondern nur der Schilderung der Apostelgeschichte entnommen werden. Diese ist von ihrem Verfasser breit ausgemalt und mit umfangreichen Reden ausgeschmückt worden, die Paulus in den Mund gelegt werden. Der weit ausholende Schlußteil der Apostelgeschichte bietet nur einige historisch zuverlässige Anhaltspunkte; er entwirft eine nach überlegtem Plan gestaltete Rückschau aus späterer Sicht, durch die der Gang des Evangeliums von Jerusalem bis nach Rom in werbender und zum Glauben einladender Weise beschrieben werden soll. Doch ist anzunehmen, daß zumindest die Ortsnamen, die den Weg angeben, den Paulus nach Jerusalem genommen hat, in einem Itinerar, d. h. einem Verzeichnis von Stationen, vorgegeben waren (s. o. S. 97), das dann gleichsam als Gerüst gedient hat, um darum den weiten Mantel eindrucksvoller Würdigung des berühmten Christusboten herumzulegen. Unterzieht man daher die lukanische Darstellung kritischer Auswertung, so lassen sich einige Angaben gewinnen, um die letzte Phase der paulinischen Missionstätigkeit in Umrissen einschließen zu können.

Es wird berichtet, Paulus habe sich dazu entschlossen, von Griechenland, d. h. von Korinth, den Landweg zu wählen, um Nachstellungen von jüdischer Seite zu entgehen (Apg. 20, 3). So zog er nach Makedonien und bestieg erst in Philippi ein Schiff nach Troas (20, 6). Dort hielt er sich eine Woche lang auf, lehrte und predigte. Diese Tätigkeit soll er so intensiv ausgeübt haben, daß ein junger Mann namens Eutychos, der sich unter den Zuhörern befand, in tiefen Schlaf versank. Da er am Fenster saß, konnte er sich nicht aufrecht halten, fiel vom dritten Stock hinunter und wurde tot aufgehoben (20, 7–9). Paulus aber – so fährt die Erzählung fort – sei hinuntergegangen und habe ihn zum Leben erweckt – wunderbare Errettung eines zu Fall gekommenen Kirchenschläfers der frühen Christenheit (20,9–12).

Von Troas ging es weiter zu Schiff bis nach Milet (20,13–16). Ephesus wurde gemieden, weil dort nach erlittener Verfolgung und Haft neue Mißlichkeiten hätten erwartet werden müssen. Paulus bat daher die Ältesten der Gemeinde von Ephesus, zu ihm nach Milet zu kommen, damit er noch einmal mit ihnen sprechen könnte (20,17–38). Diese Verabschiedung ist in der Apostelgeschichte zu einer Szene von grundsätzlicher Bedeutung gestaltet worden. Paulus zieht dem Martyrium entgegen. Aber er nimmt keine Rücksicht auf sein Leben, sondern ist nur darauf bedacht, seinen Lauf zu vollenden und seinen Dienst recht zu versehen (V. 22–24). Damit ist in ähnlicher Weise wie in den Pastoralbriefen vom vorbildlichen Charakter seines Weges und dem beispielhaften Rang seines Verhaltens die Rede (vgl. 2. Tim. 1,6–14).

Paulus wendet sich an die Amtsträger in den frühchristlichen Gemeinden, um ihnen die Verantwortung ans Herz zu legen, die sie als Hirten tragen: acht zu haben auf sich selbst und auf die ganze Herde, die zu weiden ihnen anvertraut ist (V. 28). Denn es werden Zeiten kommen, in denen sie durch reißende Wölfe bedroht wird, und aus ihrer Mitte Männer aufstehen, die Verkehrtes lehren (V. 29f.). Deshalb muß man wachsam bleiben und auf der Hut sein, um sich nicht von der rechten Lehre abbringen zu lassen, die als Vermächtnis sorgsam zu wahren ist. Selbst durch tränenreiche Bekundung besorgter Zuneigung läßt Paulus sich nicht davon abhalten, dem ihm bestimmten Geschick entgegenzugehen und die Reise nach Jerusalem fortzusetzen.

Die Fahrt führt weiter über Kos nach Rhodos und Patara (21,1). Dort steigt Paulus mit seinen Begleitern auf ein Schiff nach Phönizien und geht in Tyrus an Land. Sieben Tage kann er bei Jüngern bleiben – in einer kleinen christlichen Gemeinde, die es in der Stadt schon in früher Zeit gegeben haben mag (21,3f.). Paulus wird erneut gewarnt, er solle nicht nach Jerusalem hinaufziehen (V. 4). Doch er hält an seinem Vorhaben fest, reist von Tyrus nach Ptolemais und weiter nach Caesarea (V. 7f.). Auch hier wird bei Christen Station gemacht, die die Brüder aufnehmen (V. 8.). Ein urchristlicher Prophet namens Agabus kündigt Paulus mit einer anschaulichen Zeichenhandlung an, was ihn in Jerusalem erwartet. Er nimmt dessen Gürtel, bindet sich damit die Hände und Füße und spricht: „Das sagt der Heilige Geist: Den Mann, dem dieser Gürtel gehört, werden die Juden zu Jerusalem so binden und überantworten in die Hände der Heiden." (V. 11) Doch Paulus läßt sich auch durch diesen eindringlichen Appell nicht irre machen, sondern versichert: „Ich bin bereit, nicht allein mich binden zu lassen, sondern auch zu sterben in Jerusalem für den Namen des Herrn Jesus." (V. 13)

In Jerusalem angelangt, wird Paulus mit seinen Gefährten von christlichen Brüdern aufgenommen und trifft mit Jakobus und den Ältesten zusammen (21,17f.). Es wird berichtet, der Herrenbruder sei ihnen freundlich begegnet und habe sich erzählen lassen, was Gott durch ihren Dienst unter den Heiden getan habe. Dann aber habe er ihnen einen wohlgemeinten Rat gegeben: Es sei nötig, den von manchen Eiferern für das Gesetz geäußerten Verdacht zu entkräften, als lehre Paulus Abfall von Mose und Mißachtung gesetzlicher Vorschriften. Es seien da vier Männer, die ein Gelübde getan haben. Ihrer solle Paulus sich annehmen, sich mit ihnen der gebotenen Reinigung unterziehen und die Kosten dafür tragen, daß sie ihr Haupt scheren können (21,21–24). Vorausgesetzt ist dabei ein alter Brauch sog. Nasiräer, die um des dem Gott Israels geschuldeten Dienstes willen jede Verunreinigung mieden, sich des Genusses von Wein enthielten und auch das Haar nicht schnitten. Am Ende der gesetzten Frist fand dann am Tempel eine Opferhandlung statt, deren Kosten zu bestreiten als verdienstliches Werk angesehen wurde.

Neben der Darstellung der Apostelgeschichte gibt es keinen anderen Bericht, der eine kritische Überprüfung ermöglichen könnte. Doch läßt sich durchaus vorstellen, daß Jakobus einen Vermittlungsvorschlag solcher Art gemacht hat, auf den Paulus sich seinerseits einlassen konnte. Denn er war dazu bereit, den Juden wie ein Jude zu begegnen und denen, die unter dem Gesetz sind, wie einer unter dem Gesetz, obwohl er selbst nicht unter dem Gesetz als zum Heil notwendigen Weg stand – um die zu gewinnen, die unter dem Gesetz sind (1. Kor. 9,20).

Kein Wort wird jedoch in der Apostelgeschichte über die Kollekte gesagt, die Paulus der Urgemeinde aushändigen wollte. Erst im späteren Verlauf ihrer Darstellung wird fast beiläufig erwähnt, Paulus habe Almosen überbringen und am Tempel opfern wollen (24,17). Dem Berichterstatter, der einige Jahrzehnte nach den Ereignissen schrieb, war offensichtlich nicht bekannt, welche Bedeutung Paulus diesem Zeichen der Solidarität der Heidenchristen mit der Mutterkirche in Jerusalem beigemessen hatte. Daher ist nicht überliefert, ob die Gaben der paulinischen Gemeinden angenommen wurden oder ob die

Befürchtung des Paulus eingetreten sein könnte, daß der Dienst, den er für Jerusalem getan hatte, den Heiligen nicht willkommen wäre (Röm. 15,31).

Die Geschichte nimmt ihren Fortgang mit der Nachricht, Paulus sei mit den Männern, die das genannte Gelübde getan hatten, in den Tempel gegangen und habe angezeigt, „daß die Tage der Reinigung beendet sein sollten, sobald für jeden von ihnen das Opfer dargebracht wäre" (21,26). Doch dann seien Juden, die aus der Diaspora in der Provinz Asien kamen, aufgetreten, um großen Tumult zu verursachen mit der Behauptung, Paulus habe Griechen in den Bereich des Tempels mitgenommen und dadurch die heilige Stätte entweiht (21,27f.). Nichtjuden war es streng untersagt, den inneren Vorhof zu betreten. Der äußere Vorhof war vom inneren durch Schranken getrennt, an denen Warnschilder aufgestellt waren, auf denen in griechischer und lateinischer Sprache geschrieben stand: „Kein Fremdstämmiger darf eintreten in die Schranken und die Umzäunung rings um den Tempel. Wer aber dabei ergriffen wird, ist selbst schuld an der darauf folgenden Todesstrafe." Diese Warnung wurde auch von der römischen Besatzungsmacht beachtet, um Verletzungen des heiligen Bereiches zu vermeiden. Die Apostelgeschichte stellt darum ausdrücklich fest, daß man eine falsche Beschuldigung gegen Paulus vorgebracht hatte. Die entstandene Unruhe rief jedoch die römische Wache auf den Plan, die für die Wahrung der Ordnung zu sorgen hatte. Sie nahm Paulus fest, um ihn gegen Übergriffe von jüdischer Seite in Schutz zu nehmen und die Angelegenheit zu überprüfen (21,31–36).

Bis zu seiner Verhaftung läßt sich der Weg des Paulus mit einiger Wahrscheinlichkeit aus den Angaben in der Apostelgeschichte erschließen. Sowohl die Begegnung mit Jakobus wie auch die Zustimmung, rituellen Vorschriften im Tempelbereich genügen zu wollen, fügen sich in den Zusammenhang ein, wie er sich als Ablauf des Geschehens vorstellen läßt. Auch mag der Vorwurf, Paulus habe gesetzliche Weisungen mißachtet, Anlaß zu dem Versuch gegeben haben, seiner habhaft zu werden und ihn umzubringen. Daß die Besatzungsmacht eingegriffen hat, wird die unausweichliche Folge gewesen sein. Wie sie jedoch mit dem Häftling umgegangen ist und aus welchen Gründen er schließlich nach Rom überstellt wurde, läßt sich nur noch auf Grund von Vermutungen erahnen. Zwar bietet die Apostelgeschichte eine anschauliche Schilderung der folgenden Ereignisse. Doch dabei führt ihrem Verfasser die Freude an lebendiger Gestaltung die Feder, die ihn eindrucksvolle Auftritte und geschickt gestaltete

Reden seines Helden entwerfen läßt, die nahezu keine historisch nachprüfbaren Daten mehr zu erkennen geben, sondern von der schriftstellerischen Kunst des Verfassers gestaltet worden sind.

2. Der Prozeß des Paulus

Nach der Darstellung, die die Apostelgeschichte gibt, haben sich die Verhandlungen, in denen über Schuld oder Unschuld des Paulus befunden werden sollte, lange hingezogen. In diese Zeit werden mehrere Auftritte verlegt, bei denen der Angeklagte vor der jüdischen Behörde wie auch vor den römischen Instanzen ausführte, wer er sei, wie er in der Hoffnung auf die Auferstehung der Toten den rechten Glauben vertrete und gegen ihn erhobene Vorwürfe zurückweisen könne, nach denen er jüdische Sitten mißachtet oder verletzt haben sollte. Sowohl in der großen Rede, die er zu seiner Verteidigung vor jüdischen Zuhörern hält (22, 1–21), wie auch in der Ansprache, mit der er sich an den jüdischen König Agrippa und zugleich an den römischen Statthalter wendet (26, 1–29), rechtfertigt Paulus sich mit dem Hinweis, daß er mitnichten sich gegen Tempel und Gesetz vergangen habe, sondern wegen der Hoffnung auf die Verheißung angeklagt worden sei, die den Vätern von Gott gegeben wurde (26, 6). Als Bote seines Herrn hat er vor den Menschen zu bezeugen, was er gesehen und gehört hat (22, 15). Darum geht die Ankündigung in Erfüllung, daß er um des Namens seines Herrn willen viel leiden müsse (9, 16).

In der Schilderung der Ereignisse wird wiederholt auf Nachstellungen hingewiesen, die sich von jüdischer Seite gegen Paulus richteten. Die Vertreter der römischen Besatzungsmacht aber verfahren durchweg unter Beachtung des geltenden Rechts. Die lukanische Darstellung zeigt dabei immer wieder, daß ihr Verfasser mit den Verhältnissen vertraut ist, wie sie in den Provinzen des Reichs galten (Sherwin-White). Ließen die Römer in der Regel vorhandene lokale Behörden wie das jüdische Synedrium bestehen und ihre Funktionen ausüben, so lag doch die oberste Gewalt in Händen des jeweiligen Statthalters, der ein Verfahren jederzeit an sich ziehen und zur Entscheidung bringen konnte. In der Apostelgeschichte wird mehrfach erwähnt, daß die Juden, die Paulus feindlich gegenübertraten, sich darum bemühten, den Prozeß in ihre Hand zu bringen und den Angeklagten von ihrer Behörde aburteilen zu lassen. Dagegen aber wird hervorgehoben, daß der Statthalter es nicht zuließ, einen römischen Bürger willkürlicher

Behandlung durch die örtlichen Instanzen auszuliefern. Römische Rechtspraxis machte es erforderlich, einen Beschuldigten nicht preiszugeben, „bevor er seinen Klägern gegenüberstand und Gelegenheit hatte, sich gegen die Anklage zu verteidigen" (25,16). Die Darstellung der Apostelgeschichte legt besonderen Wert darauf zu betonen, daß Christen loyale Bürger sind und durch die römischen Behörden korrekt behandelt wurden. Doch obgleich die Hinweise, die auf Einhaltung der geltenden Vorschriften aufmerksam machen, den damaligen Rechtsverhältnissen entsprechen, ist nicht mehr zu klären, wie das Verfahren des Paulus abgelaufen ist. Der Verfasser der Apostelgeschichte wird über keine genaueren Nachrichten verfügt haben. Daher benutzte er den durch das Recht gegebenen Rahmen, um die Gestalt des Paulus in den Mittelpunkt des Geschehens zu rücken und ihn ausführlich zu Wort kommen zu lassen.

Nach der Erzählung, die die Apostelgeschichte von seinem Prozeß bietet, tritt der gefangene Paulus als Prediger auf, der nach göttlicher Weisung zu den Völkern hinausgegangen ist und um dieses seines Auftrags willen Leiden und Verfolgung zu erdulden hat. Da er sich darauf berufen kann, römischer Bürger zu sein, wird sein Verfahren am Ende nach Rom abgegeben, um vor kaiserlichem Gericht entschieden zu werden. Dabei steht sein Weg unter der Verheißung des Herrn, wie in Jerusalem so werde er auch in Rom sein Zeuge zu sein haben (23,11). Agrippa und Festus werden von den Ausführungen des Gefangenen so beeindruckt, daß sie zu der Ansicht gelangen, dieser Mensch hätte freigelassen werden können, wenn er sich nicht auf den Kaiser berufen hätte (26,31). Obgleich er gegenüber den Anklagen, die man gegen ihn erhoben hatte, ohne Schuld dasteht, muß Paulus doch den ihm bestimmten Leidensweg gehen, um – wenn auch als Gebundener – das Christuszeugnis in die Hauptstadt des Reiches zu bringen. In der Vernehmung durch den jüdischen König Agrippa kann er ausführen, daß sich das Geschehen, das er zu bezeugen hat, nicht im Winkel zugetragen hat (26,26). Und er vermag seinen Zuhörer sogar zu dem Eingeständnis zu bringen, es fehle nicht viel, so werde er ihn noch dazu überreden, selber Christ zu werden (26,28).

Die Zeit der Haft, die Paulus in Caesarea unter Aufsicht des Statthalters Felix hat zubringen müssen, hat sich lange hingeschleppt, ohne daß eine Klärung erreicht wurde. Erst als sein Nachfolger Festus die Amtsgeschäfte übernommen hatte (s. o. S. 56), wurde Paulus auf Grund seiner Appellation nach Rom überstellt. Dieser Hergang wird in etwa dem historischen Ablauf entsprechen, da ein römischer Bürger

Anspruch darauf erheben konnte, daß seine Sache einem kaiserlichen Gericht vorgelegt wurde. So wird Paulus gegen Ende der 50er Jahre von Caesarea als Gefangener nach Rom gebracht worden sein. Die Apostelgeschichte läßt jedoch die äußeren, bedrückend wirkenden Umstände in den Hintergrund treten. Obwohl ihr Verfasser darum gewußt haben muß, daß Paulus in Rom den Märtyrertod erlitten hat, berichtet er nichts von seinem Ende, sondern lenkt die Aufmerksamkeit seiner Leser allein darauf, daß allen Mißlichkeiten zum Trotz die frohe Botschaft ihren Lauf nach Rom nimmt und der leidende Bote sie an das gesetzte Ziel bringt, indem er „das Reich Gottes predigte und von dem Herrn Jesus Christus mit allem Freimut lehrte ungehindert" (28,31).

3. Das Ende in Rom

Die Reise, die Paulus zusammen mit einigen anderen Gefangenen unter der Obhut eines römischen Offiziers machen mußte, wurde zu Schiff angetreten und vollzog sich unter einigen Schwierigkeiten. Der Bericht wird in anschaulicher Wir-Form gegeben (27,1–28,16). Doch diese Gestalt der Erzählung besagt keineswegs, daß sie auf einen Augenzeugen zurückzuführen ist. Da sich die sog. Wir-Stücke in der Apostelgeschichte in stilistischer Hinsicht nicht von ihrem Kontext unterscheiden, müssen sie denselben Verfasser haben wie das ganze Buch. In Romanen und Erzählungen der hellenistischen Literatur wurde gelegentlich das Stilmittel benutzt, vom Bericht in die Wir-Form überzugehen, um dadurch größere Anschaulichkeit der Darstellung zu erreichen. Mit Hilfe dieser Darstellungsweise, möchte die Erzählung, wie sie in der Apostelgeschichte gegeben wird, die Aufmerksamkeit ihrer Leser gewinnen.

Die Romfahrt des Paulus wird in spannend wirkender Abfolge der Ereignisse beschrieben. Dabei bedient sich der Verfasser weitgehend bestimmter Motive, wie sie bei Reiseberichten beliebt waren. Hierzu gehört auch eine ausführliche Schilderung von einem Schiffbruch, die einige seemännische Kenntnisse voraussetzt. Diese gründen sich nicht auf eigene Erfahrungen des Verfassers, sondern entstammen traditionellen Bildern, wie sie des öfteren zur Ausstattung von Berichten über gefahrvolle Unternehmungen verwendet wurden. Löst man aus dem langen Kap. 27 die kurzen Abschnitte heraus, die den Namen des Paulus anführen, so gewinnt man das Gerüst eines solchen Schemas, dessen sich die Apostelgeschichte bedient hat, um davon zu erzählen, wie Paulus mit seinen Gefährten in Seenot geriet, bei Malta Schiffbruch erlitt und auf wunderbare Weise gerettet wurde. Über den tatsächlichen Verlauf der Fahrt nach Rom bieten diese Ausführungen jedoch keine historisch zuverlässigen Angaben. Denn sie sollen in erbaulicher Schilderung dem Leser zeigen, wie der gefangene Paulus vor drohender Gefährdung immer wieder bewahrt wird, damit er an das Ziel des ihm bestimmten Weges gelangen kann (Wehnert).

Der Reiseweg folgt der üblichen Route: Von Malta geht es zu Schiff nach Syrakus, dann weiter nach Rhegion und schließlich nach Puteoli, wo die Seereise endet. Dort soll Paulus für sieben Tage bei einer kleinen christlichen Gemeinde Aufnahme gefunden und dann den Weg nach Rom zu Fuß fortgesetzt haben (28,14). Christliche Brüder kamen – so läßt die Apostelgeschichte die Reise zum Abschluß gelangen – Paulus und seinen Begleitern bis Forum Appii und Tres-Tabernae entgegen, um sie feierlich einzuholen (28,15). In Rom aber soll es Paulus gestattet worden sein, allein zu wohnen unter Bewachung durch einen Soldaten, der auf ihn achtzugeben hatte (28,16).

Es gab damals die rechtliche Möglichkeit, einem römischen Bürger, der auf seinen Prozeß zu warten hatte, den Aufenthalt in einer sog. libera custodia unter polizeilicher Aufsicht zu gestatten. Die Apostelgeschichte läßt Paulus dieser Regelung entsprechend in Rom Quartier nehmen, so daß er mit angesehenen Juden in Verbindung treten kann. Nun ist nicht mehr von der Begegnung mit christlichen Brüdern die Rede, sondern von der Verkündigung an Juden, die in unterschiedlicher Weise auf die christliche Predigt reagieren. Zustimmung steht Abneigung, Annahme Zurückweisung gegenüber. Damit wiederholt sich erneut die Erfahrung von rätselhafter Verstockung, von der schon der alttestamentliche Prophet gesprochen hatte (Jes. 6,9f.; Apg. 28,25–27). Wollen die Juden, die als erste angeredet wurden, das Wort vom Heil nicht annehmen, so wird es zu den Heiden getragen – „und sie werden es hören" (28,28).

Spätere Tradition zeigt in dem kleinen Kirchlein S. Paolo alla Regola, unweit vom heutigen jüdischen Viertel der Stadt gelegen, den Ort, an dem Paulus sich zwei Jahre lang aufgehalten und gelehrt haben soll. Doch läßt sich diese Überlieferung nicht bis in älteste Zeit zurückverfolgen, in der die meisten Juden überdies jenseits des Tibers gelebt haben. Den Angaben der Apostelgeschichte können auch für die letzte Zeit, die Paulus in Rom verbracht hat, keine näheren Daten entnommen werden. Es wird einige Zeit vergangen sein, bis der Prozeß gegen den Apostel schließlich einen ungünstigen Ausgang nahm und mit seiner Verurteilung endete. Welche Gründe zur Verhängung der Todesstrafe geführt haben, bleibt im ungewissen. Doch wird die Überlieferung darin recht haben, daß an Paulus als römischem Bürger die Hinrichtung mit dem Schwert vorgenommen wurde – vor den Mauern der Stadt, wo dann vermutlich Paulus auch sein Grab gefunden hat. In konstantinischer Zeit wurde an der Stätte, an der das Grab des Apostels von den Gläubigen verehrt wurde, die Basilica S. Paolo fuori le Mura errichtet, um das Gedächtnis an sein Ende lebendig zu halten.

Daß Paulus wie bald nach ihm auch Petrus in Rom hingerichtet wurde, hat als historisch gesicherte Überlieferung zu gelten (Lietzmann). Wahrscheinlich ist er einige Zeit vor der neronischen Verfolgung umgekommen, in deren Zusammenhang Petrus getötet wurde. Die frühchristliche Tradition hat alsbald die beiden großen Apostel eng aneinandergerückt und ihr im Martyrium beglaubigtes Wirken als hohe Auszeichnung der römischen Gemeinde gewertet. Im 1. Clemensbrief, der zu Ende des 1. Jahrh. n. Chr. in Rom abgefaßt wurde, wird zunächst auf das beispielhafte Zeugnis des Petrus hingewiesen, nach dem er an den gebührenden Ort der Herrlichkeit gelangt sei (5,4). Dann aber wird hinzugefügt, daß auch Paulus Eifersucht und Streit mit dem Kampfpreis der Geduld entgegengetreten sei: „Siebenmal in Ketten, vertrieben, gesteinigt, Herold im Osten wie im Westen empfing er den echten Ruhm für seinen Glauben. Er lehrte die ganze Welt Gerechtigkeit, kam bis an die Grenze des Westens und legte vor den Machthabern Zeugnis ab. So schied er aus der Welt und gelangte an den heiligen Ort, das größte Beispiel der Geduld.“ (5,6 f.)

Die Behauptung, Paulus sei auch bis in den äußersten Westen des Römischen Reiches gelangt, wird aus den Plänen erschlossen worden sein, von denen Paulus im Römerbrief gesprochen hat (15,24–28) (s. o. S. 56). Es gibt jedoch keinerlei Nachrichten, die die Annahme rechtfertigen würden, Paulus könnte noch einmal aus der Haft freigekommen und wirklich nach Spanien gereist sein. Das Wirken der beiden Apostel Petrus und Paulus wird im 1. Clemensbrief als hervorragendes Zeichen vorbildlicher Geduld gewertet, die bis in Leiden und Sterben hinein bewährt wurde. Die spärlichen Angaben, die man über ihr Ende zu machen weiß, lassen darauf schließen, daß in frühester Zeit noch kein Märtyrerkult betrieben wurde, in dem vom heldenhaften Ende der beiden großen Apostel hätte berichtet werden können. Allein das Zeugnis als solches, das im Leiden und Tod seine

Vollendung fand, wird gewürdigt. Doch indem man die Briefe aufhob, die der Apostel Paulus verfaßt hatte, und sie in den Gemeindeversammlungen zur Verlesung brachte, blieb seine Stimme lebendig und kam in der Geschichte der Christenheit immer wieder mit Nachdruck zu Gehör.

XIX. Auswirkungen der paulinischen Theologie

1. Die deuteropaulinischen Briefe

Nach dem Tod des Apostels haben Schüler die in seinen Briefen entfaltete Lehre weitergeführt, seine Schriften gesammelt und ihren Inhalt studiert, um angesichts der sich rasch wandelnden Aufgaben, vor die die frühe Christenheit gestellt wurde, aus der Theologie des Paulus lernen und sie auf neu auftauchende Probleme anwenden zu können. Sie bezogen sich dabei auf den Apostel und bedienten sich der Form von Briefen, wie er sie geschrieben hatte. Gaben sie die Texte, die sie in Fortführung der paulinischen Theologie formulierten, unter dem Namen des Paulus heraus, so verfaßten sie nach ihrem Verständnis nicht etwa Fälschungen, sondern verfuhren nach einem in der Antike verbreiteten Brauch. Man berief sich nicht nur auf die Autorität des Lehrers, in dessen Namen man sprechen wollte, sondern formulierte die Botschaft so, daß man den Lehrer selbst reden und sein kritisches Urteil aussprechen ließ.

Das früheste Dokument deuteropaulinischen Schrifttums liegt im Kolosserbrief vor, der um 80 n. Chr. in Ephesus abgefaßt worden sein wird. In Auseinandersetzung mit einer sog. Philosophie (2, 8), die zur Verehrung kosmischer Kräfte und zu synkretistischer Praxis anhalten wollte, wird auf die universale Gültigkeit des Christusbekenntnisses hingewiesen (1, 15–20). Die dargebotene Christologie geht über die Aussagen der paulinischen Hauptbriefe hinaus, indem ihre kosmische Weite beschrieben und ausgeführt wird, in Christus wohne die ganze Fülle leibhaftig (2, 9) und er sei das Haupt jeder Macht und Gewalt (2, 10). Nicht erst am Ende der Zeit wird Christus als der Herr aller Herren eingesetzt werden. Sondern bereits jetzt führt der erhöhte Herr das Regiment über alle Welt (3,1 f.11). Deshalb ist dem Völkerapostel der Auftrag zur Mission unter den Völkern erteilt. Denn weil Christus zur Rechten Gottes thront, muß er als der Kyrios proklamiert werden, damit jeder Mensch in aller Weisheit unterwiesen und vollkommen gemacht werde (1, 27 f.).

Mit der Christologie ist das Verständnis der Kirche auf das engste verknüpft: Christus ist das Haupt des Leibes; das aber bedeutet: der

Kirche (1, 18). Damit wird nicht wie im paulinischen Verständnis von der Einzelgemeinde gesprochen, sondern die Kirche als der die Welt umspannende Leib Christi bestimmt, der dem Haupt zu- und untergeordnet ist. Die Kirche ist darum der Ort, an dem Christus seine Herrschaft schon hier und jetzt verwirklicht. Sie ist das Volk Gottes, das er aus der Gewalt der Finsternis befreit und in das Reich seines geliebten Sohnes versetzt hat (1, 13). Zugleich aber wird auch die örtliche Gemeinde, ja sogar die kleine Hausgemeinde mit demselben Wort als Kirche bezeichnet (4, 15 f.). Denn der Christusleib tritt als der Bereich der Herrschaft Christi überall da in Erscheinung, wo die Heiligen und gläubigen Brüder in Christus versammelt sind (1, 2). Sie sind durch die Liebe als das Band der Vollkommenheit zusammengeschlossen (3, 14) und halten an Christus fest, wie sie ihn in der apostolischen Überlieferung empfangen haben (2, 6 f.).

Diesem ökumenischen Verständnis der Kirche entspricht es, daß die endzeitliche Erwartung in den Hintergrund rückt. An die Stelle der auf die zukünftige Erfüllung gerichteten Hoffnung ist ein räumlich bestimmtes Denken getreten, das zwischen unten und oben, Irdischem und Himmlischem unterscheidet (3, 1–4). Infolgedessen hat auch die Bedeutung der Taufe eine nicht unwesentliche Veränderung erfahren. Während nach Röm. 6, 4 der Christ mit Christus gestorben ist, aber der zukünftigen Auferstehung erst entgegengeht, heißt es nun, die Glaubenden seien mit Christus gestorben und auferstanden (2, 12 f.; 3, 1). Die Auferstehung zum neuen Leben ist also bereits erfolgt, so daß das zukünftige Geschehen nicht mehr Auferweckung der Toten, sondern Offenbarwerden des Lebens genannt wird, das schon zuteil geworden, aber noch mit Christus in Gott verborgen ist (3, 3). Für das Verhalten der Christen gilt daher die Weisung: „Sucht, was droben ist – trachtet nach dem, was droben ist, nicht nach dem, was auf Erden ist.“ (3, 1 f.)

Der Verfasser des Kolosserbriefes antwortet auf die Herausforderung der sog. Philosophie, indem er die paulinische Theologie auf die neue Fragestellung anwendet. In diese Situation hinein spricht er das Wort des Apostels den Gemeinden zu, um sie in der Gewißheit zu bestärken, daß da, wo Christus als der Herr geglaubt und bekannt und von ihm Vergebung der Sünden empfangen wird, Leben und Seligkeit sind und also den kosmischen Mächten keine Bedeutung mehr zuerkannt werden kann.

Die nächstfolgende Stufe deuteropaulinischer Theologie liegt im Epheserbrief vor, der – wie zahlreiche Parallelen erkennen lassen –

unter Benutzung des Kolosserbriefes entstanden ist. Während dieser sich mit Irrlehrern auseinanderzusetzen hatte, kann der Epheserbrief seine Gedanken in unpolemischer, meditativer Darbietung entfalten. Die zwischen beiden Briefen bestehenden Gemeinsamkeiten betreffen nicht nur die verwendete Terminologie, sondern vor allem auch den Inhalt der Ausführungen. Christus ist das Haupt des Leibes, der Kirche. Er hat über die Geistermächte triumphiert, durch sein Blut ist Friede gestiftet. Alter und neuer Mensch werden in den ermahnenden Ausführungen einander gegenübergestellt. Und in der sog. Haustafel werden die verschiedenen Stände der Gemeinde nacheinander angeredet. Vergleicht man die beiden Abschnitte Kol. 3,18–4,1 und Eph. 5,22–6,9 miteinander, so zeigt sich, daß die kurz formulierten Sätze des Kolosserbriefes im Epheserbrief breit ausgestaltet und mit einer ausführlichen Erläuterung versehen worden sind, in der in weit größerem Umfang der aus der Tradition überkommenen ethischen Unterweisung eine spezifisch christliche Begründung gegeben wird.

Die kosmische Christologie, wie sie im Kolosserbrief formuliert wurde, ist im Epheserbrief zu einer Lehre von der Kirche ausgestaltet worden. Dabei ist die Kontinuität mit der Theologie des Apostels festgehalten, indem die Lehre von der Rechtfertigung (2,1–10), von den Charismen (4,7–16) und von dem einen Gottesvolk aus Juden und Heiden in Aufnahme und Fortentwicklung paulinischer Gedanken beschrieben wird. Die weltweite Christenheit, die unter dem himmlischen Haupt steht, wird als verfaßte Kirche verstanden, die auf dem Fundament der Apostel und Propheten ruht (2,20). Die Apostel sind „heilig" (3,5), zu den Amtsträgern werden außer ihnen Propheten, Evangelisten, Hirten und Lehrer gezählt (4,11). Das Charisma ist also dem Amt zugeordnet. Darin ist gleichfalls eine Weiterbildung zu erkennen, die nicht nur über die authentischen Paulinen, sondern auch über den Kolosserbrief hinausgeht, der noch nichts über die Ordnung der Ämter hatte verlauten lassen. Wie im Kolosserbrief ist an die Stelle einer auf die Zukunft gerichteten endzeitlichen Erwartung ein Denken getreten, das räumlich orientiert ist. Die Auferstehung der Glaubenden hat sich in der Taufe bereits ereignet (2,5); die gnadenweise geschenkte Rettung ist schon geschehen, und die aus dem Tod Erweckten sind bereits jetzt in die himmlische Welt versetzt (2,6).

Auch die im 2. Thessalonicherbrief entwickelte Gedankenführung zeigt, daß an der unmittelbaren Naherwartung, wie sie als endzeitliche Hoffnung von der ersten Christenheit und mit ihr vom Apostel Paulus vertreten wurde, nicht auf Dauer festgehalten werden konnte. Daher suchte man in der Paulusschule die im 1. Thessalonicherbrief ausgesprochene Eschatologie durch kommentierende Erläuterungen zu ergänzen und durch diese zu erklären, warum die Ankunft Christi sich noch hinauszieht. Man bediente sich dabei weithin des Vokabulars, wie es im ersten Brief enthalten war, suchte aber darzulegen, daß vor Anbruch des Endes zunächst eine Folge verschiedener Ereignisse ablaufen müsse, ehe die große Wende anheben könne. Zwar kann auch Paulus des öfteren apokalyptische Vorstellungen verwenden, um die Bedeutung eschatologischer Aussagen zu unterstreichen (1. Thess. 4, 13–18; Kor. 15, 20–28), nirgendwo aber schildert er ein endzeitliches Drama. Im 2. Thessalonicherbrief dagegen sollen die apokalyptischen Elemente nicht das Kommen Christi beschreiben, sondern verdeutlichen, warum die Wiederkunft Christi in einiger Ferne liegt und ihr Anbruch sich noch hinausziehen muß.

Nun heißt es, die Geschehnisse der letzten Zeit müßten nach einem ihnen bestimmten Plan aufeinanderfolgen. Der große Abfall werde kommen, der Mann der Bosheit auftreten und der Sohn des Verderbens offenbar werden (2, 3). Zwar sei das Mysterium der Bosheit schon am Werk, aber noch nicht enthüllt, da der, der es jetzt aufhält, noch da sei (V. 7). Erst wenn er beseitigt sei, werde die Offenbarung des Bösen erfolgen (V. 8), den der Herr Jesus mit dem Hauch seines Mundes töten werde. Mit demjenigen, der gegenwärtig noch aufhaltend wirkt, wird ein gewaltiger Engel gemeint sein, wie auch in der Johannesoffenbarung verschiedentlich große Engelgestalten genannt werden, die mit ungeheurer Kraft die Mächte und Gewalten bändigen und festhalten, bis der Augenblick eintritt, an dem sie losgelassen werden (z. B. Apk. 7, 1–3). Anders als in der Naherwartung, wie sie am Anfang die Hoffnung der ersten Christen bestimmte, kommt nun den apokalyptischen Aussagen erhöhtes Gewicht zu. Denn nur wenn man den Zusammenhang der Endereignisse recht betrachtet – so werden die Gemeinden belehrt –, wird man begreifen, daß Gottes neue Welt zwar kommen wird, aber doch nicht so bald, wie man zunächst gedacht hatte. Der 2. Thessalonicherbrief wird daher gegen Ende des 1. Jahrh. n. Chr. in Kreisen entstanden sein, die die paulinischen Briefe lasen, kannten und auslegten. Dabei mußten sie deren Botschaft neu formulieren, um sie den veränderten Gegebenheiten anzupassen. Angesichts der sich in die Länge ziehenden Zeit gewann die ethische Unterweisung an Bedeutung, müssen doch die Christen darauf bedacht sein, nicht unordentlich zu leben, sondern sich nach der apostolischen Lehre zu richten und sich ihr entsprechend zu verhalten (3,6f.).

Die an Timotheus und Titus gerichteten Briefe gehören auf Grund des in ihnen verwendeten Sprachgebrauchs sowie ihrer inhaltlichen Ausführungen eng zusammen und gehen wahrscheinlich auf denselben Verfasser zurück, der sie als ein einheitliches Corpus gestaltet hat. Darin werden die beiden Themen – Abwehr falscher Lehre und Gestaltung rechter kirchlicher Ordnung – gründlich durchdacht und abgehandelt. Der 2. Timotheusbrief ist in stärkerem Maß persönlich gehalten als die beiden anderen Schreiben und trägt geradezu den Charakter eines Testaments, durch das der Apostel seinem Schüler ans Herz legt, worauf er vor allem bei der Leitung der Gemeinden zu achten habe: Ordnung halten, zuverlässige Amtsträger einsetzen, falsche Lehre abweisen und die Aufträge durchführen, die auf Grund der apostolischen Tradition gestellt sind. Dies entspricht der Lage, in der sich frühchristliche Gemeinden, die aus der paulinischen Mission und deren Fortführung entstanden waren, gegen Ende des 1. Jahrh. n. Chr. befanden.

Die Auseinandersetzung mit Irrlehrern richtet sich in allen drei Briefen gegen dieselbe Bewegung. Sie kommen aus der Beschneidung (Tit. 1,10) und wollen Gesetzeslehrer sein (1. Tim. 1,7). Sie befassen sich mit Mythen und Menschensatzungen (Tit. 1,14) bzw. Mythen und Genealogien (1. Tim. 1,4; 4,7) und treiben dabei törichte Untersuchungen und Streitereien um das Gesetz (Tit. 3,9). Es handelt sich demnach um gnostische Gedankengebilde, die sich an alttestamentliche Stoffe anhängen und kühne Ausdeutungen von biblischen Geschlechtsregistern vornehmen. Auf jüdische Herkunft weist auch das Festhalten an Reinheitsvorschriften hin (Tit. 1,14f.). Dabei liegt eine eigenartige Verbindung von jüdischer Gesetzlichkeit und gnostischen Spekulationen vor. Man rühmt sich höherer Erkenntnis (Tit. 1,14; 1. Tim. 6,20), vertritt asketische Lebensweise, verbietet die Ehe und untersagt den Genuß bestimmter Speisen (1. Tim. 4,3; Tit. 1,14f.). Offenbar soll die pneumatische Wirklichkeit nicht durch Befleckung mit irdischer Materie getrübt werden. Denn man meint, die Auferstehung sei schon geschehen (2. Tim. 2,18) und dadurch denen, die vom Geist erfüllt sind, unverlierbares Heil zuteil geworden, das sie über die irdischen Verhältnisse hinaushebt und göttliche Kraft erfahren läßt.

Die Zurückweisung dieser Lehre wird auf andere Weise durchgeführt, als es Paulus oder der Kolosserbrief taten, indem sie sorgfältig theologisch argumentierten. Die Pastoralbriefe vollziehen nur eine scharfe Trennung zwischen falscher und rechter Lehre, indem sie den lockeren Lebenswandel der Irrlehrer rügen und ihr Auftreten als vom Apostel selbst geweissagte Erscheinung hinstellen: In den letzten Zeiten werden einige vom Glauben abfallen (1. Tim. 4, 1) und etliche nicht mehr an der gesunden Lehre festhalten, sondern nach ihrem eigenen Gutdünken sich Lehrer suchen, wie sie ihnen gefallen und „nach denen ihnen die Ohren jucken“ (2. Tim. 4, 3).

Die rechte Lehre, die mit Entschiedenheit zu bewahren ist, wird überwiegend mit Hilfe formelhafter Wendungen beschrieben, die in knappen Aussagen den zentralen Inhalt des christlichen Glaubens angeben (1. Tim. 2, 5 f.; 3, 15 f.; Tit. 3, 5 u. ö.). Der Glaube, der in den authentischen Paulusbriefen so stark betont wird, ist zur Rechtgläubigkeit geworden, die als eine unter anderen christlichen Tugenden aufgeführt wird (1. Tim. 4, 12). Unbefangen wird von guten Werken gesprochen, in denen sich erweist, daß Gottes Gnade die Glieder der Gemeinden zum neuen Leben bereitet und zugerüstet hat (1. Tim. 2, 10; 5, 10; 6, 18; 2. Tim. 2, 21; 3, 17 u. ö.).

Die Kirchenordnung der Pastoralbriefe ist über die Lebensform, wie sie sich in den ersten von Paulus gegründeten Gemeinden ausgebildet hatte, deutlich hinausgewachsen. Es gibt eine Reihe verschiedener Ämter. Die Ältesten (1. Tim. 5, 17; Tit. 1, 5) bilden ein Kollegium (1. Tim. 4, 14). Die Leitung der Gemeinde ist dem Bischof übertragen (1. Tim. 3, 1; Tit. 1, 7). Die Diakone leisten Dienst in der Gemeinde (1. Tim. 3, 8–15), die Liebesarbeit wird von Witwen versehen (1. Tim. 5, 1–16). Zum Amt der Wortverkündigung wird durch Handauflegung ordiniert (1. Tim. 4, 14; 2. Tim. 1, 6; vgl. 1. Tim. 5, 22). Charisma und Amt sind einander zugeordnet, so daß das Walten der Gnadengaben wirksam wird (2. Tim. 1, 6). In der Wortverkündigung sind Evangelisten (2. Tim. 4, 5) und Lehrer (1. Tim. 4, 11 ff.; Tit. 2, 1–15) tätig. Eine Rangfolge der Ämter beginnt sich auszubilden, wobei Timotheus und Titus als Stellvertreter des Apostels die Leitung der Kirche wahrzunehmen und die Aufsicht über alle Amtsträger auszuüben haben.

Weder in den Pastoralbriefen noch in den anderen Deuteropaulinen ist von Petrus, einem anderen der Apostel oder dem Zwölferkreis die Rede. Paulus hat sein unvergleichliches Amt mit niemandem zu teilen. Er ist von Gott und dem erhöhten Christus berufen, in aller Welt die gute Nachricht bekanntzumachen. Denn er wurde gewürdigt, diesen Auftrag zu übernehmen. Auf diese apostolische Legitimation wird nicht nur zu Beginn aller drei Briefe ausdrücklich hingewiesen, sondern von ihr wird auch in einem längeren Abschnitt im ersten Kapitel des 1. Timotheusbriefes ausführlich gehandelt. Darin sagt der Apostel, der durch den Mund des Verfassers spricht, dem Kyrios Christus Jesus dafür Dank, daß er ihn stark gemacht, mit seinem Vertrauen beschenkt und zum Dienst berufen habe (1, 12). Einst war er ein Lästerer, Verfolger und Frevler gewesen; jetzt aber ist ihm Erbarmung widerfahren, so daß er allen Gläubigen als Beispiel für den göttlichen Gnadenerweis gelten kann (V. 13 f.).

Während Paulus nur in äußerster Knappheit von seiner vorchristlichen Zeit spricht und ihr die von Gott gewirkte Wende entgegenstellt (Gal. 1, 15 f.; 1. Kor. 15, 10; Phil. 3, 6), wird im 1. Timotheusbrief der Hinweis auf den Lebensweg des Apostels erbaulich erweitert. Er war nicht nur ein Verfolger, sondern auch – wie mit geläufigen Vokabeln aus sog. Lasterkatalogen (s. o. S. 228 f.) gesagt wird – ein Lästerer und Frevler. Paulus selbst hätte keinen Anlaß gesehen, dergleichen von sich zu behaupten, wie er sich auch nicht damit entschuldigt hätte, aus Unwissenheit im Unglauben gehandelt zu haben. Die Erklärung, Unkenntnis habe zu falschem Tun veranlaßt, bietet dagegen auch die Apostelgeschichte an, um begreiflich zu machen, warum die Juden Jesus ans Kreuz gebracht haben (Apg. 3, 17). Die Schilderung, die der 1. Timotheusbrief vom Lebensweg des Paulus gibt, greift also auf geläufige Begriffe und Erklärungsmuster zurück, um von Paulus ein Bild zu zeichnen, das geradezu als Missionsparadigma dienen kann.

Auf diese Weise wird Paulus als Exempel für das überwältigende Geschehen herausgestellt, daß Christus verlorene Sünder rettet, „unter denen ich" – Paulus – „der erste bin" (V. 15). Denn eben darum – so wird hinzugefügt – „ist mir Barmherzigkeit widerfahren, damit Christus Jesus an mir als erstem seine ganze Langmut erweisen könnte zum Vorbild denen, die an ihn glauben sollen, um das ewige Leben zu erlangen" (V. 16). Der Apostel ist damit nicht nur als die Autorität schlechthin beschrieben, an deren Verkündigung sich die Gemeinden auszurichten haben, sondern sein Vorbild dient zugleich dazu, auf Bekehrung und Erneuerung hinzuweisen, wie sie auch denen zuteil werden, die gleich ihm zum Glauben berufen werden.

Die Leiter der Gemeinden werden daher dazu angehalten, zusammen mit allen Christen sich zum Beispiel, das der Apostel gegeben hat, zu bekennen und mitzuleiden für das Evangelium in der Kraft Gottes (2. Tim. 1, 8), den guten Kampf des Glaubens zu kämpfen, das ewige Leben zu ergreifen, zu dem sie berufen sind (1. Tim. 6, 12), und selbst ein Vorbild zu werden in Wort und Wandel (1. Tim. 4, 12). Verfolgungen, wie sie der Apostel erlitten hat und aus denen der Herr ihn errettete, bleiben denen nicht erspart, „die ein frommes Leben in Christus Jesus führen wollen“ (2. Tim. 3, 12). Aber die Berufung zum ewigen Leben, die am Weg des Apostels und seiner Vollendung beispielhaft abzulesen ist, kann niemand ihnen streitig machen – wenn sie nur treu bleiben, wie der Apostel es ihnen durch sein Vorbild gezeigt hat.

2. Paulus im frühchristlichen Schrifttum

Nicht nur in den Deuteropaulinen, sondern auch in anderen neutestamentlichen Büchern sind deutliche Auswirkungen der paulinischen Theologie zu erkennen, die von dem weitreichenden Einfluß zeugen, der von ihr ausgegangen ist. Zu ihnen gehört zunächst die Apostelgeschichte, deren Verfasser gegen Ende des 1. Jahrh. n. Chr. eine Darstellung vom Leben des Paulus entworfen hat, die bis in die Gegenwart starke Wirkung gezeigt hat. Paulus wird als von Gott auserwähltes Werkzeug in Dienst genommen, „daß er meinen Namen trage vor Heiden und vor Könige und vor das Volk Israel“ (9, 15). Der Kreis der Zwölf wird stets in der Mehrzahl als die Apostel bezeichnet, um auf die Gefolgsleute des irdischen Jesus und die Zeugen seiner Auferstehung hinzuweisen, die die Anfänge der Kirche gestaltet haben (1, 21). Paulus hingegen wird nur einmal Apostel genannt – vielleicht in Aufnahme einer überkommenen Überlieferung, die diesen Titel verwendet hatte (14, 4.14). Doch wirkt er als der herausragende Zeuge des Evangeliums, der die frohe Botschaft zu den Völkern hinausträgt und damit verwirklicht, was der erhöhte Herr den Seinen als Verheißung und Weisung auf den Weg mitgegeben hatte: seine Zeugen zu sein bis ans Ende der Erde (1, 8).

Ob der Verfasser der Apostelgeschichte einen oder sogar mehrere Paulusbriefe gekannt hat, bleibt ungewiß, da sich nirgendwo Anspielungen finden, die mit Sicherheit auf die Vorlage eines paulinischen Textes schließen lassen könnten. Wohl aber hat er mancherlei Traditionen, die ihm über die Wirksamkeit des Paulus zugekommen waren, aufgenommen und selbständig verwendet, um den Fortgang der Christuspredigt zu schildern, die Paulus und die Urapostel einmütig und in gleicher Gestalt verkündigt haben. Denn die Reden, wie sie Petrus oder Paulus bei verschiedenen Gelegenheiten in den Mund gelegt werden, sind nach ein und demselben Schema gestaltet, indem stets auf die Verheißungen der Schrift und deren Erfüllung in Kreuz und Auferstehung Jesu hingewiesen sowie zur Umkehr und glaubenden Annahme aufgerufen wird. War Petrus der Bote seines Herrn, der vornehmlich zu den Juden ging, so ist Paulus sein Zeuge unter den Heiden, der die Verkündigung, die in Jerusalem, Judäa und Samaria begonnen wurde, fortführt und bis in die Hauptstadt des Reiches bringt.

Feindschaft und Verfolgung, mit denen der Jude Saulus sich gegen die ersten Christen gewandt hatte, werden anschaulich geschildert, indem ihm verantwortliche Mitschuld am Tod Stephanus zugewiesen wird (7, 58; 8, 3). Doch dann ereignet sich durch Eingreifen des erhöhten Herrn die wunderbare Wende, die Saulus aus der Bahn wirft, die er bis dahin gegangen war, und ihn zu einem Diener des gekreuzigten Christus macht.

Als Bote des Herrn, der die christliche Verkündigung zu den Heiden bringt, tritt Paulus in die Kontinuität mit den Uraposteln ein, und er rückt infolgedessen in der Darstellung der Apostelgeschichte neben die Gestalt des Petrus als des ersten Zeugen des auferstandenen Herrn. Aus dieser Abfolge des Geschehens ergibt sich, daß die Autorität des Paulus der des Petrus an die Seite gestellt wird, ohne daß irgendwo Unterschiede ihrer Auffassungen sichtbar würden. Kein Wort wird von dem scharfen Konflikt erwähnt, den die beiden in Antiochia auszutragen hatten (Gal. 2, 11–21). Und in den Predigten des Paulus treten die Konturen seiner Theologie zurück zugunsten der Hervorhebung der von allen Missionaren ausgerichteten Christusbotschaft. Die Apostelgeschichte kennt keine Unterschiede zwischen der Lehre des Petrus und der des Paulus. Sondern wie die Boten Christi stets zuerst sich an die Juden wandten und in die Synagogen gingen, so nimmt auch Paulus seinen Weg von den Juden, die allermeist die christliche Predigt abweisen, zu den Heiden, die in der Regel sich ihr öffnen. Die Christen wissen von der Erfüllung der alttestamentlichen Verheißungen zu sagen und verkündigen nichts anderes, als was bei Mose und den Propheten steht (26, 22). Mit der christlichen Predigt wird aber auch die Hoffnung der Heiden erfüllt. Denn der unbekannte Gott, nach dem sie ausschauten, hat sich nun bekannt gemacht (17, 22–31). Paulus redet als Zeuge Christi auch vor römischen Offizieren und Statthaltern, die ihm ein geneigtes Ohr leihen. So wird die Botschaft in aller Welt ausgebreitet und läuft von den Juden zu den Völkern.

Deutliche Anklänge an paulinische Tradition sind nicht nur in der Apostelgeschichte, sondern auch in anderen frühchristlichen Schriften zu erkennen. So spiegeln die Schlußnotizen im 1. Petrusbrief die Ausstrahlung wider, die vom Wirken des Paulus ausgegangen ist. Silvanus, der sich beim Verfasser befindet (5, 12), war Mitarbeiter des Apostels Paulus gewesen (1. Thess. 1, 1; 2. Kor. 1, 19). Und Markus (5, 13) wird auch im Philemonbrief (24), in den Deuteropaulinen (Kol. 4, 10; 2. Tim. 4, 11) und in der Apostelgeschichte (12, 12.25; 15, 37.39) im Umkreis des Paulus erwähnt. Vor allem aber sind mancherlei inhaltliche Berührungen mit Themen zu nennen, die in vergleichbarer Weise in den Paulusbriefen verhandelt werden.

Um Christen zu trösten, die unter Bedrängnissen und Verfolgung zu leiden haben, wird wiederholt auf Christus hingewiesen, der um unseretwillen und uns zugute gelitten hat (1. Petr. 2, 4–8; 2, 21–24; 3, 18–22). Dabei bezieht sich der Verfasser des 1. Petrusbriefes ähnlich wie Paulus auf geprägte Wendungen urchristlichen Bekenntnisses, um die Gemeinden angesichts ihrer schwierigen Lage zu stärken. Sie sollen sich nicht wegen irgendwelcher Vergehen äußere Mißlichkeiten zuziehen, sondern allein das Leiden um Christi willen kann mit gutem Gewissen angenommen werden. In den ermahnenden Abschnitten greift der Brief in reichem Umfang auf katechetisches Gut zurück, das in die Situation der Leser hineingesprochen und mit dem Hinweis auf das Vorbild Christi verbunden wird. Ihm sollen sie nachfolgen, um durch Leiden zur Herrlichkeit zu gelangen. Außerhalb des Corpus Paulinum findet sich nur im 1. Petrusbrief die Wendung „in Christus" (3, 16; 5, 10.14), die in knapper Formulierung Grund und Richtung christlichen Lebens angibt. An paulinische Redeweise erinnert auch der Begriff des Charisma, das als wirksame Gabe des Geistes erfahren wird (4, 10). Und wie bei Paulus wird verschiedentlich die göttliche Berufung betont, die darauf zielt, daß die Christen heilig sein sollen in ihrem Wandel (1, 15); sind sie doch aus der Finsternis zu seinem wunderbaren Licht berufen (2, 9; vgl. weiter 2, 21; 3, 9; 5, 10). Diese und andere Berührungen, die sich zwischen dem 1. Petrusbrief und paulinischer Theologie beobachten lassen, gehen sicherlich nicht auf literarische Abhängigkeit zurück, sondern sind durch das Fortwirken paulinischer Schultradition zu erklären, die über die Deuteropaulinen hinaus auch in anderen urchristlichen Schriften wahrzunehmen ist.

Wenn der unbekannte Verfasser gegen Ende des 1. Jahrh. n. Chr. Petrus an Gemeinden im ehemaligen paulinischen Missionsgebiet in Kleinasien einen Brief schreiben läßt, der deutliche Anklänge an paulinische Theologie enthält, so werden ähnlich wie im 1. Clemensbrief (s. o. S. 265) Petrus und Paulus nahe aneinandergerückt und als Zeugen der einen Botschaft betrachtet, die der ganzen Christenheit als ermutigende Verkündigung zuzusprechen ist.

Auch im 2. Petrusbrief, der einige Zeit später um die Mitte des 2. Jahrh. n. Chr. als wohl jüngste Schrift des neutestamentlichen Kanons entstanden ist, wird auf das Verhältnis zwischen den beiden großen Aposteln angespielt. Sein Verfasser gibt vor, Kollege des Paulus zu sein. Dabei wird vorausgesetzt, daß seine Briefe bereits in einer Sammlung zusammengefaßt sind. Von ihnen heißt es, „unser Bruder Paulus" habe sie „nach der Weisheit, die ihm gegeben ist", geschrieben (3, 15). „Davon redet er in allen Briefen, in denen einige Dinge schwer zu verstehen sind, welche die Unwissenden und Leichtfertigen verdrehen, wie auch die anderen Schriften, zu ihrer eigenen Verdammnis." (V. 16) Trifft unbestreitbar zu, daß einige Gedankengänge in den paulinischen Briefen sich nicht leicht dem Verständnis öffnen, so konnten manche Kreise sich ihrer zu bedienen suchen, um sie in ihrem Sinn auszulegen und dann auch auf gnostische Spekulationen anzuwenden. Gegenüber etwaigem Mißbrauch aber wird nun dazu angehalten, die Paulusbriefe in rechter Weise zu studieren und im Einklang mit der apostolischen Predigt auszulegen, wie sie einhellig von Petrus und Paulus in der Christenheit verkündigt wurde und daher in rechtgläubiger Interpretation aufzunehmen ist. Während in den deuteropaulinischen Briefen allein Paulus als Apostel und Lehrer der Kirche herausgestellt wird, werden im übrigen urchristlichen Schrifttum alsbald Petrus und Paulus als die beiden maßgebenden Zeugen enger miteinander verbunden, indem sie als Boten der einen christlichen Verkündigung betrachtet werden.

Der Hebräerbrief, der den Namen seines Verfassers nicht angibt, schließt mit einigen Sätzen, die durchaus paulinisch anmuten. Timotheus, der getreue Mitarbeiter des Paulus, wird ausdrücklich genannt, und Grüße werden in der Weise ausgetauscht, wie auch Paulus seine Briefe zu beenden pflegte. Infolgedessen klingt das in predigtartigem Stil gehaltene Schreiben, das dem alten Bund die Größe des neuen gegenüberstellt, in der Form eines apostolischen Briefes aus. Von daher wird verständlich, daß schon in der alten Kirche der Gedanke aufkam, auch der Hebräerbrief sei auf Paulus als seinen Autor zurückzuführen. Doch sein Verfasser ist ein bedeutender, eigenständiger Theologe, der unabhängig von Paulus geschrieben hat. Zwar entfaltet er manche Gedanken, die sich durchaus mit paulinischen Überlegungen vergleichen lassen; aber er gibt nirgendwo zu der Vermutung Anlaß, daß es sich um direkte Auswirkungen paulinischer Theologie handeln könnte.

Indirekte Bezugnahmen liegen jedoch in einer polemischen Auseinandersetzung vor, die der Jakobusbrief mit bestimmten Schlagworten vornimmt, die ursprünglich auf paulinische Formulierungen zurückgehen. Seine Sammlung ethischer Weisungen erhält vom Verfasser im Abschnitt 2,14–26 eine theologische Begründung. In dieser wird die These abgelehnt, daß Glaube ohne Werke retten könnte. Wie bei Paulus wird auf das Beispiel Abrahams verwiesen, dem sein Glaube zur Gerechtigkeit angerechnet wurde (V. 23). Daraus aber wird nun gefolgert, daß Glaube und Werke zusammenwirken müssen und der Mensch aus Werken gerechtfertigt werde, nicht aber aus Glauben allein (V. 24). Die Vertreter eines bloßen Glaubens, gegen die sich der Jakobusbrief wendet, haben jedoch weder verstanden, welch zentrale Bedeutung diesem Begriff im paulinischen Denken zukommt, noch die Lehre des Apostels von Christus als dem Ende des Gesetzes begriffen. Der Jakobusbrief polemisiert daher nicht unmittelbar gegen Paulus, sondern gegen einzelne Schlagworte, die man später zur Begründung der Meinung anführte, es komme allein auf den Glauben, nicht aber auf das Handeln an. Tatsächlich aber betont auch Paulus, daß der Glaube in der Liebe tätig sein muß (Gal. 5,6). Er würde jedoch niemals zugestehen, daß Glaube und Werke im Verein miteinander zur Vollendung führen.

3. Das Paulusverständnis des Marcion

In frühchristlichen Schriften, die nicht mehr in den neutestamentlichen Kanon aufgenommen wurden, wird des öfteren Paulus erwähnt oder auch aus seinen Briefen zitiert, um unter Berufung auf seine Autorität die eigenen Ausführungen in ihrer Gültigkeit zu bekräftigen – so im 1. Clemensbrief, in den Briefen des Ignatius von Antiochia oder auch bei den sog. Apologeten, die die Wahrheit der christlichen Verkündigung gegen kritische Einreden sowohl von seiten der Juden als auch aus der heidnischen Umwelt zu verteidigen suchten. Doch kein anderer christlicher Schriftsteller des 2. Jahrh. n. Chr. hat sich mit solcher Intensität auf Paulus bezogen und ihn als den allein wahren Apostel herausgestellt wie Marcion.

Um 140 n. Chr. ist Marcion von Pontus nach Rom gekommen, hat hier zunächst zur christlichen Gemeinde gehört, sich dann aber von ihr getrennt und eine eigene Kirche gegründet, die weite Ausbreitung erfuhr. In seiner Lehre vertrat er einen schroffen Gegensatz zwischen dem Gesetz einerseits und dem Evangelium andererseits, dem gerechten Gott, der die Welt geschaffen hat und durch das Gesetz regiert, und dem guten Gott, der durch die in Christus gewirkte Erlösung den Glaubenden seine Gnade schenkt. Sie sollen ihr Leben nach einer streng rigoristisch ausgerichteten Ethik führen. Da die Schriften des Alten Testaments, wie sie in der griechischen Fassung der Septuaginta überall im kirchlichen Gebrauch standen, dem Schöpfer- und Richtergott zuzuweisen sind und daher nach Marcions Verständnis für die Christen keine bestimmende Bedeutung mehr haben können, suchte er an die Stelle des alttestamentlichen Kanons einen neuen, spezifisch christlichen Kanon zu setzen, aus dem die unverfälschte Wahrheit des Evangeliums zu vernehmen ist. Hierzu wählte Marcion das Lukasevangelium und zehn Paulusbriefe aus – d. h. alle Paulusbriefe mit Ausnahme der Pastoralbriefe – und faßte sie für seine Gemeinden als allein gültige heilige Schriften zusammen.

Es wird schon vor Marcion Sammlungen urchristlicher Schriften gegeben haben – sowohl der Evangelien als auch der Paulusbriefe –; doch waren sie wohl noch nicht mit eindeutiger Bestimmtheit in ihrem kanonischen Charakter festgelegt worden. Von diesen Ansätzen, die auf eine Sammlung heiliger Bücher zielten, grenzte sich Marcion deutlich ab und bezeichnete allein die paulinische Überlieferung als authentische Interpretation des rechten Evangeliums. Völlig abwegig ist die neuerdings geäußerte Überlegung, Marcion könnte die von ihm mit kanonischem Ansehen versehenen Paulusbriefe überhaupt erst selbst geschrieben haben, um sich auf diese Texte zu stützen. Die These, sämtliche Paulusbriefe seien Fälschungen späteren Ursprungs, die auf keinen anderen als Marcion zurückzuführen seien (Detering), stellt eine willkürliche Behauptung dar, mit deren Hilfe die Geschichte des Apostels aufgelöst und ausschließlich als Ergebnis einer später verfaßten Pauluslegende erklärt werden soll. Diese Vermutungen können schon darum nicht überzeugen, weil paulinische Aussagen und Bezugnahmen auf den Apostel im ur- und frühchristlichen Schrifttum, das Marcion vorangegangen ist, bereits in hinreichendem Umfang vorliegen (Lindemann). An der Historizität des Paulus kann daher kein begründeter Zweifel aufkommen.

Warum hat Marcion sich ausschließlich auf einen paulinisch bestimmten Kanon urchristlicher Schriften berufen? Zu dieser Lehre muß er sich durch den Apostel und die kritische Wertung von Schöpfung und Gesetz, wie sie von ihm entwickelt wurde, berechtigt gesehen haben. Paulus sei von falschen Aposteln umgeben gewesen, gegen die er sich ständig habe wehren müssen, um dem Gott des alten Bundes den gnädigen Gott des neuen entgegenhalten und die alleinige Gültigkeit seiner Zuwendung wie auch seines totalen Anspruchs auf das Leben der Seinen vertreten zu können. Dabei suchte Marcion sowohl das Lukasevangelium als auch die Paulusbriefe von vermeintlichen Ergänzungen zu reinigen, die später durch alttestamentliche Zitate, judaisierende Zusätze oder verfälschende Interpretamente hinzugekommen seien. Wie Marcion im einzelnen vorgegangen ist, kann nur in etwa erschlossen werden, da seine Schriften nicht erhalten sind und seine Lehre aus der ausführlichen Polemik rekonstruiert werden muß, wie sie von den Kirchenvätern – insbesondere Irenäus und Tertullian – gegen Marcion gerichtet wurde. Da aber von seiner Position in reichlichen Zitaten die Rede ist und ihr eingehende Kritik entgegengehalten wird, kann Marcions Werk in den wesentlichen Umrissen mit einiger Wahrscheinlichkeit wiederhergestellt werden (v. Harnack).

Marcions ausgeprägter Dualismus erinnert in der schroffen Gegenüberstellung von Schöpfung und Erlösung an gnostische Gedanken; doch ist er von diesen unterschieden, weil Marcion sich nicht auf kosmologische Spekulationen einläßt, sondern sich auf die von ihm entfaltete Darbietung des Evangeliums konzentriert. Dabei radikalisiert er einzelne Gedanken des Paulus, indem nach seiner Lehre alle Menschen ohne Ausnahme der Sünde rettungslos verfallen sind. Diese Verschärfung paulinischer Gedanken ist von dem Motiv geleitet, den schlechthin überwältigenden Charakter der Erlösung hervorzuheben. Denn dem Menschen zeigt sich nach Überzeugung Marcions das ganze Ausmaß seiner Hoffnungslosigkeit erst dann, wenn er die Erlösung empfangen hat. Jesus aber hat mit seinem Leiden und Sterben die Schuld der Menschen bezahlt, die sich gegenüber dem Schöpfer angehäuft hatte. Insofern steht Marcion tatsächlich in der Schule des Paulus, aber er spitzt seine Theologie einseitig zu und gibt gegen den Apostel das Alte Testament als heilige Schrift preis (B. Aland).

Marcion zwang mit seiner ausschließlichen Berufung auf den Apostel Paulus die Kirche dazu, sowohl die Frage nach der bleibenden Gültigkeit des Alten Testaments als auch das Problem eines Kanons neutestamentlicher Schriften gründlich zu erörtern und sie zu der erforderlichen Klärung zu bringen. Die alte Kirche nahm das ganze Corpus Paulinum zusammen mit vier Evangelien und den übrigen

Texten, die zur Anerkennung in der Christenheit gelangt waren, in den Kreis kanonischer Schriften auf. Damit wurde der Prozeß allgemeiner kirchlicher Zustimmung zu den paulinischen Briefen, wie er schon alsbald nach dem Tod des Apostels eingesetzt hatte und bereits vor Marcion zu einem gewissen Ergebnis gelangt war, zum endgültigen Abschluß gebracht. Dieser ist dann in der späteren Geschichte der Christenheit nicht mehr in Zweifel gezogen worden.

XX. Paulus im Urteil der Geschichte

Von den Gedanken des Apostels Paulus sind in der Geschichte der Kirche immer wieder starke Anstöße ausgegangen, die zu erneuter Besinnung auf den Inhalt der christlichen Botschaft und erheblichen Veränderungen im Leben der Christenheit geführt haben. In der Zeit der alten Kirche fand nach langen inneren Kämpfen Augustin in der Begegnung mit einem Abschnitt aus dem Römerbrief zu dem Entschluß, Christ zu werden. Als er noch nicht wußte, wohin sein Lebensweg führen sollte, hörte er im Nachbargarten ein spielendes Kind im Singsang den Kehrvers wiederholen: Nimm und lies. Diese Worte nahm er als Aufforderung und ging hin, um das Neue Testament aufzuschlagen, über das er mit Freunden diskutiert hatte. Dabei stieß er auf den Abschnitt: „Nicht in Fressen und Saufen, nicht in Unzucht und Ausschweifung, nicht in Hader und Eifersucht; sondern zieht an den Herrn Jesu Christus und sorgt für den Leib nicht so, daß ihr den Begierden verfallt." (Röm. 13,13f.) Als er diese Sätze gelesen habe, habe er nicht fortzufahren brauchen – so berichtet Augustin –; denn aus ihnen sei Gewißheit als ein Licht in das kummervolle Herz geströmt, so daß alle Nacht des Zweifelns hin und her verschwand (Confessiones VIII 12,29). Im Rückgriff auf Paulus entfaltete Augustin später seine theologische Lehre, die für die westliche Kirche von prägender Bedeutung werden sollte.

Anderthalb Jahrtausende nach Augustin schrieb Karl Barth im August 1918 im Vorwort zu seiner Erklärung des Römerbriefes, die auf das theologische Denken der Folgezeit starken Einfluß ausüben sollte, die kräftige Stimme des Paulus sei ihm neu gewesen, und es sei ihm, sie müßte auch manchen andern neu sein. Später fügte er hinzu, es sei ihm wie einem Mann ergangen, dem es im dunklen Turm ohne sein Zutun widerfahren war, das Seil der großen Glocke in die Hand zu bekommen, die entsprechende Wirkung hervorzurufen und die entsprechende Aufmerksamkeit auf sich zu ziehen.

Die nachhaltigste Wirkung haben die Worte des Apostels in der Zeit der Reformation ausgelöst. Doch haben sie nicht nur zu vertiefter Erkenntnis des Evangeliums und grundlegender Erneuerung, sondern auch zur Spaltung der Christenheit geführt.

1. Paulus zwischen den Konfessionen

Nur durch Gottes Barmherzigkeit, die er uns in Christus zugewandt hat und die allein im Glauben als seine Gabe empfangen werden kann, werden wir Gott recht – diese fundamentale Einsicht gewann Martin Luther aus seinem Studium des Römerbriefs (s. o. S. 209). Wer Gott ist, wird demnach erst dann begriffen, wenn er nicht zuerst als der fordernde und richtende Herrscher beschrieben wird, sondern erkannt wird, daß er durch seine Barmherzigkeit Quelle und Grund des Lebens schenkt, in dem allein man vor ihm bestehen kann. Als ihm diese zentrale Botschaft der paulinischen Theologie klar geworden sei – so sagt Luther –, habe er sich neu geboren gefühlt und die Türen des Paradieses vor sich geöffnet gesehen, so daß er eintreten konnte.

Die theologische Erkenntnis, daß die Botschaft von Gottes freisprechender Gnade, wie sie der Apostel Paulus bezeugt, das Herzstück des Evangelium ausmache, hat die Reformation ausgelöst und ihrer Ausbreitung kraftvollen Schwung verliehen. Nicht fromme Werke, Bußübungen oder mühsam erbrachte sog. Verdienste, sondern ausschließlich die um Christi willen geschenkte Gerechtigkeit begründet Zuversicht und Orientierung christlichen Lebens. Doch Fragen und Bedenken, die man gegen diese reformatorische Predigt anmeldete, wurden alsbald laut. Tritt nicht angesichts der so starken Betonung, daß allein Gnade und Glaube das neue Leben eröffnen, die ethische Verpflichtung zu sehr in den Hintergrund? Nicht nur der Einspruch, wie er von seiten der Altgläubigen laut wurde, sondern auch Überschwang und Geringachtung der göttlichen Gebote, wie sie in der Bewegung der sog. Schwärmer zum Ausdruck kamen, veranlaßten die Reformatoren dazu, die Christen immer wieder daran zu erinnern, gute Werke sollten aus dem Glauben als Früchte erwachsen, an denen die Kraft des neuen Lebens sichtbar werde.

Im Dekret, das das Konzil von Trient über die Rechtfertigung verabschiedete, wurden zwar nicht die Namen der Reformatoren angeführt, aber es wurde doch mit deutlichen Hinweisen darauf aufmerksam gemacht, eine als einseitig empfundene Auffassung von der Rechtfertigung sei zu verwerfen: „Wenn jemand sagt, der rechtfertigende Glaube sei nichts anderes als das Vertrauen auf die göttliche Barmherzigkeit, die die Sünden um Christi willen vergibt, oder dieses Vertrauen allein sei es, durch das wir gerechtfertigt werden, der sei ausgeschlossen.“ (Can. 12) Oder: „Wenn jemand sagt, der Mensch werde von den Sünden freigesprochen und werde daraus gerechtfertigt, daß er gewiß glaube, ihm sei vergeben und er werde gerechtfertigt, oder daß niemand wahrhaftig gerechtfertigt sei, wenn er nicht glaubt, er sei gerechtfertigt, und allein durch diesen Glauben werden Vergebung und Rechtfertigung zustande gebracht, der sei ausgeschlossen.“ (Can. 14) Diese Sätze sind zwar allgemein gehalten, indem sie als Warnungen formuliert sind und bestimmte als einseitig empfundene Schlagworte aufführen, die die Konzilsväter als gefährlich ansahen. Wollte man doch einer Auffassung entgegentreten, als könnte man sich unter Berufung auf die Rechtfertigung aus Glauben von der Verpflichtung dispensieren, sich in seinem Leben entsprechend zu verhalten und nach Gottes Willen zu handeln. Die Stoßrichtung dieser Sätze zielt jedoch deutlich auf reformatorische Spitzenformulierungen, die man abwehren wollte. Dadurch wurde der aufgebrochene Graben vertieft und die Spaltung verfestigt, die in der Auseinandersetzung um das rechte Verständnis der paulinischen Theologie entstanden war. Es konnte daher der Eindruck entstehen, als ließen sich die Differenzen nicht mehr überbrücken und keine gemeinsamen Aussagen mehr finden.

In unserem Jahrhundert aber setzte durch die ökumenische Bewegung ein intensives Bemühen ein, die Argumente der jeweils anderen Seite zu prüfen und daraufhin zu betrachten, wieweit schon damals Mißverständnisse entstanden waren, die bei genauerem Hinhören hätten vermieden werden können, und wo sich heute neue Einsichten finden ließen, die aus gemeinsamem Studium der Lehre des Apostels erwachsen. Dabei hat die katholische Bibelwissenschaft einen erheblichen Beitrag dazu geleistet, den Weg zu einem erneuerten Verständnis der Briefe des Apostels freizulegen und im Licht der exegetischen Einsichten die verhärteten Positionen der Vergangenheit daraufhin zu betrachten, wo und wie sie sich auflösen lassen.

Kritische Untersuchungen nahmen auch Luthers Paulusinterpretation in den Blick. Dabei wurde schon vor längerer Zeit die Einsicht gewonnen, daß Luther nicht etwa nur die paulinische Botschaft nachspricht, sondern sie auch neu interpretiert und auf die eigene Situation anwendet (Althaus). Während er als Mönch unter dem Ungenügen eigenen Bemühens quälend zu leiden hatte, berichtet Paulus, daß er als Jude keineswegs unter dem Gesetz geseufzt habe, sondern stolz darauf gewesen sei, seine Forderungen erfüllt zu haben (s. o. S. 58f.). Luther hatte im Gefolge der Interpretation, die Augustin dem siebten Kapitel des Römerbriefes gegeben hatte, den Widerstreit zwischen

Wollen des Guten und Mißraten des angestrebten Ziels auf den inneren Zwiespalt deuten wollen, der den Christen erschüttert. Tatsächlich aber handelt der Apostel in diesem Abschnitt nicht vom Christen, der Gerechter und Sünder zugleich sei, sondern er blickt auf die ausweglose Lage, in der der unerlöste Mensch sich befindet, der allein in Christus Rettung empfangen kann (s. o. S. 51 f.). Wird daher von der reformatorischen Entdeckung gesprochen, die das Verständnis der Begriffsverbindung „Gerechtigkeit Gottes" betrifft, so dürfen auch die Unterschiede nicht übersehen werden, wie sie zwischen Paulus und Luther bestehen, die durch einen langen zeitlichen Abstand voneinander getrennt sind.

Aus dieser Einsicht wird jedoch eine übertreibende Folgerung gezogen, wenn man meinen wollte, das lutherische Verständnis der paulinischen Theologie sei insgesamt als hinfällig zu betrachten, weil es zu stark individualistisch orientiert und nicht auf den universalen Horizont paulinischen Denkens ausgerichtet sei (Dunn). Der nicht zu bestreitende Unterschied zwischen Paulus und Luther wird zu einem vergröbernden Pauschalurteil verschärft, wenn man sagt, Luther habe Entlastung von Schuld gesucht und gefunden, doch seine Probleme seien nicht die paulinischen. Daher werde Paulus falsch interpretiert, wenn wir ihn mit Luthers Augen sehen (Sanders). Wollte man Luthers Theologie in ihrer bleibenden Gültigkeit für die Paulusinterpretation so rasch beiseite schieben, würde man die zentrale Bedeutung des Verständnisses der Rechtfertigung verkennen, die ihr sowohl bei Paulus als auch bei Luther zukommt (s. o. S. 209–214). Berechtigt ist jedoch der Hinweis, aus Luthers scharfer Abgrenzung gegen mittelalterliche Werkgerechtigkeit dürfe man nicht auf einen entsprechend dunklen Hintergrund des Judentums zur Zeit des Paulus schließen, wie es nicht selten in der älteren Diskussion geschehen ist. Eine sorgfältige und umsichtige Untersuchung der jüdischen Voraussetzungen, von denen Paulus herkommt und die für ihn auch in seiner christlichen Zeit von Bedeutung sind, ist zwingend geboten.

Solche differenzierte Betrachtung vermag jedoch nicht nur eine historische Sicht zu bereichern, sondern kann auch den ökumenischen Dialog zwischen den Konfessionen fördern. Denn sie schärft den Blick dafür, die Theologie des Apostels mit aufmerksamer Genauigkeit zu studieren und angesichts überkommener Gegensätze Wege zu suchen, um zu neuen Ansätzen der Verständigung zu finden. Aus intensiven Gesprächen, wie sie mehr als 25 Jahre lang zwischen lutherischen und katholischen Theologen geführt worden sind, ist eine Erklärung erwachsen, die der Lutherische Weltbund und die römisch-katholische Kirche gemeinsam zur Rechtfertigungslehre abgeben. Der darin vorgelegte Text ist durch beide Kirchen verbindlich rezipiert worden, so daß das Dokument am 31. Oktober 1999 – dem Reformationstag – in Augsburg feierlich unterzeichnet werden konnte. Sein Inhalt beweist, wie es heute möglich geworden ist, die Botschaft des Apostels, die so lange Zeit trennend zwischen den Konfessionen zu stehen schien, in neu formuliertem Konsens zu Gehör zu bringen.

In diesem Dokument wird gezeigt, wie aufgrund des Dialogs die Partner nunmehr imstande sind, „ein gemeinsames Verständnis der Rechtfertigungslehre zu vertreten“ (5). Denn: „Gemeinsam bekennen wir: Allein aus Gnade und im Glauben an die Heilstat Christi, nicht auf Grund unseres Verdienstes, werden wir von Gott angenommen und empfangen den Heiligen Geist, der unsere Herzen erneuert und uns befähigt und aufruft zu guten Werken.“ (15) Und weiter heißt es: „Wir sind auch der gemeinsamen Überzeugung, daß die Botschaft von der Rechtfertigung uns in besonderer Weise auf die Mitte des neutestamentlichen Zeugnisses von Gottes Heilshandeln in Christus verweist: Sie sagt uns, daß wir Sünder unser neues Leben der vergebenden und neuschaffenden Barmherzigkeit Gottes verdanken, die wir uns nur schenken lassen und im Glauben empfangen, aber nie – in welcher Form auch immer – verdienen können.“ (17) „Darum ist die Lehre von der Rechtfertigung, die diese Botschaft aufnimmt und entfaltet, nicht nur ein Teilstück der christlichen Glaubenslehre. Sie steht in einem wesenthaften Bezug zu allen Glaubenswahrheiten, die miteinander in einem inneren Zusammenhang zu sehen sind. Sie ist ein unverzichtbares Kriterium, das die gesamte Lehre und Praxis der Kirche auf Christus hin ausrichten will.“ (18)

Auf Grund dieser nunmehr gewonnenen Gemeinsamkeit findet schließlich auch ein altes Problem, das den interkonfessionellen Dialog so lange Zeit belastet hat, eine überzeugende Lösung: „Wir bekennen gemeinsam, daß gute Werke – ein christliches Leben in Glaube, Hoffnung und Liebe – der Rechtfertigung folgen und Früchte der Rechtfertigung sind.“ (37)

Beide Seiten sind sich darüber im klaren, daß ungeachtet dieser fundamentalen Übereinstimmungen manche Unterschiede der Auffassung fortbestehen, wie es diese in vergleichbarer Weise auch unter Theologen gibt, die derselben Konfession angehören. Solche Verschiedenheiten, über die weiter nachzudenken ist, können jedoch das Maß der ausgesprochenen Gemeinsamkeit nicht beeinträchtigen. Darum kann abschließend erklärt werden, daß die in dieser Erklärung vorgelegte Lehre der lutherischen Kirchen nicht von den diesbezüglichen Verwerfungen des Trienter Konzils getroffen wird und daß die Verwerfungen der lutherischen Bekenntnisschriften die in dieser Erklärung vorgelegte Lehre der römisch-katholischen Kirche nicht treffen. (41)

2. Paulus als zweiter Gründer des Christentums?

Vor dem Hintergrund religionsgeschichtlicher Untersuchungen arbeitete kritische Forschung heraus, daß zwischen der Verkündigung Jesu, die Lebensverhältnisse einfacher Leute in Palästina voraussetzt, und den kompliziert wirkenden Gedanken des Apostels nicht unerhebliche Unterschiede bestehen, deren Bedeutung des näheren bedacht sein will. Jesus betrachtete man als einen Prediger, der aus dem schlichten Volk kam und eine beeindruckende Frömmigkeit vertrat, die in klaren und verständlichen Worten ausgesprochen wurde. Paulus aber beurteilte man als einen Denker, der die Vorstellung von einer vom Himmel kommenden Rettergestalt schon gehabt haben müsse, ehe er Christ wurde. Als er dann den christlichen Glauben angenommen hatte, habe er diese Gedanken auf Jesus übertragen, so daß dieser zum göttlichen Christus erhoben wurde. Im Vergleich zu Jesus sei Paulus eine neue Erscheinung. Habe Lebenswerk und Lebensbild Jesu für Paulus nahezu keine Bedeutung, so habe der Apostel die entstehende christliche Religion entscheidend umgewandelt. Daher sei er geradezu als der zweite Stifter des Christentums anzusehen (Wrede). Auf Grund der von ihm entwickelten Erlösungsreligion habe er den neuen Glauben davor bewahrt, als jüdische Sekte zu verkümmern. Der Preis, den er zu zahlen hatte, sei freilich hoch gewesen. Denn tatsächlich habe Paulus den christlichen Glauben umgeschaffen, dadurch aber im Vergleich zum ersten Stifter sogar den stärkeren – nicht jedoch den besseren – Einfluß ausgeübt.

Von der scharfen Gegenüberstellung, die Paulus nicht als Interpreten Jesu, sondern geradezu als zweiten Gründer des Christentums bezeichnete, ist große Wirkung ausgegangen. Die Sympathie der kritischen Betrachter neigte sich dann stets auf die Seite Jesu, um entweder seine deutliche Predigt oder aber sein sozialrevolutionäres Handeln als beispielhaft zu werten. Paulus aber wurde von dieser Verkündigung abgehoben, weil er eine schwer befrachtete Dogmatik entwickelt und damit das Christentum von Grund auf verändert habe. Mochten die einen, unbeschadet deutlich vernehmbarer Vorbehalte, dem Apostel gleichwohl zubilligen, er sei eine Gestalt von weltgeschichtlicher Größe, so verbanden andere ihre kritische Sicht mit einem negativen Urteil, das sich vielfach in entschiedener Ablehnung der von Paulus bestimmten Verkündigung der Christenheit aussprach.

Von Paul de Lagarde über Friedrich Nietzsche bis zu haßerfüllten Äußerungen zur Zeit des Nationalsozialismus wurde Paulus zur Zielscheibe scharfer Angriffe, die in ihm einen Verfälscher des ursprünglich reinen Evangeliums und einen Verderber des Christentums meinten sehen zu sollen. Dabei flossen Äußerungen, die recht unterschiedlicher Herkunft waren, zu einem breiten Strom gegen den Apostel gerichteter Feindschaft zusammen. Er habe die düstere Theorie entwickelt, der zornige Gott habe nur durch das Opfer seines eigenen Sohnes versöhnt werden können. Durch eine metaphysisch ausgerichtete Christologie und ein mit ihr verknüpftes Gedankengebäude sei etwas völlig anderes entstanden, als was Jesus ursprünglich gewollt habe. Diese Welt werde als Jammertal betrachtet, in dem die Gläubigen sich geduldig zu verhalten und den Weisungen der Obrigkeit zu folgen haben, um sich auf ein vermeintliches Jenseits vertrösten zu lassen. Damit aber sei Jesu Botschaft vom kommenden Reich um ihre verwandelnde und erneuernde Kraft gebracht worden. Die revolutionäre Ansage des Reiches Gottes sei infolge der konservativen Haltung des Paulus aufgegeben worden, aus dem Prediger von Nazareth habe Paulus den Gottessohn gemacht und eine geradezu heidnisch anmutende Kyriostheologie zur vermeintlichen Würdigung Jesu aufgebaut (Bloch).

An der Schärfe solcher Kritik zeigt sich das Unverständnis, mit dem manche Betrachter den Gedanken des Paulus gegenüberstehen. Diese werden als schwer oder gar nicht verständlich bewertet und entschieden abgelehnt. Eine verzerrte Darstellung, wie sie einige Kritiker des Apostels entworfen haben, muß jedoch als Karikatur bezeichnet und zurückgewiesen werden. Dabei muß vor allem die kritische Anfrage, ob denn Paulus wirklich als ein zweiter Gründer des Christentums anzusehen sei, eine schlüssige Antwort finden.

Gewiß darf nicht übersehen werden, daß die Briefe des Apostels in anderer Weise zu ihren Hörern und Lesern reden als die Gleichnisse oder auch die Streitgespräche Jesu, wie sie in den Evangelien überliefert sind. Doch diese Unterschiede können nur dann angemessen bewertet werden, wenn die jeweiligen Ausgangspositionen in den Blick genommen und in eine vergleichende Gegenüberstellung einbezogen werden. Jesus redete zu jüdischen Menschen in Palästina, bediente sich der aramäischen – vielleicht gelegentlich auch der hebräischen – Sprache und bezeugte ihnen mit seiner Predigt von der anhebenden Herrschaft Gottes seine barmherzige Nähe. Die Urgemeinde war von der Überzeugung erfüllt, daß Jesu Weg nicht im Dunkel des Leidens und Sterbens sein Ende gefunden hatte, sondern durch Gottes Tat das Leben über den Tod triumphiert hat. Gottes erneuernde Kraft wird darum denen zuteil, die ihr Vertrauen darauf setzen, daß seine Gegenwart im Glauben an den gekreuzigten und auferstandenen Christus erfahren wird. Diese Botschaft wurde als das Evangelium begriffen, durch dessen Annahme Gottes Zuwendung empfangen wird. Sie aber konnte nicht einfach durch Wiederholung dessen verkündigt werden, was Jesus in seinen Worten und Taten gesagt hatte, sondern mußte nun vom Bekenntnis zum gekreuzigten und auferstandenen Christus bestimmt sein. Alles, was man von Jesu irdischer Wirksamkeit zu berichten wußte, wurde daher in das Licht dieses Glaubens an den lebendigen und gegenwärtigen Herrn gerückt. Aus der Überzeugung, daß Christus der Kyrios ist, erwuchs die Dynamik, diese gute Nachricht über die Grenzen Israels hinauszutragen und zu den Völkern zu bringen. Dabei wurde alsbald in den allerersten Anfängen der Christenheit der Übergang zur griechischen Sprache vollzogen, in der die universale Botschaft ihren entsprechenden Ausdruck in der hellenistisch-römischen Welt finden konnte.

Diese grundlegenden Schritte waren schon getan, als Paulus sich zum christlichen Glauben bekehrte und seiner Berufung zum Apostel der Völker folgte. Ihm war eine ausgebildete urchristliche Predigt vom gekreuzigten und auferstandenen Christus und deren Auslegung in griechischen Begriffen bereits vorgegeben. Paulus war somit nicht etwa der Schöpfer einer urchristlichen Lehre, sondern er trat in die Reihe derer ein, die das eine Evangelium bezeugten und ausbreiteten (s. o. S. 79). Daher kann weder davon die Rede sein, er sei ein zweiter Stifter des Christentums gewesen, noch kann ihm vorgehalten werden, er habe die Verkündigung Jesu in ein starres dogmatisches Gedankengefüge umgewandelt. Denn Paulus hat nicht erst eine urchristliche Theologie geschaffen, sondern eine in feste Sätze des Bekenntnisses gefaßte Verkündigung der ersten Christen aufgenommen und weitergeführt, indem er ihre Aussagen in ihrer Trag- und Reichweite durchdachte und auf die Situation der von ihm gegründeten Gemeinden anwendete.

Hatte Jesus sich verlorenen und verachteten Menschen zugewandt, so legte Paulus das Evangelium als Rechtfertigung der Sünder aus, die im Glauben zu einem neuen Leben gerufen sind. In diesem Verständnis der Barmherzigkeit Gottes, wie es sowohl in der Predigt Jesu als auch der Theologie des Paulus zum Ausdruck kommt, ist die grundsätzliche Übereinstimmung begründet, die Jesus und Paulus zusammenschließt. Zu Recht versteht Paulus sich als Knecht Christi Jesu, der nicht sich selbst, sondern allein ihn als den Herrn zu verkündigen hat. Der Vorwurf, Paulus habe sich zwischen Jesus und die Christenheit gestellt, läßt sich daher weder im Blick auf das Selbstverständnis des Apostels, noch hinsichtlich der von ihm entfalteten Lehre zu Recht erheben. Sondern wie Jesus Schranken niedergerissen hat, indem er mit Zöllnern und Sündern Gemeinschaft hielt, so hat Paulus die Grenzen niedergelegt, die Israel und die Völker voneinander trennten (Bornkamm). Paulus würde daher von Grund auf mißdeutet, wenn man ihm die Absicht unterstellen wollte, er hätte eine zweite Stiftung des Christentums vornehmen wollen. Er sah seine Aufgabe vielmehr darin, das eine Evangelium von Gottes rettendem Handeln in Christus so auszulegen und weiterzugeben, daß es in aller Welt Gehör finden und die Kirche aus Juden und Heiden Gestalt gewinnen konnte.

3. Paulus in der Sicht jüdischer Interpreten

Jüdischen Lesern des Neuen Testaments erscheint es begreiflicherweise eher möglich, zur Verkündigung Jesu Zugang zu gewinnen, als den Gedanken des Paulus zu folgen und auch ihnen Verständnis entgegenzubringen. Jesus kann in Nachwirkung prophetischer Predigt gesehen und sein Geschick im Zusammenhang mit der langen Leidensgeschichte Israels betrachtet werden. Gläubige Juden empfinden oft, daß Jesu Taten und Worte sich weithin im Zusammenhang mit den Voraussetzungen begreifen lassen, wie sie das Judentum seiner Zeit in seinem Land bot. Dabei bleibt freilich am Ende die rätselhaft erscheinende Frage, warum er schließlich abgewiesen und ans Kreuz gebracht wurde. Doch kann die Würdigung der Predigt Jesu so weit gehen, daß man ihn wie einen großen Bruder ansieht, dem man sich nahe weiß (Buber).

Paulus aber gilt vielfach als derjenige, der die Trennung der werdenden Christenheit vom Judentum bewirkt und ihre Bedeutung theologisch durchdacht und begründet hat. Er habe den Völkern das Evangelium verkündigt, indem er die Verbindlichkeit des Gesetzes relativierte, auf die Forderung der Beschneidung verzichtete, die Einhaltung der Speise- und Reinheitsvorschriften aufgab und Heiden in großer Zahl in die christliche Kirche aufnahm. Die paulinische Theologie biete damit – so erscheint es vielen Interpreten – die eigentliche Ursache dafür, daß die Wege von Juden und Christen endgültig auseinandergingen.

Wo liegen die entscheidenden Gründe dafür, daß es zwischen Juden und Christen zu einer leidvollen Geschichte wachsenden Unverständnisses, zunehmender Unkenntnis und einer langen Kette sich steigernder Verfolgungen kam, auf die Christen nur mit tiefster Beschämung blicken können? Dieser Frage kommt für den jüdisch-christlichen Dialog besonderes Gewicht zu. Jüdische Gelehrte haben sich mit großer Aufmerksamkeit der Theologie des Apostels Paulus zugewandt und sie daraufhin untersucht, in welchem Umfang in ihr jüdische Elemente wirksam geblieben sind. Dabei wurden neue Zugänge zum Verständnis der paulinischen Theologie eröffnet und konnte das Gespräch zwischen Juden und Christen in diesem ebenso schwierigen wie zentralen Problembereich erheblich gefördert und vorangebracht werden. Durch diese Beiträge wurde ein differenziertes Bild gewonnen, das hier nicht in allen Einzelheiten gewürdigt, sondern nur nach den wichtigsten Themen, die erörtert werden, beschrieben werden kann.

Zwar war Paulus wie Jesus und die anderen Apostel jüdischer Herkunft und blieb sich zeit seines Lebens seiner Zugehörigkeit zu Israel bewußt. Gleichwohl wird er von Juden vielfach als ein Fremder empfunden, der den schlichten Glauben, der von ungeteiltem Vertrauen auf Gottes Führung getragen ist, nach griechischer Weise umgestaltet habe zur Feststellung, daß etwas sich so und nicht anders verhält. Dadurch seien zwei verschiedene Glaubensweisen ausgebildet worden, die sich deutlich gegeneinander abheben, so daß an die Stelle des Volkes Israel die Kirche aus Juden und Heiden trat (Buber).

Anders als Jesus, der in Galiläa und Judäa beheimatet war, stammte Paulus aus der hellenistischen Diaspora. Diese seine Zugehörigkeit zum Judentum griechischer Sprache wird dann vielfach als tiefere Ursache dafür angesehen, daß er im Unterschied zu Jesus komplizierte Gedanken entwickelte und die urchristliche Botschaft in eine streng geprägte Begrifflichkeit faßte, die Juden hebräischer oder aramäischer Sprache schwer verständlich sein mußte. Während Jesus Jude und nicht Christ gewesen sei, habe erst Paulus das Christentum geschaffen. Kritische Gesichtspunkte, wie sie in religionswissenschaftlichen Untersuchungen der biblischen Texte vorgebracht wurden, werden dabei mit Zustimmung aufgenommen. Paulus kann demnach geradezu als Stifter einer neuen Religion bezeichnet werden, nachdem das Urchristentum noch als eine Gemeinschaft innerhalb des Judentums habe existieren können. Durch die Erhöhung des Christus zur Würde neben Gott sei der jüdische Messiasglaube von Grund auf verändert worden, so daß aus dem werdenden Christentum eine nichtjüdische Religion geworden sei (Klausner). Während das Werk der Propheten theozentrisch orientiert sei, sei das des Paulus christozentrisch ausgerichtet. Damit aber werde ein Scheidepunkt in der Geschichte der Religionen sichtbar, da der Glaube an Gott, den Einen, zurückgetreten sei hinter den Glauben an den Christus. Was Paulus vom jüdischen Volk schied, sei die Frage gewesen, ob der Messias endgültig offenbart und sein Reich wirklich gekommen sei. Paulus habe aber nie daran gedacht, das jüdische Volk zu verwerfen oder zu verachten (Baeck).

Mit Recht wird hervorgehoben, daß der christliche Messiasglaube die entscheidende Differenz zwischen Juden und Christen ausmacht. Im Judentum zur Zeit Jesu und des Paulus gab es recht unterschiedliche Vorstellungen über die Verwirklichung künftiger Rettung. Bald wurde das Heraufführen der Heilszeit als Gottes wunderbare Tat, bald als das Werk eines Gesalbten vorgestellt, der in Gottes Auftrag erscheinen und wirken wird (s. o. S. 41 f.). Christen hingegen bekennen, daß der gekreuzigte Jesus der auferstandene Messias sei, in dem Gott aller Welt seine Barmherzigkeit zugewandt hat. Damit aber ist eine tiefgreifende Veränderung endzeitlicher Erwartung eingetreten, die in der paulinischen Christologie deutlich ausgesprochen ist.

Nach der vom Apostel entwickelten Lehre stehen die Christen in der Zeit nach dem Kommen des Messias – gleichsam in der postmessianischen Zeit –, während Juden der Auffassung sind, daß diese unsere Welt noch nicht erlöst ist, sondern ihrer Befreiung entgegenharrt. Doch kann ungeachtet dieser Unterschiede in bewegenden Sätzen nach einer übergreifenden Gemeinsamkeit gesucht werden, die gleichwohl Juden und Christen miteinander verbinden könnte: „Der Messianismus Israels zielt auf das Kommende, die Eschatologie der Weltvölkerkirche auf die Wiederkehr des Gekommenen. Beide eint die gemeinsame Erwartung, daß das entscheidende Ereignis erst noch kommen wird – als das Ziel der Wege Gottes, die er in Israel und in der Kirche mit der Menschheit geht. Die Kirche Jesu Christi hat von ihrem Herrn und Heiland kein Bildnis aufbewahrt. Wenn Jesus morgen wiederkehren würde, würde ihn von Angesicht kein Christ erkennen können. Aber es könnte wohl sein, daß der, der am Ende der Tage kommt, der die Erwartung der Synagoge wie der Kirche ist, dasselbe Antlitz trägt.“ (Schoeps)

Auch für die unterschiedliche Bewertung des Gesetzes bei Juden und Christen lassen sich von jüdischer Seite gewisse Möglichkeiten des Verstehens finden, die von der jeweiligen Ausprägung endzeitlicher Hoffnung abhängen. Denn wenn die paulinische Theologie im Licht der bereits anbrechenden Vollendung der Zeiten zu begreifen ist, dann könnte entsprechend einer Auffassung, wie sie gelegentlich bei einigen Rabbinen anzutreffen ist, auch die umfassende Bedeutung der Thora an ihr Ende gelangt sein. Aus dieser Überzeugung ließe sich auch die Motivation für die Mission unter den Völkern herleiten, denen Paulus sich zuwendet, nachdem unter den Juden die urchristliche Predigt nur in geringem Umfang auf Zustimmung gestoßen war. Sollte also die Hoffnung, die sich auf die endzeitliche Erfüllung richtet, zwar ein fortbestehendes Bindeglied zwischen dem jüdischen Erbe und der von Paulus bestimmten frühen Christenheit darstellen, aber infolge des unterschiedlich gefaßten Messiasglaubens die Trennung der Wege verursacht haben? (Schoeps) Gegenüber diesem Versuch der Erklärung, der von starkem Bemühen gegenseitigen Verstehens getragen ist, bleibt das Bedenken, ob nicht der Eschatologie eine zu weitgehende Bedeutung zugemessen wird, so daß auch das Verständnis des Gesetzes von ihr abhängig gemacht wird.

Paulus stand vor der grundsätzlichen Frage, ob die Christen in der Zeit der Thora oder der des Messias leben. Indem er sich dafür entschied, daß der Messias endgültig offenbart sei, trennte er sich vom Judentum (Baeck). Diese Trennung aber mußte sich vertiefen, als Paulus unter den Völkern zu wirken begann und darauf verzichtete, die für den christlichen Glauben gewonnenen Heiden in das Volk Israel zu integrieren. Indem Paulus die Thora als für die Heiden nicht mehr verbindlich ansah, lief er auf der einen Seite Gefahr, die Bedeutung der Ethik zu gering zu bewerten. Auf der anderen Seite aber brachte er doch das Alte Testament als heilige Schrift zu den Völkern und bewirkte dadurch, daß jüdische Kultur einen mächtigen Einfluß auf die christliche Zivilisation gewann, so daß man ihn geradezu einen Wegbereiter für den König Messias nennen könnte (Klausner).

Am weitesten geht einer positiven Beurteilung des Paulus der Versuch entgegen, ihn als Diasporajuden zu verstehen, der unter dem

Gesetz nach seiner orthodoxen Interpretation gelitten habe. Auf diesem Wege habe er nicht den inneren Frieden finden können, den die Rechtfertigung vor Gott schenkt. Auch in seiner Hinkehr zum Christusglauben habe Paulus sich von seinem Volk nicht trennen wollen. Und selbst bei seinem Wirken in der Völkerwelt sei er von der Liebe zu Israel erfüllt gewesen in der Überzeugung, daß Gott sein Volk nicht verstoßen habe, sondern erlösen wolle. Obwohl Paulus zwischen Israel und Heiden habe vermitteln wollen, habe er dann doch trennend gewirkt. Daher müsse sich am Ende die Frage stellen, wer Paulus wieder hereinnehme in das ewige Gespräch um das Ewige (Ben-Chorin). Oder ließe sich eine Heimholung des Paulus in den Bereich des Judentums denken, indem man sagt, dem Geiste nach seien auch die Heiden, die an Jesus den Christus glauben, Teil des wahren Israel, während Juden, die den Messias nicht anerkennen, ihren heilsgeschichtlichen Vorsprung einbüßen? (Taubes)

Jüdische Gelehrte, die sich darum bemühen, verstehenden Zugang zur Lehre des Apostels zu finden, haben auf unterschiedliche Weise auf jüdische Voraussetzungen – aus der Diaspora, der endzeitlichen Erwartung und der Einschätzung des Gesetzes – hingewiesen, die sich in der paulinischen Christusverkündigung ausgewirkt haben. Doch bei diesen Deutungsversuchen tritt immer wieder das entscheidende Problem klar heraus: wie es um Zustimmung oder Abweisung der Verkündigung des gekreuzigten und auferstandenen Christus steht. Heute wie einst kommt dieser Botschaft die Schlüsselrolle im Gespräch zwischen Juden und Christen zu. Die gewichtigen Stimmen jüdischer Interpreten des Paulus aber haben den Dialog bereichert und die wesentlichen Fragen herausgestellt, über die es miteinander nachzudenken gilt. Wenn diese gemeinsamen Bemühungen sich im Zeichen der Liebe und der Hoffnung vollziehen, so hätten in der Tat Israel und die Christenheit einander Ungesagtes zu sagen und eine heute kaum erst vorstellbare Hilfe zu leisten (Buber).

4. Paulus im Licht gesellschaftlicher Kritik

War Paulus zu wenig darum bekümmert, daß viele seiner Hörer und Leser in ärmlichen und elenden Verhältnissen lebten, die dringend der Veränderung bedurften? Konnte er darüber hinwegsehen, daß das Los der Sklaven hätte verbessert und ihnen die Freiheit gegeben werden sollen? Und hat er nicht bemerkt, daß die Stellung der Frau in der patriarchalisch geordneten Gesellschaft der Spätantike durch mancherlei Benachteiligungen belastet war? Kritische Fragen werden gestellt; des öfteren wird auch gegen den Apostel auf Defizite aufmerksam gemacht, deren bis heute spürbare Auswirkungen unbedingt korrigiert werden müßten.

Paulus war ein antiker und kein moderner Mensch. Manche Gegebenheiten der damaligen Gesellschaft hat er hingenommen und daher ebensowenig wie seine Zeitgenossen überlegt, ob die Einrichtung der Sklaverei hätte beseitigt werden können. Der Einwurf einiger Kritiker lautet deshalb, Paulus habe nur darauf gesehen, daß der Mensch unter der Herrschaft der Sünde versklavt sei; doch habe er sich nicht gegen gesellschaftliche Ungerechtigkeit im Zusammenleben der Menschen gewandt. Er hätte aber erkennen müssen, daß gerade die Institution der Sklaverei eine offenbare Herrschaftsform der Sündenmacht darstellt. Daher habe es nicht ausreichen können, daß er gegen diese grausame Ungerechtigkeit lediglich mit Liebe und brüderlicher Ermahnung anzugehen suchte (Schulz).

Die Botschaft des Paulus richtet sich in der Tat nicht auf ein gesellschaftspolitisches oder gar revolutionäres Programm, sondern er verkündigt das rettende Evangelium für alle, gleicherweise für Sklaven wie für Freie, für Herren und Knechte. Denn in Christus ist kein Unterschied zwischen ihnen; und die Schranken, die die verschiedenen Stände in der Gesellschaft voneinander trennen, haben für die christliche Gemeinde ihre Bedeutung verloren (s. o. S. 132–137). Mag es weiterhin im gesellschaftlichen Zusammenleben kleinere und auch größere Unterschiede zwischen den Menschen geben, so setzt Paulus darauf, daß von der Liebe, in der Herr und Sklave einander begegnen, wirksame Kraft ausgeht, so daß sie auch Institutionen zu verändern und menschliche Gemeinschaft zu erneuern vermag (Schrage).

Und wie wird das Verhältnis von Mann und Frau in den paulinischen Briefen gesehen? Gegen den Apostel wird der Vorwurf erhoben, die Frau dem Mann unterzuordnen und sie in eine dienende Stellung zu verweisen. Werde ihr doch in der Gemeindeversammlung das Wort verboten und solle sie statt dessen im Haus ihren Mann fragen, um zu erfahren, was recht und angemessen ist. Feministische Kritik wendet sich daher gegen Äußerungen, die die Frau in unbilliger Weise zurücksetzen und ihr geringere Rechte zuerkennen als dem Mann (Schüssler-Fiorenza, Schottroff u. a.) Exegetische Anfragen, die auf die Gleichberechtigung von Mann und Frau dringen, wollen gehört und des näheren geprüft werden. Denn sollten sich wirklich bei

Paulus Spuren von Frauenfeindlichkeit finden, so müßten solche Äußerungen einer sachkritischen Auseinandersetzung unterzogen werden.

Die Frau war in der antiken Gesellschaft bei Griechen und Juden keineswegs überall und in allen Bereichen rechtlich benachteiligt oder dem Mann gegenüber lediglich zum Gehorsam verpflichtet. Nicht zu übersehen ist freilich, daß sich in der zweiten und dritten frühchristlichen Generation bei der Ausbildung einer fester geprägten Verfassung der Gemeinden Gesichtspunkte der Unterordnung im Unterschied zu den Anfängen der Christenheit in stärkerem Umfang durchsetzten. In diesen Zusammenhang gehört auch die oft zitierte Äußerung, die Frau habe in der Gemeinde zu schweigen, die jedoch nicht dem Apostel, sondern der nachpaulinischen Redaktion zuzuschreiben ist (s. o. S. 136). Veränderungen, die im Lauf der späteren Geschichte des Urchristentums hinsichtlich der Stellung der Frau in Kirche und Gesellschaft eintraten, sind daher im Licht der authentischen paulinischen Aussagen entsprechend kritisch zu interpretieren und zu beurteilen.

Paulus sagt mit dem Bekenntnis der frühen Christenheit, daß ebenso wie Sklaven und Herren auch Frauen und Männer in Christus eins sind (Gal. 3,28). Von dieser Überzeugung, die das Zusammenleben in der Gemeinde grundlegend bestimmt, ist auch das praktische Verhalten geleitet. Frauen können durchaus in den paulinischen Gemeinden das Wort nehmen; sie werden freilich daran erinnert, auf schickliches Handeln zu sehen (1. Kor. 11,5 f.). Grundsätzlich gilt, daß die Frau nicht ohne den Mann und der Mann nicht ohne die Frau sein kann (1. Kor. 11,11 f.). Deshalb treten sie in der Ehe einander als gleichberechtigte Partner gegenüber (1. Kor. 7,3–5). Und Frauen können in den Gemeinden wichtige Aufgaben übernehmen, wie Phoebe (Röm. 16,1; s. o. S. 136), Junia (Röm. 16,7; s. o. S. 136) und andere, die in den Briefen des Apostels namentlich erwähnt werden.

Nimmt man diese Äußerungen zusammen, so zeigt sich eine große Unbefangenheit, mit der Paulus über das Zusammenwirken von Männern und Frauen in der christlichen Gemeinschaft spricht und die entsprechende Folgerung für das praktische Handeln zieht. Weder kann der Vorwurf aufrechterhalten werden, der Apostel hätte eine negative oder gar feindliche Haltung zu den leiblichen Funktionen des Menschen und seiner Sexualität eingenommen (s. o. S. 155 f.). Noch kann man im Ernst ihm eine frauenfeindliche Einstellung vorhalten. Vielmehr wird die Frau als verantwortliches Glied der christlichen Gemeinde weit höher geachtet, als es irgendwo sonst in der alten Welt üblich gewesen wäre. Daher will die grundlegende Erneuerung erkannt und zur Wirkung gebracht werden, die aus der Gewißheit erwächst, daß alle, die auf Christus Jesus getauft wurden, in ihm eins sind und daher in verantwortlicher Partnerschaft als Glieder am Leib Christi zusammengehören.

Eine alte rabbinische Erzählung spricht davon, wie Schriftgelehrte unterschiedliche Auffassungen vertraten und gegeneinander geltend machten. Hinten in der achten Reihe der Schule aber habe ein alter Mann gesessen, der die Diskussion zwar aufmerksam verfolgte, ihre Gründe und Gegengründe aber nicht voll zu verstehen vermochte. Als der Lehrer dann von seinen Schülern gefragt wurde, woher er denn sein Wissen habe, antwortete er: Dies sei eine Mose am Sinai überlieferte Lehre. Da wurde der alte Mann ruhig; denn er war kein anderer als Mose, der den Auseinandersetzungen zugehört hatte, wie die Gelehrten sie geführt hatten (bab. Talmud Men. 29b).

Man könnte diese Geschichte auch auf den Apostel Paulus anwenden. Da wogt der Streit der Meinungen hin und her. Doch kaum bemerkt und nicht erkannt, sitzt ein alter Mann im Hintergrund und verfolgt, wie Ansicht gegen Ansicht gestellt wird und es nur mühsam gelingen will, zu einer Übereinkunft zu gelangen. Doch wenn dann einer sich darauf beruft, so habe einst der Apostel gesprochen, dann geht hoffentlich ein Leuchten über die von Leiden gezeichneten Züge des Zuhörers. Denn über den weiten Abstand der Jahrhunderte hinweg gelangt ein Echo zu Gehör, das aus der Christenheit zurückkommt zum Lehrer der Kirche, der ihre Anfänge prägend bestimmt hat.

„Die Juden fordern Zeichen und die Griechen fragen nach Weisheit" – so hatte der Apostel Paulus gesagt –, „wir aber predigen den gekreuzigten Christus, den Juden ein Ärgernis und den Griechen eine Torheit." (1. Kor. 1,21 f.) Für die Menschen der alten Welt war es um nichts leichter als für die Menschen unserer Tage, die Botschaft vom gekreuzigten Christus als die Wahrheit anzunehmen. Das Wort vom Kreuz mußte den Juden als eine Herausforderung erscheinen, die dem Gesetz schlechterdings widerstreitet, so daß man sich ärgerlich abwandte. Und die Griechen mußte diese Predigt als unsinniger Widerspruch zu aller Weisheit anmuten. Gottes Weisheit aber sieht anders aus, als die Menschen sie sich vorstellen; und seine Kraft tritt nicht in Zeichen hervor, die ihnen bestätigen, was sie schon wissen. Allein das

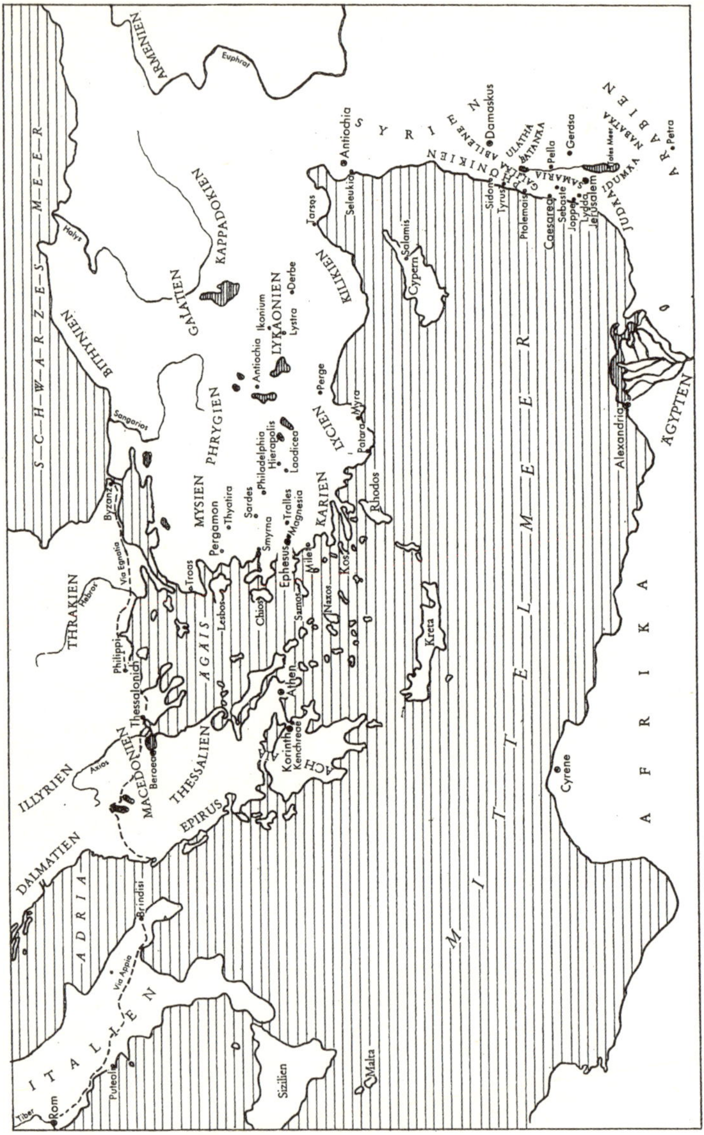

Die Mittelmeerwelt zur Zeit des Apostels Paulus.
Mit freundlicher Genehmigung des Verlags
W. Kohlhammer, Stuttgart

Wort vom Kreuz, das Juden und Griechen gepredigt wird, eröffnet Rettung und Heil für alle, die es glaubend annehmen. Der gekreuzigte und auferstandene Christus wird darum als Gottes Kraft und Gottes Weisheit verkündigt; denn die vermeintliche Torheit Gottes ist – wie Paulus hinzufügt – allemal weiser als die Menschen, und die vermeintliche Schwachheit Gottes ist allemal stärker als sie (1. Kor. 1,25).

Anhang

Abkürzungsverzeichnis

Biblische Bücher in der üblichen Reihenfolge:

Gen., Ex., Lev., Num., Dt., Jos., Sam., Kön., Jes., Jer., Ez., Am., Micha, Hab., Dan., Ps., Spr.

Mt., Mk., Lk., Joh., Apg., Röm., 1. Kor., 2. Kor., Gal., Eph., Phil., Kol., 1. Thess., 2. Thess., 1. Tim., 2. Tim., Tit., Phm., Jak., 1. Petr., 2. Petr., Apk.

Apokalypsen und Pseudepigraphen:
Weish., 4. Esra, syr. Bar.

Qumranschriften:
1 QS = Gemeinderegel,
1 QH = Hodajot/Loblieder,
1 QM = Kriegsrolle,
1 QpHab = Habakukmidrasch,
CD = Damaskusschrift

Apostolische Väter:
1. Clem. = 1. Clemensbrief

Lexika und Zeitschriften:

ANRW	=	Aufstieg und Niedergang der Römischen Welt
BZ	=	Biblische Zeitschrift, Neue Folge
CBQ	=	Catholic Biblical Quarterly
EvTh	=	Evangelische Theologie
JBL	=	Journal of Biblical Literature
JBTh	=	Jahrbuch für Biblische Theologie
JJS	=	The Journal of Jewish Studies
KuD	=	Kerygma und Dogma
LM	=	Lutherische Monatshefte
LThK	=	Lexikon für Theologie und Kirche
NT	=	Novum Testamentum
NTS	=	New Testament Studies
RGG	=	Die Religion in Geschichte und Gegenwart
ThBl	=	Theologische Blätter
ThLZ	=	Theologische Literaturzeitung
ThR	=	Theologische Rundschau
ThStKr	=	Theologische Studien und Kritiken
ThWB	=	Theologisches Wörterbuch zum Neuen Testament
TRE	=	Theologische Realenzyklopädie
WA	=	M. Luther, Werke/Weimarer Ausgabe
ZNW	=	Zeitschrift für die neutestamentliche Wissenschaft
ZThK	=	Zeitschrift für Theologie und Kirche

Literaturhinweise

Vorwort: Darstellungen über Leben und Werk des Apostels Paulus: R. Bultmann, Paulus, RGG^{2} IV (1930), 1019–1045 – *A. D. Nock,* Paul, London 1938; deutsch: Paulus, Zürich/Leipzig 1940 – *W. L. Knox,* St. Paul and the Church of the Gentiles, Cambridge 1939 – *A. M. Hunter,* Paul and his Predecessors, London 1940, ^{2}1961 – *W. von Loewenich,* Paulus. Sein Leben und Werk, Witten/Ruhr 1940, ^{2}1949 – *E. B. Allo,* Paul, Paris 1942; deutsch: Paulus, der Apostel Jesu Christi, Freiburg/Schweiz 1946 – *J. Klausner,* Von Jesus zu Paulus, Jerusalem 1950 – *M. Dibelius,* Paulus, hgg. und zu Ende geführt von *W. G. Kümmel,* Berlin 1951, ^{4}1970 – *H.-J. Schoeps,* Paulus. Die Theologie des Apostels im Lichte der jüdischen Religionsgeschichte, Tübingen 1959, ^{2}1972 – *L. Baeck,* Paulus, die Pharisäer und das Neue Testament, Frankfurt/M. 1961 – *G. Bornkamm,* Paulus, RGG^{3} V (1961), 166–190 – *Ders.,* Paulus, Stuttgart 1969, ^{7}1993 – *H. Ridderbos,* Paulus. Ontwerp van zijn Theologie, Kampen 1966; deutsch: Paulus. Ein Entwurf seiner Theologie, Wuppertal 1970 – *Schalom Ben-Chorin,* Paulus. Der Völkerapostel in jüdischer Sicht, München 1970, ^{3}1983 = 1992 – *O. Kuss,* Paulus, Regensburg 1971 – *G. Eichholz,* Die Theologie des Paulus im Umriß, Neukirchen 1972, ^{7}1991 – *E. P. Sanders,* Paul und Palestinian Judaism, London 1977; deutsch: Paulus und das palästinische Judentum, Göttingen 1985 – *Ders.,* Paul, Oxford 1991; deutsch: Paulus, Stuttgart 1995 – *F. F. Bruce,* Paul. Apostle of the Free Spirit, Exeter 1977 – *J. E. Keck,* Paul and his Letters, Philadelphia 1979, ^{2}1980 – *A. Lindemann,* Paulus im ältesten Christentum, Tübingen 1979 – *J. C. Beker,* Paul the Apostle, Edinburgh 1980, ^{2}1984 – *K. H. Schelkle,* Paulus. Leben – Briefe – Theologie, Darmstadt 1981, ^{2}1988 – *C. K. Barrett,* Essays on Paul, London 1982 – *A. Vanhoye* (Hrsg.), L'Apôtre Paul. Personnalité, Style et Conception du Ministère, Louvain 1986 – *M. Soards,* The Apostle Paul. An Introduction to His Writings and Teachings, New York 1987 – *J. Becker,* Paulus. Der Apostel der Völker, Tübingen 1989, ^{2}1992 – *M. Hengel/U. Heckel,* Paulus und das antike Judentum, Tübingen 1991 – *H. D. Betz,* Paul, Anchor Bible Dictionary V (1992), 186–201 – *Ders.,* Paulinische Studien, Tübingen 1994 – *W. Feneberg,* Paulus der Weltbürger, München 1992 – *J. A. Fitzmyer,* According to Paul, Studies in the Theology of the Apostle, New York 1993 – *H. Hübner,* Biblische Theologie des Neuen Testaments, II: Die Theologie des Paulus und ihre neutestamentliche Wirkungsgeschichte, Göttingen 1993 – *K. Berger,* Theologiegeschichte des Urchristentums, Tübingen/Basel 1994, 434–510: Paulus – *J. Lambrecht,* Pauline Studies, Leuven 1994; ferner: die einschlägigen Abschnitte in den Darstellungen der „Theologie des Neuen Testaments".

Forschungsberichte: R. Bultmann, Zur Geschichte der Paulus-Forschung, ThR NF 1 (1929), 26–59 – *K. H. Rengstorf* (Hrsg.), Das Paulusbild in der neueren Forschung, Darmstadt 1964, 304–337 – *R. Bultmann,* Neueste Paulusforschung, ThR NF 6 (1934), 229–246 – *Ders.,* Neueste Paulusforschung, ThR NF 8 (1936), 1–22 – *E. E. Ellis,* Paul and his recent interpreters, Grand Rapids/Mich., 1961,

^{5}1979 – *B. Rigaux*, Saint Paul et ses Lettres. État de la question, Paris/Bruges 1962; deutsch: Paulus und seine Briefe. Der Stand der Forschung, München 1964 – *H. Hübner*, Paulusforschung seit 1945. Ein kritischer Literaturbericht, ANRW II 25,4, Berlin/New York 1987, 2649–2840 – *O. Merk*, Paulus-Forschung 1936–1985, ThR NF 53 (1988), 1–81.

I. Die Anfänge des Paulus: Zu 1: Siehe Lehrbücher zur Einleitung in das Neue Testament, bes. *W. G. Kümmel*, Einleitung in das Neue Testament, Heidelberg ^{21}1983 – *E. Lohse*, Die Entstehung des Neuen Testaments, Stuttgart ^{5}1991 – *U. Schnelle*, Einleitung in das Neue Testament, Göttingen 1994. Zu apokryphen Texten: *E. Hennecke/W. Schneemelcher*, Neutestamentliche Apokryphen II, Tübingen ^{5}1989.

Zu 2: A. Oepke, Probleme der vorchristlichen Zeit des Paulus, ThStKr 105 (1934), 387–424 = *Rengstorf* (s. o. S. 304), 410–446 – *W. D. Davies*, Paul and Rabbinic Judaism, London 1948, ^{3}1965 – *W. C. van Unnik*, Tarsus or Jerusalem. De Stad van Paulus' Jugend, Amsterdam 1952; engl.: Tarsus or Jerusalem. The City of Paul's Youth, in: Sparsa Collecta I, Leiden 1973, 259–320 – *W. Stegemann*, War der Apostel Paulus römischer Bürger?, ZNW 78 (1987), 200–229 – *M. Hengel*, Der vorchristliche Paulus, in: Paulus und das antike Judentum, Tübingen 1991, 177–293 – *K. W. Niebuhr*, Heidenapostel aus Israel, Tübingen 1992 – *R. Riesner*, Die Frühzeit des Apostels Paulus. Studien zur Chronologie, Missionsstrategie und Theologie, Tübingen 1994.

Zu 3: O. Michel, Paulus und seine Bibel, Gütersloh 1929, Darmstadt ^{2}1972 – *A. Marmorstein*, Paulus und die Rabbinen, ZNW 30 (1931), 271–285 – *J. Bonsirven*, Exégèse rabbinique et exégèse paulinienne, Paris 1939 – *E. E. Ellis*, Paul's Use of the Old Testament, Edinburgh 1957 – *J. Jeremias*, Paulus als Hillelit, in: Neotestamentica et Semitica, Festschrift M. Black, Edinburgh 1969, 88–94 – *Ders.*, Der Schlüssel zur Theologie des Apostel Paulus, Stuttgart 1971 – *K. Haacker*, War Paulus Hillelit?, in: Das Institutum Judaicum der Universität Tübingen in den Jahren 1971–1972, Tübingen 1972, 106–120 – *D.-A. Koch*, Die Schrift als Zeuge des Evangeliums. Untersuchungen zur Verwendung und zum Verständnis der Schrift bei Paulus, Tübingen 1986.

II. Die Überlieferungen der Väter: Zu 1: J. Jeremias, Jerusalem zur Zeit Jesu, Leipzig/Göttingen 1923–37, Göttingen/Berlin ^{3}1963 – *W. Bousset/H. Greßmann*, Die Religion des Judentums im späthellenistischen Zeitalter, Tübingen ^{3}1926, ^{4}1966 – *P. Dalbert*, Die Theologie der hellenistisch-jüdischen Missionsliteratur unter Ausschluß von Philo und Josephus, Hamburg 1954 – *J. Leipoldt/W. Grundmann*, Umwelt des Urchristentums, Berlin I 1965, ^{8}1990; II 1967, ^{8}1991; III 1967, ^{6}1988 – *M. Hengel*, Judentum und Hellenismus, Tübingen 1969, ^{3}1988 – *E. Lohse*, Umwelt des Neuen Testaments, Göttingen 1971, ^{10}2000 – *E. Schürer/G. Vermes*, The History of the Jewish People in the Age of Jesus Christ I–III, Edinburgh 1973–87.

Zu 2: J. Ziegler, Griechische Bibelübersetzungen, LThK ^{2}II (1958), 375–380 – *Ders.*, Sylloge. Gesammelte Aufsätze zur Septuaginta, Göttingen 1971 – *R. Hanhart*, Die Bedeutung der Septuaginta-Forschung für die Theologie, in: Drei Studien zum Judentum, München 1967, 38–64 – *Ders.*, Die Bedeutung der Septuaginta in neutestamentlicher Zeit, ZThK 81 (1984), 395–416 – *P. Walters*, The Text of the

Septuagint, Cambridge 1973 – *S. P. Brock,* Bibelübersetzungen I 2. Die Übersetzungen des Alten Testaments ins Griechische, TRE VI (1980), 163–172 – *A. Aejmelaeus,* On the Trail of the Septuagint Translators, Kampen 1993 – *M. Hengel/A.-M. Schwemer,* Die Septuaginta zwischen Judentum und Christentum, Tübingen 1994.

Zu 3: I. Elbogen, Der jüdische Gottesdienst in seiner geschichtlichen Entwicklung, Berlin 1913, Hildesheim [4]1962 – *B. Kanael,* Die Kunst der antiken Synagoge, München/Frankfurt 1954 – *K. Galling,* Synagoge RGG³ VI (1962), 557–559 – *W Schrage,* Synagoge, ThWB VII (1964), 798–850 – *M. Hengel,* Proseuche und Synagoge. Jüdische Gemeinde, Gotteshaus und Gottesdienst in der Diaspora und in Palästina, in: Tradition und Glaube, Festschrift K. G. Kuhn, Göttingen 1971, 157–184.

Zu 4: S. Safrai/M. Stern (Hrsg.), Compendium Rerum Judaicarum Ad Novum Testamentum I–II, Assen 1974–1987 – *E. P. Sanders,* Paul and the Palestinian Judaism (s. o. S. 304) – *H. Temporini/W. Haase* (Hrsg.), ANRW II, 19–21: Judentum, Berlin 1979–1984 – *G. Delling,* Die Bewältigung der Diasporasituation durch das hellenistische Judentum, Göttingen 1987 – *M. Hengel,* The 'Hellenization' of Judaea in the First Century after Christ, Philadelphia 1989 – *R. Meyer,* Zur Geschichte und Theologie des Judentums in hellenistisch-römischer Zeit, Berlin/Neukirchen 1990 – *J. H. Charlesworth* (Hrsg.), The Messiah. Developments in Earliest Judaism and Christianity, Minneapolis 1992 – *W. C. van Unnik,* Das Selbstverständnis der jüdischen Diaspora in der hellenistisch-römischen Zeit, Leiden 1993 – *H. Stegemann,* Die Essener, Qumran, Johannes der Täufer und Jesus, Freiburg 1993, [4]1994.

III. Die Verfolgung der Gemeinde Gottes: Zu 1: Siehe Lehrbücher zur Theologie des Neues Testaments, ferner: *W. Schrage,* „Ekklesia" und „Synagoge". Zum Ursprung des urchristlichen Kirchenbegriffes, ZThK 60 (1963), 178–202 – *F. Hahn,* Christologische Hoheitstitel, Göttingen 1963, [5]1995 – *P. Pokorný,* Die Entstehung der Christologie, Stuttgart 1984 – *L. Schenke,* Die Urgemeinde, Stuttgart 1990.

Zu 2: M. Simon, St. Stephen and the Hellenists in the Primitive Church, London 1958 – *F. Hahn,* Das Verständnis der Mission im Neuen Testament, Neukirchen 1963, [2]1965 – *B. Gärtner,* The Temple and the Community in Qumran and the New Testament, Cambridge 1965 – *H. Kasting,* Die Anfänge der urchristlichen Mission, München 1969 – *M. Hengel,* Zwischen Jesus und Paulus. Die „Hellenisten", die „Sieben" und Stephanus (Apg. 6, 1–15; 7, 54–8, 3), ZThK 72 (1975), 151–206 – *G. Schneider,* Stephanus, die Hellenisten und Samaria, in: *J. Kremer* (Hrsg.), Les Actes des Apôtres, Leuven 1979, 215–240 – *H.-W. Neudorfer,* Der Stephanuskreis in der Forschungsgeschichte seit F. C. Baur, Gießen/Basel 1983.

Zu 3: Siehe Gesamtdarstellungen zu Paulus, sowie: *W. G. Kümmel,* Römer 7 und die Bekehrung des Paulus, Leipzig 1929, München [2]1974 – *J. Roloff,* Die Apostelgeschichte, Göttingen 1981, [2]1988 – *G. Lüdemann,* Das frühe Christentum nach den Traditionen der Apostelgeschichte. Ein Kommentar, Göttingen 1987.

Zu 4: A. Deissmann, Paulus, Tübingen 1911, [2]1925, 203–225 – *J. Finegan,* Handbook of Biblical Chronology, Princeton 1954 – *A. Suhl,* Paulus und seine Briefe. Ein Beitrag zur paulinischen Chronologie, Gütersloh 1975 – *R. Jewett,* A Chronology of Paul's Life, Philadelphia 1979; deutsch: Paulus-Chronologie. Ein

Versuch, München 1982 – *G. Lüdemann,* Paulus, der Heidenapostel I: Studien zur Chronologie, Göttingen 1980 – *N. Hyldahl,* Die paulinische Chronologie, Leiden 1986 – *J. Becker,* Paulus, der Apostel der Völker, Tübingen 1989, ²1992, 17–33 – *Th. Söding,* Zur Chronologie der paulinischen Briefe, BZ 56 (1991), 31–59.

IV. Bekehrung und Berufung zum Apostel: Zu 1: J. Jeremias, Der Schlüssel zur Theologie des Apostels Paulus, Stuttgart 1971 – *S. Kim,* The Origin of Paul's Gospel, Tübingen 1982 – *G. Theißen,* Psychologische Aspekte paulinischer Theologie, Göttingen 1983 – *Ch. Dietzfelbinger,* Die Berufung des Paulus als Ursprung seiner Theologie, Neukirchen 1985, ²1989 – *A. F. Segal,* Paul the Convert. The Apostolate and Apostasy of Saul the Pharisee, New Haven/London 1990 – *P. Stuhlmacher,* Biblische Theologie des Neuen Testaments I, Göttingen 1992, § 17 – *H. Hübner,* Biblische Theologie des Neuen Testaments II, Göttingen 1993: Die Theologie des Paulus.

Zu 2: U. Wilckens, Die Bekehrung des Paulus als religionsgeschichtliches Problem, ZThK 56 (1959), 273–293 – *K. Kertelge,* Rechtfertigung bei Paulus. Studien zur Struktur und zum Bedeutungsgehalt des paulinischen Rechtfertigungsbegriffs, Münster 1967, ²1971 – *K. Stendahl,* Paul among Jews und Gentiles, Philadelphia 1976; deutsch: Der Jude Paulus und wir Heiden, München 1978 – *E. P. Sanders,* Paul, the Law and the Jewish People, Philadelphia 1983 – *H. Räisänen,* Paul and the Law, Tübingen 1983, ²1987.

Zu 3: G. Klein, Die zwölf Apostel. Ursprung und Gehalt einer Idee, Göttingen 1961 – *W. Schmithals,* Das kirchliche Apostelamt, Göttingen 1961 – *T. Holtz,* Zum Selbstverständnis des Apostels Paulus, ThLZ 91 (1966), 321–330 = Geschichte und Theologie des Urchristentums, Tübingen 1991, 129–139 – *E. Bammel,* Galater 1,23, ZNW 59 (1968), 108–112 – *J. Roloff,* Apostel/Apostolat/Apostolizität I. Neues Testament, TRE III (1978), 430–445.

Zu 4: W. G. Kümmel, Jesus und Paulus, Judaica 4 (1948), 1–35 = Heilsgeschehen und Geschichte, Gesammelte Aufsätze 1933–1964, Marburg 1965, 166–191 – *Ders.,* Jesus und Paulus, NTS 10 (1963/64), 163–181 = Heilsgeschehen, 439–456 – *E. Jüngel,* Paulus und Jesus, Tübingen 1962, ⁶1986 – *J. Blank,* Paulus und Jesus. Eine theologische Grundlegung, München 1968 – *H.-W. Kuhn,* Der irdische Jesus bei Paulus als traditionsgeschichtliches Problem, ZThK 67 (1970), 295–320 – *A. J. M. Wedderburn,* Paul and Jesus. Collected Essays, Sheffield 1989.

V. Der Beginn missionarischen Wirkens: Zu 1: K. Holl, Der Kirchenbegriff des Paulus in seinem Verhältnis zur Urgemeinde, in: Gesammelte Aufsätze zur Kirchengeschichte II, Tübingen 1928, 44–67 = *Rengstorf* (s. o. S. 304), 144–178 – *C. H. Dodd,* The Apostolic Preaching and its Developments, London 1936, ⁹1960 – *F. Hahn,* Das Verständnis der Mission im Neuen Testament, Neukirchen 1963, ²1965 – *E. Lohse,* St. Peter's Apostleship in the Judgment of St. Paul, the Apostle to the Gentiles, Gregorianum 72 (1991), 419–436 – *M. Baigent/R. Leigh,* The Dead Sea Scrolls Deception, London 1991; deutsch: Verschlußsache Jesus, München 1991 – *W. Stegemann,* Qumran, Jesus und das Urchristentum, ThLZ 119 (1994), 387–408.

Zu 2: A. Seeberg, Der Katechismus der Urchristenheit, Leipzig 1903, München ²1966 – *E. Lohmeyer,* Probleme paulinischer Theologie I: Briefliche Grußüberschriften, ZNW 26 (1927), 158–173 = Probleme paulinischer Theologie, Darmstadt

1954, 9–29 – *O. Cullmann,* Die ersten christlichen Glaubensbekenntnisse, Zürich 1943, ^{3}1954 – *R. Deichgräber,* Gotteshymnus und Christushymnus in der frühen Christenheit, Göttingen 1967 – *J. T. Sanders,* The New Testament Christological Hymns, Cambridge 1971 – *K. Wengst,* Christologische Formeln und Lieder des Urchristentums, Gütersloh 1972 – *L. Schenke,* Die Urgemeinde, Stuttgart 1990 – *P. Stuhlmacher,* Biblische Theologie des Neuen Testaments I, Göttingen 1992, § 13–15.

Zu 3: Vgl. Kommentare zum 2. Korintherbrief, sowie *H. Weder,* Das Kreuz Jesu bei Paulus, Göttingen 1981 – *K. T. Kleinknecht,* Der leidende Gerechtfertigte, Tübingen 1984, ^{2}1988 – *U. Heckel,* Kraft in Schwachheit. Untersuchungen zu 2. Kor. 10–13, Tübingen 1993 – *Ders.,* Der Dorn im Fleisch. Die Krankheit des Paulus in 2 Kor. 12,7 und Gal. 4,13 f., ZNW 84 (1993), 65–92.

VI. Der Apostelkonvent und seine Auswirkungen: Zu 1: Kommentare zum Galaterbrief und zur Apostelgeschichte, ferner: *J. D. G. Dunn,* The Relationship between Paul and Jerusalem according to Galatians 1 and 2, NTS 28 (1982), 461–478.

Zu 2: K. Holl, Der Kirchenbegriff des Paulus (s. o. S. 307) – *M. Dibelius,* Das Apostelkonzil, ThLZ 72 (1947), 193–198 = Aufsätze zur Apostelgeschichte, Göttingen 1953, ^{4}1961, 84–90 – *D. Georgi,* Die Geschichte der Kollekte des Paulus für Jerusalem, Hamburg 1965, Neukirchen ^{2}1994 – *H. Conzelmann,* Geschichte des Urchristentums, Göttingen 1969, ^{6}1989 – *T. Holtz,* Die Bedeutung des Apostelkonzils für Paulus, NT 16 (1974), 110–148 = Geschichte und Theologie des Urchristentums, Tübingen 1991, 140–170 – *W. Schneemelcher,* Das Urchristentum, Stuttgart 1981.

Zu 3: Kommentare wie zu 1, ferner: *A. Strobel,* Das Aposteldekret in Galatien. Zur Situation von Gal. 1 und 2, NTS 20 (1973/74), 177–190 – *O. Böcher,* ‚Das Aposteldekret', in: Vom Urchristentum zu Jesus, Festschrift J. Gnilka, Freiburg 1989, 325–336.

Zu 4: D. Lührmann, Abendmahlsgemeinschaft? Gal. 2,11 ff., in: Kirche, Festschrift G. Bornkamm, Tübingen 1980, 271–286 – *R. Kieffer,* Foi et Justification à Antioche, Paris 1982 – *T. Holtz,* Der antiochenische Konflikt, NTS 32 (1986), 344–361 = Geschichte und Theologie des Urchristentums, Tübingen 1991, 171–188 – *A. Wechsler,* Geschichtsbild und Apostelstreit. Eine forschungsgeschichtliche und exegetische Studie über den antiochenischen Zwischenfall (Gal. 2,11–14), Berlin 1991.

VII. Die paulinische Missionspredigt: Zu 1: Vgl. Gesamtdarstellungen zu Paulus sowie Kommentare zum Galater-, Philipper-, 1. Thessalonicherbrief und zu den Korintherbriefen, ferner: *W. Elliger,* Paulus in Griechenland. Philippi, Thessaloniki, Athen, Korinth, Stuttgart 1978, ^{2}1987 – *E. Rau,* Von Jesus zu Paulus. Entwicklung und Rezeption der antiochenischen Theologie im Urchristentum, Stuttgart 1994 – *P. Pilhofer,* Philippi. Die erste christliche Gemeinde Europas, Tübingen 1995 – *L. Bormann,* Philippi, Leiden 1995.

Zu 2: F. Hahn, Das Verständnis der Mission im Neuen Testament, Neukirchen 1963, ^{2}1965 – *H. Conzelmann,* Zur Analyse der Bekenntnisformel 1. Kor. 15,3–5, EvTh 25 (1965), 1–11 = Theologie als Schriftauslegung, München 1974, 131–141 – *M. Hengel,* Die Ursprünge der christlichen Mission, NTS 18 (1971), 15–38 –

E. Lohse, Theologische Ethik des Neuen Testaments, Stuttgart 1988 – *G. Lüdemann,* Die Auferstehung Jesu. Historie, Erfahrung, Theologie, Göttingen 1994.

Zu 3: R. Bultmann, Der Stil der paulinischen Predigt und die kynisch-stoische Diatribe, Göttingen 1910 = 1984 – *U. Wilckens,* Die Missionsreden der Apostelgeschichte, Neukirchen 1961, ^{3}1974 – *H.D. Betz,* The Literary Composition and Function of Paul's Letter to the Galatians, NTS 21 (1974/75), 353–379 = Paulinische Studien, Tübingen 1994, 63–97 – *Ders.,* Galatians, A Commentary of Paul's Letter to the Churches in Galatia, Philadelphia 1979; deutsch: Der Galaterbrief, München 1988 – *W. Wuellner,* Paul's Rhetoric of Argumentation in Romans, CBQ 38 (1976), 330–351 = *K. P. Donfried* (Hrsg.), The Romans Debate, Peabody/Mass. – U.S.A. ^{2}1991, 128–146 – *H.-J. Klauck,* Hellenistische Rhetorik im Diasporajudentum. Das Exordium des vierten Makkabäerbuchs (4 Makk. 1, 1–12), NTS 35 (1989), 451–465 – *C. J. Classen,* Paulus und die antike Rhetorik, ZNW 82 (1991), 1–33.

VIII. Die apostolischen Briefe des Paulus: Zu 1: A. Deissmann, Licht vom Osten, Tübingen 1908, ^{4}1923 – *O. Roller,* Das Formular der paulinischen Briefe, Stuttgart 1933 – *K. Berger,* Apostelbrief und apostolische Rede. Zum Formular frühchristlicher Briefe, ZNW 65 (1974), 190–231 – *Ders.,* Formgeschichte des Neuen Testaments, Heidelberg 1984 – *W.-H. Ollrog,* Paulus und seine Mitarbeiter, Neukirchen 1979 – *F. Schnider/W. Stenger,* Studien zum neutestamentlichen Briefformular, Leiden 1987 – *H. Probst,* Paulus und der Brief, Tübingen 1991 – *E. R. Richards,* The Secretary in the Letters of Paul, Tübingen 1991 – *J. Murphy O'Connor,* Paul et l'art epistolaire, Paris 1994.

Zu 2: Wie zu 1, ferner: *E. Lohmeyer,* Probleme paulinischer Theologie. Briefliche Grußüberschriften (s. o. S. 307 f.) – *G. Friedrich,* Lohmeyers These über das paulinische Briefpräskript kritisch untersucht, ThLZ 81 (1956), 343–346 = Auf das Wort kommt es an, Göttingen 1978, 103–106 – *G. Bornkamm,* Das Anathema in der urchristlichen Abendmahlstheologie, ThLZ 75 (1950), 227–230 = Das Ende des Gesetzes, München 1952, ^{5}1966, 123–132.

Zu 3: Siehe Lehrbücher zur Einleitung in das Neue Testament, ferner: *G. Bornkamm,* Die Vorgeschichte des sogenannten Zweiten Korintherbriefes, Heidelberg 1961, ^{2}1965 = Gesammelte Aufsätze IV, München 1971, 162–194 – *Ders.,* Der Philipperbrief als paulinische Briefsammlung, in: Neotestamentica et Patristica. Freundesgabe an O. Cullmann, Leiden 1962, 192–202 = Ges. Aufsätze IV, 195–205.

IX. Das Leben der von Paulus gegründeten Gemeinden: Zu 1: E. Kähler, Die Frau in den paulinischen Briefen, Zürich 1960 – *G. Fitzer,* „Das Weib schweige in der Gemeinde", München 1963 – *R. Gayer,* Die Stellung des Sklaven in den paulinischen Gemeinden, Bern/Frankfurt 1976 – *R. F. Hock,* The Social Context of Paul's Ministry, Philadelphia 1980 – *H.-J. Klauck,* Hausgemeinde und Hauskirche im frühen Christentum, Stuttgart 1981 – *J. Hainz,* Koinonia. ‚Kirche' als Gemeinschaft bei Paulus, Regensburg 1982 – *W. A. Meeks,* The First Urban Christians. The Social World of the Apostle Paul, New Haven/London 1983; deutsch: Christentum und Stadtkultur. Die soziale Welt der paulinischen Gemeinden, München 1993 – *G. Dautzenberg* (Hrsg.), Die Frau im Urchristentum, Freiburg 1983, ^{2}1987.

Zu 2: H. v. Soden, Sakrament und Ethik bei Paulus, Marburg 1931 = Urchristentum und Geschichte I, Tübingen 1951, 239–275 = *Rengstorf* (s. o. S. 304), 338–379 – *J. Jeremias*, Die Abendmahlsworte Jesu, Göttingen 1935, [4]1967 – *E. Käsemann*, Anliegen und Eigenart der paulinischen Abendmahlslehre, EvTh 7 (1947/48), 263–283 = Exegetische Versuche und Besinnungen I, Göttingen 1960, 11–34 – *G. Bornkamm*, Herrenmahl und Kirche bei Paulus, ZThK 53 (1956), 312–349 = Studien zu Antike und Urchristentum, München 1963, 138–176 – *E. Lohse*, Taufe und Rechtfertigung bei Paulus, KuD 11 (1965), 308–324 = Die Einheit des Neuen Testaments, Göttingen 1973, 228–244 – *Ders.*, Wort und Sakrament in der paulinischen Theologie, in: *F. Viering* (Hrsg.), Zu Karl Barths Lehre von der Taufe, Gütersloh 1971, 44–59 = Die Vielfalt des Neuen Testaments, Göttingen 1982, 105–120 – *N. Gäumann*, Taufe und Ethik. Studien zu Römer 6, München 1967 – *H. Frankemölle*, Das Taufverständnis des Paulus. Taufe, Tod und Auferstehung nach Römer 6, Stuttgart 1970 – *F. Hahn*, Der urchristliche Gottesdienst, Stuttgart 1970 – *Ders.*, Taufe und Rechtfertigung, in: Rechtfertigung, Festschrift E. Käsemann, Göttingen/Tübingen 1976, 95–124 – *G. Barth*, Die Taufe in frühchristlicher Zeit, Neukirchen 1981 – *U. Schnelle*, Gerechtigkeit und Christusgegenwart. Vorpaulinische und paulinische Tauftheologie, Göttingen 1983 – *W. Kraus*, Das Volk Gottes. Zur Grundlegung der Ekklesiologie bei Paulus, Tübingen 1996.

Zu 3: H. v. Campenhausen, Kirchliches Amt und geistliche Vollmacht in den ersten drei Jahrhunderten, Tübingen 1953, [2]1963 – *E. Schweizer*, Gemeinde und Gemeindeordnung nach dem Neuen Testament, Zürich 1959, [2]1962 – *J. Hainz*, Ekklesia. Strukturen paulinischer Gemeinde–Theologie und Gemeinde–Ordnung, Regensburg 1972 – *K. Kertelge* (Hrsg.), Das kirchliche Amt im Neuen Testament, Darmstadt 1977 – *E. Lohse*, Die Struktur urchristlicher Gemeinden nach dem Zeugnis des Neuen Testaments, in: Surrexit Dominus vere, Festschrift J. J. Degenhardt, Paderborn 1995, 243–256.

X. Enthusiasmus in Korinth: Zu 1: Kommentare zum 1. Korintherbrief, ferner: *W. Lütgert*, Freiheitspredigt und Schwarmgeister in Korinth, Gütersloh 1908 – *A. Schlatter*, Die korinthische Theologie, Gütersloh 1914 – *H. v. Soden* (s. o. S. 310) – *W. Schmithals*, Die Gnosis in Korinth, Göttingen 1956, [3]1969 – *U. Wilckens*, Weisheit und Torheit, Tübingen 1959 – *G. Theißen*, Soziale Schichtung in der korinthischen Gemeinde, ZNW 65 (1974), 232–272 = Studien zur Soziologie des Urchristentums, Tübingen 1979, [3]1989, 231–271 – *Ders.*, Die Starken und die Schwachen in Korinth, in: Studien, 272–289 – *G. Sellin*, Das „Geheimnis" der Weisheit und das Rätsel der „Christuspartei", ZNW 73 (1982), 69–96.

Zu 2: H.-J. Eckstein, Der Begriff Syneidesis bei Paulus, Tübingen 1983 – *G Sellin*, Hauptprobleme des Ersten Korintherbriefes, in: ANRW II, 25,4, Berlin/New York 1987, 2940–3044 – *E. Lohse*, Die Berufung auf das Gewissen in der paulinischen Ethik, in: Neues Testament und Ethik, Festschrift R. Schnackenburg, Freiburg 1989, 207–219 – *S. Vollenweider*, Freiheit als neue Schöpfung, Göttingen 1989.

Zu 3: K. Barth, Die Auferstehung der Toten, München 1924 – *R. Bultmann*, Karl Barth „Die Auferstehung der Toten", ThBl 5 (1926), 1–14 = Glauben und Verstehen I, Tübingen 1933 (=[8]1988), 38–64 – *J. Schniewind*, Die Leugner der

Auferstehung in Korinth, in: Nachgelassene Reden und Aufsätze, Berlin 1952, 110–139 – *J. Becker,* Auferstehung der Toten im Urchristentum, Stuttgart 1976 – *G. Sellin,* Der Streit um die Auferstehung der Toten. Eine religionsgeschichtliche und exegetische Untersuchung von 1. Kor. 15, Göttingen 1986.

XI. Die Legitimität des apostolischen Amtes: Zu 1: Kommentare zum 2. Korintherbrief sowie Gesamtdarstellungen zu Paulus, ferner: *E. Dinkler,* Korintherbriefe, RGG³ IV (1960), 17–24 – *G. Bornkamm,* Vorgeschichte (s. o. S. 309) – *L. Aejmelaeus,* Streit und Versöhnung. Das Problem der Zusammensetzung des 2. Korintherbriefes, Helsinki 1987.

Zu 2: E. Käsemann, Erwägungen zum Stichwort ‚Versöhnungslehre' im Neuen Testament, in: Zeit und Geschichte, Festschrift R. Bultmann, Tübingen 1964, 47–59 – *E. Güttgemanns,* Der leidende Apostel und sein Herr, Göttingen 1966 – *L. Goppelt,* Versöhnung durch Christus, LM 6 (1967), 263–269 = Christologie und Ethik, Göttingen 1968, 147–164 – *O. Hofius,* Erwägungen zur Gestalt und Herkunft des paulinischen Versöhnungsgedankens, ZThK 77 (1980), 186–199 = Paulusstudien, Tübingen 1989, ²1994, 1–14 – *M. Hengel,* Atonement, London 1981 – *P. Stuhlmacher,* Versöhnung, Gesetz und Gerechtigkeit, Göttingen 1981 – *Ders.,* Sühne oder Versöhnung?, in: Die Mitte des Neuen Testaments, Festschrift E. Schweizer, Göttingen 1983, 291–316 – *C. Breytenbach,* Versöhnung. Eine Studie zur paulinischen Soteriologie, Neukirchen 1989 – *J. Becker,* Die neutestamentliche Rede vom Sühnetod Jesu, Beih. ZThK 8 (1990), 29–49 = Annäherungen, Zur urchristlichen Theologiegeschichte und zum Umgang mit ihren Quellen, Berlin 1995, 334–354 – *J. Schröter,* Der versöhnte Versöhner, Tübingen 1993.

Zu 3: E. Käsemann, Die Legitimität des Apostels, ZNW 41 (1942), 33–71 = Darmstadt 1956 = *Rengstorf* (s. o. S. 304), 475–521 – *G. Friedrich,* Die Gegner des Paulus im 2. Korintherbrief, in: Abraham unser Vater, Festschrift O. Michel, Leiden 1963, 181–215 = Auf das Wort kommt es an, Göttingen 1978, 189–223 – *D. Georgi,* Die Gegner des Paulus im 2. Korintherbrief, Neukirchen 1964 – *Ders.,* The Opponents of Paul in Second Corinthians, Philadelphia 1986 – *H. D. Betz,* Der Apostel Paulus und die sokratische Tradition, Tübingen 1972 – *J. Zmijewski,* Der Stil der paulinischen „Narrenrede", Köln/Bonn 1978 – *E. Lohse* (Hrsg.), Verteidigung und Begründung des apostolischen Amtes, Rom 1992.

XII. Paulus in Ephesus: Zu 1: Kommentare zur Apostelgeschichte, ferner: *W. Elliger,* Ephesus. Geschichte einer Weltstadt, Stuttgart 1985 – *R. Schnackenburg,* Ephesus: Entwicklung einer Gemeinde von Paulus zu Johannes, BZ 35 (1991), 41–64 – *W. Thiessen,* Christen in Ephesus. Die historische und theologische Situation in vorpaulinischer und paulinischer Zeit und zur Zeit der Apostelgeschichte und der Pastoralbriefe, Tübingen/Basel 1995 – *M.Günther,* Die Frühgeschichte des Christentums in Ephesus, Frankfurt/M. 1995.

Zu 2: Kommentare zu den Korintherbriefen sowie zum Galater-, Philipper- und Philemonbrief, ferner: Gesamtdarstellungen zu Paulus.

Zu 3: H. Conzelmann, Paulus und die Weisheit, NTS 12 (1965/66), 231–244 = Theologie als Schriftauslegung, München 1974, 179–190 – *Ders.,* Die Schule des Paulus, in: Theologia Crucis – Signum Crucis, Festschrift E. Dinkler, Tübingen 1979, 85–96 – *W.-H. Ollrog,* Paulus und seine Mitarbeiter, Neukirchen 1979 – *P. Müller,* Anfänge der Paulusschule, Zürich 1988.

XIII. Gegner der paulinischen Mission: Zu 1: F. C. Baur, Die Christuspartei in der korinthischen Gemeinde, der Gegensatz des petrinischen und paulinischen Christentums in der ältesten Kirche, der Apostel Paulus in Rom, Tübinger Zeitschrift für Theologie 1831, H. 4, 61–206 – *W. Bauer,* Rechtgläubigkeit und Ketzerei im ältesten Christentum, Tübingen 1934, ²1964 – *H. Köster,* Häretiker im Urchristentum, RGG³ III (1959), 17–21 – *W. Schmithals,* Paulus und die Gnostiker, Hamburg 1965 – *H.-F. Weiß,* Paulus und die Häretiker, in: *W. Eltester* (Hrsg.), Christentum und Gnosis, Berlin 1969, 116–132 – *E. E. Ellis,* Paul and his Opponents: Trends in Research, in: Christianity, Judaism and Other Greco-Roman Cults, Festschrift M. Smith, Leiden 1975, 264–298 – *K. Berger,* Die impliziten Gegner. Zur Methode des Erschließens von „Gegnern" in neutestamentlichen Texten, in: Kirche, Festschrift G. Bornkamm, Tübingen 1975, 373–400 – *G. Lüdemann,* Paulus, der Heidenapostel II: Antipaulinismus im frühen Christentum, Göttingen 1983, ²1990 – *Ders.,* Ketzer, Stuttgart 1995.

Zu 2: Kommentare zum Galaterbrief, ferner: *W. Schmithals,* Die Häresie in Galatien, ZNW 47 (1956), 25–67 – *Ders.,* Judaisten in Galatien?, ZNW 74 (1983), 27–58 – *R. Jewett,* The Agitators and the Galatian Congregation, NTS 17 (1970/71), 198–206 – *J. Eckert,* Die urchristliche Verkündigung im Streit zwischen Paulus und seinen Gegnern nach dem Galaterbrief, Regensburg 1971 – *Ph. Vielhauer,* Gesetzesdienst und Stoicheiadienst im Galaterbrief, in: Rechtfertigung, Festschrift E. Käsemann, Göttingen/Tübingen 1976, 543–555 – *Th. Söding,* Die Gegner des Apostels Paulus in Galatien, Münchener Theologische Zeitschrift 42 (1991), 305–321 – *J.-G. Hong,* The Law in Galatians, Sheffield 1993 – *L. Oberlinner,* „Kein anderes Evangelium!" Die Auseinandersetzung des Paulus mit seinen „Gegnern" am Beispiel des Galaterbriefes, in: *C. Mayer/K. Müller/G. Schmalenberg* (Hrsg.), Nach den Anfängen fragen, Gießen 1994, 461–499.

Zu 3: Kommentare zum Philipperbrief, ferner: *W. Schmithals,* Die Irrlehrer des Philipperbriefes, ZThK 54 (1957), 297–341 – *H. Köster,* The Purpose of the Polemic of a Pauline Fragment, NTS 8 (1961/62), 317–332 – *J. Gnilka,* Die antipaulinische Mission in Philippi, BZ 9 (1965), 258–276 – *A. J. F. Klijn,* Paul's Opponents in Philippians III, NT 7 (1965), 278–284 – *C. R. Holladay,* Paul's Opponents in Philippians 3, Restoration Quarterly 12 (1969), 77–90 – *R. Jewett,* Conflicting Movements in the Early Church as Reflected in Philippians, NT 12 (1970), 361–390.

XIV. Die Gerechtigkeit Gottes. Zu 1: G. v. Rad, Die Anrechnung des Glaubens zur Gerechtigkeit, ThLZ 76 (1951), 129–132 = Gesammelte Studien zum Alten Testament, München 1958, ³1965, 130–135 – *S. Schulz,* Zur Rechtfertigung aus Gnaden in Qumran und bei Paulus, ZThK 56 (1959), 155–185 – *J. Becker,* Das Heil Gottes. Heils- und Sündenbegriffe in den Qumrantexten und im Neuen Testament, Göttingen 1964 – *H. Graf Reventlow,* Rechtfertigung im Horizont des Alten Testaments, München 1971.

Zu 2: Lehrbücher über die Theologie des Neuen Testaments, ferner: *E. Käsemann,* Gottesgerechtigkeit bei Paulus, ZThK 58 (1961), 367–378 = Exegetische Versuche und Besinnungen II, Göttingen 1964, 181–193 – *R. Bultmann,* Dikaiosynee theoy, JBL 83 (1964), 12–16 = Exegetica, Tübingen 1967, 470–475 – *P. Stuhlmacher,* Gerechtigkeit Gottes bei Paulus, Göttingen 1965, ²1966 – *Ders.,* Biblische Theologie des Neuen Testaments I, Göttingen 1992, § 21 – *K. Kertelge,* Rechtfertigung bei Paulus, Münster 1967, ²1971 – *J. A. Ziesler,* The Meaning of Righteousness in Paul, Cambridge 1972 – *J. Reumann*, Righteousness in the New Testament, Philadelphia 1982 – *M. A. Seifrid*, Justification by faith. The original development of a central Pauline theme, Leiden 1992.

Zu 3: E. Käsemann, Paulinische Perspektiven, Tübingen 1969, [3]1993 – *Ph. Vielhauer*, Paulus und das Alte Testament, in: Studien zur Geschichte und Theologie der Reformation, Festschrift E. Bizer, Neukirchen 1969, 33–62 = Aufsätze zum Neuen Testament II, München 1979, 196–228 – *D.-A. Koch*, Die Schrift als Zeuge des Evangeliums, Tübingen 1986 – *U. Mauser*, Paulus als Theologe des Alten Testaments, JBTh 6 (1991), 47–68.

Zu 4: W. Wrede, Paulus, Halle 1904 = *Rengstorf* (s. o. S. 304), 1–97 – *A. Schweitzer*, Die Mystik des Apostels Paulus, Tübingen 1930, [2]1954 = 1981 – *E. P. Sanders*, Paul and Palestinian Judaism (s. o. S. 304) – *G. Strecker*, Befreiung und Rechtfertigung, in: Rechtfertigung, Festschrift E. Käsemann, Göttingen/Tübingen 1976, 479–508 = Eschaton und Historie. Aufsätze, Göttingen 1979, 229–259 – *H. G. Anderson/T. A. Murphy/J. A. Burgess* (Hrsg.), Justification by Faith. Lutherans and Catholics in Dialogue VII, Minneapolis 1985 – *K. Kertelge*, Rechtfertigung aus Glauben und Gericht nach den Werken bei Paulus, in: *K. Lehmann* (Hrsg.), Lehrverurteilungen kirchentrennend? II: Materialien zu den Lehrverurteilungen und zur Theologie der Rechtfertigung, Freiburg/Göttingen 1989, 173–190 = Grundthemen paulinischer Theologie, Freiburg 1991, 130–147. – *J. D. G. Dunn*, Jesus, Paul and the Law, London 1990 – *Ders./ A. M. Suggate*, The Justice of God. A fresh Look at the Old Doctrine of Justification by Faith, Carlisle 1993 – *Ders.*, Prolegomena to a Theology of Paul, NTS 40 (1994), 407–432.

XV. Israel und die Kirche: Zu 1: Kommentare zum 1. Thessalonicher- und zum Römerbrief, bes. *T. Holtz*, Der erste Brief an die Thessalonicher, Neukirchen 1986, 103–113, ferner: *W. D. Davies*, Paul and the People of Israel, NTS 24 (1977/78), 4–39 – *G. Lüdemann*, Paulus und das Judentum, München 1983 – *D. Sänger*, Die Verkündigung des Gekreuzigten und Israel. Studien zum Verhältnis von Kirche und Israel bei Paulus und im frühen Christentum, Tübingen 1994 – *C. J. Schlueter*, Filling up the Measure. Polemical Hyperbole in 1 Thessalonians 2,14–16, Sheffield 1994.

Zu 2: Kommentare zum Römerbrief, ferner: *E. Peterson*, Die Kirche aus Juden und Heiden, Salzburg 1933 = Theologische Traktate, München 1951, 239–292 – *J. Munck*, Paulus und die Heilsgeschichte, Kopenhagen 1954 – *Ders.*, Christus und Israel. Eine Auslegung von Römer 9–11, Kopenhagen 1956 – *E. Dinkler*, Prädestination bei Paulus – Exegetische Bemerkungen zum Römerbrief, in: Festschrift G. Dehn, Neukirchen 1957, 81–102 = Signum Crucis, Tübingen 1967, 241–269 – *E. Käsemann*, Paulus und Israel, in: *H. J. Schultz* (Hrsg.), Juden, Christen, Deutsche, Stuttgart 1961, 307–311 = Exegetische Versuche und Besinnungen II, Göttingen 1964, 194–197 – *C. Müller*, Gottes Gerechtigkeit und Gottes Volk. Eine Untersuchung zu Römer 9–11, Göttingen 1964 – *D. Zeller*, Juden und Heiden in der Mission des Paulus, Stuttgart 1973 – *L. de Lorenzi* (Hrsg.), Die Israelfrage nach Römer 9–11, Rom 1977 – *H. Hübner*, Gottes Ich und Israel. Zum Schriftgebrauch des Paulus in Römer 9–11, Göttingen 1984 – *N. Walter*, Zur Interpretation von Römer 9–11, ZThK 81 (1984), 172–195 – *E. Grässer*, Der alte Bund im Neuen, Tübingen 1985.

Zu 3: U. Luz, Das Geschichtsverständnis des Paulus, München 1968 – *F. Muß-*

ner, „Ganz Israel wird gerettet werden" (Röm. 11,26), Kairos 17 (1976), 241–255 – *Ders.,* Traktat über die Juden, München 1979 – *Ders.,* Heil für alle. Der Grundgedanke des Römerbriefs, Kairos 20 (1980), 207–214 – *N. A. Dahl,* The Future of Israel, in: Studies in Paul, Minneapolis 1977, 137–158 – *W. G. Kümmel,* Die Probleme von Römer 9–11 in der gegenwärtigen Forschungslage, in: Israelfrage (s. o. S. 313) = Heilsgeschehen und Geschichte II, Marburg 1978, 245–260 – *B. Klappert,* Traktat für Israel (Römer 9–11), in: *M. Stöhr* (Hrsg.), Jüdische Existenz und die Erneuerung der christlichen Theologie, München 1981, 58–137 – *D. Sänger,* Rettung der Heiden und Erwählung Israels, KuD 32 (1986), 99–119 – *P. v. d. Osten-Sacken,* Römer 9–11 als Schibbolet christlicher Theologie, in: Evangelium und Tora. Aufsätze zu Paulus, München 1987, 294–314 – *K.-W. Niebuhr,* Heidenapostel aus Israel, Tübingen 1992, 136–178.

XVI. Urchristliche Ethik in der paulinischen Theologie: Zum Ganzen: *R. Schnackenburg,* Die sittliche Botschaft des Neuen Testaments, Freiburg 1954, II. völlige Neubearbeitung: Die urchristlichen Verkündiger, Freiburg 1988 – *V. P. Furnish,* Theology and Ethics in Paul and his Interpreters, Nashville 1968 – *W. Schrage,* Ethik des Neuen Testaments, Göttingen 1982, ²1989 – *S. Schulz,* Neutestamentliche Ethik, Zürich 1987 – *E. Lohse,* Theologische Ethik des Neuen Testaments, Stuttgart 1988 – *Th. Söding,* Das Liebesgebot bei Paulus. Die Mahnung zur Agape im Rahmen der paulinischen Ethik, Münster 1995.

Zu 1: A. Vögtle, Die Tugend- und Lasterkataloge im Neuen Testament, Münster 1936 – *S. Wibbing,* Die Tugend- und Lasterkataloge im Neuen Testament, Berlin 1959 – *E. Lohse,* Katechismus im Urchristentum, RGG³ III (1959), 1179 – *W. C. van Unnik,* Die Rücksicht auf die Reaktion der Nicht-Christen als Motiv in der altchristlichen Paränese, in: Judentum – Urchristentum – Kirche, Festschrift J. Jeremias, Berlin 1960, ²1964, 221–234 – *F. Neugebauer,* In Christus. Eine Untersuchung zum paulinischen Glaubensverständnis, Berlin 1961 – *O. Merk,* Handeln aus Glauben. Die Motivierungen der paulinischen Ethik, Marburg 1968 – *F. Hahn,* Die christologische Begründung urchristlicher Paränese, ZNW 72 (1981), 88–99.

Zu 2: G. Bornkamm, Glaube und Vernunft bei Paulus, in: Gesammelte Aufsätze II, München 1959, ²1963, 119–137 = *K. H. Rengstorf* (s. o. S. 304), 591–612 – *E. Käsemann,* Gottesdienst im Alltag der Welt, in: Judentum – Urchristentum – Kirche (s. o. S. 314), 165–171 = Exegetische Versuche und Besinnungen II, Göttingen 1964, 198–204 – *E. Lohse,* Die Berufung auf das Gewissen in der paulinischen Ethik (s. o. S. 310).

Zu 3: M. Dibelius, Rom und die Christen im ersten Jahrhundert, in: Botschaft und Geschichte II, Tübingen 1956, 177–228 – *A. Strobel,* Zum Verständnis von Röm. 13, ZNW 47 (1956), 69–93 – *E. Käsemann,* Röm. 13,1–7 in unserer Generation, ZThK 56 (1959), 316–376 – *Ders.,* Grundsätzliches zur Interpretation von Röm. 13, in: Exegetische Versuche II (s. o. S. 313), 204–222 – *W. Schrage,* Die Christen und der Staat nach dem Neuen Testament, Gütersloh 1971 – *H. Merklein,* Sinn und Zweck von Röm. 13,1–7, in: Neues Testament und Ethik, Festschrift R. Schnackenburg, Freiburg 1989, 238–270.

Zu 4: H. Braun, Gerichtsgedanke und Rechtfertigungslehre bei Paulus, Leipzig 1930 – *L. Mattern,* Das Verständnis des Gerichtes bei Paulus, Zürich 1966 – *K. P. Donfried,* Justification and Last Judgment in Paul, ZNW 67 (1976), 90–110 – *E. Synofzik,* Die Gerichts- und Vergeltungsaussagen bei Paulus, Göttingen 1977.

XVII. Summe des Evangeliums: Zu 1: V. P. Furnish, Development in Paul's Thought, Journal of the American Academy of Religion 38 (1970), 289–303 – *G Strecker,* Befreiung und Rechtfertigung (s. o. S. 313) – *H. Hübner,* Das Gesetz bei Paulus, Göttingen 1978, ^{3}1982 – *J. C. Beker,* Paul the Apostle, Edinburgh 1980 – *Ders.,* Paul's Theology: Consistent or Inconsistent?, NTS 34 (1988), 364–377 – *S. Schulz,* Der frühe und der späte Paulus, ThZ 41 (1985), 228–236 – *Ders.,* Neutestamentliche Ethik, Zürich 1987 – *U. Schnelle,* Wandlungen im paulinischen Denken, Stuttgart 1989 – *J. M. Bassler* (Hrsg.in), Pauline Theology I: Thessalonians, Philippians, Galatians, Philemon, Minneapolis 1991 – *Dies./D. M. Hay* /Hrsg.), Pauline Theology II: 1 and 2 Corinthians, Minneapolis 1993 – *F. W. Horn,* Das Angeld des Geistes. Studien zur paulinischen Pneumatologie, Göttingen 1992 – *F. Hahn,* Gibt es eine Entwicklung in den Aussagen über die Rechtfertigung bei Paulus?, EvTh 53 (1993), 342–366.

Zu 2: H. Conzelmann, Die Rechtfertigungslehre des Paulus: Theologie oder Anthropologie?, EvTh 28 (1968), 389–404 = Theologie als Schriftauslegung, München 1974, 191–206 – *G. Strecker,* Das Evangelium Jesu Christi, in: Jesus Christus in Historie und Theologie, Festschrift H. Conzelmann, Tübingen 1975, 503–548 = Eschaton und Historie, Göttingen 1979, 183–228 – *H. Merklein,* Zum Verständnis des paulinischen Begriffs ‚Evangelium', in: Studien zu Jesus und Paulus, Tübingen 1987, 279–295 – *J.-N. Aletti,* Comment Dieu est-il juste? Clefs pour interpréter l'épître aux Romains, Paris 1991 – *J. D. G. Dunn,* Prolegomena to a Theology of Paul, NTS 40 (1994), 407–432 – *E. Lohse,* Euaggelion theoy – Paul's Interpretation of the Gospel in his Epistle to the Romans, Biblica 76 (1995), 127–140.

Zu 3: Kommentare zum Römerbrief, ferner: *T. W. Manson,* St. Paul's Letter to the Romans, in: Studies in the Gospels and Epistles, Manchester 1962, 225–241 – *G. Bornkamm,* Der Römerbrief als Testament des Paulus, in: Glaube und Geschichte II, Gesammelte Aufsätze IV, München 1971, 120–139 – *K. P. Donfried* (Hrsg.), The Romans Debate, Peabody Mass. 1977, ^{2}1991 – *P. Lampe,* Die stadtrömischen Christen in den ersten beiden Jahrhunderten, Tübingen 1987, ^{2}1989 – *E. Lohse,* Summa Evangelii – zu Veranlassung und Thematik des Römerbriefs, Göttingen 1993.

XVIII. Jerusalem und Rom: Zu 1: Kommentare zur Apostelgeschichte und Gesamtdarstellungen zu Paulus.

Zu 2: wie zu 1, ferner: *J. Bleicken,* Senatsgericht und Kaisergericht, Göttingen 1962 – *A. N. Sherwin-White,* Roman Society and Roman Law in the New Testament, Oxford 1963 – *V. Stolle,* Der Zeuge als Angeklagter. Untersuchungen zum Paulusbild des Lukas, Stuttgart 1973 – *G. Lüdemann,* Das frühe Christentum nach den Traditionen der Apostelgeschichte, Göttingen 1987.

Zu 3: H. Lietzmann, Petrus und Paulus in Rom, Bonn 1915, ^{2}1927 – *J. Wehnert,* Gestrandet. Zu einer neuen These über den Schiffbruch des Apostels Paulus auf dem Wege nach Rom, ZThK 87 (1990), 67–99 – *H. W. Tajra,* The Martyrdom of St. Paul, Tübingen 1994.

XIX. Auswirkungen der paulinischen Theologie: Zu 1: Kommentare und Monographien zu den deuteropaulinischen Briefen, ferner: *K. Kertelge* (Hrsg.), Paulus in den neutestamentlichen Spätschriften. Zur Paulusrezeption im Neuen Testament, Freiburg 1981.

Zu 2: Kommentare zu den genannten urchristlichen Schriften, ferner: *E. Aleith,* Das Paulusverständnis in der alten Kirche, Berlin 1937 – *E. Dassmann,* Der Stachel im Fleisch. Paulus in der frühchristlichen Literatur bis Irenäus, Münster 1979 – *A. Lindemann,* Paulus im ältesten Christentum, Tübingen 1979 – *W. S. Babcock* (Hrsg.), Paul and the Legacies of Paul, Dallas 1990.

Zu 3: A. v. Harnack, Marcion. Das Evangelium vom fremden Gott, Leipzig 1921, ^{2}1924 = Darmstadt 1960 – *W. Bauer,* Rechtgläubigkeit und Ketzerei im ältesten Christentum, Tübingen 1934, ^{2}1964 – *H. v. Campenhausen,* Die Entstehung der christlichen Bibel, Tübingen 1968 – *B. Aland,* Marcion. Versuch einer neuen Interpretation, ZThK 70 (1973), 420–447 – *Dies.,* Marcion, TRE (1991), 89–101 – *A. Lindemann* (s. o. zu 2), 378–395 – *H.Detering,* Der gefälschte Paulus. Das Urchristentum im Zwielicht, Düsseldorf 1995.

XX. Paulus im Urteil der Geschichte: Zu 1: P. Althaus, Paulus und Luther über den Menschen, Gütersloh 1938, ^{4}1963 – *Ders.,* Die lutherische Rechtfertigungslehre und ihre heutigen Kritiker, Berlin 1951 – *K. Lehmann/W. Pannenberg* (Hrsg.), Lehrverurteilungen kirchentrennend?, Freiburg/Göttingen 1986 – *R. Oechslen,* Kronzeuge Paulus. Paulinische Theologie im Spiegel katholischer und evangelischer Exegese und die Möglichkeit ökumenischer Verständigung, München 1990 – *E. P. Sanders,* Paul (s. o. S. 304) – *J. G. D. Dunn/A. M. Suggate,* The Justice of God. A Fresh Look at the Old Doctrine of Justification, Carlisle 1993 – *Lutherischer Weltbund/Päpstlicher Rat zur Förderung der Einheit der Christen,* Gemeinsame Erklärung zur Rechtfertigungslehre, 1999.

Zu 2: W. Wrede, Paulus (s. o. S. 313) – *E. Bloch,* Atheismus im Christentum, Frankfurt/M. 1968 – *G. Bornkamm,* Paulus (s. o. S. 304), 234–244: Jesus und Paulus.

Zu 3: J. Klausner, Von Jesus zu Paulus (hebr. 1939/40), Jerusalem 1950 = Königstein 1980 – *W. G. Kümmel,* Jesus und Paulus, Judaica 4 (1948), 1–35 = Heilsgeschehen und Geschichte. Gesammelte Aufsätze 1933 – 1964, Marburg 1965, 166–191 – *Ders.,* Jesus und Paulus, NTS 10 (1963/64), 163–181 = Heilsgeschehen, 439–456 – *M. Buber,* Zwei Glaubensweisen, Zürich 1950 = Werke I, München/Heidelberg 1962, 653–782 – *L. Baeck,* The Faith of Paul, JJS 3 (1952), 93–110; deutsch: Der Glaube des Paulus, in: *Rengstorf* (s. o. S. 304), 565–590 – *G. Jasper,* Paulus in der Schau des gegenwärtigen Judentums, Judaica 14 (1958), 65–100 – *H.-J. Schoeps,* Paulus (s. o. S. 304) – *Schalom Ben-Chorin,* Paulus (s. o. S. 304) – *E Lohse,* Emuna und Pistis. Jüdisches und urchristliches Verständnis des Glaubens, ZNW 68 (1977), 147–163 = Die Vielfalt des Neuen Testaments, Göttingen 1982, 88–104 – *G. Lindeskog,* Das jüdisch-christliche Problem, Uppsala 1986, 92–103: Paulus in jüdischer Sicht – *J. Taubes,* Die politische Theologie des Paulus. Vier Vorträge, München 1993 – *J. Neusner,* Children of the Flesh, Children of the Promise. A Rabbi talks with Paul, Cleveland 1995.

Zu 4: S. Schulz, Gott ist kein Sklavenhalter, Zürich/Hamburg 1972 – *G. Klein,* Christusglaube und Weltverantwortung als Interpretationsproblem neutestamentlicher Theologie, Verkündigung und Forschung 18 (1973), 45–76 – *W. Schrage,* Ethik des Neuen Testaments (s. o. S. 314) – *E. Schüssler-Fiorenza,* Die Frauen in den vorpaulinischen und paulinischen Gemeinden, in: *B. Brooten/N. Greinacher* (Hrsg.), Frauen in der Männerkirche, München 1982, 112–140 – *Dies.,* In Memory of Her, New York 1983; deutsch: Zu ihrem Gedächtnis. Eine feministisch-theologische Rekonstruktion der christlichen Ursprünge, München/Mainz 1988 – *L. Schottroff*, Wie berechtigt ist die feministische Kritik an Paulus?, in: Befreiungserfahrungen, München 1990, 229–248 – *N. Baumert*, Frau und Mann bei Paulus, Würzburg 1992 – *I. R. Kitzberger*, Paulus zwischen Mißverständnis und (Anti-) Feminismus, BZ NF 38 (1994), 243–253.

E. Lohse, Umwelt des Neuen Testaments, Göttingen 1971, [10]2000, 206.

Ergänzende Literaturhinweise zu neueren Veröffentlichungen:

C. K. Barrett, Paul – an Introduction to his Thought, London 1994 – *J. Gnilka*, Paulus von Tarsus. Zeuge und Apostel, Freiburg 1996 – *S. Meißner*, Die Heimholung des Ketzers. Studien zur jüdischen Auseinandersetzung mit Paulus, Tübingen 1996 – *J. Murphy-O'Connor*, Paul – A Critical Life, Oxford 1996 – *K. Haacker*, Paulus. Der Werdegang eines Apostels, Suttgart 1997 – *M. Hengel/A. M. Schwemer*, Paul Between Damascus and Antioch, London 1997 – *J. D. G. Dunn*, The Theology of Paul the Apostle, Edinburgh 1998 – *D. Wenham*, Paulus – Jünger Jesu oder Begründer des Christentums? (autorisierte Übersetzung der englischen Ausgabe von 1995), Paderborn 1999 – *M. Theobald*, Der Römerbrief – Erträge der Forschung, Darmstadt 2000 – *Ders.*, Studien zum Römerbrief, Tübingen 2001 – *G. Lüdemann*, Paulus, der Gründer des Christentums, Lüneburg 2001.

Bibelstellenregister

Altes Testament

Neues Testament

Autorenregister

Stichwortregister

Religion und Theologie

Israel Finkelstein/Neil Asher Silberman
Keine Posaunen vor Jericho
Die archäologische Wahrheit über die Bibel
Aus dem Englischen von Miriam Magall
3. Auflage. 2003. 381 Seiten mit 27 Karten und Abbildungen. Gebunden

Bernhard Lang
Jahwe, der biblische Gott
Ein Porträt
2002. 320 Seiten mit 37 Abbildungen. Gebunden

Henning Graf Reventlow
Epochen der Bibelauslegung
Band I: Vom Alten Testament bis Origenes
1990. 224 Seiten. Leinen
Band II: Von der Spätantike bis zum Ausgang des Mittelalters
1994. 324 Seiten. Leinen
Band III: Renaissance, Reformation, Humanismus
1997. 271 Seiten. Leinen
Band IV: Von der Aufklärung bis zum 20. Jahrhundert
2001. 448 Seiten. Leinen

Michael von Brück
Wie können wir leben?
Religion und Spiritualität in einer Welt ohne Maß
2002. 203 Seiten. Gebunden

Jörg Rüpke
Die Religion der Römer
Eine Einführung
2001. 264 Seiten mit 23 Abbildungen. Broschiert

Verlag C.H.Beck München